Dr. Immanuel Velikovsky

Zeitalter im Chaos

Band II: Ramses II. und seine Zeit

Aus dem Englischen von
Christoph Marx

Bibliografische Information der Deutschen Bibliothek:
Die Deutsche Bibliothek verzeichnet diese Publikation in der Deutschen Nationalbibliografie; detaillierte bibliografische Daten sind im Internet über <http://dnb.ddb.de> abrufbar.

Rechtschreibung:
Julia White Publishing betrachtet das Schriftzeichen 'ß' als überflüssig gewordenes Relikt der Geschichte, dessen gänzliche Abschaffung im Zuge der Neuregelung der deutschen Rechtschreibung leider versäumt worden ist. Daher wird in diesem Buch die neue deutsche Rechtschreibung in der für die Schweiz geltenden fortschrittlicheren Fassung verwendet, die schon seit mehreren Jahren die vollständige Ersetzung von 'ß' durch 'ss' vorsieht.

Zur deutschen Neuausgabe:
Die vorliegende Ausgabe ist eine gegenüber früheren deutschen Ausgaben überarbeitete Übersetzung der englischsprachigen Originalausgabe. Anmerkungen des Verlags, bzw. des Übersetzers sind durch eckige Klammern [ ] gesondert gekennzeichnet.

Englische Originalausgabe:

Titel: “Ramses II and His Time – A Volume in the *Ages in Chaos* series”
Erschienen bei Doubleday & Company, Inc., Garden City, New York, 1978

Deutsche Neuausgabe:

2. Auflage 2013

Umschlaggestaltung: Julia White, unter Benutzung einer Zeichnung von Dino Idrizbegovic
Übersetzung: Christoph Marx
Lektorat: Dr. Thomas Hoffmann

Julia White Publishing
Internet: www.julia-white.com
eMail: info@julia-white.com

ISBN 978-3934402-93-5
3934402-93-3

Inhalt

Vorwort

Der treffendere Titel für diesen Band wäre *Ramses II. und Nebukadnezar* gewesen, da sie beide in diesem Buch – beziehungsweise in diesem Teil der Alten Geschichte – dominierende Rollen spielen. Doch derart das Thema des Buches zu verraten – und vorwegzunehmen, dass zwei wohlbekannte Persönlichkeiten des Altertums, die in der konventionell geschriebenen Geschichte um 700 Jahre voneinander getrennt sind, Zeitgenossen waren –, hätte eine ohnehin revolutionäre Rekonstruktion der Vergangenheit mit dem Sensationellen belastet. Obwohl das Gesamtwerk der Rekonstruktion über 1200 Jahre umfasst, ist jeder Band so angelegt, dass er, soweit als möglich, einen in sich geschlossenen Abschnitt der Alten Geschichte präsentiert.

Auf den folgenden Seiten wird angestrebt, die Periode der chaldäischen Herrschaft im Mittleren und Nahen Osten zu rekonstruieren. In den Geschichtsbüchern erscheint diese Periode auch als die Zeit des Neubabylonischen Reiches; in den Schriften ist Nebukadnezar als König von Babylon und als König der Chaldäer bekannt; Babylon aber war nicht die Heimat der Chaldäer.

Die in diesem Band vorgelegte und untermauerte These lautet, dass das sogenannte Hethiterreich – als das Vergessene Reich bezeichnet, weil es angeblich vor weniger als 100 Jahren entdeckt wurde – nichts anderes ist als das Königreich der Chaldäer; ferner, dass die piktographische Schrift, die auf Monumenten von den westlichen Küsten Kleinasiens bis nach Babylon zu finden ist, hauptsächlich aber in Zentral- und Ostanatolien und im nördlichen Syrien, höchstwahrscheinlich die Schrift der Chaldäer ist. Die "Hethiter"-Herrscher sind alter egos der Grosskönige der chaldäischen Dynastie von Babylon. Daher verschwindet das "Hethiterreich", nachdem es über ein Jahrhundert lang lediglich nur in Büchern und Abhandlungen "gelebt" hatte, in seiner erhabensten Blütezeit, deren Unterbringung im 14. und 13. Jahrhundert vor der heutigen Zeitrechnung zahllose Schwierigkeiten verursachte und zu beträchtlicher Verwirrung unter den Archäologen führte.

Kein geringerer Umsturz findet in der ägyptischen Geschichtsschreibung statt. Die sogenannte 19. Dynastie, deren hauptsächliche Vertreter Sethos der Grosse, Ramses II. und Merenptah sind, offenbart sich als identisch mit der sogenannten 26. Dynastie des Psammetich, Necho und Apries, deren wahre Aktivitäten uns zwar teilweise von griechischen Historikern und teilweise aus den biblischen Texten (Bücher der Könige, Chroniken und Jeremia) bekannt sind, nicht aber aus den erhaltenen ägyptischen Texten. Dieser Gleichsetzung zufolge rücken Sethos der Grosse, Ramses II. und Merenptah aus der ihnen gewöhnlich im 14. und 13. Jahrhundert zugewiesenen Zeit in das 7. und 6. Jahrhundert. Eigentlich wird die Identität der frühen Pharaonen der 19. Dynastie – Sethos I., Haremhab, Ramses I. und Sethos der Grosse – in dem Band erschlossen, der sich mit der assyrischen Herrschaft in der Zeit von ungefähr -840 bis -612 beschäftigt. Im einzelnen wird dort aufgezeigt, dass Sethos I. (der Sethos bei Herodot) ein Zeitgenosse und Gegner von König Sanherib war; dass Sethos' Bruder Haremhab durch Erlass des assyrischen Königs zum Vizekönig von Ägypten ernannt und später – obgleich noch unter Lehnspflicht zu Ninive – zum Pharao gekrönt wurde; dass Ramses I. uns aus den griechischen Historikern als jener Necho I. bekannt ist, der nur kurze Zeit regierte, bevor er von den Äthiopiern getötet wurde, die seit über 50 Jahren mit den Assyrern um die Vorherrschaft in Ägypten rangen; und dass Sethos der Grosse,[1] wie eben gesagt, der Psammetich der griechischen Historiker ist. Somit bleibt die Identifizierung der Anfänge der 19. Dynastie mit der 26. in der Liste von Manethos Thronfolgen – einer überaus verwirrten und vorsätzlich erweiterten und irreführenden Aufzählung ägyptischer Dynastien und Könige – dem Band über die Zeit der assyrischen Herrschaft bis zum Fall von Ninive um -612 vorbehalten.

Ich erwog, ob ich die Scheidelinie zwischen diesen beiden Bänden bei -663 ziehen sollte, dem Jahr des Falls von Theben vor Assurbanipal; und ich war vom Wunsch geleitet, in einem einzigen Band die Geschichte der grossen ägyptischen Dynastie unterzubringen, beginnend mit der Laufbahn von Sethos dem Grossen, die den Aufstieg Ägyptens vom Vasallentum in die Unabhängigkeit kennzeichnete. Aber nach einiger Überlegung erschien es mir wünschenswerter, die Linie ungefähr 55 Jahre später beim Fall Ninives zu ziehen. Dennoch wird der Leser in nachfolgenden Kapiteln des vorliegenden Bandes, wenn auch nicht von Anfang an, in die Zeit zurückgeführt, als Sethos, jetzt nicht mehr Vasall, sondern Verbündeter Assyriens, am langwierigen Ringen teilnahm, in dem die Chaldäer und

[1] Sethos I. der konventionellen Chronologie, aber Sethos II. unserer Rekonstruktion.

Meder den Assyrern und den Ägyptern gegenüberstanden, und dessen Ausgang schliesslich die Skythen entschieden.

Daher beginnt dieser Band mit der ersten Konfrontation zweier ehrgeiziger und berühmter Könige, Ramses II. und Nebukadnezar, die angeblich 700 Jahre voneinander getrennt gelebt hatten – eine Konfrontation, die 19 Jahre lang immer wieder aufflammte, bis sie mit einem Friedensvertrag endete, dessen Text noch immer erhalten ist. Juda war zwischen den zwei miteinander wetteifernden Grossmächten gefangen und litt, bis es seine Eigenstaatlichkeit verlor; die Bevölkerung wurde nach Babylon verbannt, während ein kleinerer Teil nach Ägypten entfloh, nur um gleichfalls nach Babylon abgeschoben zu werden, unter Berufung auf eine Bestimmung im gleichen Vertrag.

Merenptah-Hophramaat, manchmal als der Pharao des Exodus angesehen, wird als der Pharao des Exils enthüllt, und eine enorme Zeitspanne trennt diese beiden Ereignisse in der Geschichte des jüdischen Volkes – die Wanderung in der Wüste, die Eroberung Kanaans und die Zeit der Richter und der Könige bis zum letzten König der Davidischen Dynastie.

Nachdem ich hier das Hauptthema dieses Bandes aufgedeckt habe, möchte ich die Hoffnung ausdrücken, dass jeder nachdenkliche Leser sein Urteil solange zurückstellen möge, bis er das Beweismaterial in allen seinen Einzelheiten überprüft hat, die alte Keilschrifttexte, hieroglyphische Berichte, Lebensbeschreibungen und Porträts sowie hebräische Aufzeichnungen, alte topographische Karten und Schlachtenpläne bis zur stratigraphischen Archäologie umfassen. Die im vorliegenden Band beschriebenen Dezennien stellen zusammen mit den vorausgehenden und mit den nachfolgenden[1] Jahrhunderten in der Rekonstruktion der Alten Geschichte eine monolithische Einheit dar.

---

[1] Die vorhergehenden Jahrhunderte sind das Thema meines *Zeitalter im Chaos*, Band I, *Vom Exodus bis König Echnaton*; *Ödipus und Echnaton*, und der weiteren Teile, in welchen ich die Assyrische Eroberung und das Dunkle Zeitalter Griechenlands behandle. Die nachfolgenden Jahrhunderte sind das Thema meines Buches *Die Seevölker*.

Kapitel 1

Die Schlacht von Kadesch-Karkemisch

Wer war Pharao Necho, der Gegner Nebukadnezars?

Das assyrische Reich wankte und fiel. Trotz ägyptischer Unterstützung konnte sich Ninive des Ansturms der Babylonier und Meder nicht erwehren; es wurde erobert und niedergebrannt. In den darauffolgenden Jahren waren sie mit der Aufteilung Assyriens beschäftigt.

Im Jahr -608 zog der König von Ägypten über die Heeresstrasse entlang der Küste auf den Euphrat zu (II Könige 23:29). Als er den Pass von Megiddo erreichte, fand er seinen Weg durch Josia, den König von Jerusalem versperrt. Der König von Ägypten "aber sandte Boten zu ihm mit dem Spruch: Was habe ich mit dir zu schaffen, König von Jehuda! nicht gegen dich, das Deine, gilts heut, ... Joschijahu aber wandte sein Antlitz nicht von ihm ab, denn mit ihm kämpfend wollte er sein ledig werden."[1] In der Schlacht wurde König Josia von ägyptischen Schützen tödlich verwundet (II Chronik 35:21-24).

Der Pharao rückte weiter gegen Norden vor, in Richtung Karkemisch am Euphrat. In Jerusalem wählte das Volk Joahas, den zweiten Sohn des Josia, zum König. Aber nach drei Monaten liess ihn der Pharao in Ribla im Lande Hamath in Ketten legen und nach Ägypten bringen. Dann ernannte der Pharao Eljakim, den älteren Bruder des Joahas, zum König und änderte seinen Namen in Jojakim. Er erzwang vom Land Juda einen Tribut von hundert Talenten Silber und einem Talent Gold (II Könige 23:33-34).

Während der folgenden Jahre war Ribla in Nordsyrien das militärische Hauptquartier des Pharaos, das er offenbar jährlich besuchte.

Drei Jahre nach dem ersten Feldzug brachte der Pharao eine grosse Armee aus Ägypten und kämpfte bei Karkemisch am Euphrat gegen Nebukadnezar und die chaldäische Armee. Das ägyptische Heer wurde geschlagen und zerstreut, und der Pharao zog sich fluchtartig nach Ägypten zurück. Nebukadnezar verfolgte die besiegte Armee, hielt aber an der Grenze Ägyptens inne und kehrte wegen einer Unruhe im eigenen Herrscherhaus

[1] [Für die Zitate aus den Schriften wurde die Bibelübersetzung von Martin Buber verwendet.]

nach Babylon zurück. Während der nächsten paar Jahre unterstanden Syrien und Palästina der unbestrittenen Herrschaft Babylons. Ribla wurde zum militärischen Hauptquartier Nebukadnezars gemacht, und Jojakim wurde sein Vasall.

Einige Zeit danach erneuerte der Pharao seine militärische und politische Tätigkeit im südlichen Palästina. Nach der Einnahme Askalons rückte er weiter nach Norden vor. Jojakim erhob sich gegen Babylon, und Nebukadnezar schickte eine Armee von Chaldäern und Syrern gegen Jerusalem ins Feld. Jojakim wurde gefangengenommen und hingerichtet,[1] und Nebukadnezar setzte den jungen Jojachin, den Sohn des Jojakim, auf den Thron seines Vaters in Jerusalem. Die ägyptische Armee zog sich auf die Grenzen Ägyptens zurück, hinter den Fluss (Wadi) El-Arisch. Jojachin regierte nur drei Monate lang. Nebukadnezar, misstrauisch und nicht sicher, ob der neue König von Jerusalem Babylon treu bleiben würde, marschierte abermals gegen Jerusalem und belagerte es. Der jugendliche König, der die Stadt und ihre Bevölkerung retten wollte, ging hinaus zu Nebukadnezar, um ihm seine Loyalität zu beweisen. Er wurde nach Babylon gebracht, zusammen mit "allen Oberen, allen Tüchtigen des Heeres, zehntausend Verschleppten, allen Schmieden und Plattnern" (II Könige 24:14). Nur die Armen wurden zurückgelassen. Jojachin blieb 37 Jahre lang, bis zum Tod Nebukadnezars, in Babylon im Gefängnis (II Könige 25:27).

Nach der Verschleppung Jojachins nach Babylon wurde Zedekia, der dritte Sohn Josias, zum König ernannt. Das Fortschaffen der Begüterten, der Einflussreichen und der ausgebildeten Handwerker aus Jerusalem bot keine Gewähr gegen einen neuen Aufstand. Trotz allem, was vorher geschehen war, sehnte das freiheitsliebende Volk von Jerusalem einen Unabhängigkeitskrieg herbei, zu dem es sich Hilfe vom Pharao erhoffte. Acht Jahre, nachdem Zedekia zum König ernannt worden war, erhob er sich gegen Babylon. Nebukadnezar erschien mit seiner gesamten Streitmacht vor Jerusalem und belagerte es. Der Pharao drang mit seinen Truppen entlang der Küste ins südliche Palästina ein. Das chaldäische Heer zog sich "um des Heeres Pharaos willen" (Jeremia 37:11) von Jerusalem zurück und wandte sich, um nicht in der Flanke umgangen zu werden, gegen die Ägypter. Es kam jedoch nicht zur Schlacht, und offenbar wurde eine Übereinkunft erzielt, in Folge derer das ägyptische Heer nach Ägypten zurückkehrte und die chaldäische Armee die Belagerung Jerusalems wie-

---

[1] *Midrasch Bereschit Rabba*, 94; *Midrasch Vajikra Rabba*; *Seder Olam*, 25; Flavius Josephus: *Jüdische Altertümer*, X, 6:3. *Vgl.* L. Ginzberg: *Legends of the Jews* (Philadelphia 1925 – 1938), VI, 379. *Vgl.* ebenf. II Könige 24:6 und II Chronik 36:6.

der aufnahm. Nach 18 Monaten wurde die Stadt von den Chaldäern erobert und niedergebrannt, und das Volk von Jerusalem kam in die Babylonische Gefangenschaft.

Ausführliches Material über diesen Krieg findet sich in den letzten Kapiteln der Bücher der Könige und der Chroniken sowie vor allem bei Jeremia. Nebukadnezar, dessen Name in den Schriften mehr als neunzigmal erwähnt wird, war der mächtige König eines grossen Reiches. Mehrere griechische Autoren schrieben ebenfalls über ihn. Er errichtete grossartige Bauten, von denen einige ausgegraben worden sind. Seine Gebete und Bauinschriften werden von den Archäologen entziffert, und "wenn im Gebiet des Irak ein Ziegel mit Keilschriftzeichen gefunden wird, so enthält der Text höchstwahrscheinlich den Namen Nebukadnezars."[1]

Der Pharao, zwei Jahrzehnte lang sein Gegenspieler, wird in den Schriften Pharao Necho genannt. Er muss in der Tat ein äusserst mächtiger Herrscher gewesen sein, wenn – trotz seines Rückschlages bei Karkemisch – das Schicksal Syriens und Palästinas fast zwei Jahrzehnte lang in der Schwebe blieb; in Jerusalem war die Parteinahme für Ägypten stärker als für Babylon, und das Heer Nebukadnezars unterbrach die Belagerung von Jerusalem wegen des herannahenden Pharaos.

Wer war Pharao Necho?

In den Büchern über ägyptische Geschichte wird ausführlich von den Kriegen Nechos (II.) gegen Nebukadnezar berichtet, aber diese Berichte stützen sich auf das reiche Material in den Schriften; Nechos weitere Aktivitäten werden an Hand von Informationen geschildert, die aus Herodot zusammengetragen sind.[2] Ägyptische Quellen wurden auf Erwähnungen eines Pharaos namens Necho und seiner Kriegszüge durchforscht. Die ägyptische Archäologie konnte die Geschichte des langen Krieges nicht liefern. Die einzige erhaltene, auf Pharao Necho verweisende und historisch überhaupt bedeutsame Inschrift ist angeblich die Serapeum-Stele, die vom Begräbnis eines Apisstieres durch Seine Majestät Nekau-Wehemibre berichtet. "Dieser Gott (der Apisstier) wurde in Frieden zur Nekropolis geführt, um ihn dort seinen Platz im Tempel einnehmen zu lassen", wo "Nekau-Wehemibre alle Särge und alles vorzüglich und vorteilhaft für diesen erhabenen Gott" vorbereitet hatte.[3] Dann folgt die Lebensbeschreibung des Stieres mit dem genauen Tag und Monat seiner Geburt.

---

[1] C. J. Gadd: *The Fall of Nineveh* (London 1923).

[2] Siehe besonders F. K. Kienitz: *Die politische Geschichte Ägyptens vom 7. bis zum 4. Jahrhundert vor der Zeitwende* (Berlin, 1953), Kap. 2.

[3] J.H. Breasted: *Ancient Records of Egypt* (Chicago 1906), Vol. IV, Secs. 977, 979.

Was die glänzende Vergangenheit des Pharao Necho angeht, so begnügt sich die Geschichtsschreibung mit diesem einzelnen Denkmalrelikt.

Es ist in der Tat seltsam, dass in den Annalen Ägyptens kein Bericht über den langen Krieg zwischen Nekau-Wehemibre und Nebukadnezar gefunden wurde; keine Aufzeichnung über die Regierungstätigkeit des Nekau-Wehemibre ist erhalten; kein zu seiner Zeit veröffentlichtes Gesetz wurde gefunden; kein von ihm erbauter Tempel ausgegraben; keine Schriftrolle entdeckt; keine Mumie und kein Sarg.[1] Nach dem ägyptischen Material zu urteilen, hatte er als Herrscher nur wenige Leistungen vorzuweisen. Wie aber konnte er dann fast eine Generation lang Nebukadnezar gewachsen gewesen sein? Wie hatte er es geschafft, die palästinischen Könige Joahas, Jojakim und Zedekia glauben zu lassen, dass er imstande sei, Palästina vom Joch des mächtigsten Herrschers, den Babylon je gekannt hatte, zu befreien?

Meine Arbeit, die Geschichte der 19. Dynastie zu rekonstruieren, führte mich zur Gleichsetzung von Psammetich, dem Vater von Necho II., mit Sethos dem Grossen (Ptah Maat); und von Necho I., dem Grossvater von Necho II., mit Ramses I. Ich zeige, dass Ramses I. von Assurbanipal nach der Plünderung Thebens -663 zum Regenten Ägyptens ernannt wurde. Diese früheren Gleichsetzungen, die das Thema des Bandes *Die Assyrische Eroberung* sind, führen mich zu folgendem Urteil, das ich im vorliegenden Band zu untermauern suche: In den Monumenten von Ramses II. werden dieselben Ereignisse beschrieben, von denen Jeremia und Herodot in bezug auf Pharao Necho (II.) berichten.

Herodot (II, 159) erzählt vom biblischen Pharao Necho, den er mit dem gleichartigen Namen Nekos nennt. Über die asiatischen Kriege Nekos schreibt er: "Unter ihrer Mithilfe (der Dreiruderer) machte er einen Landangriff gegen Syrien und siegte in der Schlacht bei Magdalos. Nach dem Siege eroberte er die grosse syrische Stadt Kadytis."[2]

Neben der Aufzeichnung von Nekos' Schlacht gegen die Syrer schrieb

[1] Die Nekau-Wehemibre zuzuschreibenden Objekte wurden von F. Petrie aufgezählt in: *A History of Egypt*, Vol. III (London 1905), S. 335-336. Seither wurden einige weitere kleine Objekte aufgefunden.

[2] Die Identität dieser zwei Orte ist ungewiss. Kadytis könnte Gaza sein oder möglicherweise Jerusalem. F. Hitzig: *De Cadyti urbe Herodotea* (Göttingen 1829), identifiziert Kadytis mit Gaza. P. H. Larcher: *Historical and Critical Comments on the History of Herodotus* (London 1844), zog Jerusalem vor (Vol. I, S. 391). J. T. Wheeler: *The Geography of Herodotus* (London 1854), stimmte mit der Ansicht von Rawlinson überein, dass Kadytis Gaza ist. Zur neueren Diskussion des Problems siehe H. de Meulenaere: *Herodotos over de 26ste Dynastie* (Leyden 1951), S. 57-59; Kienitz, op. cit., S. 22, Fn. 1.

Herodot ebenfalls, dass "er mit der Anlegung jenes Kanals in das Rote Meer begann, den dann der persische König Dareios weiterführte".[1] Es war ein grosses Unternehmen, und Herodot erzählt, dass bevor Nekos die Fertigstellung des Kanals aufgab, der einen Wasserweg vom Mittelmeer zu Roten Meer geöffnet hätte, 120.000 Ägypter bei den Erdarbeiten zugrunde gegangen seien.

Es sind historische Zeugnisse des Inhalts gefunden worden, dass Ramses II. einen das Mittelmeer mit dem Roten Meer verbindenden Kanal gebaut hatte.[2] Das führte zu einer Diskussion: Wer begann den Bau des Kanals, Ramses II. oder, 700 Jahre später, Nekau-Wehemibre? Herodot berichtete, dass es Nekos war, der ihn zuerst erbaute, während moderne Historiker auf Grund der alten Zeugnisse zum Schluss kamen, schon Ramses II. hätte den Kanal zwischen Mittelmeer und Rotem Meer gezogen. Es wurde entschieden, dass Herodot geirrt hatte und dass Necho nur die Arbeit fortsetzte, die Ramses II. 700 Jahre früher begonnen hatte.[3]

Und sogar wenn Ramses II. als erster das Unternehmen in Angriff nahm und nicht der Nekos des Herodot oder der Necho der Schriften der erste war, so erhebt sich nach wie vor die Frage: Warum hinterliess der Nekau-Wehemibre der ägyptischen Monumente zur Erinnerung an diese gewaltige Anstrengung, das Werk Ramses' II. fortzusetzen, weder auf Stein noch auf Papyrus eine Inschrift? Hieroglyphische Zeugnisse über die Arbeit von Ramses II. überlebten; auch Dareios hielt seine Anstrengungen fest: An den Ufern des Kanals errichtete er Stelen, um sein grosses Werk zu preisen.

Herodot (IV, 42) erzählt ebenfalls, dass Pharao Nekos phönikische Seefahrer aussandte, um den afrikanischen Kontinent zu umschiffen und seine Küsten zu erforschen; mehr als drei Jahre lang waren sie auf ihrer Entdeckungsreise abwesend, säend und erntend auf ihrer Fahrt. Entlang dem Roten Meer machten sie sich auf den Weg und kehrten ruhmbeladen durch die Strasse von Gibraltar (Säulen des Herakles) zurück.[4]

---

[1] Herodot: *Historien*, Übers. A. Horneffer II, 158. Siehe auch Diodor Siculus, I, 33, 9.

[2] E. A. W. Budge: *A History of Egypt* (London 1902 – 1904), VI, 219; K. Sethe: *Untersuchungen zur Geschichte und Altertumskunde Ägyptens*, Vol. II (1902), 23; *vgl.* Posener in *Chronique d'Egypte*, XIII (1938), 259-273.

[3] Budge, op. cit., VI, 219: "Er (Necho) gab Befehl, für ihn Flotten von Dreiruderern zu bauen, sowohl im Mittelmeer wie auch im Roten Meer. Um diesen Fahrzeugen die Möglichkeit zu geben, auf beiden Meeren eingesetzt zu werden, kam er auf die Idee, sie durch das Mittel eines Kanals zu verbinden, den er an den alten Kanal anzuschliessen gedachte, der schon aus der Zeit von Ramses II. vorhanden war."

[4] Ramses II. gab einen seiner Söhne der Tochter eines phönikischen Seekapitäns, Ben-Anat, zum Gatten. Ist nicht anzunehmen, dass Ben-Anat für eine ungewöhnliche Leistung in der Gunst des Pharaos stand? Siehe J. H. Breasted: *A History of Egypt* (New York 1905), S. 449.

Nekau-Wehemibre, der zu bescheiden war, um ein Denkmal über irgend eines seiner militärischen Unternehmen zu hinterlassen, war bei der Aufzeichnung seiner zivilen Aktivitäten – von wirklich bedeutendem Umfang – ebenso zurückhaltend. Wie ist das zu erklären?

Ramses II. baute grosse Paläste und Tempel und hinterliess der Nachwelt unzählige Inschriften auf Stelen, Obelisken und auf Mauern. Viele dieser Inschriften enthalten Beschreibungen seiner Schlachten, einige sind illustriert mit Geländekarten der Schlachtfelder und mit Abbildungen seiner Heere und denen seiner Feinde. Ein Friedensvertrag, der den Feindseligkeiten ein Ende setzte, ist vollständig erhalten. Gemäss ägyptischem Brauch wird im Kriegsbericht der persönliche Name des gegnerischen Königs nicht angegeben, aber in den Text des Vertrages wurde dieser persönliche Name des Gegners von Ramses II. aufgenommen. Siegel von Ramses II. werden in Ägypten und in Palästina in grosser Zahl gefunden. Ein von einem ägyptischen Schreiber unter Ramses II. geschriebener Papyrus schildert das Palästina dieser Zeit.

Andererseits liefern die Bücher der Könige, der Chronik und Jeremias präzise Angaben über Zeiten und Orte; sie können und müssen verglichen werden mit der Beschreibung der Kriege, dem Register der Ereignisse, mit den Bildern und mit den Schlachtendarstellungen von Ramses II.

Der erste Feldzug Ramses' II.

Als sich Ramses II. auf seinem ersten Marsch von Süden nach Norden quer durch Palästina befand, stellte sich ihm der König dieses Landes zum Kampf.

Ein Fragment aus einem Wandgemälde eines thebanischen Tempels von Ramses II, das im Metropolitan Museum of Art in New York aufbewahrt wird, zeigt einen palästinischen Fürsten: Von einem Pfeil oder der Lanze eines ägyptischen Kriegers ist er tödlich verwundet, und das Heer des Fürsten ist in grosser Verzweiflung.[1]

Auf eine im "Jahr 2" bei Assuan errichtete Stele liess Ramses, stolz auf seinen bedeutenden Sieg, den Bericht über seinen Feldzug einmeisseln:

[1] H. E. Winlock: *Excavations at Deir ei Bahari, 1911 – 1931* (New York 1942), S. 12 und Tafel 69.

> Er hat Myriaden vernichtet im Zeitraum eines Augenblicks. ... Er hat seine Grenzen ausgedehnt für ewig, indem er die Asiaten (St-tyw) ausgeplündert und ihre Städte erobert hat.[1]

Die Schriften berichten über die Begegnung, die für den König von Juda tödlich ausging:

> II CHRONIK 35:20 ... Necho König von Ägypten zog herauf, um in Karkemisch am Euphrat zu kämpfen. Joschijahu (Josia) zog ihm entgegen.
>
> 21 Er aber sandte Boten zu ihm mit dem Spruch: Was habe ich mit dir zu schaffen, König von Jehuda! nicht gegen dich, das Deine, gilts heut, sondern wider das Haus, das ich bekämpfe ...
>
> 22 Joschijahu aber wandte sein Antlitz nicht von ihm ab ... und er kam zum Kampf in die Ebene von Megiddo.

Josia hatte gerade erst seine Streitmacht aufgestellt, als das Geschoss eines ägyptischen Schützen den Ausgang der Schlacht entschied.

> II CHRONIK 35:23 Da schossen die Schützen[2] auf den König Joschijahu. Der König sprach zu seinen Dienern: Bringt mich hinweg, denn ich bin sehr geschwächt.
>
> 24 Seine Diener brachten ihn aus dem Fahrzeug, liessen ihn im Zweitgefährt fahren und zogen mit ihm nach Jerusalem, da starb er.

Gemäss einer Parallelerzählung in II Könige (23:30) starb Josia, bevor er Jerusalem erreichte.

Nach dem Tod Josias setzte das Volk Jerusalems dessen Sohn Joahas auf den Thron von Juda. Aber nach kurzer Zeit "setzte ihn der König von Ägypten ab" und "liess ihn nach Ägypten kommen" (II Chronik 36:3-4).

Ein Obelisk von Ramses II. in Tanis erwähnt die "Wegführung der Fürsten von Retenu (Palästina) als lebende Gefangene". Auf dem Obelisken ist das Wort "Fürsten" mit einer grössenmässig aus dem Rahmen fallenden Hieroglyphe geschrieben, womit ihr königlicher Status hervorgehoben wurde.[3]

Gemäss der biblischen Aufzeichnung schlug der Pharao, zu jener Zeit im nördlichen Syrien, Joahas in Ketten.

---

[1] Breasted: *Records*, Vol. III, Sec. 479.

[2] Der hebräische Text hat "yoru ha-yorim", und eine korrekte Übersetzung ist "die Schleuderer (ha-yorim) schleuderten (yoru)" oder "die Schützen schossen". Dasselbe Verb wird angewendet, aber mit dem Zusatz "ba-kesehet", "mit einem Bogen", wenn Pfeil und Bogen die Waffen sind. Siehe I Samuel 31:3 und I Chronik 10:3; *vgl.* ebenfalls Genesis 21:10 und Jesaja 21:17; 22:3.

[3] *Kêmi, Revue de philologie et d'archéologie égyptiennes et coptes*, V (1935), Tafel 26 und S. 113.

II KÖNIGE 23:33 Aber der Pharao Necho liess ihn in Fesseln legen in Ribla im Lande Hamat, ...

34 ... den Joachas aber nahm er mit, der kam nach Ägypten, dort starb er.

Nachdem er das Land "um hundert Barren Silbers und einen Barren Golds" gebüsst hatte (II Chronik 36:3), setzte der Pharao Jojakim auf den von seinem Bruder aufgegebenen Thron.

II KÖNIGE 23:35 Das Silber und das Gold gab Jojakim dem Pharao, jedoch musste er das Land besteuern, um das Silber nach des Pharao Geheiss zu geben, ...

Die Inschrift auf dem Obelisken in Tanis sagt über Ramses II., dass er "die Anführer der Asiaten in ihrem Lande ausplünderte".

Als Gegenleistung für den Tribut stand Juda unter dem Schutze des Pharao. "Sie sitzen im Schatten seines Schwertes, und sie fürchten kein anderes Land", schrieb Ramses auf der Assuan-Stele.

Auf seinen häufigen Besuchen in seinem Hauptquartier in Ribla liess Ramses II. bei Nahr el-Kelb (Hundsfluss), in der Nähe von Beirut an der syrischen Küste, jeweils Gedenkstelen einmeisseln. Sie wurden in den Felsen neben die Stele von Asarhaddon, König von Assyrien und Sohn von Sanherib, eingeschnitten. Gemäss der allgemein akzeptierten Meinung hat Asarhaddon seine Stele neben jener von Ramses II, die 600 Jahre früher ausgeführt worden sei, anbringen lassen. Wie aber unserer Rekonstruktion der Alten Geschichte entnommen werden kann, war Asarhaddons Stele schon über drei Viertel eines Jahrhunderts alt, als Ramses seine eigenen Inschriften einmeisseln liess.

Es ist vermutet worden, dass Asarhaddon, indem er seine Inschriften neben jenen von Ramses II. hatte anbringen lassen, eine ironische Absicht verfolgt habe.[1] Aber weder der assyrische König noch der Pharao dachten an eine Ironie. Asarhaddon, der in Ägypten die äthiopische Herrschaft niederschlug und dessen Sohn Assurbanipal dort die Dynastie von Ramses I. errichtete, wurde von den Ägyptern als ein Befreier Ägyptens angesehen, und aus diesem Grunde hat Ramses II. die Inschriften Asarhaddons nicht zerstört.

Ramses schrieb seine Texte auf den Felsen am Hundsfluss im 2., 3. (?) und 4. Jahr seiner Regierung; das Jahr "2" auf der einen und das Jahr "4" auf einer anderen Stele sind noch immer lesbar, aber der Text ist vor allem durch Witterungseinflüsse fast völlig zerstört worden. Wir können anneh-

[1] D. D. Luckenbill: *Records of Assyria* (1927), Vol. II, Sec. 479.

Abb. 1: Nahr el-Kelb: Links die Stele Asarhaddons, rechts diejenige von Ramses II. (Aus *Records of the Past II* (1904))

men, dass der Text aus dem 2. Jahr bis zu einem gewissen Grade jenem der Assuan-Stele glich, die auch aus dem 2. Jahr von Ramses stammt.

Im 5. Jahr seiner Regierung zog Ramses II. wiederum gegen den Euphrat. Es kam zu einer grossen Schlacht, der berühmten Schlacht von Kadesch. Es war ein schicksalhafter Feldzug.

Tell Nebi Mend

Die Schlacht, für die in der Geschichtsschreibung der Name "Schlacht von Kadesch" eingetragen wurde, wird in einer Serie von Reliefs abgebildet, die auf den Wänden des Ramesseums bei Theben und der Tempel in Luxor, Karnak, Abydos und Abu Simbel eingemeisselt sind. Eine offizielle Niederschrift der Schlacht begleitet die Bilder im Ramesseum, in Luxor und Abu Simbel; die Darstellungen enthalten Geländekarten des Schlachtfeldes.

Diese Reliefs sind berühmt; seit alten Zeiten waren sie den Touristen in Ägypten wohlbekannt, wie das Zitat von Hekataios (5. Jahrhundert vor

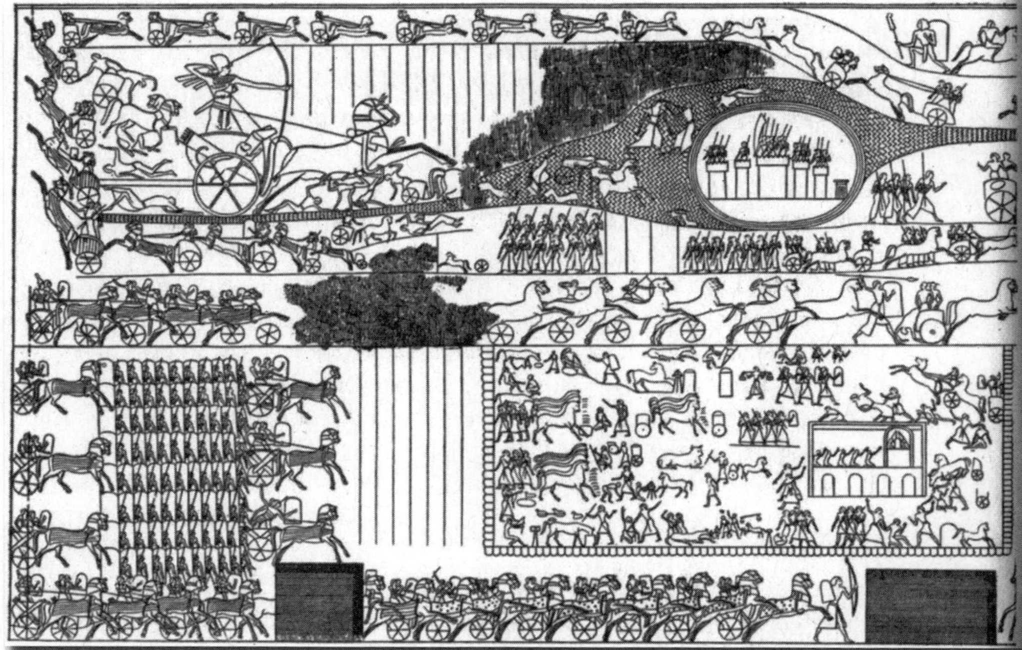

Abb. 2: Darstellung der Schlacht von Kadesch–Karkemisch in Abu Simbel.

unserer Zeit) bei Diodor von Sizilien beweist. Nach einer knappen Beschreibung des Heeres des Pharao, das aus Infanterie und Kavallerie besteht und in vier Divisionen unterteilt ist, zitiert Diodor Hekataios:

> Wie der König eine feste Stadt belagerte, die von einem Strom umflossen war, und wie er den Anderen voran mit einem (wie ein) Löwen auf einige Feinde losstürzte (den Angriff führte).[1]

Neben dem prosaischen Bericht gibt es auf den Wänden der Tempel in Karnak, Luxor und Abydos auch eine poetische Schilderung dieser Schlacht; sie ist ebenfalls auf Papyrusrollen[2] erhalten und erhielt die Bezeichnung *Gedicht des Pentawer*. Pentawer könnte lediglich der Kopist eines der Papyri gewesen sein.[3]

Die Stadt, auf deren Approchen Ramses II. seine Schlacht geschlagen hat, war eine nordsyrische Stadt im Norden des Libanongebirges. Die Stadt Kadesch dieser Schlacht ist nicht jenes Kadesch, das von Thutmo-

[1] Diodor, I, 48 (Übers. Wahrmund).

[2] Der *Papyrus Raifet* (Anfang) und *Sallier III* (Rest). Die erste Seite ist verloren; *Pap. Raifet* ist die zweite Seite und *Pap. Sallier* III S. 3-12.

[3] A. Erman betrachtet Pentawer lediglich als Kopist, und andere Gelehrte folgen ihm.

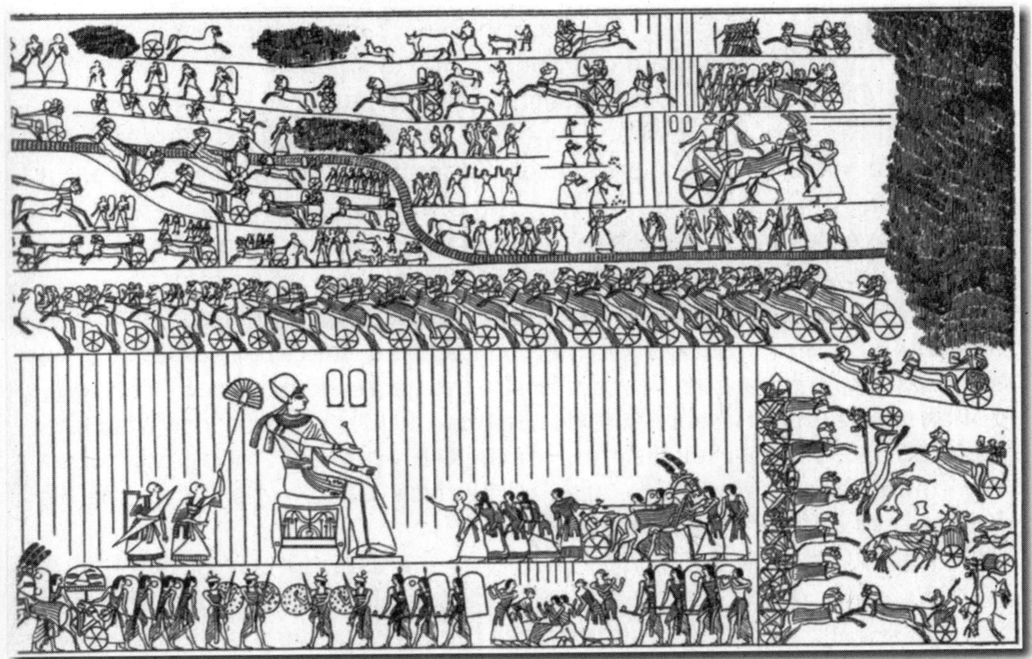

sis III. in Palästina erobert worden war, Jerusalem.[1] Sie ist ebenfalls nicht identisch mit dem Kadesch in Coele-Syrien, einer von Sethos, dem Vater Ramses' II. erstürmten Stadt. Wie die Abbildungen bei Sethos zeigen, lag das von ihm angegriffene Kadesch auf einem bewaldeten Hügel; es gab dort kein Flussufer;[2] Syrer und nicht die "Heta-Leute" verteidigten sie.

Man ist sich allgemein einig, dass weder Kadesch in Palästina noch Kadesch in Coele-Syrien, zwischen den Höhenzügen des Libanon und Hermon, identisch sind mit dem von Ramses her bekannten Kadesch. "Kadesch" oder "Heilige Stadt" war ein Eponym für grosse Tempelstädte; so wird in unserer Zeit die Bezeichnung "Heilige Stadt" oft stellvertretend für Jerusalem, den Vatikan, Mekka und Lhasa gebraucht.

Champollion, der Entzifferer der Hieroglyphen, liess sich durch Diodor von Sizilien irreführen, die Lage von Kadesch in Baktrien, nahe der nordwestlichen Gebiete Indiens, zu suchen.[3] Andere Ägyptologen der ersten Hälfte des 19. Jahrhunderts lokalisierten die Stadt in Mesopotamien; oder

---

[1] *Zeitalter im Chaos*, Band I, *Vom Exodus bis König Echnaton*, »Kadesch in Juda«.

[2] Siehe W. Wreszinski: *Atlas zur altägyptischen Kulturgeschichte*, Band II, Teil 2 (Leipzig 1935), Tafel 53.

[3] J. F. Champollion: *Lettres écrites d'Egypte* (Paris 1833). Die Feinde von Ramses II. identifizierte er mit den Skythen.

nahe am Taurus, nicht weit von Aleppo, oder dann wieder in Edessa jenseits des Euphrats.[1] Aber auf der Suche nach einer Lage, deren Topographie den Geländekarten des Schlachtfeldes entspräche, wie sie von den Künstlern Ramses' II. gezeichnet wurden, plazierten Gelehrte in der zweiten Hälfte jenes Jahrhunderts dieses Kadesch an den Fluss Orontes in Syrien. Die Einschränkung, Kadesch nur am Orontes zu suchen, ist durch eine Lesung des Flussnamens in den hieroglyphischen Texten verursacht worden, die wir werden in Frage stellen müssen.

Obwohl sich die Geländekarten voneinander unterscheiden, zeigen sie dessenungeachtet, dass der Ort der Schlacht an den Ufern eines breiten Stromes lag und dass Kadesch vom Wasser eines kleineren Flusses umgriffen wurde, einem Nebenfluss des Stromes. Jeder Versuch, das Schlachtfeld von Kadesch zu lokalisieren, muss sich an dieser topographischen Eigentümlichkeit orientieren, die "verbindlich ist für jede Lage, die als Kadesch identifiziert werden soll".[2]

Der Fluss Orontes, der im zentralen Syrien entspringt, fliesst durch eine Reihe Seen, in deren erstem es eine kleine Insel gibt. Dieses Becken heisst Bahret el-Qatine und der Gelehrte,[3] der Kadesch auf der Insel inmitten des Sees lokalisierte, konnte aufzeigen, dass dieser See im Mittelalter Bahr el-Kedes genannt worden war.[4] Diese Identifikation wurde allerdings wieder aufgegeben, weil es sich um einen künstlichen, durch einen Damm gebildeten See handelt, der im Altertum nicht existierte. Beide Talmuds schreiben die Errichtung des Dammes dem römischen Kaiser Diokletian (284 – 305) zu.[5]

Darauf wurde ein nur wenige Kilometer südlich des Sees, stromaufwärts liegender Platz gefunden, der den Voraussetzungen entsprechen sollte. Es ist Tell Nebi Mend, oder Laodikea im Libanon, ein künstlicher Hügel, 30 Meter hoch und 1 Kilometer lang, der vom Orontes und einem kleinen Nebenfluss wie durch die zwei Seitenlinien eines Winkels eingegrenzt wird.[6] Eine Mühle in der Umgebung hiess "Qudas", was als Beweis für die Rich-

---

[1] Literatur in G. C. Maspero: *The Struggle of the Nations* (New York 1897), S. 140-141, Fn. 4.

[2] "Elle était encerclée par les eaux; or, cette condition est nécessaire pour tout site qui voudra s'identifier avec Qadesh." M. Pézard: *Qadesh. Mission Archéologique à Tell Nebi-Mend, 1921 – 1922* (Paris 1931), S. 26.

[3] H. K. Brugsch: *Geographische Inschriften altägyptischer Denkmäler* (Leipzig 1857 – 1860), II, 22.

[4] Abulfeda (1273 – 1331) Tabulae Syriae (Leipzig 1786), S. 157: "Der See bei Qades. Jetzt ist es derselbe wie der See Homs."

[5] Der *Jerusalemer Talmud*, Kilaim 60.5; der *Babylonische Talmud*, *Bawa batra* 74 b. Abulfeda (1273 – 1331) wies ebenfalls auf die Tatsache hin, dass der See künstlich angelegt ist.

[6] Claude R. Conder: »Kadesh«, *Quarterly Statement of the Palestine Exploration Fund*, 1881, S. 163-173.

tigkeit der Gleichsetzung ausgelegt wurde. Die Mühle ist wahrscheinlich ein türkisches Gebäude.[1]

Eine Anzahl leidenschaftlicher Verfechter der zuletzt genannten Theorie versucht, seit den achtziger Jahren des vorigen Jahrhunderts nachzuweisen, dass in Tell Nebi Mend – und dort allein – die Bedingungen aus den ägyptischen Texten und Geländekarten erfüllt werden.[2] Bis jetzt blieb Tell Nebi Mend als Örtlichkeit von Kadesch eine nie in Frage gestellte These in der Archäologie.

Ausgrabungen wurden dort 1921 – 1922 unternommen. Es kamen keine Gebäude oder Stadtmauern zum Vorschein, die das Vorhandensein einer Stadt in der zu untersuchenden Periode vermuten liessen. Es ist wahr, dass nur ein kleiner Teil des Hügels erforscht wurde; die Ruinen von Kadesch, so wird uns versichert, liegen unter dem Hügel versteckt und erwarten ihre zukünftigen Ausgräber.

Weder die geographische Lage noch die Topographie von Tell Nebi Mend rechtfertigen seine Gleichsetzung mit dem Kadesch der Schlacht. Was regte diese Gleichsetzung an? Erstens ist es der Name des Flusses, an dessen Ufer die Stadt lag; zweitens ist es ihre Lage in einem Winkel zwischen zwei Flüssen. Wir werden beide, die geographischen als auch die topographischen Gründe für die Identifikation in Erwägung ziehen.

Aus einer um einige Jahrhunderte früheren Zeit kommt ein Hinweis auf den Standort des nördlichen Kadesch, der in der Grabinschrift eines Amenemheb, eines Offiziers im Dienste von Thutmosis III., gefunden wurde: Er lässt nachdrücklich vermuten, dass die Stadt weiter nördlich als Tell Nebi Mend gelegen haben muss. Der Offizier erwähnt in einem kurzen Bericht die Schlachten im südlichen Palästina (Negeb), die Ankunft in Mesopotamien (Naharina) und später in den Bergen der Region von Aleppo; dann die Expedition in das Land von Karkemisch, die Überquerung des Flusses und die Einnahme von Kadesch. Die Schlussfolgerung von Gelehrten lautete, der Offizier habe die Orte, durch welche er auf dem siegreichen Feldzug von Thutmosis III.[3] marschiert war, sehr ungenau aufgezählt; denn er registrierte das nördliche Kadesch im Lande von Karkemisch,

---

[1] Pézard: *Qadesh*, S. 2.

[2] J. H. Breasted: *The Battle of Kadesh* (Chicago 1903), verwendet die Karte von Tell Nebi Mend zur Rekonstruktion der berühmten Schlacht.

[3] "Im übrigen scheint die Grabschrift des Amenemheb die Reihenfolge der Begebenheiten sehr frei wiederzugeben: Negeb, Naharina, Aleppo, Karkemisch, Qades (Kadesch) usw. Natürlich musste Qades erst genommen sein, ehe Nordsyrien und Naharina an die Reihe kommen und selbst der Eufrat überschritten werden konnte." Rudolph Kittel: *Geschichte des Volkes Israel* (4. Aufl.; Gotha, 1921), I, S. 99, Fn. 2.

westlich des Euphrats, den er und seine Truppen, von Osten kommend, überquert hatten.

Das sieghafte Heer von Thutmosis hätte weder Aleppo noch einige Regionen Mesopotamiens erobern können, ohne zuerst Tell Nebi Mend an der von Ägypten her nordwärts führenden Marschroute zu nehmen.

Aber lag das durch Ramses berühmte Kadesch am Orontes? Im *Gedicht des Pentawer* wird der Name "r-n-t" buchstabiert, und es könnte beinahe ungerechtfertigt erscheinen, nach 90 Jahren – seit dem Tag, als Conder Tell Nebi Mend mit dem Kadesch der Schlacht identifizierte – die Frage wieder aufzuwerfen. Die phonetische Ähnlichkeit ist zu gut, um sie anzuzweifeln. Doch im *Papyrus Sallier*, der sich mit dem gleichen Feldzug befasst, wird der Name des Flusses mit "n-r-t" wiedergegeben; die Benennungen "r-n-t", "n-r-t" und "p-n-r-t" sind in einer ganzen Anzahl hieroglyphisch geschriebener Dokumente zu finden; ihre verwirrend unbekannte Bedeutung veranlasste zwei Gelehrte, Bürnouf und Lagarde, die Theorie aufzustellen, dass "r-n-t" der Name vieler Flüsse und Berge sei.

Wenn aber das oft genannte "p-n-r-t" oder "r-n-t" für den Orontes steht, dann hat seltsamerweise der grosse Strom Euphrat im Ägyptischen keinen Namen. Sein babylonischer Name war Puratu, und sein hebräischer Name lautet ähnlich: Prat. Im Ägyptischen kann der Anfangsbuchstabe p ausfallen, wenn er als bestimmter Artikel verstanden wird, wie es aus anderen Beispielen bekannt ist. Es wäre nicht überraschend, den Orontes in ägyptischen Quellen nicht erwähnt zu finden, aber wie könnte der grosse und berühmte Euphrat – neben dem Nil der grösste Fluss in der Welt, welche die Ägypter kannten – namenlos sein?

Gemäss Strabon erhielt der Fluss in Syrien seinen Namen Orontes nicht vor dem 4. Jahrhundert v. u. Z. Strabon liefert die folgende Information: "Er (der Fluss) nahm aber den Namen des ihn überquerenden Orontes an, nachdem er früher Typhon geheissen hatte."[1]

Dieser Orontes war ein gebürtiger Baktrier,[2] Sohn des Artasyras; er heiratete eine Tochter von Artaxerxes II. Mnemon, dem persischen König,[3] und war in Syrien und in Kleinasien tätig.[4] Im Jahr -349 oder -348 wurde ihm durch einen Entscheid der Athener das athenische Bürgerrecht verliehen.

---

[1] Strabon: *Erdbeschreibung*, XVI, 750 (übers. Foringer).

[2] Baktrien war eine persische Satrapie zwischen dem Hochgebirge des Hindukusch und dem Oxus (Amu-Darja).

[3] Xenophon: *Anabasis*, III, iv, 8; Plutarch: *Lebensbeschreibungen*, »Artaxerxes«, 27.

[4] Unter Tiribazos war er im Krieg gegen Euagoras von Zypern stellvertretender Kommandeur und schloss ohne Wissen von Tiribazos mit Euagoras einen Friedensvertrag (Diodor, XV, ii, 2). Er amtierte als Satrap von Armenien (Xenophon, Anabasis, III, v, 17). In Kleinasien wurde er zum

Es kann aber unmöglich vermutet werden, dass ein Fluss, der seinen Namen einem wohlbekannten baktrischen General verdankt, der im 4. Jahrhundert eine Brücke darüber baute, schon tausend Jahre früher den Namen dieses Generals getragen hat. Allerdings entscheidet dieses spezifische Argument, das sich so schlagend anhört, die eigentliche Sachlage nicht unbedingt. In den Aufzeichnungen Salmanassars III. über seinen Krieg mit Hazael von Damaskus verweist er darauf, die Überreste von dessen Heer in den Fluss Arantu geworfen zu haben, der sowohl der Orontes als auch der Euphrat sein könnte. Es scheint also, wie wir gerade aus der Auffassung der frühen Orientalisten erfahren haben, dass ähnliche oder gar identische Bezeichnungen "r-n-t", "n-r-t" und "p-n-r-t" auf mehr als einen Strom der Region angewendet wurden. Um die Frage nach dem Fluss der berühmten Schlacht zu klären, sind wir deshalb gezwungen, uns der Topographie der Schlacht von Kadesch zuzuwenden und danach auch die Orte zu berücksichtigen, die nach den hieroglyphischen Texten von Ramses II. auf dem Weg nach Kadesch berührt wurden.

Die Topographie von Kadesch, wie sie von Ramses II. abgebildet wird, widerspricht auch der Ortsbeschreibung von Tell Nebi Mend. Auf dem Relief von Ramses II. ist die Stadt Kadesch, wie schon bemerkt, von Wasser umgeben: Nördlich der Stadt fliesst ein grosser Fluss, und ein kleiner Fluss umkreist die Stadt im Süden. Aber Tell Nebi Mend ist nicht auf allen Seiten von Wasser umgeben, da die Grundlinie des Dreiecks, von der zwei Seiten durch den Orontes und den hinzustossenden Fluss gebildet werden, nicht durch einen Wasserriegel abgesperrt wird. Darüber hinaus stimmt die Lage des Flusses in bezug auf den Hügel von Tell Nebi Mend nicht mit den Geländekarten von Ramses II. überein.

Das *Gedicht des Pentawer* verrät, dass der Pharao im Norden der Stadt, auf dem westlichen Flussufer halt machte; auch der prosaische Schlachtbericht stellt dar, dass sich Ramses II. im Nordwesten der Stadt befand, als die Schlacht begann. "Aber wenn sich Norden auf der Seite der ägyptischen Zeichnung befindet, wo der Pharao ist, dann stellt sie ihn auf der Ostseite des Flusses dar. Oder andererseits, wenn, wie der Text sagt, er in der ägyptischen Zeichnung auf der Westseite des Flusses sein sollte, dann zeigt ihn die Zeichnung im Süden der Stadt und nordwärts angreifend. In keiner Weise lässt sich eine einzige der vier alten Zeichnungen des Schlachtfeldes mit den Daten der Inschriften zur Übereinstimmung bringen."[1]

(Forts.) erklärten Feind des persischen Königs; in Syrien wurde er durch Artaxerxes III. (Ochus) bedrängt. Die Athener verehrten ihm einen goldenen Kranz zusammen mit dem Bürgerrecht.

[1] »Poem of Pentaur« in Breasted: *Records*, Vol. III, Sec. 335.

Kadesch, wie es auf den Bildern von Ramses II. gezeigt wird, war befestigt durch einen hufeisenförmigen Damm und durch einen anderen, kürzeren, der den breiten Strom berührte. Die zwei Eindämmungen waren durch zwei Bastionen verbunden, und der befestigte Bereich hatte das Aussehen eines Ovals. Ausserhalb dieser Wälle umfasste ein Graben die Stadt, und eine doppelte Mauer vervollständigte die Festungswerke. Hohe Turmbollwerke traten aus der Mauer heraus; eine Krone dreieckiger Zinnen entlang der Brustwehr diente dem Schutz der Soldaten auf der Mauer und auf den Bastionen.

Weder die doppelten Mauern mit ihren Bollwerken noch die Gräben wurden in Tell Nebi Mend aufgedeckt. Wenn die Mauern immer noch von der Erde des Hügels bedeckt sind, so sollten wenigstens Anzeichen von Befestigungswerken in der näheren Umgebung des Hügel erhalten sein. Doch wurden solche bisher nicht freigelegt.[1]

Der Mangel an Übereinstimmung zwischen den Geländekarten und der eigentlichen Topographie und Lage von Tell Nebi Mend sowie seiner Befestigungen genügte nicht als Warnung, dass dies der falsche Ort sein könnte; die Gelehrten, die die Abweichungen zwischen den ägyptischen Geländekarten und der Stätte selbst hervorhoben, bezweifelten noch immer nicht, dass Tell Nebi Mend das Kadesch der Schlacht von Ramses II. war.

In einem bald folgenden Abschnitt wird die Topographie der Schlachtenkarten von Ramses II. mit der Topographie von Karkemisch verglichen werden. Was aber stellt dann Tell Nebi Mend dar? Welchen historischen Ort verbirgt der Hügel?

Nur wenige Kilometer von Tell Nebi Mend entfernt ist ein arabisches Dorf namens Riblah, in der Tat der dem Hügel am nächsten liegende bewohnte Ort. Das Dorf von Riblah hat keinen Tell oder Hügel; trotzdem wird allgemein angenommen, dass das Dorf die Stätte der alten Festung dieses Namens einnimmt. Ribla, die Festung im "Lande von Hamath", spielte eine wichtige Rolle als das militärische Hauptquartier zuerst von Pharao Necho und danach von Nebukadnezar. Dort schlug der Pharao Joahas, den König von Jerusalem, in Ketten (II Könige 23:33); dort blendete Nebukadnezar König Zedekia (II Könige 25:1, Jeremia 39:7).

Bei seiner fruchtlosen Erforschung von Tell Nebi Mend fand Pézard ein Fragment einer Stele von Sethos dem Grossen, dem Vater von Ramses II.

---

[1] Wreszinski: *Atlas*, Band II, Teil 4, Tafel 173.

Es scheint, dass Sethos die Festung von Ribla erbaute.[1]

Pézard starb bald, nachdem er die Arbeit aufgenommen hatte; wäre sie weitergeführt worden, wären ganz unerwartete Funde ans Licht gekommen. Versteckt unter einem kilometerlangen Hügel liegt nicht Kadesch, sondern Ribla, das militärische Hauptquartier von Sethos; und von Pharao Necho; und kurz danach von Nebukadnezar. Aber zwischen Sethos und Necho vergingen angeblich 700 Jahre. Der Tell verbirgt eine reiche Belohnung für jene, die die Arbeit von Pézard wieder aufnehmen, dessen Spaten seit mehr als 50 Jahren rosten.

Das Heer von Ramses II.

Das ägyptische *Gedicht des Pentawer* hat zum Ziel, das persönliche Heldentum des Pharao zu preisen und zu berichten über den "Sieg, welchen er gewonnen hat im Land derer von Hatti, Naharina ... Karkemisch, Qadi, (dem) Land von Kadesch ..."[2]

Ein anderes Gedicht, von Jeremia geschrieben, trägt den Titel: "Über das Heer des Pharao Necho, Königs von Ägypten, das am Strom Euphrat bei Karkemisch stand, das Nebukadnezar, König von Babel, schlug, im vierten Jahr Jojakims Sohns Joschijahus, Königs von Jehuda."[3]

Im zehnten Monat des fünften Jahres seiner Regierung passierte Usermare Setepenre (Ramses II.) die Festung Zaru an der ägyptischen Grenze,

> ... als alle Fremdländer vor ihm zitterten und ihre Häuptlinge ihre Geschenke brachten ... sich beugten in Furcht vor der Macht seiner Majestät.[4]

Jeremia beschrieb den Beginn dieses Feldzuges mit den folgenden Worten:

> Jeremia 46:8 Ägypten, wie der Nil steigt es auf, ... es spricht: Ich steige auf, ich bedecke die Erde ...

Alle Länder an Pharaos Weg, einschliesslich Juda, waren mit Furcht erfüllt vor der zur Schau gestellten Macht. Ohne Zwischenfall und ungehindert setzte der Pharao seinen Weg nach Norden fort.

---

[1] Pézard: *Qadesh*, S. 19-21, Tafel XXVIII.
[2] A. Gardiner: *The Kadesh Inscriptions of Ramesses II* (Oxford 1960), S. 7.
[3] Jeremia 46.
[4] Gardiner: *The Kadesh Inscriptions of Ramesses II*, S. 8.

Ramses II. passierte das Tal der Zedern und die Festung von Ribla. "Seine Majestät drang nordwärts vor (und) erreichte das Hügelland von Kadesch."

Sein Feind war der "elende Häuptling von Hatti". Dieser Widersacher stand nicht allein: Syrische Alliierte waren bei den Truppen des "Königs von Hatti".

Nun war der elende Frevler von Kadesch gekommen und hatte alle Fremdländer bis zum Ende des Meeres versammelt; das ganze Land Hatti war gekommen ... (hier werden die nordsyrischen Städte mit Namen aufgeführt).[1]

Ähnlich lesen wir in Jeremia, dass die Städte Nordsyriens mit Nebukadnezar verbündet waren und dass "das Heer Arams (der Syrer)" das "Heer der Chaldäer" unterstützte (Jeremia 35:11).

Gemäss den ägyptischen Texten bestand das Heer von Ramses aus vier Divisonen:

> Die Division des Amun ... die Division des Re ... die Division des Ptah ... die Division des Seth.

Dem hebräischen Gedicht Jeremias folgend, setzte sich dieses Heer zusammen aus Ägyptern, Äthiopiern, Libyern "fassend den Schild", und aus Lydiern "fassend spannend den Bogen!" (Jeremia 46:9). Auf diese Divisionen beziehen sich die Worte des Propheten:

> JEREMIA 46:3 Rüstet Schild und Tartsche, tretet an zum Kampf!
>
> 4 Schirret die Rosse, steigt, ihr Reisigen, auf! Stellt euch in Helmen! Feget die Speere! Legt die Panzer an!

Deutlich werden im ägyptischen Gedicht die Söldner des Pharao erwähnt, genannt die "Sardan". Söldner des Pharao treten auch im Gedicht des Jeremia auf (46:21):

> Auch deine Söldner drinnen sind Mastkälbern gleich.

Schon in alten Zeiten sind für das ägyptische Heer Krieger aus den Nachbarländern Äthiopien und Libyen rekrutiert worden. Zur Zeit von Sethos Ptah Maat, dem Vater von Ramses II., wurde eine Söldnerdivision, die Sardan, zur ständigen Einheit im ägyptischen Heer. Es kann nachgewiesen werden, dass von den zwei Theorien über das Herkunftsland der Sardan-Söldner – ob sie aus Sardinien oder aus Sardes (in Lydien) kommen – die zweite Gleichsetzung richtig und die erste falsch ist: Zu Sethos, dem

---

[1] Ebenda.

Psammetich der griechischen Autoren, sandte Gyges, der König von Sardes, Söldner, die auf dem Seeweg eintrafen und für die der Pharao Lager in Tefenne (Daphne) im östlichen Delta bereitstellte.

Die Begründung der Identität von Ramses II. mit Pharao Necho veranlasst uns auch zur Suche nach einer Erklärung aus Jeremia: Wer waren die Glücksritter der Sardan im ägyptischen Heer?

Neben den Ägyptern selbst nannte Jeremia (46:9) als Einheiten des ägyptischen Heeres, "das am Strom Euphrat bei Karkemisch stand" und gegen Nebukadnezar kämpfte, die Äthiopier, die Libyer und die Lydier. Die Libyer und Äthiopier waren eigentliche Nachbarn Ägyptens. Zu verschiedenen Zeiten in der ägyptischen Geschichte regierten Libyer und Äthiopier den ganzen Herrschaftsbereich, und Grossägypten umfasste zumindest Teile von Libyen im Westen und von Äthiopien im Süden. Die Lydier (im Hebräischen "Ludim", Plural von "Lud","Lydien") waren Leute im westlichen Kleinasien. Es kann keine Verwechslung geben: die Lydier des Jeremia waren die Sardan von Ramses II. Sardes war die Hauptstadt Lydiens. Sardan bedeutet "die Männer aus Sardes".

Die Schlacht von Kadesch-Karkemisch

Die berühmte Schlacht von Kadesch nahm folgenden Verlauf. Ramses II. marschierte mit der Division Amun und erreichte, ohne die Nähe des Feindes zu ahnen, einen Punkt nordwestlich von Kadesch. Er verlieh seiner Empörung Ausdruck:

> Dies ist ein grosser Frevel, den die Statthalter der Fremdländer und die Häuptlinge des Pharao begangen haben, indem sie den Gefallenen von Hatti nicht verfolgen liessen, wo immer er war, so dass sie darüber täglich an Pharao hätten Bericht erstatten können.[1]

Ramses wollte Kadesch durch einen Sturmangriff erobern und belagerte es deshalb nicht. Die feindlichen Truppen, die, von Norden kommend, erwartet wurden, befanden sich versteckt hinter der Stadt. Im geeigneten Zeitpunkt marschierten sie hinter den Mauern hervor und attackierten, da sie von Süden her kamen, das Korps des Re, welches der Amun-Division folgte.

---

[1] Gardiner: *The Kadesh Inscriptions of Ramesses II*, S. 30.

> Sie waren hinter die Stadt von Kadesch gestellt worden, um sie verborgen zu halten, und nun kamen sie hervor von der Südseite von Kadesch und brachen in die Division des Re in ihrer Mitte, wie sie marschierte und sich nicht zurechtfand und auf den Kampf nicht vorbereitet war. Daraufhin wurde vor ihnen die Infanterie und die Wagentruppe Seiner Majestät zerschlagen ...[1]

Das ohne Vorwarnung überfallene ägyptische Heer zog sich nach Norden zurück. Die "Kriegsannalen" wiederholen die Schilderung des Gedichtes und vermerken die Richtung des Rückzuges.

> ... Der erbärmliche Frevler von Hatti war mit seiner Infanterie und seiner Wagentruppe gekommen, wie auch mit den vielen Fremdländern, die bei ihm waren, und sie hatten die Furt durchquert, die im Süden von Kadesch ist. Dann waren sie in die Mitte des Heeres Seiner Majestät hineingetreten, während sie marschierte und sich nicht zurechtfand. Dann wurden die Infanterie und die Wagentruppe Seiner Majestät vor ihnen zerschlagen, während sie nordwärts gingen, wo Seine Majestät war.[2]

Dieser aufreibende Rückzug des hochgelobten und vielgefürchteten Heeres wird von Jeremia beschrieben (46:5-6):

> JEREMIA 46:5 Weshalb muss ich's sehn?! Da sind sie, bestürzt, sie weichen zurück, ...
> 6 Nimmer entflieht nun der Schnelle, nimmer rettet der Held sich! nordhin, dem Strom Euphrat zuseiten, straucheln sie, fallen!

Jeremia und Ramses erklären beide, dass der Rückzug der Ägypter in nördlicher Richtung erfolgte. Weshalb war es wichtig festzuhalten, in welche Richtung sich die Ägypter zurückzogen? Ein sich zurückziehendes Heer flieht gewöhnlich in Richtung des Landes, von wo es kam. Von Süden her verfolgt, flüchteten die Ägypter nach Norden, fort von ihrem Land und ihren Stützpunkten.

Mittlerweile umzingelten die Truppen des "elenden Häuptlings von Hatti" die Leibgarde Seiner Majestät. So lautet Ramses' eigener Bericht:

> Alle Fremdländer waren gegen mich vereinigt, ich war für mich allein, niemand sonst mit mir, meine zahllose Infanterie hatte mich verlassen, nicht ein einziger meiner Wagentruppe sah auf mich.[3]

Ein ähnliches Bild des panisch flüchtenden ägyptischen Heeres zeichnet Jeremia:

---

[1] Ebenda, S. 8-9

[2] Ebenda, S. 30

[3] Ebenda, S. 10. Breasted: *Records*, Vol. III, Sec. 327, übersetzt den letzten Satzteil: "Nicht einer unter ihnen widerstand und kehrte um."

> JEREMIA 46:5 ... ihre Helden zerstieben, fliehen in Flucht, wenden sich nicht! Grauen ringsum!

Die Verfolger "bedeckten die Berge wie Heuschrecken in ihren Schwärmen" schrieb Pentawer. "... denn mehr als der Heuschrecken sind ihrer, sie haben keine Zahl", sagt Jeremia (46:23) von ihnen.

Aus dieser gefahrvollen Situation rettete sich der ägyptische König durch einen verwegenen Angriff: Er stürmte in das Heer des "elenden Häuptlings von Hatti". "Wie ein grimmig blickender Löwe" schlug sich der Pharao einen Ausweg.

> Dann schaute Seine Majestät in die Runde und fand sich rings umgeben von 2500 Pferdegespannen ... zu dritt auf einem Rossegespann als eine Einheit.[1]

Es ist schwer zu beweisen, wieviel Wahrheit die poetische Beschreibung des mutigen, von seinen Truppen verlassenen Pharao enthält. Der ägyptische Autor schreibt seinem König die Kühnheit eines Löwen zu. (Das Gedicht ist in der ersten Person geschrieben, wie wenn König Ramses II. der Autor wäre.) Gewiss war es ein schwieriges und riskantes Bravourstück, einen Ausweg aus der Schlacht zu finden. Auch der hebräische Prophet stellte klar, dass der Pharao mit seinem Leben davonkam. Wie wir später sehen werden, hat ihm dabei ein Abteilung von "naarim", hebräisch für "Jünglinge", geholfen.

Die Beschreibungen der Schlacht und ihres Ausganges in den hebräischen und in den ägyptischen Quellen lauten sehr gleichartig: Missgeschick, Niederlage und Flucht. Das Prestige Ägyptens war zerschmettert.

Der ägyptische Autor lud Schande auf das Heer, aber nicht auf den König, der als Held präsentiert wird und seinen Streitkräften ihre Zaghaftigkeit vorhält.

> Wie zaghaft sind eure Herzen, meine Wagenkämpfer, und auch kein Vertrauenswürdiger ist mehr unter euch ...
> Und seht, ihr habt eine zaghafte Tat begangen, gemeinschaftlich an einem Ort. Nicht ein Mann stand unter euch, um mir seine Hand zu reichen, als ich kämpfte.[2]

Während er sein Heer tadelt, sagt der Pharao von sich selbst:

> Die Völker haben mich gesehen: Sie werden meinen Namen in den entferntesten Ländern nennen.

---

[1] Gardiner: *The Kadesh Inscriptions of Ramesses II*, S. 9.
[2] Ebenda, S. 11.

Aber Jeremia war anderer Meinung:

> JEREMIA 46:12 Die Weltstämme hören deinen Schimpf, dein Kreischen füllt die Erde, ...

Laut dem Gedicht gelang es Ramses, über einen Umweg die zwei Divisionen zu erreichen, die an der Schlacht nicht teilgenommen hatten; er besprach sich mit seinen Offizieren und hörte ihren Ratschlag, nach Ägypten zurückzukehren. Es war ein gehetzter Rückzug.

In Jeremias Worten:

> JEREMIA 46:15 Deine Reckengewalt, weshalb wird sie hinweggeschwemmt? Sie hält nicht stand, denn ER stösst sie nieder!
> 16 Viele verstrauchelt er, der Mann fällt gar über seinen Genossen, sie sprechen: Auf, kehren wir heim zu unserm Volk, zum Land unserer Geburt vor dem verheerenden Schwert!

Das unmittelbare Ergebnis der Schlacht war, dass die Reste des ägyptischen Heeres nach Ägypten entkamen; Syrien und Palästina gingen dem Pharao verloren und fielen unter die Herrschaft Nebukadnezars.

"Strategisch war das Ergebnis eine Niederlage für die Ägypter, und sie mussten sich, ohne irgend etwas erreicht zu haben, nach Hause zurückziehen ..." schrieb ein Historiker über die Regierungszeit von Ramses II.; "die Revolte (von Syrien-Palästina) muss sich weit nach Süden ausgebreitet haben."[1]

Tabelle der Schlacht von Kadesch-Karkemisch

Hebräische Quellen über Pharao Necho:	*Ägyptische Quellen über Ramses-Setepenre (Ramses II.):*
ZEIT	
Vier Jahre nach dem ersten Eindringen Pharao Nechos in Palästina. *Vgl.* II Chronik 35:20; 36:2,4; Jeremia 46:2.	Vier Jahre nach dem ersten Eindringen Pharao Ramses' II. in Palästina. *Vgl.* Stele aus dem 2. Jahr bei Nahr el-Kelb; Assuan-Stele; *Annalen*; *Gedicht des Pentawer*.
ORT	
"Am Strom Euphrat bei Karkemisch." Jeremia 46:2.	"Im Lande Hatti, Nahrina, Karkemisch, Qadi, dem Land von Kadesch." *Gedicht des Pentawer.*

[1] R. O. Faulkner in *The Cambridge Ancient History*, II, 2 (1975), S. 228. .

Topographie

Bei einer auf allen Seiten von Wasser umgebenen Festung; die Festung hat doppelte Mauern und Gräben; sie ragt in einen großen Strom; in der Nähe ist ein heiliger See. *Vgl.* Beschreibung und Pläne der Karkemisch-Ausgrabungen.

Bei einer auf allen Seiten von Wasser umgebenen Festung; die Festung hat doppelte Mauern und Gräben; sie ragt in einen großen Strom; in der Nähe ist ein heiliger See. *Vgl.* die vier Geländekarten auf den Mauern von Karnak.

Lage

Karkemisch ist im Norden von Bab.

Das Schlachtfeld war im Norden von Bab.

Verbündete

Das "Heer Arams (Syrer)" auf der Seite des chaldäischen (babylonischen) Heeres, Jeremia 35:11.

"Heere der syrischen Städte" auf der Seite des Heeres von Hatti. *Gedicht des Pentawer.*

Pharaos Heer

Vier Divisionen: Ägypter, Äthiopier, Libyer, Lydier. *Vgl.* Jeremia 46:9. Die Lydier waren Söldner. Jeremia 46:9; 21. Wagentruppen nahmen an der Schlacht teil. Jeremia 46:9.

Vier Divisionen: Amun, Re, Ptah und Seth. *Vgl. Gedicht des Pentawer*. Die Sardan, d. h. "die aus Sardes" in Lydien, waren Söldner.
Wagentruppen nahmen an der Schlacht teil. *Annalen* Ramses' II.; *Gedicht des Pentawer.*

Schlachtverlauf

Das ägyptische Heer "zerstiebt und flieht". Jeremia 46:5.

Plötzlich angegriffen, wurden "die Infanterie und die Wagentruppe Seiner Majestät zerschlagen". Gedicht über die Schlacht von Kadesch; *Annalen*.

Der Rückzug des ägyptischen Heeres entwickelt sich zur Flucht

"Ihre Helden zerstieben, fliehen in Flucht, wenden sich nicht!" Jeremia 46:5.

"Meine zahllose Infanterie hat mich verlassen, nicht einer meiner Wagentruppe sah auf mich." *Annalen* Ramses' II.

Die Flucht ging in Richtung Norden, weg von Ägypten

"... nordhin, dem Strom Euphrat zuseiten, straucheln sie, fallen!" Jeremia 46:6.

"Dann wurden die Infanterie und die Streitwagen Seiner Majestät vor ihnen zerschlagen, während sie nordwärts gingen." *Annalen*.

Die Festung von Karkemisch

Jeremia offenbart den Ort der Schlacht: es war Karkemisch. Wenn Jeremia und Pentawer dieselbe Schlacht beschreiben, so folgt, dass Tell Nebi Mend am Orontes nicht der Schauplatz der grossen Auseinandersetzung war. Wir müssen nun untersuchen, ob Karkemisch mit den Zeichnungen von Ramses II. im Einklang steht.

Karkemisch wird mit dem Hügel von Dscherablus am Westufer des Euphrats identifiziert.[1]

Von Aleppo her verläuft die Strasse nordöstlich an Bab, Arima und Hierapolis der griechischen und römischen Zeit vorbei, überquert dann das Tal des Sagur, eines von rechts kommenden Nebenflusses, um dann Dscherablus am Euphrat zu erreichen.

Ein grosser, aus alten Zeiten stammender Hügel beherrscht das rechte (wegen der Flusswindungen hier südliche) Ufer des Euphrats, wo jetzt nahe der syrisch-türkischen Grenze die Bagdad-Eisenbahn den Fluss überquert. Noch bevor am Hügel gegraben wurde, sind dort grosse Steinblöcke mit "hethitischen" Inschriften und Zeichen gefunden worden. Sie zogen die Aufmerksamkeit auf sich und liessen auf die Identifizierung des Hügels mit Karkemisch schliessen.

Die Stätte, wie sie von ihren Ausgräbern beschrieben wurde, "ist durch eine hufeisenförmige Eindeichung gekennzeichnet", und durch "einen hohen Zitadellenhügel, der vom Flussufer zu einer Höhe von 120 Fuss (36,6 Metern) über dem mittleren Wasserspiegel des Euphrats emporsteigt".[2] Die zwei Eindämmungen – jene in Form eines Hufeisens und jene der Zitadelle – bilden zusammen ein Oval.[3] Die Hufeiseneindeichung ist von einem tiefen Graben umgeben. "Die Eindämmung steigt sehr steil zu Höhen zwischen 9 und 15 Metern von dieser Einsenkung empor."[4] – "Der Hügel erhob sich 20 Meter über die ursprüngliche Oberfläche; auf seiner Aussenseite war ein Graben, rund fünf Meter tief."[5]

Ein weiterer Graben befand sich auf der Innenseite des Dammes. Entlang der Eindämmung verliefen also zwei mit Wasser gefüllte Gräben.

---

[1] Erstmals von W. H. Skene und G. Smith identifiziert. Siehe D. G. Hogarth: *Carchemish; report on the excavations at Djerabis in behalf of the British Museum conducted by C. Leonard Woolley and T. E. Lawrence, Pt. 1*, Introductory (London 1914).

[2] Ebenda, S. 1.

[3] R. Koldewey: *Die Architektur von Sendschirli* (Berlin 1898), S. 179, beschreibt es als Kreis.

[4] Hogarth: *Carchemish, Pt. 1*, Introductory, S. 1.

[5] C. L. Woolley: *Carchemish*, Vol. 2: *The Town Defences* (London 1921), S. 44.

Die Bilder von Ramses II. passen auf diesen Plan der Befestigungen. Die hufeisenförmige Festung ist von Gräben umgeben. "Kadesch ist in einem tiefgelegenen Tal von Wallgräben umgeben."[1] – "Die Stadt wird mit einem doppelten Graben abgebildet."[2]

Wir rufen uns ins Gedächtnis zurück, dass Tell Nebi Mend nicht von Wallgräben umgeben ist; auch wurden dort keine Spuren von Eindämmungen gefunden.

Die hufeisenförmige Eindeichung von Karkemisch war von einer Doppelmauer gekrönt, und auch "die Flussmauer war eine doppelte".[3] Zusätzlich zum inneren Verteidigungsring besass die Stadt auch äussere Verteidigungsanlagen, die "aus zwei, ungefähr neun Meter auseinanderstehenden Mauern gebildet wurden".[4]

Die Zeichnungen der Stadt Kadesch von Ramses II. zeigen ebenfalls vier parallele Linien, welche zwei um die Festung herum verlaufende Mauern repräsentieren.

Auf der Karte der Ausgräber von Karkemisch können zwischen dem Zitadellenhügel und der Hufeiseneindämmung, im Nordwesten und im Südosten der Zitadelle, zwei Festungswerke gesehen werden. An "der Nordwestecke, dicht am damaligen Ufer des kleinen Flusses", wurde "der Übergang vom Hügel zum Mauerwerk durch ein grosses Fort markiert", und eine ähnliche Befestigung befand sich im Südosten.[5]

Auf der Zeichnung des Künstlers von Ramses II. unterbrechen zwei Quadrate die Linienführung der Mauern: sie verraten zwei Forts oder Bastionen.

Neben den zwei Forts wurden die Mauern von Karkemisch durch Türme unterbrochen. "Türme aus Ziegeln waren an die Mauer gebaut."[6]

Die Zeichnungen von Ramses zeigen diese Türme ebenfalls. Sie können mit dem von Salmanassar III. stammenden Bild verglichen werden. Dieser König hatte Karkemisch 250 Jahre vor Nebukadnezar besetzt und liess durch seinen Künstler die Frontalansicht von Karkemisch auf dem Bronzetor von Balawat abbilden.[7]

---

[1] Breasted: *Records*, Vol. III, Sec. 140, note.
[2] Conder: *Quarterly Statement of the Palestine Exploration Fund*, 1881, S. 164.
[3] Woolley: *Carchemish*, Pt. 2, S. 46 und 47.
[4] Ebenda, S. 50.
[5] Ebenda, S. 47.
[6] Ebenda, S. 46.
[7] L. W. King: *Bronze Reliefs from the Gates of Shalmaneser* (London 1915). Im Verlauf von zweieinhalb Jahrhunderten seit Salmanassar III. wurde Karkemisch von assyrischen Königen wiederholt gestürmt und besetzt.

Es gibt ein weiteres Detail: Auf den Bildern von Ramses II. und Salmanassar III. tragen Türme und Mauern einen Kranz von Dreiecken. Einige dieser Dreiecke oder Schartenbacken wurden im Verlauf der Ausgrabungen in Karkemisch gefunden.[1]

Die Stadt der Schlacht, die im Ramesseum im westlichen Theben abgebildet ist, wird wie folgt beschrieben: "Eine von einem Fluss umgebene Festung, nicht weit vom Ufer eines Sees gelegen."[2]

"Gerade südlich des westlichen Tordurchbruches" von Karkemisch befindet sich eine Landsenke. "Dieser Senke, die keinerlei Bauspuren enthält, ist vermutlich ein Freigelände, oder vielleicht sogar ein heiliger See."[3]

Der Zitadellenhügel von Karkemisch liegt auf einem Felsen, seine nördliche Front "ragt bogenförmig in den Euphrat".[4]

Diese Situation legte dem Künstler von Ramses nahe, die Befestigungen direkt ans Wasser angrenzend zu zeichnen. "Wir sehen hier die Stadt Kadesch, wo die Schlacht geschlagen wurde, so gänzlich von Gräben umgeben, dass es scheint, als liege sie eher. im Orontes selbst, als ihm entlang."[5] Aber diese Beschreibung trifft auf Tell Nebi Mend nicht zu.[6]

Auf die Lage von Karkemisch trifft sie zu. "Der Euphrat, von Norden kommend, dreht hier gegen Südosten, nach dem Zufluss eines kleinen Gewässers, das aus einem Tal im Westen kommt. Nachdem es, eine Meile weiter oben, den Weiler Yunus passiert hat, zweigt von diesem Flüsschen ein Mühlgerinne ab, und es erreicht schliesslich den Hauptfluss, etwa 100 Meter oberhalb der Zitadelle."[7]

---

[1] Woolley: *Carchemish*, Pt. 2.

[2] Condor: *Quarterly Statement of the Palestine Exploration Fund*, 1881, S. 164.

[3] Hogarth: *Carchemish*, Pt. 1, S. 2.

[4] Ebenda.

[5] Breasted: *Records*, Vol. III, Sec. 335.

[6] "In den Reliefs wird die Stadt fälschlicherweise als Insel im Fluss dargestellt." Gardiner: *The Kadesh Inscriptions of Ramesses II*, S. 16.

[7] Hogarth: *Carchemish*, Pt. 1, S. 2.

Abb. 3: Die Festungsmauer von Karkemisch in den Reliefs von Ramses II. und auf einem Bronzerelief von Salmanassar III.

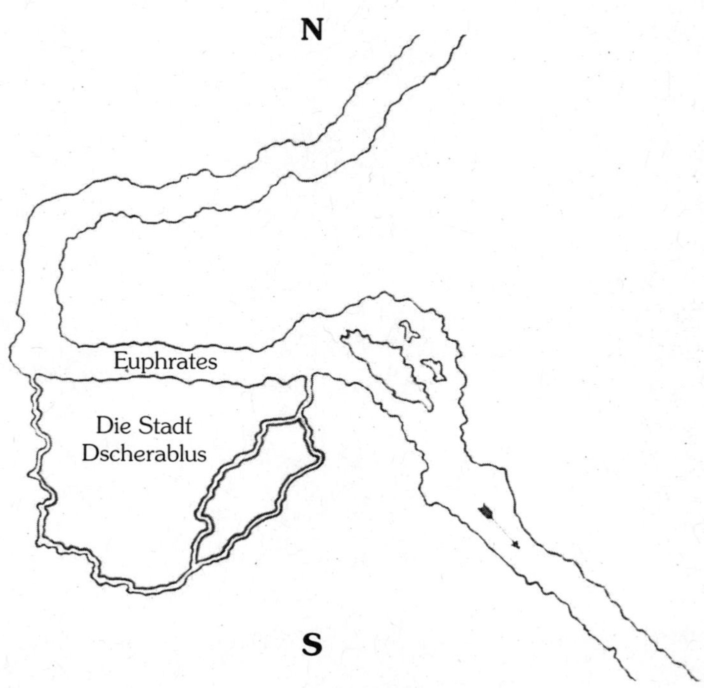

Der Euphrat, der Nebenfluss Yunus und der Mühlbach umgeben Dscherablus (Karkemisch) von allen Seiten mit einer Wasserbarriere. Eine Planskizze der "Stadt Dscherablus" in einem 1754 veröffentlichten Buch illustriert dies.[1]

Diese Topographie einer von Wasser umgebenen Stadt erfüllt die Bedingung, die "verbindlich ist für jede Lage, die als Kadesch identifiziert werden soll".[2] Keine andere vorgeschlagene Stätte, inklusive Tell Nebi Mend, entspricht dieser Voraussetzung.

Die Topographie der Lage der Festung, der Plan ihrer Befestigungen und ihre architektonische Ausführung identifizieren das Kadesch von Ramses II. mit Karkemisch.

---

[1] Alexander Drummond: *Travels ... as Far as the Banks of the Euphrates* (London 1754); die Karte ist abgebildet in Hogarth: Carchemish, Pt. 1, S. 4.

[2] Pézard: *Qadesh*, S. 26.

Die Schlacht

Wir können jetzt die Positionen der Heereskorps des Pharaos Ramses II. rekonstruieren. Als er mit der Division Amun nordwestlich von Karkemisch stand, überquerte die Division Re die Furt des Flusses nrt (oder rnt oder p-rnt) und näherte sich Karkemisch.[1] Die Divisionen Ptah und Seth standen "im Süden der Stadt Arnama".[2] Das ist das heutige Arima.[3] Ihre Offiziere befanden sich einige Kilometer weiter im Süden, an einem Ort namens Baw oder Bav.

"Nun war die Division Re und die Division Ptah auf dem Marsch; sie waren noch nicht eingetroffen, und ihre Offiziere waren im Wald von Baw."[4] So schrieb Ramses in den Annalen der Schlacht.

Baw ist das heutige Bab. Bab und Arima sind aufeinanderfolgende Punkte auf der Strasse von Aleppo nach Dscherablus (Karkemisch). Die Archäologen, die nach dem Kadesch der Schlacht suchten, hätten diese Hinweise auf Baw und Arnama als Lösungshilfen heranziehen müssen.

Ramses erwähnt den "Wald von Baw". Es ist deshalb interessant, im Bericht über die Ausgrabungen in Karkemisch über die Strasse von Aleppo zum Grabungsort folgendes zu lesen: "Die dem Fremden am meisten auffallende Charakteristik des Landes ist dessen Baumlosigkeit. Gegen Norden und Osten bewahren die Berggegenden noch etwas von den Wäldern in alten Zeiten ... Aber das Land an sich ist kahl und schattenlos ... Das war nicht immer der Fall: Ein englischer Reisender aus dem 17. Jahrhundert vermochte sich in den endlosen Wäldern zwischen Aleppo und Bab, wo heute kein einziger Baum wächst, zu verlieren ... Es gibt keinen Zweifel, dass eine ausgedehnte Entwaldung stattgefunden hat, und

---

[1] Das semitische "parat" wurde im Ägyptischen zu "ranat", da der Buchstabe "n", wie häufig in dieser Sprache, nur schwach ausgesprochen und der Buchstabe "p" fallengelassen wird, weil die Ägypter ihn als "der" ("pi") vor dem Namen des Flusses verkannt haben könnten.

[2] "Poem of Pentaur", Gardiner, op. cit., S. 8.

[3] Der ursprüngliche Name des Ortes war "Arne, die Stadt des Arame", der Name des Königs, dessen Hauptstadt er zur Zeit von Salmanassar III. war. Salmanassar III. schrieb über seinen Feldzug in seinem 10. Jahr: "Gegen die Städte von Aarame (Personenname) zog ich näher. Arne, seine Königsstadt, eroberte ich." Luckenbill: *Records of Assyria*, Vol. I, Sec. 567. A. Erman: *Life in Ancient Egypt* (London 1894), S. 335, und A. Gardiner: *Egyptian Grammar* (London 1927), S. 52-53, § 59, 63, besprechen Beispiele von Wörtern mit einem inneren m oder n, die oft nicht geschrieben wurden, "offenbar ohne Grund für die Auslassung" (Erman) oder "wahrscheinlich aus kalligraphischen Gründen" (Gardiner, S. 52, § 59).

[4] Breasted: *Records*, Vol. III, Sec. 340. Breasted vokalisierte "Bewey" in *Records* und "Baui" in *The Battle of Kadesh*.

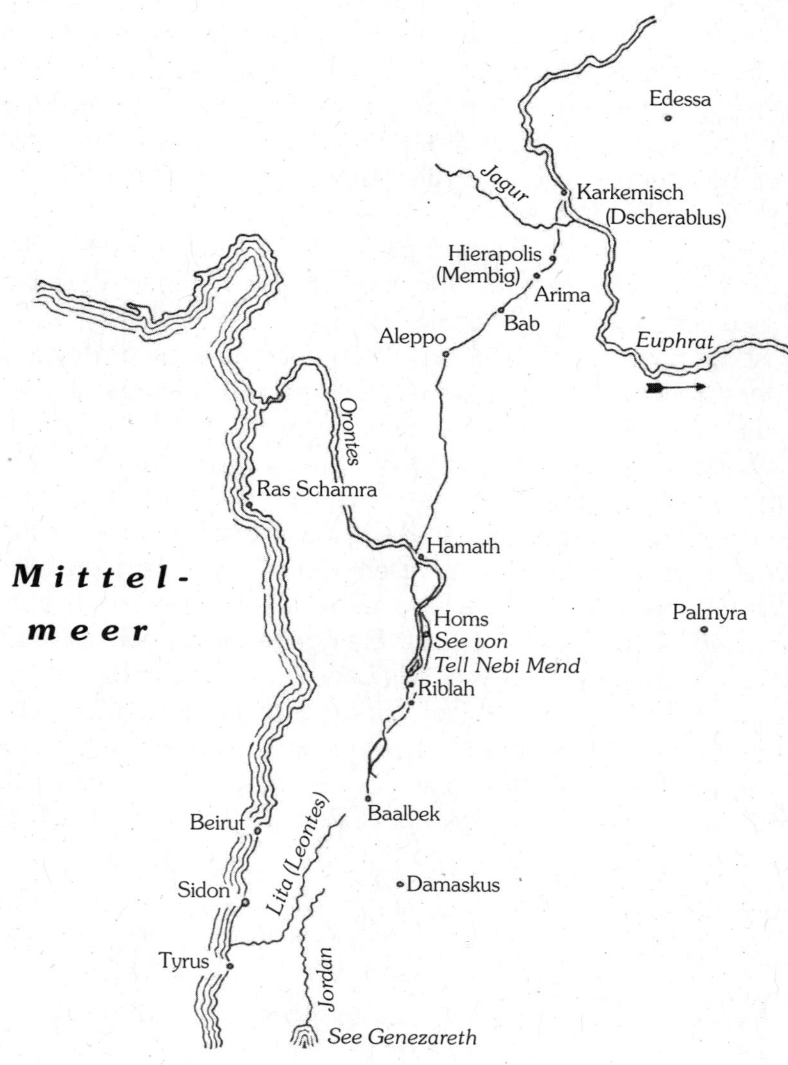
Edessa
Jagur
Karkemisch
(Dscherablus)
Hierapolis
(Membig)
Arima
Bab
Aleppo
Euphrat
Oronte
Ras Schamra
Hamath
Mittel-
meer
Homs
See von
Tell Nebi Mend
Riblah
Palmyra
Baalbek
Beirut
Lita (Leontes)
Sidon
Damaskus
Tyrus
Jordan
See Genezareth

Nordsyrien

es ist wahrscheinlich, dass das Land von Karkemisch zur Zeit der Hethiter dicht bewaldet war."[1]

Mit der Verlegung von Kadesch nach Tell Nebi Mend konnten Arnama und Baw nicht identifiziert werden, und "es ist unmöglich zu bestimmen, wo sie eigentlich hingehören".[2]

Das Heer des Feindes war hinter der Stadt Kadesch so gut versteckt, dass der Pharao und die Division Amun, die bereits in den Nordwesten der Stadt vorgerückt war, seine Gegenwart nicht bemerkten.

> Siehe, sie stehen ausgerüstet und gefechtsbereit hinter Kadesch dem Alten.[3]

Dass die Topographie die Vorbereitung dieser Falle ermöglichte, ist aus der folgenden Beschreibung der Position von Karkemisch zu erkennen: "Karkemisch liegt ganz unten am Ufer des Flusses, so tief, dass aus einem Kilometer Entfernung im Landesinnern sein Zitadellenhügel durch die dazwischenliegenden Höhenlinien verdeckt wird. Aber so tief es auch in bezug auf das Hauptplateau liegt, beherrscht es trotzdem die Spitze des fruchtbaren Tieflandes."[4]

Sobald der Pharao und die Division Amun das Lager nordwestlich der Stadt zu errichten begannen, erschien der Feind auf dem Schlachtfeld. Ein Teil von ihm, der auf der anderen Seite des Euphrats war, überquerte den Fluss, wahrscheinlich auf einem im Süden der Festung liegenden Damm, und überfiel die zum Kampf nicht vorbereitete Division Re, nachdem er das Tal des Sagur durchquert hatte. Währenddessen wurden der Pharao und die Division Amun von einem anderen Heer angegriffen, das von der Südseite der Stadt her auftauchte. Die Schlacht wurde auf dem syrischen Ufer des Euphrats ausgetragen. Dort bildet der Fluss einen Bogen, und die Zeichnung des ägyptischen Künstlers, welche zeigt, wie der Pharao vom nordwestlich der Festung liegenden Ausgangspunkt in Richtung der Festung auf den Fluss zustürmt, stimmt mit der Topographie der Örtlichkeit überein.

Vorgewarnt durch die Flucht der Division Re, die zuerst angegriffen worden war, sandte der Pharao über einen Nebenweg einen Boten nach Westen, um das Eintreffen der zwei anderen Divisionen aus Arnama (Arima)

---

[1] Woolley: *Carchemish*, Pt. 2, S. 33-34.

[2] Breasted: *The Battle of Kadesh*, S. 23.

[3] Annalen von Ramses II. Breasted übersetzte "Kadesch das Ränkereiche", aber von Erman-Grapow: *Wörterbuch der ägyptischen Sprache*, I, 128, wird die Bedeutung "Kadesch das Alte" angenommen, weil das Adjektiv Bestandteil des Namens sei. Siehe auch A. Jirku: *Zeitschrift der Deutschen Morgenländischen Gesellschaft* 86 (1933), 179; A. Gardiner: *The Kadesh Inscriptions of Ramesses II*, S. 32.

[4] Woolley: *Carchemish*, Pt. 2, S. 38.

und Baw (Bab) zu beschleunigen. Aber inzwischen sah sich die Division Amun, die beim Pharao war, der Katastrophe gegenüber und – wenn wir dem *Gedicht des Pentawer* glauben dürfen – liess sie ihn und seinen Wagenführer im Stich. Zu diesem Zeitpunkt war es, dass er seinen heroischen Kampf nach Art eines Roland aufnahm und der Gefangennahme entkam, als na'arim ihm zu Hilfe kamen.

Im *Gedicht des Pentawer* ist "na-arim" ein hebräisches Wort mit der Bedeutung von "Jünglinge" oder "junge Männer". Der von seinen Truppen im Stich gelassene Ramses schrieb sein Überleben der eigenen Tapferkeit, aber auch den "na'arim" zu, die ihm zu Hilfe kamen, indem sie die Reihen der Feinde durchbrachen und ihn in letzter Minute aus der Umzingelung befreiten.

> Die Ankunft der Na'aruna-Truppen des Pharao – Leben! Glück! Gesundheit! – aus dem Lande Amurru (Syrien).[1]

"Na'arim" halfen Ramses II., den Weg zu seinen Truppen zu finden, die sich an der Strasse verkrochen hatten und es nicht wagten, sich dem Schlachtfeld zu nähern, wo schon zwei Divisionen zersprengt und nach Norden geworfen worden waren.

Wir erfahren, dass am Feldzug eine von den vier Heeresdivisionen unabhängig operierende Kriegereinheit teilnahm, die sehr wahrscheinlich aus Juda stammte und in einem gewissen Masse letztlich auch den Ausgang der Schlacht bestimmte, indem sie Ramses II. vor dem Tod oder der Gefangennahme bewahrte.

In den Schriften werden "na'arim" als Elitekrieger für die Zeit von Ahab erwähnt;[2] die Existenz von "na'arim" als Elitetruppen wird im Schriftstück eines ägyptischen Schreibers über Palästina zur Zeit von Ramses II. zweimal bezeugt; dieses Dokument werden wir auf einer der folgenden Seiten behandeln.

Karkemisch, die Heilige Stadt

In den Inschriften von Ramses II. wird Karkemisch gewöhnlich Kadesch genannt, doch kannte er auch den anderen Namen. Jedesmal wenn im *Gedicht des Pentawer* die Namen der Verbündeten des "Häuptlings von

---

[1] Übers. J. A. Wilson in J. B. Pritchard, ed.: *Ancient Near Eastern Texts* (Princeton 1950), S. 256.

[2] I Könige 20:14-19. Siehe auch J. Macdonald: »The Na'ar in Israelite Society«, *Journal of Near Eastern Studies* 35 (1976), S. 169.

Hatti" erwähnt werden, wird entweder auf Kadesch oder auf Karkemisch verwiesen, aber nie auf beide zusammen. Die einzige Ausnahme ist der bereits zitierte Satz, in welchem die verbündeten Länder und Städte des "Häuptlings von Hatti" aufgezählt werden und "Karkemisch, Qadi, (das) Land von Kadesch" mit einbeziehen, wobei es in diesem Fall nicht mit dem Zeichen einer Stadt, sondern eines Landes ausgezeichnet ist.

Karkemisch bedeutet die Stadt (Kar) des Kamosch. Als eine nach einem Gott benannte oder ihm geweihte Stadt war es eine Heilige Stadt (Kadesch).[1] Die Verehrung des Gottes Kamosch war weit verbreitet – schon über zwei Jahrhunderte früher beschrieb König Mescha von Moab auf seiner Stele, wie er unter dem Schutz von Kamosch über Ahab, König von Samaria, gesiegt hatte.[2]

Karkemisch war die Stätte eines grossen Tempels; seine Fundamente wurden entdeckt, als der Ort durch eine Expedition des British Museum vermessen und teilweise ausgegraben wurde. Auf einer folgenden Seite werden wir die Meinungsverschiedenheiten unter den Archäologen über das Alter der verschiedenen Bauwerke und Reliefs sowie der Grabfunde in Karkemisch diskutieren: Bedeutungsvoll für unsere These ist der Umstand, dass Altersbestimmungen durchwegs geteilt sind zwischen dem 13. und dem Ende des 7. Jahrhunderts. Wir werden die Gelegenheit haben, diese Meinungsverschiedenheiten kennen zu lernen, aber den Grund dafür vermögen wir bereits jetzt zu erraten.

Nicht allein der Tempel und die Stadt, sondern die gesamte Region war der Schutzgottheit geweiht. Ungefähr 30 Kilometer südöstlich von Karkemisch liegt an der Strasse von Aleppo Hierapolis, d. h. "Heilige Stadt" auf griechisch, ein dem semitischen Kadesch gleichbedeutender Name. Zur Zeit, die wir beschreiben, wurde es sehr wahrscheinlich Schabtuna genannt, eine Stätte, die Ramses II. als an der Strasse nach Karkemisch, nördlich von Baw (Bab) liegend, vermerkt. In hellenistischer Zeit wurde Hierapolis zu einer wichtigen Tempelstadt; aber trotz ihres Namens handelt es sich nicht um das Kadesch der Schlacht. Die Schlachtenkarten von Ramses II. zeigen Kadesch an ein Gewässer angrenzend, aber Hierapolis ist mehr als 15 Kilometer vom Euphrat entfernt, und in Hierapolis gibt es keinen Fluss.

Das Zentrum der Schlacht befand sich 15 bis 30 Kilometer nördlich von Hierapolis. Lediglich die zwei Divisionen – oder die Hälfte des Heeres –,

---

[1] Joachim Ménant: »Kar-Kemish«, *Mémoires, Académie des Inscriptions et Belles Lettres* XXXII (1891), 210.

[2] *Zeitalter im Chaos, Vom Exodus bis König Echnaton*, »Die Rebellion Meschas«.

die sich nicht an der Schlacht beteiligten, standen noch weiter im Süden, bei Arnama (Arima) und Baw (Bab). Wenn auch ein Teil der Schlacht auf der Ebene zwischen Hierapolis und Karkemisch stattfand, wo die Division Re nach der Durchquerung des Sagurtales – fast auf halbem Weg zwischen Hierapolis und Karkemisch – angegriffen wurde, so lassen die Bilder keinen Raum für Zweifel: Die Festung Kadesch des Schlachtfeldes befand sich an einem Fluss und war von Wasser umgeben. Die Stadt der Schlacht war Karkemisch, aber in den Inschriften von Ramses II. trägt sie den Namen einer 30 Kilometer entfernten Stadt. Was hat dies für einen Grund?

Lukian, der griechische Autor und selbst ein Einheimischer dieser Gegend, gibt in seinem Buch *De Dea Syria* (*Die Syrische Göttin*) eine detaillierte Beschreibung des Kults in Hierapolis. Er begann das Buch mit diesen Worten: "Es gibt in Syrien nicht weit vom Euphrat eine Stadt, die heisst die heilige und ist der assyrischen Here heilig."[1]

Lukian erteilt die Antwort auf die soeben gestellte Frage. Stratonike, die Königin von König Antiochos I (-280 bis -261), befahl, dass die Stadt Karkemisch, die während der Perserzeit (-539 bis -332) ihre militärische und religiöse Bedeutung eingebüsst hatte, als ein priesterliches Zentrum 30 Kilometer gegen Süden verlegt werden sollte, an einen Ort, der von den Assyrern Mabog, von den Ägyptern Schabtuna und später von den Griechen und Römern Hierapolis genannt wurde. "Wie mir aber scheint", schreibt Lukian, "entstand dieser Name (Hierapolis) nicht zugleich mit der Anlage der Stadt, sondern ihr alter Name war ein anderer."

Weil er unter den Persern verkümmerte, wurde der heilige Kult für Kamosch durch die hellenisierten Syrer bald durch den Kult der "syrischen Göttin" ersetzt, die Lukian mit Hera vergleicht.[2]

Bereits im Altertum rief die Verlegung des Kults an eine neue Örtlichkeit unter den Schriftstellern eine gewisse Verwirrung hervor. Die syrische Bibelübersetzung (Peschitta) gibt Karkemisch als Mabog wieder, obgleich Hierapolis Mabog ist.[3] Strabon (XVI, i, 27) identifiziert Karkemisch mit

---

1 Lukian: *Die Syrische Göttin*, Übers. Carl Clemens (Leipzig 1938). Die Autorenschaft dieses Buches wird manchmal bezweifelt.

2 Die heilige Prostitution wurde zum beherrschenden Merkmal des Kults, der von jeder verheirateten Frau verlangte, sich im Tempelbezirk mindestens einmal in ihrem Leben einem Fremden hinzugeben.

3 In II Chronik 35:20 ersetzt die syrische Version Karkemisch durch Mabog; in II Könige 23:29, wo es im hebräischen Text heisst "zum Fluss Euphrat", sagt die syrische Version "nach Mabog, welches am Flusse Euphrat ist". Die arabische Version folgt der syrischen und hat "nach Menbaj" (Membidj oder Mabog). Auch Ephräm, der syrische Heilige (*Commentaire sur L'Ecriture Sainte, Opera Omnia*, IV), gibt Karkemisch als Mabog wieder.

Hierapolis, und gäbe es nicht die ausdrückliche Erklärung Lukians, würde man zur Lokalisierung von Hierapolis in Dscherablus-Karkemisch verführt. Prokopios war besser informiert, als er schrieb, dass Hierapolis nicht weit entfernt von Europos am Euphrat läge[1] – Europos war der Name, den die Römer Karkemisch-Dscherablus gaben.[2]

Ammianus Marcellinus, der römische Historiker aus dem 4. Jahrhundert unserer Zeitrechnung, der selbst im syrischen Antiochia geboren worden war, erwähnt in seiner Aufzählung der Städte des Kommagene-Distrikts am Euphrat eine Stadt, "das alte Hierapolis" oder "Hierapolis das Alte".[3] Diese Bezeichnung scheint nach der Verlegung des heiligen Bezirkes durch Stratonike von Karkemisch in den Süden entstanden zu sein. Seltsamerweise aber nennen schon die Kriegsannalen von Ramses II. die Stadt der Schlacht "Kadesch das Alte", was beweist, dass nicht nur Karkemisch eine heilige Stadt (Hierapolis) war, sondern dass sie zur Zeit von Ramses, lange vor Stratonike, unter dem Namen bekannt war, unter welchem Marcellinus sie kannte.

Karkemisch (Kar Komasch) war der karische Name der Stadt; Kadesch war ihr semitisches Eponym; Hierapolis war die griechische Übersetzung des semitischen Kadesch.

---

[1] Prokopios: *Historikon*, »Persische Kriege«, II, 20.

[2] Der Name Dscherablus wird als Entstellung der Namen Europos (der römischen Stadt auf der Stätte von Karkemisch) und von Hierapolis angesehen (Hogarth: *Carchemish*, Pt. 1, S. 23-25). Reisende des 18. und 19. Jahrhunderts lokalisierten Hierapolis in Dscherablus oder Karkemisch. J. S. Buckingham schrieb in *Travels in Mesopotamia* (London 1827) über die »Ruinen von Hierapolis, heute Dscherablus genannt«.

[3] Ammianus Marcellinus, IV, 8, 7. Siehe Hogarth: *Carchemish*, Pt. 1, S. 23.

Kapitel 2

Ramses II. und Nebukadnezar in Krieg und Frieden

Drei Jahre Rebellion in Palästina und die Eroberung Askalons

Zwischen dem 5. und dem 8. Jahr Ramses' II. rebellierte ganz Palästina gegen die ägyptische Herrschaft.[1]

Die Schlacht von Kadesch fand im 5. Jahr von Ramses statt, und die "Rebellion in Palästina" folgte auf den unglücklichen Ausgang dieser Auseinandersetzung. Diese drei Jahre andauernde Rebellion wird auch im 2. Buch der Könige beschrieben. Die Schlacht am Euphrat wurde im vierten Jahr Jojakims (Jeremia 46:2) geschlagen; als Konsequenz waren Syrien und Palästina der babylonischen Eroberung preisgegeben. Die Tributzahlungen an den Pharao (II Könige 23:35) wurden eingestellt.

> II KÖNIGE 24:1 In seinen (Jojakims) Tagen zog Nebukadnezar, König von Babel, heran, Jojakim wurde ihm dienstbar, drei Jahre ...[2]

Die Ägypter brauchten drei Jahre, um sich genügend zu erholen, bevor ein Heer zur Wiedereroberung Palästinas ausgesandt werden konnte. Eine Inschrift aus dem 8. Jahr von Ramses II. hält ein solches Unternehmen fest.[3] Er fiel an der philistinischen Küste ein und eroberte Askalon. Ein Relief in Karnak zeigt, wie die Stadt Askalon von den Ägyptern unter Ramses II. gestürmt wird. Eine lakonische Inschrift lautet:

> Die elende Stadt, die Seine Majestät einnahm, als sie schlecht war. Sie sagt: "Glücklich ist, wer in Treue zu dir handelt ..."[4]

Diese dritte Periode des Krieges wird bei Jeremia im Kapitel "Gegen die Philister, ehe der Pharao Gasa schlug" (Jeremia 47:1), beschrieben.

---

[1] Faulkner in *The Cambridge Ancient History*, II, 2 (1975), S. 228.

[2] Jojakim rebellierte in seinem 8. Jahr gegen Nebukadnezar, nach drei Jahren der Unterwerfung; deshalb erfolgte sein Abfall vom Pharao in dessen 5. Jahr.

[3] Wilson in Pritchard: *Ancient Near Eastern Texts*, S. 256.

[4] Wilson, op. cit.

Abb. 4: Belagerung und Einnahme der Festung Askalon, abgebildet im Amuntempel von Karnak.

> Jeremia 47:5 Glatzschur kam über Gasa, schweigsam ward Askalon, Überrest ihres Tals, bis wann ritzest du noch Furchen dir ein?!

Die bevorstehende Invasion des Pharaos war für Jojakim ein Signal. In seinem achten Jahr rebellierte er gegen die Chaldäer. Für einige Jahre befand sich Juda wiederum im Herrschaftsbereich von Pharao Ramses II. Sein Feldzug brachte ihn bis nach Beth-Shan, wo eine Stele aus seinem 9. Jahr gefunden wurde. Aber einige Jahre später drang im 9. Jahr Jojakims Nebukadnezar in Palästina ein, umzingelte Jerusalem, nahm dessen König gefangen und verdrängte den Pharao aus dem Land.

> II Könige 24:7 Hinfort aber konnte der König von Ägypten nicht wieder von seinem Land ausfahren, denn eingenommen hatte der König von Babel vom Grenzbach Ägyptens bis zum Euphrat alles, was des Königs von Ägypten gewesen war.

Nebukadnezar setzte Jojachin auf den Thron seines Vaters Jojakim. Aber nach drei Monaten kam Nebukadnezar zurück nach Jerusalem und schaffte Jojachin nach Babylonien, zusammen mit “allen Oberen, allen Tüchtigen des Heeres, zehntausend Verschleppte, allen Schmieden und Plattnern”.

Er setzte Mattanja, den dritten Sohn Josias, in Jerusalem als König ein und änderte dessen Namen zu Zedekia. Acht Jahre lang trug Zedekia die Bürde als Vasall des Königs der Babylonier. Dann sagte er sich von seiner Untertanenpflicht gegenüber Nebukadnezar los und verliess sich, wie sein Bruder Jojakim, auf die vom Pharao versprochene Hilfe. Nebukadnezar brachte sein Heer nach Juda und belagerte Jerusalem.

Das Ende des Königreichs von Juda

Zwanzig Jahre waren vergangen, seit Josia gemäss seinem Bündnisvertrag mit den Babyloniern den Megiddo-Pass mit seinem Leben gegen die Übermacht der Ägypter unter Ramses II. verteidigt hatte. Joahas, Josias Sohn, verbrachte sein Leben in einem ägyptischen Gefängnis; Jojakim, ein weiterer Sohn, wurde von den Babyloniern umgebracht; Jojachin, ein Sohn Jojakims, wurde in einem Gefängnis in Babylon festgehalten; Zedekia, der dritte Sohn Josias und der letzte König auf dem Thron Davids, wurde vom Heer Nebukadnezars in Jerusalem belagert. Insgeheim, ohne Wissen der Fürsten und Ältesten Jerusalems, liess er Jeremia aus dem Gefängnis in den Palast bringen, um von ihm ein prophetisches Wort zu hören.

Seit seiner Jugend hatte Jeremia mehr als 30 Jahre lang das Volk von Jerusalem ermahnt: "Tut Recht und Wahrhaftigkeit, rettet den Geschundenen aus der Hand des Pressers, den Gastsassen, die Waise, die Witwe plackt nimmer, übt nimmer Unbill, unsträfliches Blut vergiesst nimmer an diesem Ort." (Jeremia 22:3.) Täglich ging er durch die Strassen und über die weiten Plätze Jerusalems und warnte die Bevölkerung der Stadt: "Mein Herz tobt mir auf, ich kann nicht schweigen, denn Posaunenhall hast du gehört, meine Seele, das Schmettern des Kriegs! Niederbruch um Niederbruch wird ausgerufen ..." (Jeremia 4:19-20).

Jeremia unterstützte Josia und sein Gelöbnis, Babylonien gegen einen Angriff Ägyptens zu verteidigen; und obwohl Josia die Schlacht bei Megiddo verlor, blieb der Prophet sein ganzes Leben lang seiner Ausrichtung auf Babylonien treu. Er erkannte, dass das Volk sich der zunehmenden Macht der Chaldäer nicht bewusst war und auf die irrtümliche Annahme vertraute, Ägypten unter Ramses II. sei den Chaldäern ebenbürtig oder gar überlegen.

Der Seher tröstete das Volk nicht mit Versprechen über Gottes Hilfe, wie Jesaja das 100 Jahre zuvor getan hatte, als Sanherib Jerusalem bedrohte: "... Weh uns, schon ja wandte der Tag sich, ja, die Abendschatten strecken sich schon!" (Jeremia 6:4.)

Jerusalem war Zeuge des titanischen Ringens zwischen Nebukadnezar und Ramses II. um die Herrschaft über die Alte Welt, und die Stadt wurde zum Preis des Siegers. Die ägyptisch orientierte Partei in Jerusalem war stärker als die nach Babylonien ausgerichtete, weil Ägyptens Pracht unter Ramses II. sie irreführte; die grausame Behandlung durch die Babylonier machte viele zu Feinden. Deshalb rebellierte Jerusalem wiederholt gegen Nebukadnezar.

Jeremia wurde verfolgt. In den Tagen vor der letzten Belagerung und bevor das ausgehungerte Jerusalem fiel, war Jeremia wiederholt verhaftet worden, um sicherzustellen, dass der Mut der Soldaten, welche die herkulische Aufgabe des Widerstandes gegen Nebukadnezar auf sich genommen hatten, nicht nachliess. Es ist bemerkenswert, dass er nicht wegen Hochverrats zum Tode gebracht wurde. Er verfeindete sich mit der ganzen Bevölkerung, indem er Nebukadnezar zum Diener Gottes erklärte, den zu ehren die Nationen, und sogar die Tiere des Feldes, verpflichtet seien. Jerusalem vermochte nicht zu glauben, dass das die Worte Gottes waren. Zedekia war unter den ganz wenigen, die daran glaubten, dass Jeremia ein wahrer Prophet sei. In der geheimen Audienz mit dem aus dem Gefängnis gebrachten Propheten erkundigte sich der König: "Ist die Rede da von IHM her? Jirmejahu (Jeremia) sprach: Sie ist da. Er sprach weiter: In die Hand des Königs von Babel wirst du gegeben" (Jeremia 37:17).

Jeremia wurde nicht in das Gefängnis zurückgebracht, sondern in den Wachthof beim Palast, wo er auf Befehl des Königs täglich einen Brotlaib aus der Bäckergasse erhielt, "bis alles Brot aus der Stadt ganz dahin war".

Als die Oberen unter den Verteidigern hörten, dass Jeremia im Wachthof gesagt hatte: "Wer in dieser Stadt sitzen bleibt, stirbt durchs Schwert, durch den Hunger und durch die Seuche, wer hinaustritt zu den Chaldäern, darf leben, er hat seine Seele zur Beute und lebt", warfen sie ihn in die Zisterne, so dass niemand seine Worte hören konnte.

Zedekia liess ihn mit Seilen aus dem Schlamm herausziehen und durch einen geheimen Eingang im "Hause des Herrn" in den Palast bringen. Der König sprach zu Jeremia: "Ich will dich um die Rede fragen, verhehle mir aber nimmer ein Redewort!" Dann fragte Jeremia den Zedekia: "Wenn ich's dir melde, wirst du mich denn töten nicht, töten? " Und "da schwur der König Zidkijahu (Zedekia) dem Jirmejahu insgeheim, sprechend: So wahr ER lebt, der uns diese Seele gemacht hat: töte ich dich, gebe ich dich in die Hand dieser Männer, die dir an die Seele trachten ...!" Jeremia sagte in der Folge: "Trittst du aber nicht hinaus zu den Oberen des Königs von Babel, dann wird diese Stadt in die Hand der Chaldäer gegeben, sie verbrennen sie im Feuer, und du selber kannst ihrer Hand nicht entschlüpfen." (Jeremia 38:14-18).

Es war zu spät. "Ja denn, gestiegen ist der Tod in unsre Fenster, gekommen in unsre Paläste" (Jeremia 9:21). Es gab kein Wunder, wie zur Zeit des Pharaos des Exodus oder König Sanheribs. Jerusalem erduldete die erneuerte Belagerung 18 Monate lang. Die Hungersnot nahm entsetzlich zu, aber das Volk wollte sich nicht unterwerfen. Schliesslich brachen die Belagerungsmaschinen Breschen in die Mauern. Die letzten Verteidiger flohen, als die Mauern fielen, und "zogen nachts aus der Stadt, auf dem Weg beim Königsgarten, durch das Tor der Doppelmauer, er (Zedekia) zog fort, den Weg durch die Steppe" (Jeremia 39:4). Das Heer der Chaldäer verfolgte die ausgehungerten Krieger und überholte Zedekia in der Ebene von Jericho; Zedekias ganze Streitmacht wurde zerstreut.

In Ribla wurde Zedekia vor Nebukadnezar gebracht. Nebukadnezar liess Zedekias kleine Kinder vor seinen Augen umbringen und ihm darauf die Augen ausstechen. Der Anblick seiner Kinder in ihrer Pein war das letzte, das er in seinem Leben sah. Der blinde König wurde in Ketten geschlagen, nach Babylon verschleppt und dort ins Gefängnis geworfen. Er war 32 Jahre alt.

Das Volk von Jerusalem, ebenfalls in Ketten, folgte seinem König ins Exil. Sie wurden völlig unbekleidet dahin getrieben. Auf dem Weg gestattete man ihnen nicht, sich auszuruhen.[1] Aber sie trugen mit sich Gefässe mit der Erde Jerusalems, erzählt der arabische Historiker Yakut.[2]

"Aber dieses Volk hat ein Herz, abwendig und widerspenstig, sie wandten sich ab, sie gingen." (Jeremia 5:23).

Als sie den Euphrat erreichten, veranstaltete Nebukadnezar auf seiner Königsbarke ein Fest. Den Gefangenen aus Jerusalem wurde befohlen, ihre heiligen Lieder zu singen: "... denn dort forderten unsere Fänger

---

1 *Pesiqta Rabbatti* 28.

2 "Dies wird in alten Chroniken erzählt: Als die Juden aus Jerusalem gingen ... und im Irak ins Exil kamen, trugen sie mit sich Erde und Wasser aus Jerusalem." Yaqout (Yakut): *Dictionnaire géographique, historique et littéraire* (übers. aus dem Arabischen von Barbier de Meynard, Paris 1861), S. 613.

Sangesworte von uns, unsre Foltrer ein Freudenlied: 'Singt uns was vom Zionsgesang!' Wie sängen wir SEINEN Gesang auf dem Boden der Fremde! Vergesse ich, Jerusalem, dein, meine Rechte vergesse den Griff! Meine Zunge hafte am Gaum, gedenke ich dein nicht mehr, erhebe ich Jerusalem nicht übers Haupt meiner Freude" (Psalm 137: 3-6).

Der fromme Autor der Bücher der Chronik sagt von Zedekia: "Er tat das in SEINEN, seines Gottes, Augen Böse, er beugte sich nicht vor Jirmejahu (Jeremia), dem Künder aus Gottes Mund" (II Chronik 36:12). Für den Versuch, dem Volk seine Freiheit wiederzugeben, wurde er vom Chronisten als Sünder gebrandmarkt. Der Talmud teilt diese Auffassung der Schriften nicht und erklärt Zedekia für gerecht und seine Peiniger für verworfen.[1]

Verfolgt von den Gesichten der Belagerung und der Hungersnot in Jerusalem und von den Schreien seiner eigenen Kinder, mit trockenen Höhlen im Gesicht und zum Weinen nicht fähig, lebte und starb Zedekia im Gefängnis, das Tag und Nacht gleich dunkel für ihn war. Er verliess den Thron Davids und begann den Klagezug von Sklaven und Priestern, der sich durch die Zeit der römischen Cäsaren, der christlichen Inquisition bis zum heutigen Tag bewegt.

Palästina war eine verwüstete Einöde; das fruchtbare Land wurde zur Wildnis. Die Felder blieben unbestellt. Storch, Turteltaube, Kranich, Schwalbe und jeder fröhliche und singende Vogel des Himmels flogen weg aus dem grausigen Land, und die Geier kamen an ihrer Statt. Das Geräusch der Mühlsteine wurde nicht mehr gehört in Juda, und kein Licht einer Kerze war mehr zu sehen.[2]

Der Prophet war übriggeblieben, das Ende seiner Stadt und seiner Nation zu beklagen. Nachdem seine Kündung erfüllt worden war, fragte er sich selbst: "Wofür hat ER dieser grossen Stadt das angetan?"

Jerusalem war ein Trümmerhaufen, die Tempel zerstört. Jedermann, der vorbeikam, wiegte den Kopf. Ein eigensinniges Volk wurde in Ketten entlang der Strasse deportiert, über die 130 Jahre früher, nach dem Fall Samarias, die Stämme Israels schon einmal gezogen waren.

Es wird nirgendwo gesagt, dass Juda in Assyrien oder Babylonien auf die Zehn Stämme gestossen ist. Sie waren nach Norden und Osten in die Tiefen Asiens geführt worden. Einige Splitter von Israel und Juda erreichten vermutlicherweise die Berge des Himalaja und die Wälder Indiens.

---

1 *Traktat Schabbat* 149 a, *Sanhedrin* 103 a.

2 Jeremia 25:10.

Im Jahr -586 wurde Jerusalem zerstört. Ein oder zwei Jahrzehnte später ist Buddha geboren worden; noch einige Jahre später Konfuzius; Laotse war ihr Zeitgenosse.[1] Genau wie nach der zweiten Zerstörung Jerusalems, als der Tempel und die Stadt von Titus eingeäschert wurden, ein heftiger Stoss hebräischer Prophetie über den Okzident hereinbrach und "die Eroberer eroberte", so erreichte nach der ersten Zerstörung Jerusalems ein Windhauch aus dem Sturm, der über die Kündiger Judas fegte, den Fernen Osten und entflammte die Zungen von Sehern und Priestern.

Der Brand von Lachisch

Vor dem Zweiten Weltkrieg wirbelten die Spaten der Archäologen die Asche aus dem Jahr -586 auf.

Zusammen mit Jerusalem waren Lachisch und Aseka die letzten Festungen, die den chaldäischen Heer Widerstand leisteten.

> JEREMIA 34:7 ... das Heer des Königs von Babel aber kriegte wider Jerusalem und wider alle überbliebenen Städte Jehudas, gegen Lachisch und gegen Aseka, denn die waren überblieben von den Städten Jehudas, den Festungsstädten.

Ausgrabungen von 1932 bis 1938 brachten bei Tell ed-Duwer in Südpalästina das alte Lachisch ans Licht.[2] Es war eine der bedeutenden Festungen in Juda gewesen. Im Jahre -702 hatte Sanherib die Stadt erstürmt und diesen Angriff durch seinen Künstler als Relief in seinem Palast in Ninive abbilden lassen – es handelt sich um eines der allerberühmtesten Reliefs über assyrische Kriegskunst. Jetzt, 115 Jahre später, erlitt die Stadt eine weitere Belagerung – durch die Truppen von Nebukadnezar.

Unter den zerfallenen Mauern einer durch Feuer zerstörten Stadt wurden Keramikscherben mit hebräischen Buchstaben gefunden. Die Ent-

---

[1] Die Zeit von Laotse wird debattiert. *Journal of the American Oriental Society* LXI (1941), 215-221; LXII (1942), 8-13, 300-304.

[2] Früher in diesem Jahrhundert wurde Lachisch irrtümlicherweise im Hügel von Tell el-Hesi identifiziert. Einem Vorschlag von W. F. Albright folgend hat J. L. Starkey in Tell ed-Duwer gegraben. Er wurde von arabischen Terroristen umgebracht, die ihn für einen Juden hielten; so blieb der Hügel nur teilweise ausgegraben. Die Veröffentlichung der Ergebnisse nahm in der Folge 20 Jahre in Anspruch und erfolgte durch Olga Tufnell, einer Mitarbeiterin Starkeys. *Lachish (Tell ed Duweir)*, Vol. I, *The Lachish Letters* (1938) (Torczyner an der Hebräischen Universität in Jerusalem las und redigierte die Briefe); Vol. II, *The Fosse Temple*, by O. Tufnell, C. H. Inge, and L. Harding (1940); Vol. III, *The Iron Age*, by O. Tufnell (1953); Vol. IV, *The Bronze Age*, ed. O. Tufnell (1958).

zifferung der Meldungen erschloss, dass diese Krugscherben aus der Zeit der Belagerung Jerusalems durch Nebukadnezar datieren.

Der Kommandant eines kleinen Aussenpostens im Norden von Lachisch, Hoschijahu, schrieb an seinen Vorgesetzten Jaosch, den Militärgouverneur von Lachisch:

> BRIEF IV Und mein Herr soll wissen, dass wir auf die Signale von Lachisch achthaben in Übereinstimmung mit all den Zeichen, die mein Herr gegeben hat, denn das Zeichen von Aseka können wir nicht sehen.

Diese Meldung soll, so wird gemutmasst, vom Kommandanten des Aussenpostens an den Befehlshaber von Lachisch geschrieben worden sein, als Aseka schon gefallen war und als nur noch Lachisch Feuersignale und briefliche Befehle an den Aussenposten, wahrscheinlich Kirjath-Jearim, sandte.

Die Ostraka sind unter einer Ascheschicht und den verbrannten Trümmern eines zerschmetterten Bollwerks der Verteidigungsanlagen gefunden worden. Die Steine der Mauern scheinen "durch Hitzeeinwirkung gespalten oder teilweise verglüht" zu sein, und der Mörtel war zu einem pinkgrauen Pulver reduziert.

> Ganz sicher hing der Brandherd innerhalb des Raumes beim Tor direkt mit dem Anzünden des Bollwerks von aussen zusammen und entstand beim letzten Angriff, der an so vielen Punkten entlang der Linie der äusseren Verteidigungsmauer der Stadt bezeugt ist. Enorme Zerstörungsfeuer wurden unterhalten, um sie zu durchbrechen, obwohl die Nordwestecke des Hügels und das Bollwerk die Hauptwucht des Angriffs zu ertragen hatten. Unsere erste Grabungskampagne in den Verteidigungsanlagen zeigte, dass der Brand mit der Zerstörung der Stadt am Ende des judäischen Königreiches zusammenfällt, zur Zeit von Nebukadnezars Feldzug, bevor er 586 v. Chr. Jerusalem zerstörte. Die angebrannten Olivenkerne in der Glutasche des Feuers legen den Herbst als Jahreszeit nahe.[1]

Der Ortstempel von Lachisch, der im zweiten Band des veröffentlichten Werkes beschrieben wird, "wurde nach der Vertreibung der Hyksos aus Palästina errichtet". In der El-Amarna-Periode wurde er umgebaut: Ein Denkstein Amenophis' III. wurde unter dem Fundament des wiederhergestellten Tempels gefunden.[2]

Verschiedene kleine Objekte sind in den Ruinen entdeckt worden. "Die Elfenbeinschnitzereien, die Glasperlen und die Vasen aus Glas, Fayence und Steingut gehören ziemlich regelmässig in die 18. und 19. Dynastie.

---

[1] *Lachish*, Vol. I, S. 12.
[2] Ebenda, Vol. II, S. 20.

Skarabäen und Schmuck mit Königsnamen reichen von Thothmes (Thutmosis III.) (1501 – 1447) bis Ramses II. (1292 – 1225). Dies zeigt lediglich, dass der Tempel nicht vor 1292 v. Chr. ausgedient haben kann."[1] Alle diese Daten stammen aus der konventionellen Chronologie.

Zusammen mit ägyptischen Objekten der 18. und 19. Dynastie wurden im Tempel ortsübliche Objekte aus dem 9. und 8. Jahrhundert gefunden. Für deren Auftreten im Verein mit ägyptischen Objekten wurde folgende Erklärung vorgeschlagen:

> Die Objekte aus den Gräbern, die zu späterer Zeit in das Füllmaterial der Räume und des umgebenden Grundes hineingegraben wurden, gehören alle in die Jahre von ca. 900 bis 800 v. Chr. Sie können lediglich beweisen, dass der Tempel zu dieser Zeit vollkommen verdeckt und vergessen war.[2]

In den palästinischen Grabungshorizonten der israelitischen Periode werden häufig Skarabäen und Siegelabdrücke der ägyptischen Pharaonen aus der 18. und 19. Dynastie gefunden, doch betrachtet man diese Siegel als der Zeit der Schicht, in der sie gefunden wurden, vorangehend und erklärt sie entweder zu antiquarischen Amuletten, welche die Israeliten fünf oder sechs Jahrhunderte nach ihrer Herstellung verwendeten, oder als zeitgenössische, aber nachgemachte Siegel früherer Pharaonen.

Auf der Basis dieser oft wiederholten Erklärungen sollte man annehmen, dass die ägyptischen Objekte aus dem Tempel von Lachisch altertümliche oder unechte Stücke seien. Aber in diesem Fall blieb das Prinzip unbeachtet, weil "für Datierungszwecke Skarabäen notorisch gefährliche Objekte sind, ausser wenn sie in grösseren Mengen gefunden wurden."[3] Und hier wurden sie zuhauf gefunden; ausserdem blieb es wegen des Denksteins von Amenophis III. unbeachtet, der sich unter dem Fundament des wiedererbauten Tempels befand. Eine solche Denksteinlegung war ein formeller Akt, und nur eine echte und zeitgenössische Platte konnte verwendet worden sein.

Schliesslich fiel der Tempel von Lachisch einer Brandkatastrophe zum Opfer. "Der Tempel wurde durch Feuer zerstört", und bald danach, noch bevor irgendwelche Bergungsarbeiten aufgenommen werden konnten, füllte durch Regen hereingewaschener Sand die Trümmerstätte auf.

---

[1] Ebenda.
[2] Ebenda.
[3] Ebenda, S. 68.

"Dies legt nahe, dass die Zerstörung unmittelbar vor der Regenzeit erfolgte."[1] In Palästina dauert die Regenzeit vom Spätherbst bis zum Frühjahr.

"Zeichen von Feuer und Zerstörung" waren eine weitverbreitete Erscheinung und zeigen, dass das Niederbrennen des Tempels "nur ein Teil einer viel grösseren Katastrophe" gewesen ist.[2]

Die Archäologen schrieben im Hinblick auf die Zerstörung des Tempels durch Feuer: "Infolge der grossen Ansammlung von Gefässen, die in der den Boden der Räume des Gebäudes bedeckenden Asche gefunden wurden, erscheint es unmöglich, dass diese später als in der Mitte der Regierungszeit Ramses' II., ungefähr um 1262 v. Chr., erfolgt sein konnte."[3]

Einige Zeit nach der Zerstörung des Tempels von Lachisch waren "von einem Rest Getreuer, deren Mittel zum Wiederaufbau der Ruinen nicht ausreichten" einige Steine zusammengetragen worden, auf welchen geopfert werden konnte. Diese Steine erinnerten die Ausgräber an einen ähnlichen Vorfall nach der Zerstörung des Tempels von Jerusalem, vermeintlich 700 Jahre später. Die Ausgräber schrieben: "Eine bemerkenswerte Parallele könnte in Jeremia 41:5 gefunden werden."[4]

In den Ruinen eines rechteckigen Bauwerks, das als Erweiterung des Bollwerks angelegt war, in dem die hebräischen Ostraka aus der Zeit Nebukadnezars gefunden wurden, entdeckte man in der Asche Objekte aus der Regierungszeit Ramses' II. "Auch wenn das Gebäude zerstört ist, so ist der Abfall, der die Fundamente füllt, für uns von grösstem Interesse." Die Keramikscherben stammten "unfehlbar" aus der Zeit der 18. und 19. Dynastie. "Es wurde klar, dass von den späteren Erbauern in den Horizont, in dem die Keramik gefunden wurde, hinabgegraben wurde. Mengen von Scherben kamen von Gefässen der ortsüblich dekorierten Typen der späten 18.-19. Dynastie, ähnlich jenen in den Gräbern mit den Skarabäen gefundenen Typen. ... Aus dem gleichen Lager kommt ein fein gravierter Karneoskarabäus mit dem Namen User-Maat-Ra, Setep-en-Ra, Ramesses II. Dieser Skarabäus war ganz sicher dem Feuer ausgesetzt, seine Oberfläche hat eine gräuliche Patinierung, und Verfärbung und Verschmelzung sind ein Merkmal von so vielen der dekorierten. Scherben in diesem Lager. Ebenfalls an dieser Stelle sammelten wir 25 Fragmente einer kleinen offenen Keramikschale, die innen wie aussen spiralförmig beschriftet ist." Die Schrift wurde als "hieratisches Ägyptisch des 13.-12. Jahrhunderts"

[1] Ebenda, S. 44.
[2] Ebenda, S. 23.
[3] Ebenda, S. 47.
[4] Ebenda, S. 45.

erkannt. Die Inschrift verwies auf das Jahr "vier", offensichtlich des Pharaos Ramses II.[1]

In einer Schicht gänzlich schwarzer Asche, die einen Graben am Fuss eines Fundaments bedeckte, versuchten die Ausgräber gegen Ende ihrer Kampagne 1937 den Ursprung "all dieses Bettungsmaterials der Eisenzeitbaumeister" zu finden. "Aus der Aschenschicht sammelten wir Goldplättchen, Fragmente einer grünglasierten Fayenceschale und Stücke einer kleinen lederfarbenen Keramikschale eines Typs, wie er in den oberen Schichten unseres Tempels der 18.-19. Dynastie gefunden wurde, mit den Elfenbeintoilettensachen und den Skarabäen, die in derselben Aschenschicht begraben waren, aus welcher die Fragmente des Tell ed Duweir-Kruges[2] stammten. Hier finden wir wiederum, dass der Brand des Tempels in der Geschichte der Stadt kein isolierter Vorfall war, sondern Teil eines allgemeinen Unglücks, das im 12. Jahrhundert, gegen Ende der 19. Dynastie, das Aufhören der ägyptischen Herrschaft anzeigte."

So haben wir die folgende Situation: In der Asche und den Ruinen des zur Zeit Ramses' II. (wegen der Siegel dieses Pharaos so datierten) durch Feuer zerstörten Tempels von Lachisch wurden Objekte aus der Periode des jüdischen Königreiches in grosser Zahl gefunden, und es wurde entschieden, dass diese Objekte einer späteren Periode in die vermeintlich einer früheren Zeit zugehörigen Schicht von Ramses II. hineingegraben wurden. In der Asche und in den Ruinen der zur Zeit Nebukadnezars (wegen der an die Verteidiger der Stadt hebräisch geschriebenen Briefe so datierten) durch Feuer zerstörten Zitadelle von Lachisch wurde eine Vase mit der hieratischen Schrift der 19. Dynastie und Siegel von Ramses II. gefunden, und es wurde entschieden, dass diese vermeintlich einer früheren Periode zugehörigen Objekte zur Zeit der jüdischen Könige ausgegraben und somit mit den Objekten eines späteren Zeitalters (desjenigen von Nebukadnezar) vermischt wurden.

Waren diese zwei Zerstörungen durch Feuer um 700 Jahre voneinander getrennt? Unsere Rekonstruktion der Geschichte, laut welcher Ramses II. und Nebukadnezar Zeitgenossen waren, bringt uns zu einer anderen Schlussfolgerung.

Der Tempel von Lachisch wurde zur Zeit Salomons und Thutmosis' III. erbaut. Zur Zeit von Amenophis III. und von Josaphat wurde er umgebaut. Das dritte Bauwerk auf der Stätte – die Archäologen entdeckten drei auf-

---

[1] J. Cerny verficht, dass das 4. Jahr auf Merenptah verweist, den Nachfolger Ramses' II. Siehe Albright: *Bulletin, American Schools of Oriental Research*, LXXIV (1939), 21.

[2] Kannenartiger Krug mit breiter Öffnung.

einanderfolgende Konstruktionen des Tempels – wurde nach der Belagerung der Stadt durch Sanherib errichtet.

Die Stadt und der Tempel wurden von Nebukadnezar zur Zeit von Ramses II. zerstört, in dessen 21. Regierungsjahr.

Friedensvertrag zwischen Ramses II. und Nebukadnezar

Zwei Giganten, Ägypten unter Ramses II. und Babylon unter Nebukadnezar, kämpften 19 Jahre lang um die Herrschaft über den Mittleren Osten. Juda war das Opfer dieses tödlichen Ringens. Es wurde zuerst von den Truppen des einen und dann des anderen Despoten verwüstet, aber den Ländern der Streitenden selbst wurden die Schrecken des ausgedehnten Krieges erspart.

Zur Absicherung des Sieges über das rebellische Juda schlug Nebukadnezar dem Pharao schliesslich einen Friedensvertrag vor. Historiker nehmen als sicher an, dass während der letzten Belagerung Jerusalems zwischen Babylonien und Ägypten über einen Vertrag verhandelt wurde.[1] Der Pharao war froh, die Unversehrtheit seines Landes sicherzustellen, und opferte Juda, seinen Verbündeten.

Jerusalem erduldete eine 18 Monate andauernde Belagerung, gefolgt von Zerstörung. Der Krieg zwischen Babylonien und Ägypten war beendet, und Ägypten kam den Belagerten nicht zu Hilfe. Mehr noch, Ägypten und Babylonien gelobten sich gegenseitige Treue und verpflichteten sich zur Auslieferung politischer Flüchtlinge.

Der Friedensvertrag ist in ägyptischer Sprache erhalten, eingemeisselt in die Mauer des Amuntempels in Karnak. Ein Text in der babylonischen (akkadischen) Sprache, der in Keilschrift auf eine Tontafel geschrieben ist und zu Beginn dieses Jahrhunderts in Bogazköi, einem Dorf in Ostanatolien, gefunden wurde, ist eine Abfassung desselben Dokumentes. Das Original des Vertrages war auf eine heute nicht mehr erhaltene Silbertafel geschrieben. Seine Sprache war babylonisch, und der ägyptische Text ist eine Übersetzung, wie einige Ausdrücke enthüllen.

---

[1] Friedrich Karl Kienitz: *Die politische Geschichte Ägyptens vom 7. bis zum 4. Jahrhundert vor der Zeitwende* (Berlin 1953), S. 24: "So gelangten Necho und Nebukadnezar zu einer Verständigung und haben damals sogar einen förmlichen Vertrag abgeschlossen." R. P. Dougherty: *Nabonidus and Belshazzar* (London 1929), S. 55: "Offensichtlich ist anzunehmen, dass (mit Ägypten) ein Vertrag abgeschlossen wurde ... Breasted nimmt das als erwiesen an."

Der Vertrag war von Usermare Setepenre, Sohn des Menmare, Enkel des Menpehtire (dem Thronnamen von Ramses II., Sohn des Sethos, Enkel von Ramses I.), unterzeichnet und von Hetasar, Sohn des Merosar, Enkel von Seplel. Der Vertrag in akkadischer Sprache war von Hattusilis, Sohn des Mursilis, Enkel von Suppiluliumas, gezeichnet.[1]

Der Mann, dessen Name als Hetasar im ägyptischen und als Hattusilis im Bogazköi-Text gelesen wurde, muss der König gewesen sein, den wir als Nebukadnezar, Sohn des Nabopolassar, kennen. Mehr als fünfzigmal wird sein Name in den Schriften Nebukadrezar buchstabiert; mehr als dreissigmal wird er Nebukadnezar“ genannt.[2]

Der Gegner von Ramses II. wird im Bündnis der König von Hatti genannt. Wie wir aus vielen Keilschrifttexten wissen, war Hatti ein weiter ethnographischer oder territorialer Begriff. In einer babylonischen Bauinschrift schrieb Nebukadnezar: “Der Fürst des Landes Hatti westwärts hinter dem Euphrat, über das ich Herrschaft ausübte.”[3]

Der Vertrag hatte eine “Schwur- und Segensformel”. Götter vieler Orte wurden angerufen, über das Bündnis zu wachen und denjenigen zu bestrafen, der es verletzen würde. In der Liste der Götter und Göttinnen folgt der Göttin von Tyrus die “Göttin von Dan”. Aber in der Zeit vor der Eroberung Dans durch die Daniter, in der Zeit der Richter, wurde dieser Ort Lais genannt (Richter 18:29), und es war Jerobeam, der dort einen Tempel baute. Dass der Name eines Ortes in einem Vertrag von Ramses II., der vermeintlich aus der ersten Hälfte des 13. Jahrhunderts stammen soll, Dan lautet, hört sich wie ein Anachronismus an.

Der Zweck des Vertrages war die Einstellung der Feindseligkeiten zwischen den zwei Ländern. Aus seinem Text wird deutlich, dass Syrien und Palästina nicht mehr zum Hoheitsgebiet Ägyptens gehörten. Dies stimmt mit den biblischen Daten überein. Der Hauptteil des Vertrages befasst sich mit dem Problem politischer Flüchtlinge. Die Paragraphen beruhen auf Gegenseitigkeit; anscheinend war es der grosse König von Hatti, der an den Bestimmungen für die Auslieferung der politischen Gegner an die

---

[1] Diese Lesung fremder Königsnamen durch Ägyptologen folgt anderen Regeln, da die Laute “r” und “l” durch dasselbe hieroglyphische Zeichen dargestellt werden.

[2] Der Name eines der beiden Gesandten, die den Vertrag im Namen Hattusilis’ zu Ramses II. brachten, ist im Text des eigentlichen Vertrages erhalten. Er lautet T-r-t-s-bw. Im Buch Jeremia (39:3) werden unter den Häuptlingen Nebukadnezars Nergal Sarezer, Sarsechim und Rab-saris aufgeführt. Manchmal werden diese Namen als Amtsbezeichnungen angesehen. Es ist möglich, aber gewiss nicht sicher, dass einer der beiden der oben genannte Gesandte war.

[3] S. Langdon: *Building Inscriptions of the Neo-Babylonian Empire* (Paris 1905), S. 151.

Chaldäer interessiert war. Ein spezieller Paragraph im Vertrag handelt von syrischen (palästinischen) Flüchtlingen:

> Wenn nun ((oder) aber) Untertanen des grossen Königs von Hatti sich vergangen haben gegen ihn ... für ihr Verhängnis werde ich herantreten an Ramses-Meriamun, den grossen Fürsten Ägyptens ..., um zu erwirken, dass Usermare Setepenre, der grosse Fürst Ägyptens, darüber schweigt (die rechtliche Quittierungsformel zum Verzicht auf spätere Ansprüche) ... und (sie) wieder ausliefert dem grossen König von Hatti.[1]

Zwischen dem Pharao und dem König von Jerusalem hatte nur kurze Zeit vorher eine ähnliche Vereinbarung bestanden. Der Prophet Uria war vor Jojakim nach Ägypten geflohen. "Aber der König Jojakim sandte Männer nach Ägypten ..., sie holten Urijahu aus Ägypten, liessen ihn zum König Jojakim kommen ..." (Jeremia 26:22-23.) Jetzt, 10 oder 15 Jahre später, floh vor den Chaldäern die Bevölkerung von Palästina und Edom ebenfalls nach Ägypten. Ägypten war der Zufluchtsort für jene, welche sich vor den Chaldäern fürchteten.

Jeremia prophezeite, dass diese jüdischen Flüchtlinge aus Ägypten vertrieben würden.

> JEREMIA 44:14 . . . nicht bleibt dem Rest Jehudas ein Entronnenes, Bewahrtes, ihnen, die dort zu gasten gekommen sind ins Land Ägypten, ...

Die folgende Vertragsbestimmung erfüllte die wenige Jahre zuvor erfolgte Prophezeiung Jeremias:

> (Wenn) einer oder zwei entfliehen ... also dass sie kommen zum Lande Ägypten, um sich zu Dienern eines anderen zu machen, so wird User-Ma'at Re, Auserwählter-des-Re, der grosse Fürst Ägyptens, nicht zulassen ihre Ansiedlung, er wird sie ausliefern dem grossen König von Hatti.[2]

Es war das Schicksal Jeremias, dass er gegen seinen Willen zum Flüchtling in Ägypten wurde, als die letzten Reste von Juda sich zur Auswanderung dorthin entschlossen.

> JEREMIA 41:17-18 ... sie gingen ..., um nach Ägypten weiterzukommen, der Chaldäer wegen, denn sie fürchteten sich vor ihnen .. .

Im Talmud blieb der Bericht über das Ende Jeremias und jener, die ihn dazu gezwungen hatten, nach Ägypten zu gehen, erhalten. Nebukadnezar

---

[1] Breasted: *Records*, Vol. III, Sec. 381.
[2] John D. Schmidt: *Ramesses II: A Chronological Structure for His Reign* (Baltimore 1973), S. 116.

holte die Flüchtlinge aus Ägypten nach Chaldäa.[1] Er tat dies auf Grund des Vertrages, den er mit Ramses abgeschlossen hatte.

Der Vertrag enthielt eine Bestimmung, die zu humaner Behandlung der ausgelieferten Flüchtlinge aufrief:

> Wenn die Flucht ergreifen sollten Bewohner vom Lande Hatti ..., so dass sie sich begeben zu Ramesse Miamun, dem grossen Fürsten von Ägypten ..., und sie seien ausgeliefert dem grossen König von Hatti ..., so werde eine Schuld gegen ihn nicht erhoben. Es werde nicht geplündert sein (Haus), noch seine Weiber, noch seine Kinder, nicht werde getötet seine Mutter, nicht werde er geschlagen in seine Augen, noch auf seinen Mund, noch auf seine Fusssohlen, nicht werde erhoben irgendwelche Anklage gegen ihn.[2]

Zum Schutz der Unglücklichen, zu deren Auslieferung er nun verpflichtet war, sah Ramses sich zur Aufnahme dieser humanitären Klausel genötigt. Denn es war Nebukadnezar, der die Kinder Zedekias getötet und dessen Augen ausgestochen hatte.

In seiner Parabel über die Bevölkerung von Jerusalem sagte Hesekiel voraus:

> 23:23 ... die Söhne Babels, alle Chaldäer ..., alle Söhne Assyriens mit ihnen
> 25 ... schneiden Nase und Ohren dir ab ...

Die Vertragsbestimmung behandelte eine echte Situation. Sie wirft zusätzliches Licht auf die Marterqualen, die in den Schriften berichtet werden: die Geschichte der verstümmelten Gefangenen, der geschlachteten Kinder und der Deportationen; und die Geschichte der wenigen, die den Greueln entkamen, ihrer Flucht nach Ägypten und über den langen Arm, der sich nach den Flüchtlingen ins Land ihres Asyls ausstreckte.

Vergleich der Kriegsereignisse in den Schriften und in den Aufzeichnungen von Ramses II.

Ein Vergleich der militärischen Chroniken von Ramses II. mit den biblischen Berichten enthüllt keinerlei Widersprüche, aber zahllose Berührungspunkte.

---

[1] Der *Jerusalem-Talmud, Traktat Sanhedrin*, I, 19a; *Seder Olam* 26. Siehe auch Ginzberg: *Legends*, Vol. IV, S. 399, Fn. 42.

[2] Brugsch: *Geschichte Ägyptens*, S. 525.

Gemäss beiden Quellen begann der Krieg mit einem Feldzug des Pharaos quer durch Palästina in das nördliche Syrien (II Könige 23:29; Stele am Nahr el-Kelb; Tanis-Obelisk). Auf seinem Marsch durch Palästina stiess der ägyptische König auf Widerstand, gegen den er sich durchzusetzen hatte (II Chronik 35:22ff; II Könige 23:29; Assuan-Stele). Seine Bogenschützen erschossen den gegnerischen König (II Chronik 35:23; ägyptisches Wandbild im Metropolitan Museum of Art aus dem Tempel von Ramses II.). Der Pharao erreichte den Norden Syriens und errichtete ein Lager und einen Aussenposten bei Ribla im Lande Hamath (II Könige 23:33; Inschrift aus dem 2. Jahr von Ramses II. bei Nahr el-Kelb).

Von diesem Feldzug brachte er Gefangene aus dem Königshaus in Palästina zurück (II Chronik 36:4; II Könige 23:24; Tanis-Obelisk). Er erlegte dem Land einen Tribut auf (II Chronik 36:3; II Könige 23:35; Tanis-Obelisk).

In den folgenden Jahren kehrte der Pharao nach Nordsyrien zurück. Er unternahm dann einen zweiten Feldzug (II Könige 23:33 ff.; Assuan-Stele; der prosaische Schlachtbericht) und kam in die Region von Kadesch-Karkemisch (Jeremia 46:2 ff.; der Prosabericht; das *Gedicht des Pentawer*).

Er brachte vier Divisionen mit sich (Jeremia 46:9; das Gedicht; der Bericht). In seiner Armee waren Söldner von Sardes (Jeremia 46:21; *Gedicht*). Nordsyrische Städte waren mit seinem Gegner verbündet (Jeremia 35:11; *Gedicht*; Bericht).

Die ägyptischen Truppen wurden überrascht und in nördlicher Richtung gegen den Fluss getrieben (Jeremia 46:10; Gedicht; Bericht), d. h. nicht in Richtung Ägypten, sondern weg von ihrer Heimatbasis. Es war die Niederlage und Zerschlagung einer vielgefürchteten Streitmacht (Jeremia 46:8; *Gedicht*; Bericht). Auf einem Umweg zog sich der Pharao mit den Überbleibseln seines Heeres eilig nach Ägypten zurück.

Als eine unmittelbare Folge dieses Feldzuges wurde Palästina von chaldäisch-akkadischen Kräften (Hatti) erobert und kam für die Dauer einiger Jahre unter ihre Kontrolle (Jeremia 24:1; *vgl.* Faulkner in *The Cambridge Ancient History*, II, 2 (1975), S. 228).

Im folgenden eröffnete der ägyptische König eine neue Offensive im Bemühen, Palästina von neuem zu erobern (Jeremia 47:2; vergleiche Faulkner, op. cit., S. 228). Im Land der Philister lag sein unmittelbares Ziel. Es wurde belagert, erstürmt und erobert (Jeremia 47:5; Relief auf der äusseren Südmauer des grossen Hypostylensaales in Karnak).

Für eine Weile stand Palästina wiederum unter der Kontrolle Ägyptens (Stele in Beth-Sean; Relief und Inschrift im Ramesseum; Faulkner, op. cit.,

S. 228). Aber unter dem Druck der Akkadier-Chaldäer zogen sich die Ägypter dann zurück, und Palästina ging für Ägypten ein zweites Mal verloren (II Könige 24:7; Breasted: *Records*, Band III, § 366).

Viele Jahre lang wurden die Feindseligkeiten fortgesetzt, ohne dass es zu einer offenen Feldschlacht kam. Nach fast zwei Jahrzehnten wurde der Krieg beendet, und als letztes Ergebnis fügte sich Ägypten in den Verlust seiner asiatischen Provinzen; aber seine gefährdet gewesene Eigenstaatlichkeit war gesichert. Ägypten wurde beschuldigt, "eine Rohrstütze dem Hause Jisrael" gewesen zu sein (Esekiel 29:6).

Das Problem der politischen Flüchtlinge aus Syrien und Palästina war einer der Hauptpunkte der Friedensverhandlungen, und Ägypten war mit ihrer Auslieferung einverstanden (*Jerusalem-Talmud, Sanhedrin* I, 19 a; Vertrag zwischen Ramses und Hattusilis).

Die Ereignisse, ihre Abfolge und – wo sie erwähnt werden – die Orte sind in den ägyptischen Aufzeichnungen von Pharao Ramses II. dieselben wie in den biblischen Berichten über Pharao Necho.

Wir können auch die genauen Unterbrechungen zwischen all den Phasen dieses langen Krieges untersuchen und sehen, ob die ägyptischen (Ramses II.) und die hebräischen Quellen wiederum harmonieren.

Nichts ist mühsamer als detaillierte Chronologie. Aber wenn diese Mathematik der Geschichte nicht zum Selbstzweck betrieben wird, sondern um Identifizierungen festzustellen, und wenn sie zum Nachweis dieser Identifizierungen herangezogen wird, dann kann sie zur erregenden Studie werden.

Für die in diesem Kapitel untersuchte Periode stimmen die Zahlen der ägyptischen und der biblischen Chronologien überein. Synchronismus des Ganzen bedeutet selbstredend auch Übereinstimmung im einzelnen; aber wenn die Gleichzeitigkeit der Epochen bestritten wird, wie sollen Synchronismen im einzelnen erklärt werden?

Der erste Feldzug von Ramses II. nach Nordsyrien erfolgte im 2. Jahr seiner Regierung. Dies ist das Datum seiner ersten Stele bei Nahr el-Kelb; der Tanis-Obelisk scheint auf die gleichen Ereignisse hinzuweisen.

Zu Beginn des ersten Kriegszuges, den der König von Ägypten in Richtung Euphrat unternahm, wurde bei Megiddo Josia, der König von Jerusalem, getötet. Drei Monate später (II Chronik 36:2-4) wurde Jojakim zum König von Jerusalem gemacht. Der Beginn der Regierungszeit Jojakims korrespondiert mit dem 2. Jahr der Regierungszeit von Ramses II.

Im 4. Jahr von König Jojakim unternahm der Pharao seinen zweiten Kriegszug und erreichte Karkemisch (Jeremia 46:2). Das 4. Jahr Jojakims begann im 5. Jahr von Ramses II.; demgemäss muss dieser zweite Feldzug in Ramses' 5. Jahr stattgefunden haben. Dies stimmt mit den ägyptischen Quellen überein: Ramses II. verliess Ägypten zu seiner zweiten Kampagne am 9. Tag des 10. Monats seines 5. Jahres (*Gedicht*).

Das 4. Jahr Jojakims war auch das 1. Jahr von Nebukadnezar, König von Babylon (Jeremia 25:1). Es folgt, dass Nebukadnezar seine Regierungsjahre von dem Jahr an zählte, als er die zweite Schlacht am Euphrat schlug.

Zur Zeit, als er das Oberkommando des babylonischen Heeres innehatte, war Nebukadnezar König von Assyrien, das ein Teil des babylonischen Reiches war. Zuerst nannte er sich König von Assyrien (II Könige 23:29), später König von Babylon oder König der Chaldäer.[1]

Nebukadnezars 1. Jahr fiel auf den letzten Teil des 5. und den ersten Teil des 6. Jahres von Ramses II.

Gemäss den ägyptischen Quellen rebellierte Palästina gegen Ägypten vom Ende des 5. bis zum 8. oder 9. Jahr der Regierung Ramses' II. Diese der Niederlage der Ägypter bei Kadesch-Karkemisch folgenden Jahre entsprechen der Periode vom 5. bis zum 8. Jahr Jojakims; diese Jahre werden in II Könige 24:1 erwähnt: "In seinen Tagen zog Nebukadnezar König von Babel heran, Jojakim wurde ihm dienstbar, drei Jahre, dann kehrte er sich ab, empörte sich gegen ihn."

Am Ende dieser Zeit rebellierte Jojakim gegen die Babylonier, wie dieser Vers in Könige erklärt; der Aufstand fand also in seinem 8. Jahr statt. Die Erstürmung Askalons wird aus dem 9. Jahr von Ramses II. berichtet.[2] Da das 9. Jahr von Ramses II. das 8. Jahr Jojakims war, traf die Belagerung Askalons durch Ramses II. mit Jojakims Revolte gegen Nebukadnezar zusammen. Die Karnakreliefs der Erstürmung Askalons und Kapitel 47 von Jeremia stellen dieses Ereignis klar heraus. Die Anwesenheit von ägyptischen Soldaten in Beth-Sean im 9. Jahr von Ramses wird von einer dort in seinem 9. Jahr errichteten Stele bezeugt.

---

[1] Zwischen Jeremia 25 :1 und Daniel 1 : 1 gibt es einen Widerspruch: im letzteren wird Nebukadnezar im 3. Jahr Jojakims König von Babylon genannt. Betreffend Nebukadnezars späterem Anspruch, sofort nach dem Tode Nabopolassars rechtmässig König von Babylon gewesen zu sein, siehe den Abschnitt »Geschichtsentstellung« in Kapitel V. Siehe ebenfalls, zur Berechnungsmethode der Regierungsjahre in Babylonien und Juda, E. R. Thiele: »The Chronology of the Kings of Judah and Israel«, *Journal of Near Eastern Studies III* (1944), 137-186; *The Mysterious Numbers of the Hebrew Kings* (Grand Rapids, Mich. 1965).

[2] Gemäss Petrie und Maspero.

Drei Jahre danach, zu Beginn des 8. Jahres Nebukadnezars (II Könige 24:12), welches das 12. Jahr von Ramses und das 11. Jahr von Jojakim war, wurde Jerusalem abermals von Nebukadnezar bezwungen, und drei Monate später wurde Jojachin, der Sohn von Jojakim, nach Babylon deportiert. Während der dreimonatigen Regierungszeit Jojachins (II Könige 24:8) und vom 1. bis zum 8. Jahr Zedekias war Jerusalem Babylon tributpflichtig.

In seinem 8. Jahr rebellierte Zedekia, und Nebukadnezar belagerte Jerusalem. Zu dieser Zeit wurde das Heer des Pharaos, das seit der Absetzung Jojakims (im 12. Jahr von Ramses) Ägypten nicht verlassen hatte (II Könige 24:7), verstärkt und überschritt die Grenze von Palästina (Jeremia 37:5). Das Heer der Chaldäer zog sich von Jerusalem zurück, um die ägyptische Streitmacht zu stellen, aber Jeremia prophezeite, dass das Heer des Pharaos "in sein Land Ägypten zurückkehrt" (37:7) und dass die Chaldäer zum Kampf gegen Jerusalem wiederkommen würden. Den Einwohnern der Stadt, die ihre Knechte und Mägde in die Freiheit entlassen hatten, erschien die Unterbrechung lang genug, um die Gefahr vorüber zu glauben und die Freisetzung rückgängig zu machen (Jeremia 34:11). Im 10. Monat des 9. Jahres von Zedekia, nachdem die Ägypter, ohne sich zur Schlacht zu stellen, in ihr Land zurückgekehrt waren, ging Nebukadnezar zurück nach Jerusalem und erneuerte die Belagerung (II Könige 25:1).

Als Ergebnis der Vereinbarung zwischen den beiden Reichen überliess Ägypten Syrien und Palästina Nebukadnezar, und Jerusalem blieb ohne Unterstützung. Dieser Vertrag zwischen dem König von Ägypten und dem König der Chaldäer wurde zu einem Zeitpunkt vor dem 10. Tag des 10. Monats[1] des 9. Jahres Zedekias, dem Tag, als die Chaldäer die Belagerung Jerusalems erneuerten (II Könige 25:1; Jeremia 39:1; Hesekiel 24:1), abgeschlossen.

Das 9. Jahr Zedekias war das 17. Jahr Nebukadnezars (da das 10. Jahr Zedekias das 18. Jahr Nebukadnezars war – Jeremia 32:1); es muss also das 21. Jahr von Ramses II. gewesen sein. In der Tat wurde der Vertrag zwischen Ramses II. und dem König von Hatti am 21. Tag des 4. Monats des 21. Jahres von Ramses II. unterzeichnet.

Der gesamte Konflikt zwischen Ägypten und den Hatti (Akkadier-Chaldäer) dauerte 19 Jahre lang, vom 2. Jahr Ramses' II. (seinem ersten Marsch nach Norden) bis zum 21. Jahr (als der Friedensvertrag unterzeichnet wurde).

---

[1] Die Monate der Regierungsjahre der Könige dieser Periode entsprechen dem 1., 2. usw. Kalendermonat des Jahres. So war das Datum der Zerstörung des Tempels – der 5. Monat (II Könige 25 : 8) – der 5. Monat seit der Frühlings-Tagundnachtgleiche. Diese Zerstörung wird von den Juden heute noch im 5. Monat, dem Monat Ab, im Spätsommer beklagt.

Eine Gegenprobe mit den hebräischen Daten ergibt die folgenden Zahlen: Die Zeit vom Tode Josias bei Megiddo (dem ersten Marsch des Pharaos nach dem Norden) bis zum Beginn der letzten Belagerung Jerusalems durch die Chaldäer umfasst 3 Monate von Joahas (II Könige 23:31), 10 Jahre und eine Anzahl Monate von Jojakim, 3 Monate von Jojachin sowie 8 Jahre und 9 Monate von Zedekia (Erneuerung der Belagerung). Da II Chronik 36:11 von den 11 Jahren Zedekias spricht, wogegen es in Jeremia (39:2) das 11. Jahr ist, können auch die in II Chronik 36:5 erwähnten 11 Jahre Jojakims in der Bedeutung des 11. Jahres angenommen werden. Somit vergingen 19 Jahre vom ersten Marsch des Pharaos durch Palästina und dem Tod König Josias bis zum Rückzug des ägyptischen Heeres und dem Beginn der letzten Belagerung Jerusalems. Sowohl nach den Daten aus den Schriften als auch nach den Aufzeichnungen von Ramses nahm Ägypten 19 Jahre lang am Krieg teil.

Die ägyptischen und hebräischen Quellen stimmen mit der Folge und der Dauer aller Stadien des ägyptisch-chaldäischen Krieges überein. Die genauen Daten in den ägyptischen und hebräischen Quellen machten diese Überprüfung möglich, und zwar mit einer Präzision, welche von der Historiographie vieler um tausend oder gar zweitausend Jahre näher liegender Perioden nicht erreicht wird.

Die konventionelle Geschichtsschreibung Ägyptens nimmt an, dass Ramses II. der Pharao der Unterdrückung zur Zeit des Moses war (falls die Israeliten Ägypten zur Zeit von Merenptah verliessen) oder dass er der Herrscher Ägyptens und Palästinas zur Zeit der Richter war (falls die Israeliten Ägypten vor Beginn der 19. Dynastie verliessen). Demgemäss erfolgten die Feldzüge von Ramses II. in Nordsyrien und in Palästina angeblich entweder zur Zeit der israelitischen Knechtschaft in Ägypten oder zur Zeit, als die Richter die Stämme in Palästina regierten. Und doch wird im Buch der Richter von keinem ägyptischen Herrscher berichtet und von keiner Kampagne eines Pharaos gegen Syrien und Palästina.

Unter dem gleichen Vorzeichen kann von vornherein vermutet werden, dass – mit der Versetzung Ramses' II. in die entrückte Vergangenheit – die Aufzeichnungen der Bücher der Könige, der Chronik, Jeremias und Hesekiels über den Krieg Nebukadnezars mit Pharao Necho in der ägyptischen Geschichte kein Gegenstück finden werden.

Es wurde unter den ägyptischen Inschriften nach Hinweisen auf einen Pharao namens Necho und seine Feldzüge gesucht, aber die ägyptische

Archäologie vermochte die Geschichte des Krieges nicht zu beschaffen. Die einzige Denkmalinschrift, auf welcher der Name eines gewissen Nekau-Wehemibre erscheint, ist eine Inschrift auf dem Grab eines Stieres.

Wenn wir der konventionellen Geschichte folgen, gibt es in den Schriften keinen Bericht über die Kriege von Ramses, und gleichermassen wird in den erhaltenen Berichten des Landes am Nil keine Rechenschaft über die Kriege Nebukadnezars gegen Ägypten abgelegt. Aber die Kriege von Ramses II. entsprechen präzise dem biblischen Bericht über Pharao Necho.

Oder ereigneten sich dieselben Vorfälle, Schlachten und Belagerungen derselben Städte 700 Jahre voneinander getrennt in genau denselben Abständen? Es wäre wundersam, wenn Berichte von zwei derart identischen Ereignisserien auf uns gekommen wären. Aber es gibt keine ägyptischen Aufzeichnungen von den Kriegen Nekau-Wehemibres.[1]

---

[1] Vier Tonabdrücke eines Siegels von Nekau wurden in den Ruinen eines Hauses in Karkemisch zusammen mit Siegeln von Psamschek gefunden. Wie ich in *Die Seevölker* (Teil I, Kap. V, »Eine Komödie der Irrungen«) zeige, ist diese Person mit Psamschek, einem hohen persischen Beamten, zu identifizieren, der in den Elephantine-Papyri erwähnt wird. Auf Grund der Siegel von Nekau, die zusammen mit jenen von Psamschek gefunden wurden, wäre Nekau-Wehemibre ebenfalls im 5. Jahrhundert einzuordnen, als Ägypten unter persischer Besetzung stand. Siehe L. Woolley und T. E. Lawrence, eds.: *Carchemish* II (1915-1952), S. 126-128; Tf. 26 c.

Kapitel 3

Das Grab von König Ahiram

Der geschwinde Schreiber

Das *Gedicht des Pentawer* enthält einige hebräische Wörter, die in die ägyptische Sprache eingesickert waren und an Stelle ihrer ägyptischen Äquivalente verwendet wurden. So wird das Wort "qazin" für "Offizier" und "sesem" ("sus") für "Pferd" verwendet.[1] Wie wir schon erwähnten, hatten "na'arim" – auf hebräisch "Jünglinge" – bei Kadesch Ramses II. gerettet.

Unter den in der Zeit von Ramses II. geschriebenen Texten befindet sich ein Brief, der von einem Schreiber namens Hori an einen Befehlsschreiber des Heeres namens Amenemope gerichtet war.[2] Hori war von Amenemope geschmäht und als unwissend hingestellt worden; Hori antwortete mit einem sarkastischen Brief, weist seine eigene Gelehrsamkeit nach und entlarvt die Ignoranz seines Opponenten. Das Sachgebiet, für das er sich kompetent erachtete, war Palästina. Es ist möglich, dass der Brief dort geschrieben wurde.

Der Brief erwähnt viele geographische Namen; sie sind in leicht les- und erkennbarer Form geschrieben: "Kirjat-n-b" ist "Kirjat-enab".

Noch eindrucksvoller als die Liste palästinischer Städte ist der Gebrauch zahlloser hebräischer Wörter durch den Schreiber.[3] So wird "Mehl" "qemach", "Dornbusch" "qoz", genannt, und sogar ein vollständiger hebräischer Satz wurde in den Text eingeschoben: "abadeta kemo ari mahir no'am."[4] Es ist nicht so wichtig, die Gedanken des Schreibers zu kennen, als er diesen Satz formulierte; vielleicht wollte er sich nur mit seinen Hebräischkenntnissen brüsten.

---

1 De Rougé: *Œuvres diverses*, Vol. V (Paris 1914), S. 318-343.

2 *Papyrus Anastasi I*, hrsg. und übers. von A. H. Gardiner: *Egyptian Hieratic Texts*, I (Leipzig 1911).

3 Max Burchardt: *Die Altkanaanäischen Fremdworte und Eigennamen im Ägyptischen* (Leipzig 1909-1910).

4 Wie man dieses im Hebräischen lesen soll, ist umstritten und problematisch: Der Vorschlag "Du bist gestorben wie ein Löwe, sagt der geschwinde Schreiber" ist nur einer.

Gemäss der gewöhnlich akzeptierten Schlussfolgerung haben die Ägypter die hebräischen Wörter von den eingeborenen Kanaanitern übernommen, und sprach diese Bevölkerung im vorisraelitischen Palästina, der manchmal eine hamitische Abstammung zugeschrieben wird (siehe Genesis 9:18), semitisches Hebräisch. Seit der Entdeckung der Ras-Schamra-Texte wurde diese Schlussfolgerung, welche durch die in die aus Palästina geschriebenen babylonischen Texte der El-Amarna-Briefe eingestreuten hebräischen Wörtern impliziert wird, als unbestreitbar angesehen.

Der weiteren Schlussfolgerung, dass nicht nur die vorisraelitische Bevölkerung Kanaans hebräisch sprach, sondern auch in dieser Sprache schreibende Schnellschreiber gehabt haben muss, wurde ausgewichen, obwohl das aus Horis Text hervorgeht: Hori verwendete die hebräischen Wörter "sofer jode'a" für einen gelernten Schreiber und "mahir" für einen Schnellschreiber. Dieser Ausdruck kommt überall im Papyrus vor, da der Autor die Pflichten eines mahir erklären wollte, der rasch kalkulieren und sich jeder Situation schnell anpassen musste.

Ein "geschwinder Schreibergriffel", d.h. der "Griffel eines Schnellschreibers", kommt im Eröffnungsvers von Psalm 45 vor. Seit der Zeit der ersten jüdischen Könige in Palästina waren Schreiber ein professioneller Stand,[1] und ein "Schnellschreiber" oder einer, der Worte, so schnell wie sie gesprochen wurden, niederschreiben konnte, bedient sich einer fortgeschrittenen Entwicklung in der Kunst des Schreibens.

Blühte die Kunst des Schreibens zur Zeit der Kanaaniter, und wurde sie danach zur Zeit der Israeliten in Palästina völlig vergessen?

Korrekte Chronologie setzt nicht voraus, dass die vorisraelitische Bevölkerung Kanaans die hebräische Sprache verwendet haben sollte oder dass die Ägypter sie von ihnen erlernt haben müssen; wenn aber durch irgendwelches, noch nicht entdecktes Material der Gebrauch des Hebräischen in Kanaan vor der Auswanderung des Stammes Israel nach Ägypten nachgewiesen werden könnte, so wäre diese Schreibkunst aus dem Zeitalter der Patriarchen nicht aus den hebräischen Texten von Ras Schamra (in alphabetischer Keilschrift) oder aus den el-Amarna-Briefen mit ihren gelegentlich eingeschobenen hebräischen Wörtern ableitbar: Diese zwei Sammlungen von Dokumenten datieren aus dem 9., nicht aus dem 14. Jahrhundert.[2] Andererseits überrascht es nicht, dass zur Zeit wirksamer Beziehungen zwischen dem hebräischen Palästina und Ägypten – seit Saul und

---

[1] I Chronik 2:55; II Samuel 8:17; 20:25; I Könige 4:3.

[2] Siehe *Zeitalter im Chaos*, Bd. 1: *Vom Exodus bis König Echnaton*, »Ras Schamra« und »Die El-Amarna-Briefe«.

Kamose bis zu Jeremia und Ramses II. – eine Anzahl hebräischer Wörter den Weg in das Vokabular ägyptischer Schreiber fand.[1]

Horis Papyrus wurde höchstwahrscheinlich zwischen dem 2. und 5. Jahr von Ramses geschrieben, zwischen seinem ersten, erfolgreichen, und seinem zweiten, erfolglosen Kriegszug, offenbar kurz nachdem der Pharao Megiddo passiert hatte, wie in II Könige 23:29-30 dargestellt. Der Papyrus enthält die folgenden, vom Schreiber an seinen Opponenten gerichteten Worte: "Zeige mir, wie man bei Megiddo vorübergeht."

Unter diesen Umständen dürften wir wohl erwarten, dass eine mit hebräischen Buchstaben geschriebene Inschrift, zusammen mit Anzeichen, die auf die Regierungszeit von Ramses II. verweisen, gefunden werden könnte.

Das Grab des Ahiram

In einem vorausgegangenen Abschnitt hatte ich Gelegenheit, die Frage zu diskutieren: Liess Ramses II. den das Mittelmeer mit dem Roten Meer verbindenden Kanal bauen, wie die ägyptischen Quellen melden, oder war es Necho (Nekos), der diese Arbeit begann, wie Herodot sagt? Und wiederum: War es Sethos-Ptah-Maat, der Vorgänger von Ramses II., der erstmals griechische Söldner warb, oder war es Nechos Vorgänger, von Herodot Psammetich genannt?

Die Lösung einer ähnlichen Frage kann dem Leser ohne Hilfestellung des Autors überlassen werden.

Byblos, das moderne Gebel an der syrischen Küste nördlich von Beirut, Gebal der alttestamentlichen und phönikischen Texte oder "kepen" auf ägyptisch, war eine alte und hochgeachtete Königsstadt. Es wurde Handel mit dem Zedernholz aus dem Libanon und mit aus Ägypten importiertem Papyrus getrieben.[2]

Im 19. Jahrhundert forschte Ernest Renan, der bekannte Religionshistoriker, in Byblos und auch in Tyrus, Sidon und Arvad, die alle an der phönikischen Küste liegen.[3]

---

[1] Ein weiteres Beispiel des Gebrauchs hebräischer Wörter durch einen ägyptischen Schreiber aus dieser Zeit kommt im *Papyrus Koller* vor, hrsg. und übers. von Gardiner: *Egyptian Hieratic Texts*, I (Leipzig 1911).

[2] Das Wort "Bibel" kommt von "Byblos", das griechisch "Papyrus" heisst.

[3] *Mission de Phénicie* (Paris 1864).

Abb. 5: Der Sarkophag des Königs Ahiram mit der phönikischen Inschrift auf der Seite des Deckels.

Sechzig Jahre später, 1921, nahm Pierre Montet die Grabungsarbeiten in Byblos wieder auf. Einige Monate vergingen, und am 16. Februar 1922 wurde durch einen Erdrutsch am seeseitigen Hang ein Königsgrab mit Beigaben von Amenemhet III. aus dem Mittleren Reich Ägyptens freigelegt. Im gleichen Gebiet wurden acht weitere Königsgräber aus verschiedenen Perioden gefunden. Der wichtigste Fund war das Grab des Königs Ahiram. Ein in den Fels geschlagener Schacht führte zu einer Grabkammer; nach der Bestattung war eine die Kammer vom Schacht trennende Mauer gebaut worden. In der Kammer standen drei Sarkophage: Zwei in einfacher Ausführung, die nur Knochen enthielten, und der reich verzierte des Königs Ahiram.[1] "Hiram" oder "Ahiram" war der Name von mehr als einem phönikischen König.

Eine kurze hebräische Inschrift war in die Südwand des Stollens eingehauen:

> Aufgepasst! Siehe, du wirst hier unten zu Schaden kommen!

[1] P. Montet: *Byblos et l'Egypte, Quatre Campagnes de Fouilles à Gebel (1921-1924)*, (Paris 1928), Kap. IV.

Die Warnung gegen die Entweihung der Grabstätte wurde auf dem Deckel des Sarkophags wiederholt und noch ausführlicher eingeschnitten:

> Der Sarg, den Ithobaal, Sohn des Ahiram, König von Gebal (Byblos) für seinen Vater als Wohnung in der Ewigkeit machte. Und wenn irgendein König oder irgendein Statthalter oder irgendein Heereskommandant (Gebal) angreift und diesen Sarg gefährdet, dessen Herrscherstab soll zerbrochen, sein Königsthron gestürzt werden, und der Friede soll Gebal verlassen; und ihn betreffend, seine Inschriften sollen von einem Taugenichts ausgelöscht werden![1]

Auf der einen Seite des Sarkophags ist König Ahiram, auf dem Thron sitzend, abgebildet, mit geflügelten Sphingen, die ihn bewachen, und Hofleuten, die ihm gegenüber stehen. Die andere Seite zeigt einen Zug mit Personen, die Gaben tragen. Auf jeder der zwei Endseiten des Sarkophags befinden sich die Figuren von vier Klageweibern.

In der Nähe des Einganges zur Grabkammer wurde eine Anzahl von Fragmenten einer Alabasterkanope gefunden, und eines davon trug den Namen und Thronnamen von Ramses II. Ein weiteres Fragment in der Kammer, ebenfalls aus Alabaster, trug die Kartusche von Ramses II.; auch eine Elfenbeinplatte wurde gefunden und von R. Dussaud für mykenisch gehalten; aber ausserdem gab es dort Keramik aus Zypern, die wie Ware aus dem 7. Jahrhundert aussah.

Das Grab sei wahrscheinlich im Altertum erbrochen worden, argumentierten die Historiker, trotz der Warnung in hebräischen (phönikischen) Buchstaben. Die Gelehrten hatten zu entscheiden, zu welcher Zeit König Ahiram gelebt hatte.

Die phönikischen Inschriften auf dem Sarkophag enthüllten es nicht. Montet, der Entdecker des Grabes, schrieb es der Zeit von Ramses II. zu, also dem 13. Jahrhundert. Er war der Ansicht, dass sämtliche Objekte im Grab, einschliesslich der zypriotischen Krüge, aus der Zeit Ramses' II. stammten. Aber andere Gelehrte bestanden auf dem 7. Jahrhundert für das Alter der zypriotischen Keramik. Dussaud, ein führender französischer Orientalist, pflichtete bei, dass das Grab aus dem 13. Jahrhundert stammte, bestand aber auf dem 7. Jahrhundert für die zypriotische Ware. Dussaud nahm ebenfalls an, dass im 7. Jahrhundert Grabräuber eingebrochen waren und dort Töpferwaren aus ihrem eigenen Jahrhundert zurückgelassen hätten. Zeichen des Eindringens und der Störung waren augenfällig: Der

[1] Übers. von W. F. Albright: *Journal of the American Oriental Society*, LXVII, 1947, S. 155-156. Die Übersetzung von R. Dussaud, die von Montet zitiert wird, heisst auszugsweise: "... le throne de la royauté se renversera et la paix regnera sur Gobel" (... und Friede wird über Gebal regieren).

Deckel des Sarkophags war aus seiner Lage verschoben, Alabastergefässe waren zerbrochen, die Schmuckstücke wurden vermisst.

Dussaud schrieb: “Zusammen mit den mykenischen Sachen fand Montet Fragmente zypriotischer Keramik, charakteristisch für das 7. Jahrhundert, womit die Zeit der Grabräuberei fixiert ist. Kein Fragment jüngeren Datums wurde gefunden.” Er fuhr fort: “Es gibt keinen Zweifel, dass (bei der Wahl) zwischen dem Zeitalter von Ramses II. und dem 7. Jahrhundert (für die Zeit, zu der das Grab erbaut und die Inschrift eingemeisselt wurde), das erstere akzeptiert werden muss.”[1] Doch Eindringlinge würden gewiss nicht 600 oder 700 Jahre alte Krüge in die Grabkammer gebracht haben. Warum sie überhaupt hätten Gefässe in die Begräbnisstätte hineinbringen sollen, die sie ausrauben wollten, ist nicht genügend erklärt.

Was ist die richtige Lösung?

Sogar wenn es möglich gewesen wäre, das Vorhandensein der zypriotischen Gefässe im Grab des Ahiram als das Werk von Dieben zu erklären, so gab es doch etwas, das den Plünderern nicht zugeschrieben werden konnte: die Inschrift.

Eine Inschrift in hebräischen Buchstaben warnt beim Eingang gegen entweihende Schritte und ruft einen Fluch auf den König, Soldaten oder irgendeine andere Person herab, die den Todesfrieden stören sollten. Die andere Inschrift auf dem Sarkophag sagt, dass ein König, dessen Name Ithobaal[2] gelesen wird und der in der ersten Person spricht, den Sarkophag für seinen Vater Ahiram, König von Gebal (Byblos), herstellen liess.

Die beiden Inschriften sind mit denselben Buchstaben eingeritzt und stammen aus ein und derselben Zeit. Wenn das Grab zur Zeit von Ramses II. bereitgestellt wurde, dann wurden die Inschriften zu seiner Zeit geschrieben. Aber Inschriften in hebräischen Buchstaben zur Zeit von Ramses II., im 13. Jahrhundert, waren etwas ganz Unerwartetes.

Ein heiss geführter Disput, der fünf Jahrzehnte lang nicht zur Ruhe kommen sollte, brach aus. Auf der einen Seite waren die Archäologen, welche die archäologischen Beweise über die Entstehungszeit des Grabes unter der 19. Dynastie, oder im 13. Jahrhundert v. Chr., als entscheidend er-

---

[1] “Avec des vestiges mycéniens, M. Montet ait trouvé ... des fragments de poterie chypriote, caractéristiques du VIIe siècle, qui fixent ainsi l’époque de la violation. Aucun fragment plus récent n’a été découvert. Or, il est certain que les inscriptions de l’hypogée V ne peuvent descendre à une date aussi basse. Entre l’époque de Ramses II et le VIIe siècle, il n’y reste aucun doute qu’il ne faille adopter la première.” R. Dussaud: »Les Inscriptions phéniciennes du tombeau d’Ahriman, roi de Byblos«, *Syria, Revue d’art oriental et d’archéologie*, V (1924), 143-144.

[2] Dussaud: *Syria*, VI (1925), 104.

achteten. Auf der anderen Seite standen die Epigraphiker, die nicht zugestehen wollten, dass die Inschriften aus Ahirams Grab einer so frühen Periode wie dem 13. Jahrhundert zugehören konnten; sie fanden eine starke Verwandtschaft zwischen diesen Buchstaben und den von Abibaal und Elibaal, zwei phönikischen Königen, verwendeten Buchstaben, die auf Statuen ihrer Schirmherren Scheschonk und Osorkon, Pharaonen der Libyschen Dynastie, stehen und aus dem 10. und 9. Jahrhundert stammen sollen. Seit der Zeit, als die Inschriften aus den Statuen von Scheschonk und Osorkon zur Kenntnis der Gelehrten gelangten, bis zur Entdeckung von Ahirams Grab, waren die Widmungen im Namen von Abibaal und Elibaal als nicht zeitgenössisch mit den Statuen selbst angesehen worden: Die Buchstaben der Widmungen lagen zwischen den Buchstaben der Mescha-Stele aus der Zeit um etwa -850 und den in die Felswand einer Wasserleitung der Siloah-Quelle bei Jerusalem ungefähr um -700 eingehauenen Hesekiel-Buchstaben, so dass sie zwischen diesen beiden Zeitpunkten geschrieben worden sein müssen.

Aber die Ahiram-Inschriften erforderten eine epigraphische Neubeurteilung der Inschriften auf den Statuen. Schliesslich wurden die Schwierigkeiten, die aus dem Vergleich der Buchstaben von Abibaal und Elibaal mit jenen der Mescha-Stele und Hesekiels entstanden waren, einer unbekannten Anomalie in der Entwicklung der hebräischen Schrift zugeschrieben.

Der konventionellen Chronologie zufolge muss Ahiram als ein Zeitgenosse von Ramses II. fast vier Jahrhunderte vor Scheschonk und Osorkon gelebt haben und gestorben sein. In vier Jahrhunderten muss eine Schrift beträchtliche Änderungen durchgemacht haben. Aber es gab keine kennzeichnenden Unterschiede in den Buchstaben aus der Zeit Ahirams und jener von Abibaal und Elibaal.

Mögen einige der Disputanten selbst ihre Erklärungen dazu abgeben. Die nachstehend zitierten Teilnehmer an der Debatte sind alle Historiker von bedeutendem Ruf:

“Aus der Entdeckung im Grab des Ahiram von zwei den Namen Ramses’ II. tragenden Alabasterurnen vermögen wir, ohne dass die kleinste Unsicherheit Bestand hätte (sans qu’il puisse subsister la moindre incertitude), abzuleiten, dass das Grab, der Sarkophag und seine Inschrift aus dem 13. Jahrhundert vor unserer Zeit datieren.”[1]

“Es ist seltsam, dass trotz mancher Meinungsverschiedenheiten in der Interpretation der Inschrift des Ahiram-Sarges und des in dem Grabschacht

[1] Dussaud: *Syria*, V (1924), 142.

gefundenen Graffito in einem Punkt völlige Einmütigkeit besteht, obwohl dazu am allerwenigsten Veranlassung ist: in der Datierung in das 13. vorchristl. Jahrhundert und zwar auf Grund von zwei Kanopenfragmenten mit dem Namen Ramses' II. ... Diese Kanopenbruchstücke verlieren aber jeden Datierungswert, wenn man ... berücksichtigt, dass das Grab nicht intakt gefunden, sondern bereits im Altertum erbrochen worden ist, nach Dussaud auf Grund von Scherbenfunden im 8.-7. vorchristl. Jahrhundert. ... Man kann sich danach also ... vorstellen, (dass das Grab Ahirams) im 8.-7. vorchristl. Jahrhundert geöffnet und beraubt wurde und fortan offen stand. Als nun die umliegenden ... Gräber geplündert wurden, mögen Grabräuber vorübergehend in diesem zugänglichen Grab ihren Raub deponiert haben. ... Der ... Befund ... zwingt dazu, das Grab wie die Inschrift vor das 8.-7. Jahrhundert zu setzen, das heisst vor den Zeitpunkt, in dem es erbrochen wurde. Wie weit man aber vor diese Zeit zurückgehen will, das lässt sich nur aus dem Schriftcharakter der phönizischen Schriften erschliessen. Mit anderen Worten, die Entscheidung steht ausschliesslich bei dem phönizischen Epigraphiker, der auf die beiden Kanopenfragmente mit dem Namen Ramses II. nicht die geringste Rücksicht zu nehmen braucht."[1]

Der erste Autor nimmt an, dass die zypriotischen Gefässe des 7. Jahrhunderts von den Dieben in das Grab gebracht wurden. Der zweite Gelehrte akzeptiert diese Erklärung und lässt die Diebe auch die Ramses-Kanopen in dasselbe Grab bringen.

"Das Datum dieses Grabes wird durch eine Gruppe von übereinstimmenden und beweiskräftigen Zeugnissen geliefert: Mykene-Keramik in gutem Stil, mykenisches Elfenbein, keine Sachen aus späterer Zeit, und zwei Alabastervasen mit den Kartuschen von Ramses II."[2] Die Bildhauerkunst des Sarkophags wird auch als auf die Zeit von Ramses weisend angeführt.

> Man hat diesen Sarg und damit auch den Gebrauch des Alphabets bis in die Zeit Ramses' II. hinaufrücken wollen. Aber ... es ist undenkbar und widerspricht allem, was wir sonst überall von der Geschichte einer Schrift wissen, dass sich hier die Schrift vier Jahrhunderte lang unverändert erhalten haben sollte. Vielmehr kann König Achiram nur kurze Zeit vor Abiba'al angesetzt werden, also um 1000 v. Chr.[3]

---

[1] W. Spiegelberg: »Zur Datierung der Ahiram-Inschrift von Byblos«, *Orientalische Literaturzeitung*, XXIX (1926), Kol. 735-737.

[2] Dussaud: *Archiv für Orientforschung*, V (1929), 237.

[3] Eduard Meyer: *Geschichte des Altertums*, II (1931), Teil 2, 73.

> Das Zeugnis der Ornamente auf diesem Sarg scheint in bezug auf das Datum schlüssig. Es kann nicht später als das 13. Jahrhundert sein. Die Buchstabenformen haben die Epigraphiker veranlasst, die Schlussfolgerungen der Ausgräber zu bezweifeln, und die im Grab gefundenen Scherben wurden ins Spiel gebracht. Das epigraphische Argument hält nicht stand.[1]

Die Archäologen sind nicht zu erschüttern und bestehen darauf, dass Ahirams Begräbnis zur Zeit von Ramses II. stattfand, in der Mitte seiner Regierungszeit in der ersten Hälfte des 13. Jahrhunderts; und sie sind nicht bereit, mehr als 50 Jahre abzuziehen, wenn das die Epigraphiker zufriedenstellen sollte. Die Epigraphiker, die das archäologische Zeugnis nicht widerlegen können, feilschen um jedes halbe Jahrhundert, um das Datum von Ahirams Inschrift so nahe wie möglich an die Zeit der Mescha-Stele heranbringen zu können.

> Es ist wahr, dass eine Alabasterkanope mit den Kartuschen von Ramses II. und die Fragmente einer anderen mit dem Namen desselben Königs im Grab gefunden wurden, das deshalb schon ins 13. Jahrhundert zurückreichen könnte. Aber die Unterschiede zwischen den Schriftformen von Ahiram und jenen von Abibaal und Elibaal sind äusserst gering, und es erscheint immerhin möglich, dass das wahre Datum Ahirams um einiges näher an der Bubastis-Periode (10. Jahrhundert) liegen könnte.[2]

Kompromisse wurden von Anfang an zurückgewiesen, noch bevor sie vorgeschlagen wurden.

> Es genügt nicht, eine solche Hypothese vorzubringen, es ist nötig, sie zu demonstrieren. Wenn die im 13. Jahrhundert ausgeführten Arbeiten wie auch die Störung im 8.-7. Jahrhundert sehr klare Keramikzeugnisse hinterlassen haben, so muss das Begräbnis in einem hypothetischen 11. Jahrhundert durch Töpfereiwaren nachgewiesen werden, die dem Toten beigegeben wurden. Aber kein Überbleibsel aus dieser Epoche (11. Jahrhundert) wurde gefunden.[3]

Die Epigraphiker, durch die Forderung der Archäologen auf Ansetzung der Inschriften Abibaals und Elibaals ein Jahrhundert vor der Mescha-Stele schon genügend in Verlegenheit gebracht, waren nicht willens, die Inschrift Ithobaals auf dem Grab seines Vaters Ahiram vier Jahrhunderte vor der Mescha-Stele anzusetzen.

---

[1] Sidney Smith: *Alalakh and Chronology* (London 1940), 46.
[2] A. H. Gardiner: *Quarterly Statement of the Palestine Exploration Fund*, 1939, 112.
[3] Dussaud: *Syria*, V (1924), 144.

Diebe sollen die Gefässe des 7. Jahrhunderts hineingelegt haben. Die Epigraphiker möchten auch die Vasen von Ramses II. den Grabräubern zuschreiben, aber weil der Sarkophag und die mykenische Keramik aus der Zeit von Ramses II. stammen, geht das nicht. Die letzte Zuflucht ist, auch die Inschriften den Dieben anzulasten.

"Stammen die Inschriften von Räubern?" fragte ein Gelehrter und antwortete sich selbst: Die Inschrift auf dem Sarkophag ist zeitgenössisch mit dem Sarkophag, weil Ithobaal erklärte, dass er ihn herstellen liess. Die kürzere Inschrift beim Eingang, mit den gleichen Buchstaben geschrieben, warnte vor der Entweihung des Grabes, und ein Fluch über Schänder wurde von Ithobaal in der Inschrift auf dem Sarkophag beschworen. Grabschänder schrieben das nicht. "Sie kann den Schändern nicht zugeschrieben werden."[1]

Als ein Kunsthistoriker, H. Frankfort, die Ansicht entwickelte, dass zwar der Sarkophag in das 13. Jahrhundert gehörte, die Inschriften aber später auf ihm angebracht worden seien, als der Sarkophag im frühen 10. Jahrhundert wiederverwendet wurde, schrieb ein Protagonist der Richtung, dass der Sarkophag aus dem frühen 10. Jahrhundert stamme:

> Absolut unhaltbar ist Frankforts Position, wonach der Ahiram-Sarkophag in das 13. Jahrhundert gehört, und die Inschrift (deren Datum aus dem frühen 10. Jahrhundert er zugesteht) aus Anlass einer späteren Wiederverwendung des Steinsarges eingeritzt wurde. Diese Behauptung widerspricht gesundem Menschenverstand, da die Inschrift beginnt: 'Der Sarg, den Ithobaal, Sohn des Ahiram, König von Byblos für seinen Vater als Wohnung in der Ewigkeit machte...' Eine weitere Inschrift in derselben Schrift ist auf den Wänden des Eintrittsstollens zum Grab eingemeisselt. Es ist ganz unwahrscheinlich, dass sich ein orientalischer Herrscher des Altertums einer solch groben Fälschung schuldig gemacht hätte, für die es keinen Anlass gab.[2]

Der Autor dieser Zeilen, der verstorbene William F. Albright, setzte hinzu: "Das Datum für das 10. Jahrhundert ... wird nach den letzten epigraphischen Entdeckungen in Palästina unvermeidlich."

Im selben Jahr, als dies geschrieben wurde, befand Pierre Montet, der 33 Jahre vorher Ahirams Grab entdeckt hatte, beinah höhnisch:

---

[1] Ebenda, 142.

[2] W. F. Albright: in *The Aegean and the Near East*, studies presented to Hetty Goldmann, 1956, 159. Albrights frühere Untersuchung dieses Themas befindet sich in *Journal of the American Oriental Society*, LXVII, 1947, 154 ff.

Die älteste, damals bekannte alphabetische Inschrift war diejenige von Mescha, König von Moab, aus dem 9. Jahrhundert. Die neuen Texte (aus Ahirams Grab) rückten den Gebrauch des Alphabets um vier Jahrhunderte zurück. Einige Gelehrte verfechten, dass das Vorhandensein der Kanopen von Ramses II. – zur Erleichterung sprechen sie von 'einer Vase' – keinerlei Bedeutung habe; aber da neue, sogar noch ältere alphabetische Inschriften nachträglich in Byblos gefunden worden sind, können alle ihre bemühten Argumentationen niemanden mehr überzeugen (leur laborieuse argumentation ne peut plus convaincre personne).[1]

Die Debatte umfasste weitere Probleme. "Der Sarkophag des Ahiram erschliesst ein neues Kapitel in der phönikischen Kunstgeschichte."[2] Es wurde festgestellt, dass phönikische Kunst sehr konservativ gewesen war, weil sie nach vielen Jahrhunderten die gleichen Gestaltungselemente verwendete: Sogar ein ähnlicher Sarkophag, ebenfalls mit den Figuren der Klageweiber, ist gut bekannt; er wurde in Sidon entdeckt und dem 4. Jahrhundert zugeschrieben.[3]

Ein israelischer Gelehrter[4] schrieb einen Aufsatz über die Reliefs auf dem Ahiram-Sarkophag und verwendete spezielle Aufmerksamkeit auf die je vier Klageweiber an den Enden des Sarkophags: "Zwei von ihnen schlagen sich auf die Hüften,[5] während die beiden anderen ihren Kopf in ihren Händen halten." Der Gelehrte zitiert verschiedene Beispiele von Händeschlagen aus dem Alten Testament als ein Zeichen tiefer Trauer, besonders in Jeremia 31:19 und Hesekiel 21:12: "Die beiden anderen Frauen legen ihre Hände auf ihre Köpfe – eine weitere gewohnte Begleitgeste bei Klagen, Trauer und Schmerz." – Jeremia und Hesekiel waren Zeitgenossen Nebukadnezars.

Wäre alles nur eine Frage des Alters von Ahirams Grab und phönikischer Kunst! Aber hier ist die gesamte Forschung über die Entwicklung der hebräischen Schrift untrennbar verknüpft mit der grundsätzlichen Frage nach dem Ursprung des Alphabets.

---

1 P. Montet: *Isis* (Paris 1956), 194.

2 Dussaud: *Syria*, XI (1930), 181.

3 "Si l'on considère le traditionalisme, qui est un des traits caractéristiques de l'art et des cultes phéniciens, le célèbre sarcophage de Sidon, dit des pleureuses et conservé à Stambul, est de dernier état de la représentation qu'apparaît sur le sarcophage d'Ahiram." Dussaud: *Syria*, XI (1930), 183.

4 M. Haran in *Israel Exploration Journal*, Vol. 8, Nr. 1 (1958).

5 Die Photographie einer der zwei Szenen mit den Klageweibern zeigt zwei, die ihre Brüste, nicht die Hüften, schlagen und zwei andere, die ihre Arme über den Kopf halten: Tafel 97 in N. Jidejian: *Byblos Through the Ages* (Beirut 1968).

"Für das Studium der Geschichte des Alphabets ist die Datierung der Ahiram-Schrift ungemein wichtig."[1] "Die Entdeckung der neuen semitischen Inschriften schob nicht nur die Erfindung des Alphabets zurück, sondern ermöglichte auch die Annahme seiner früheren Aneignung durch die Griechen."[2]

Ahirams Inschriften und der Ursprung des Alphabets

Die Erfindung des Alphabets wird als eine der grössten Errungenschaften aller Zeiten angesehen. Vor dieser Schöpfung wurde entweder piktographisch oder silbisch geschrieben, und gezwungenermassen erforderte Letzteres Hunderte verschiedene Zeichen.

"Unsere Buchstabenschrift ist wahrscheinlich gegen 1300 v. Chr. in Syrien, vermutlich an der Mittelmeerküste (Byblos?) entstanden."[3] Das Grab Ahirams ist die Grundlage für diese Erklärung. Die Inschriften des Grabes von Ahiram werden als die frühesten, bis jetzt entdeckten lesbaren hebräischen Buchstaben angesehen.[4]

"Kein Gelehrter bezweifelt heute, dass das Alphabet wenigstens in der ersten Hälfte des 2. Jahrtausends erschaffen wurde."[5] Das Datum wird noch um einige weitere Jahrhunderte zurückgeschoben, weil die Inschriften Ahirams schon eine ausgebildete Entwicklungsstufe für ein Alphabet anzeigen und weil in Lachisch und an anderen Orten einige Scherben mit einer kleinen Anzahl archaischer Buchstaben unbestimmten Alters gefunden wurden.[6] Schliesslich stellen auch die Keilschriftzeichen für die Buchstaben des hebräischen Alphabets eine Art alphabetischer Schrift dar, und in dieser Schrift sind die vorgeblich aus dem frühen 14. Jahrhundert stammenden, in Ras Schamra gefundenen Gedichte geschrieben. Einige Gelehrte nehmen an, dass ein paar in Sinai gefundene und noch nicht zufrie-

---

[1] B. Ullman: »How Old Is the Greek Alphabet?« *American Journal of Archaeology*, XXXVIII (1934), 362.

[2] Ebenda, 379.

[3] H. Bauer: *Der Ursprung des Alphabets* (Leipzig 1937), 43.

[4] J. Leibovitch: (*Bulletin de l'Institut Français d'Archéologie Orientale*, XXXII (1932), 84) bewertet die Inschrift von Jehimilk älter als die Ahiram-Inschrift.

[5] D. Diringer: »The Palestinian Inscriptions and the Origin of the Alphabet«, *Journal of the American Oriental Society*, LXIII (März 1943).

[6] Die Funde werden von Diringer aufgezählt.

denstellend entzifferte Inschriften zu der Zeit entstanden, als die 18. Dynastie in Ägypten regierte; andere Gelehrte datieren diese Inschriften in die Zeit der Hyksos. Die Beziehung dieser Zeichen zum Hebräischen und zum Ursprung des Alphabets ist wegen der Seltenheit und der Obskurität des Materials ein dunkles Problem.

Das griechische Alphabet übernahm vom hebräischen die Gestaltung einer ganzen Anzahl von Buchstaben, ihre Aufeinanderfolge und ihre Bezeichnung – "alpha" bedeutet "aleph" ("Ochs"); "beta" "beth" ("Haus"); "gamma" "gimel" ("gamal" "Kamel"); "delta" "duleth" ("deleth" "Tür") usw. Das Problem, wann das griechische vom hebräischen (phönikischen) Alphabet abgeleitet worden ist, kann gut durch den Vergleich der frühesten griechischen Buchstaben mit den verschiedenen Stufen in der Entwicklung der hebräischen Schrift gelöst werden. Die ältesten griechischen Inschriften, die gefunden wurden, datieren aus dem 8. Jahrhundert – bis zur Mitte des 6. Jahrhunderts wurden sie von rechts nach links geschrieben – und aus der Gestaltung ihrer Buchstaben war es einem Gelehrten um 1860 möglich, die frühen hebräischen Buchstaben in jener Form zu rekonstruieren, in welcher sie einige Jahre später auf der Mescha-Stele aus dem 9. Jahrhundert gefunden wurden.[1] Wegen der Ähnlichkeit der archaischen griechischen Buchstaben mit den Buchstaben der Mescha-Stele bezeichnen viele Gelehrte das 9. Jahrhundert als die Zeit, in der das griechische vom hebräischen Alphabet abgeleitet wurde.[2] Doch die Tatsache, dass aus der Zeit vor dem 7. Jahrhundert keine griechischen Inschriften gefunden worden sind, liess ein paar andere Gelehrte annehmen, das griechische sei vom hebräischen Alphabet sogar erst um -700 abgeleitet worden.[3] Eine weitere extreme Ansicht möchte die Schaffung des griechischen aus dem hebräischen Alphabet vor -1200 ansetzen.[4] Zur Stützung ihrer Argumente bezogen sich die Disputanten auf die hebräischen (phönikischen) Inschriften verschiedenen Alters, um nachzuweisen, dass die kleinen Varianten bei einigen Buchstaben der entsprechenden Epochen in den frühesten griechischen Buchstaben widergespiegelt werden.

---

1 Kirchhoff 1863. Siehe Meyer: *Geschichte des Altertums*, Band II, Teil 2 (1931), 72.

2 So Eduard Meyer und seine Schule; F. G. Kenyon argumentiert für das 10. Jahrhundert.

3 R. Carpenter: »The Antiquity of the Greek Alphabet«, *American Journal of Archaeology*, XXXVII (1933), 8-29. Seither wurde auch gesagt, dass die älteste griechische Inschrift, die auf einer Vase aus dem Kerameikos-Gräberfeld (Athen) steht, von ca. -740 stammt.

4 Ullman: *American Journal of Archaeology*, XXXVIII (1934); auch bei früheren Epigraphikern, M. Lidzbarski: *Handbuch der nordsemitischen Epigraphik* (Weimar 1898).

Das Resultat dieser Vergleiche bekräftigte beide Seiten in gleichem Masse.[1] Die hebräischen Zeichen aus vorgeblich dem 13. Jahrhundert (Ahirams Inschriften) und die hebräischen Zeichen des 7. Jahrhunderts weisen dieselben geringfügigen Abweichungen von den Zeichen auf der Mescha-Stele aus dem 9. Jahrhundert auf. Während z. B. der Buchstabe "eheth" in Ahirams Inschriften aus drei horizontalen Parallelen zwischen zwei vertikalen Parallelen besteht, verschwindet in der Mescha-Stele eine der horizontalen Parallelen, um im 8. und 7. Jahrhundert wieder aufzutauchen.[2]

Diese seltsame Situation nötigte zu den folgenden Vermutungen. "Es kann sich daraus nicht ergeben, dass – weil die Schrift (Ahirams) chronologisch älter als irgendeine andere phönikische Inschrift ist – sie auch typologisch älter ist. Einige Gründe lassen vermuten, dass der Byblos-Stil in gewissen Einzelheiten exzentrisch war."[3]

Der Verteidiger der frühzeitigen Ableitung des griechischen Alphabets konnte auf das Zugeständnis seines Gegners verweisen, dass einige Formen in den Ahiram-Inschriften "unerklärlicherweise" näher am Griechischen lagen als jene auf dem moabitischen Stein.[4] Aber er selbst hatte zuzugeben, dass "unsere grösste Schwierigkeit darin liegt, den Mangel an (griechischen) Inschriften irgendwelcher Art aus der Zeit zwischen 1200 und 700 zu erklären".[5]

Die erstmals auf Kreta und dann in Griechenland, Pylos, im böotischen Theben und in der Mykene entdeckte Linear-B-Schrift wurde in Griechenland vorgeblich bis -1200 gebraucht. Diese Schrift ist von Michael Ventris entziffert worden. Dann kam eine Periode von fast 500 Jahren, in welcher in Griechenland keine Schrift verwendet wurde – zumindest wurden keine Anhaltspunkte dafür entdeckt. Wahrscheinlich wurde verderbliches Material (Papyrus) zum Schreiben verwendet, meinen die Verfechter der frühen Ableitung des griechischen vom hebräischen Alphabet. Aber bis -1200 verwendeten die mykenischen Schreiber hauptsächlich Ton, und die griechischen Inschriften des 7. Jahrhunderts finden sich ebenfalls auf Ton oder Stein wie auch die phönikischen Inschriften der dazwischen liegenden Periode. Hätten griechische Inschriften zwischen -1200 und -700 existiert, "müssten wir davon einige Spuren gefunden haben".[6]

---

[1] "Die genaueste Übereinstimmung früher griechischer Dokumente finde ich mit Inschriften, die dem Moabitischen Stein vorausgehen; Carpenter findet sie in späteren Inschriften." Ullman, op. cit., 366.

[2] Siehe die Vergleichstabelle in *Syria*, V (1924), 149, Abb. 7.

[3] A. H. Gardiner: *Quarterly Statement of the Palestine Exploration Fund*, 1939, 112.

[4] Ullman, op. cit., 366.

[5] Ebenda, 376. Aber siehe oben, Fn. 7.

[6] Carpenter: *American Journal of Archaeology*, XXXVII, 26-27.

Dieses Problem zieht auch ein weiteres nach sich: Wurden die homerischen Schöpfungen mündlich weitergegeben und von den Sängern aus dem Gedächtnis rezitiert oder waren sie schriftlich festgehalten? Sie wurden im 13. oder 12. Jahrhundert erschaffen, argumentieren einige Gelehrte. Sie hätten mündlich nicht über viele Jahrhunderte hinweg weitergegeben werden können, argumentieren andere. Die spezifisch archäologischen Anzeichen verweisen überwältigend auf die Tatsache, dass die Welt der *Ilias* und *Odyssee* der Welt des späten 8. Jahrhunderts entspricht,[1] nahe der Einführungszeit des griechischen Alphabets.

Ich werde hier enden: Die Problemverkettung führt uns fortwährend weiter. Ahirams Inschrift gehört in die Zeit von Ramses II., aber die im vorliegenden Buch vorgestellte Revision der Chronologie und Geschichte besagt, dass die Zeit von Ramses II. nicht um -1300, sondern um -600 anzusetzen ist. Die zypriotische Keramik, die den Boden von Ahirams Grab bedeckte, ist nicht von Räubern hineingebracht worden, sondern sie ist zeitgenössisch mit dem Grab, so wie die Inschriften zeitgenössisch mit Ramses II. sind. Die Inschriften aus dem Grab sind um etwa 100 Jahre jünger als jene von Abibaal und Elibaal, und diese wiederum sind mehr als 100 Jahre jünger als die Inschrift Meschas. Derzeit ist die Inschrift Meschas die älteste erhaltene Denkmalinschrift auf hebräisch. Das Keilschrifthebräisch von Nikdem in Ugarit ist gleich alt wie die Mescha-Inschrift. Das bedeutet, dass in der karisch-ionischen-phönikischen Stadt Ugarit Hebräisch zur selben Zeit in einem Keilschriftalphabet geschrieben wurde, als in Moab in Transjordanien ein hebräisches Alphabet verwendet wurde[2] – und das den hebräischen, nicht den phönikischen Ursprung des Alphabets nahelegt. Mescha sagt, er habe die israelitischen Gefangenen zum "Schneiden" beschäftigt – wahrscheinlich von Elfenbein; auf den Elfenbeinschnitzereien von Samaria und auf der Mescha-Stele sind einander sehr ähnliche Buchstaben eingeschnitten.[3] Es ist wahrscheinlich, dass hebräische Gefangene aus Samaria auch seine Stele meisselten. Auf alle Fälle war zu dieser Zeit in Samaria die hebräische Schrift im Gebrauch, und ihre Zeichen waren bereits gut entwickelt. Das hebräische Alphabet mag wohl im 2. Jahrtausend vor unserer Zeitrechnung geschaffen worden sein, aber auf Grund von Ahirams Inschriften lässt sich das nicht behaupten.

---

[1] G. Karo: »Homer«, in Ebert's *Reallexikon der Vorgeschichte*, XV (1926).

[2] Siehe *Zeitalter im Chaos*, Bd. 1, *Vom Exodus bis König Echnaton*, »Ras Schamra« und »El-Amarna-Briefe«.

[3] E. L. Sukenik in Crowfoot and Crowfoot: *Early Ivories* (London 1938), 6-8.

Die Verwirrung der Epigraphiker ist verständlich. Sie sind aufgefordert, die Entwicklung der hebräischen Schrift zu erklären, beginnend mit der Zeit von Ramses II. um -1300, über die Zeit von Abibaal und Scheschonk im 10. Jahrhundert bis zur Zeit von Mescha im 9. Jahrhundert und der Siloah-Inschrift Hesekiels um -700; und schliesslich bis in die Zeit der Lachisch-Ostraka und Nebukadnezars um -586. Aber der Ausgangs- und der Endpunkt in diesem Schema sind zeitgenössisch. Die hebräische Schrift verlief in einem normalen Entwicklungsprozess, ohne ins Archaische abzugleiten. Die Gelehrten, die griechische Buchstaben mit den hebräischen Buchstaben des vorgeblich 13. und des 7. Jahrhunderts verglichen, stellten sie neben Buchstaben praktisch ein- und desselben Zeitalters. Tatsächlich sind die Buchstaben in Ahirams Grab 100 Jahre jünger als die von Hesekiel um -700 eingemeisselten Buchstaben.

Die grosse Lücke von 500 Jahren in der griechischen Epigraphik und Geschichte – von -1200 bis -700 – existiert in Wirklichkeit gar nicht. Die minoischen Zeitalter werden in Übereinstimmung mit der ägyptischen Chronologie berechnet, und die griechischen Zeitalter gemäss den archäologischen Zeugnissen aus Griechenland. Wenn das phönikische Alphabet schon im 9. Jahrhundert im böotischen Theben eingeführt wurde, stand in Pylos und an einigen anderen Orten Griechenlands die Linearschrift noch hundert oder mehr Jahre länger im Gebrauch, bis sie vom phönikischen Alphabet verdrängt und dann zur ionischen, später lateinischen und von uns noch heute verwendeten Schreibart wurde.

Nach diesen Erklärungen möchte ich eine Hypothese wiederholen, die ich vor vielen Jahren vorbrachte.[1]

Die Einführung der ionischen (griechischen) Buchstaben von der phönikischen Küste wird dem legendären Kadmos zugeschrieben, der aus Phönikien kam (Tyrus und Sidon streiten sich um die Ehre, seine Stadt zu sein) und der das griechische Theben gründete. Man nennt die Buchstaben kadmisch, wenn sie noch von rechts nach links geschrieben sind. Ist die Mutmassung zu verwegen, dass Niqmad (oder Nikmed in den Kriegsannalen von Salmanassar III.), der Ugarit um -850 zusammen mit den Ioniern und Karern verliess, der legendäre Kadmos ist?[2] Er war ein gelehrter Mann, gemessen an seiner Bibliothek mit vielen Wörterbüchern auch ein Lexikograph, und wenn er das Hebräische auch mit einem Keilschriftalphabet gebrauchte, so muss er doch die Form der hebräischen Buchstaben gekannt haben, da er zu Zeiten Meschas lebte.

---

1 *Ödipus und Echnaton* (Zürich 1966), 224.

2 *Vom Exodus bis König Echnaton*, »Das Ende von Ugarit«, *Oedipus und Echnaton*, 224.

Wenn Niqmad der Gründer des griechischen Theben war, könnte er dort zunächst mit dem – von ihm für hebräische Texte schon in Ras Schamra verwendeten – Keilschriftalphabet experimentiert oder versucht haben, die Linear-B-Schrift alphabetischer Schreibweise anzupassen, bevor er als beste Lösung zum Schreiben des Griechischen die Anwendung hebräischer Buchstaben fand. Wenn eine längere Inschrift nur 20 bis 30 sich wiederholende Zeichen enthält, darf angenommen werden, dass eine alphabetische Schrift eingesetzt wurde.

In den Ruinen des Kadmeion, des früheren Palastes im griechischen Theben, wurden unlängst Rollsiegel mit Keilschriftzeichen entdeckt – die ersten auf griechischem Boden gefundenen Keilschrifturkunden.[1] Das Lesen einer Reihe von ihnen bot grosse Schwierigkeiten.[2] Ein Versuch, sie unter der Voraussetzung zu lesen, dass es sich um alphabetisches Griechisch in Keilschrift handelt, könnte sich vielleicht wohl als erfolgreich erweisen.

Ithobaal, Ahirams Sohn

Ithobaal, der seinen Vater zur Zeit der grossen Auseinandersetzung zwischen Ramses II. und Nebukadnezar beisetzte, als die Heere der Ägypter und Chaldäer wiederholt über die syrische Küste hereinbrachen, warnte vergeblich "jedermann, den König unter den Königen, den Statthalter unter den Statthaltern", der die Grabkammer betreten sollte, vor dem Öffnen des Sarkophags.

Nebukadnezar, der gefürchtete Anführer der "Schrecklichen unter den Nationen", der schon Arvad, Byblos und Sidon bezwungen hatte, kam, um Tyrus zu belagern. Dieses grosse Handelszentrum der Alten Welt war von einer seefahrenden Bevölkerung bewohnt. Ihre Schiffe waren aus den Tannen vom Senir (Hermon), die Masten aus den Zedern des Libanon und die Ruder von Eichenholz aus Basan hergestellt; mit Blau und Purpur färbten sie das bestickte Leinen aus Ägypten und fertigten daraus die Segel. "Die Ältesten von Byblos und seine Weisen waren in dir, dein Zersplissnes verfestigend." Das Heer von Tyrus hing seine Schilde rundherum auf die Mauern und machte die Schönheit perfekt. So beschrieb Hesekiel (Kapitel 27) die Stadt Tyrus seiner Zeit.

---

[1] Von N. Platon.

[2] Persönliche Mitteilung von J. Nougayrol vom 29. März 1965.

Hundert Jahre früher hatte der assyrische König Asarhaddon Tyrus und seine Schiffe verflucht: "Mögen Götter einen bösen Wind über eure Schiffe kommen lassen, ihre Takelung zerreissen und ihre Masten zerbrechen; möge ein aufgebrachtes Meer sie mit Wellen überschwemmen, mögen wütende Fluten über sie hereinbrechen"[1] – und noch immer hielt Tyrus stand, Königin des Meeres, und "Tarschisch-Schiffe waren Reisende mit deiner Tauschware dir"[2] in den weit entfernten Handelsmärkten.

Tyrus hatte sich wie Jerusalem mit Ägypten verbunden, und nachdem der Widerstand Judas gebrochen war, kam seine Stunde. Dreizehn Jahre lang, von Ägypten im Stich gelassen, widerstand es der Belagerung. Tyrus konnte einer derart langandauernden Belagerung widerstehen, weil es im Altertum eine Inselstadt war. "Tyrus ... war einst eine Insel, vom Festland durch eine sehr tiefe, ungefähr 700 Meter breite Meeresrinne getrennt", schrieb Plinius.[3]

Flavius Josephus zitiert die Griechen- und Barbarengeschichte, deren Autor Menander von Ephesos gewesen sein soll: "Unter dem König Ithobal belagerte Nebuchodonsar (Nebukadnezar) Tyrus dreizehn Jahre lang."[4] Josephus wiederholt die gleiche Information von Philostratos als Gewährsmann, der eine Geschichte Indiens und eine Geschichte Phönikiens schrieb.[5]

Josephus nennt den Namen von Ithobaals Vater nicht. Aber in der rabbinischen Literatur[6] wird uns berichtet, dass während der Periode, als Nebukadnezar die Herrschaft über sein neues Reich festigte, er in der Person des phönikischen Königs Hiram (Ahiram) einen höchst hartnäckigen Widersacher fand.

Im Alten Testament gibt es für Phönikien als Land keine besondere Bezeichnung. Indessen wenden die Schriften den Namen Gebal nicht nur auf Byblos allein an, sondern gelegentlich auch auf die phönikische Küste, so dass der in Byblos begrabene "König von Gebal" auch "König von Phönikien" bedeuten könnte. Tyrus auf der Insel hatte keinen eigenen Friedhof, und Byblos war heiliger Boden für ganz Phönikien. Ob Ithobaal, der das Grab für Ahiram, König von Byblos, baute, derselbe Ithobaal war, der Tyrus verteidigte, ist eine offene Frage; aber es trug sich zu ein und derselben Zeit zu, und er trug denselben Namen.

---

1 Luckenbill: *Records of Assyria*, Vol. II, Sec. 587.
2 Hesekiel 2725.
3 Plinius: *Naturgeschichte*, V, 76.
4 Josephus: *Gegen Apion*, Übers. H. Clementz (Halle 1901), I, 21.
5 Josephus: *Jüdische Altertümer*, X, 11, 1.
6 Ginzberg: *Legends*, VI, 425-426.

König Ithobaals Verteidigung der letzten Hochburg Phönikiens fand ein Ende, als Nebukadnezar einen Vertrag mit ihm schloss und der Phönikier ein Vasall des babylonischen Reiches wurde.[1] Sein weiteres Schicksal ist unbekannt.

"Eine merkwürdige Tatsache"

Die Fragmente der Alabastervasen mit dem Namen von Ramses II. waren nicht die einzigen mit seinen Kartuschen gezeichneten Altertümer, die Montet in Byblos fand. Von den Erbauern eines modernen Hauses erwarb er zwei Stücke einer Stele mit den Kartuschen dieses Pharaos, während zwei andere Bruchstücke bei der Errichtung schon verbaut worden waren.

Nachdem Montet Phönikien zu Ausgrabungen im Delta verlassen hatte, wurde seine Arbeit in Byblos von Maurice Dunand weitergeführt, der an verschiedenen Stellen eine Anzahl weiterer Objekte fand, auf denen der Name von Ramses II. eingraviert war. Unter anderem fand er Teile eines grossen Tür- oder Torbogens, der die Kartuschen von Ramses II. trug.[2] Die Felseninschriften von Ramses II. an der Mündung des Hundeflusses (Nahr el-Kelb), die auf das 2., 4. und 5. Jahr des Pharaos datiert sind, befinden sich nicht weit entfernt an der Küste zwischen Beirut und Byblos. Ein Tor mit dem Namen Ramses' II. in der letzteren Stadt weist darauf hin, dass seines Durchzuges in Byblos ebenfalls gedacht wurde.

Unter Dunands anderen Funden war der wichtigste eine mit hebräischen Buchstaben beschriebene Stele des Königs Jehimilk. Einige Epigraphiker vertraten die Auffassung, dass sie älter als die Ahiram-Inschriften sei; andere erachteten Ahirams Inschriften als älter.

In ihrer Geschichte über Byblos verlieh Dunands Schülerin und Assistentin Nina Jidejian der Überraschung Ausdruck, die ihren Lehrer, sie selbst und andere verwirrte. Im Anschluss an die Beschreibung der in Byblos gefundenen und mit Ramses II. zusammenhängenden Objekte begann sie das nächste Kapitel folgendermassen:

> Die Ergebnisse der Ausgrabungen in Byblos haben eine merkwürdige Tatsache gezeigt, welche unter den Gelehrten zu einer Quelle von Diskussionen

---

[1] H. R. H. Hall: *Ancient History of the Near East* (London 1913), 547.
[2] M. Dunand: *Fouilles de Byblos*, I (1937), 53, 54, 56, 93, 339.

wurde. Im Ausgrabungsbereich von Byblos fehlen die Eisenzeithorizonte vollkommen, das heisst für die Periode von 1200-600 v. Chr.[1]

Es wurden keine Schichten gefunden, um die Zeit zwischen Ramses II. und Nebukadnezar auszufüllen, mehr als 600 Jahre gemäss der konventionellen Zeittabelle. "Den Ausgräbern war es unmöglich, irgendeine Eisenzeitschichtung festzustellen, für eine Periode, die eine Blütezeit und voll kommerzieller Aktivität gewesen sein muss."[2] Zum Beispiel ist bekannt, dass ein abgesandter ägyptischer Priester namens Wenamun den Ort und den Palast seines Königs – vorgeblich im 11. Jahrhundert – besuchte, aber keinerlei Spuren von diesem Palast wurden entdeckt, und nur "grosse Fundamentsteine eines Gebäudes aus der persischen Periode (550-330 v. Chr.) wurden im Osten der Grabungsstelle ausgegraben."[3] "Abgesehen von den Königsinschriften des 10. Jahrhunderts (im vorangehenden Abschnitt erwähnt) gibt es aus Byblos lediglich ein paar Fragmente zur Überbrückung der frühen und mittleren Eisenzeit",[4] beziehungsweise der genannten Zeitdauer von -1200 bis -600. Eine solche Verwirrung musste erwartet werden.

All diese Schwierigkeiten archäologischer und epigraphischer Art, die drei Gelehrtengenerationen durcheinander brachten und sie in Dispute und Anschuldigungen verwickelten, sind nur eingebildete Schwierigkeiten.

Die Ereignisse nahmen folgenden Lauf: Ithobaal legte seinen Vater in den frühen Jahren von Ramses II. zur Ruhe. Als Ahiram starb, sandte Ramses II. Trauergaben: Ein Beispiel eines derartigen Kondolenzausdruckes durch einen ägyptischen Monarchen aus Anlass des Todes eines Königs von Byblos wurde in einem nahegelegenen Grab gefunden (von den Archäologen mit der Nummer I markiert) – reiche, von Amenemhet III. des Mittleren Reiches übersandte Trauergaben waren dort aufbewahrt.

Nach der Schlacht von Kadesch-Karkemisch zog sich Ramses II. aus Phönikien und auch aus Syrien sowie Palästina zurück. Zwischen dem 8. und dem 11. Jahr seiner Regierung drang Ramses einmal mehr vor und besetzte Beth-Sean in Nordpalästina und erreichte möglicherweise auch die phönikische Küste; nach seinem 11. Jahr gab Ägypten Syrien und Phönikien als Einflusssphären auf.

---

[1] N. Jidejian: *Byblos Through the Ages*, 57.

[2] Ebenda.

[3] Die wahre Zeit der Reise Wenamuns wird in *Die Seevölker* untersucht, dem abschliessenden Band in der *Zeitalter im Chaos*-Reihe, der sich mit der persischen Periode beschäftigt: Wenamun besuchte Byblos zur Zeit von Dareios II. in der zweiten Hälfte des 5. Jahrhunderts.

[4] *Byblos Through the Ages*, 57.

Es scheint, dass Nebukadnezar, als er Phönikien nach der Schlacht von Karkemisch besetzte, das Grab Ahirams, dessen Sohn sich auf die Seite von Ramses II. gestellt hatte, entweihte.

Dieser Ereignisablauf erklärt, weshalb Vasenfragmente mit dem Namen von Ramses II. im Grab, und im dorthin führenden Stollen, gefunden wurden; weshalb das Grab geschändet, die Kanopen zerbrochen und der Sarkophagdeckel seitwärts verschoben wurden, und zwar nur kurze Zeit, nachdem Ithobaal seinen Vater begraben hatte. Die im Grab gefundenen zypriotischen Gefässe stammen aus dem späten 7. Jahrhundert; die ägyptischen Vasen sind ebenfalls aus dem letzten Jahrzehnt dieses selben Jahrhunderts; Ramses II. gehört in die gleiche Zeit; die hebräischen Buchstaben auf dem Sarkophagdeckel stammen ebenfalls aus der gleichen Zeit, und die Profanierung des Grabes fand nur einige Jahre später statt und war das Werk von Nebukadnezars Soldateska.

Eine Rekapitulation

In den ersten drei Kapiteln wurde gezeigt, dass die Festung von Kadesch im nördlichen Syrien mit Karkemisch identisch ist, wie durch seine geographische Lage nördlich von Bab und Arima, seine Topographie, den Plan seiner Befestigungsanlagen in den Aufzeichnungen und Bildern von Ramses II. und durch die modernen Ausgrabungen nachgewiesen wird; dass die von Ramses im Detail beschriebene Schlacht von Kadesch und die von Jeremia beschriebene Schlacht von Karkemisch ein und dieselbe Schlacht waren; dass Tell Nebi Mend die Festung von Ribla verhüllt; dass der neunzehn Jahre andauernde Krieg zwischen Ramses II. und dem König von Hatti und zwischen Necho und Nebukadnezar ein und derselbe Krieg war; dass der von Ramses II. unterzeichnete Friedensvertrag mit der Bestimmung zur Auslieferung von Flüchtlingen durch Ägypten eine Vereinbarung zwischen dem Pharao und Nebukadnezar war. Die hebräischen Idiome in der ägyptischen Sprache zur Zeit von Ramses II. kamen aus der judäischen Bevölkerung der späten Königszeit, während die an die Verteidiger von Lachisch, das durch Nebukadnezar belagert war, gerichteten Ostraka und die in dieser Stadt gefundenen Siegel von Ramses II. und Gefässe der 19. Dynastie aus der gleichen Zeit stammen. Auch die Vasen von Ramses II. und die Objekte des späten 7. Jahrhunderts, die in der Grabstätte von Ahiram in Byblos entdeckt wurden, gehören in ein und dieselbe Periode.

Hebräische Buchstaben im Grab Ahirams stammen ganz vom Ende des 7. Jahrhunderts oder vom Anfang des 6. Jahrhunderts, nahe um -600. Diese auf Stein eingravierten Buchstaben entstanden später als die Buchstaben Meschas oder Hesekiels und sind gleich alt wie die mit Tinte geschriebenen kursiven Buchstaben aus Lachisch.

Es erschien seltsam, dass ein grosser Pharao, der einen Verbindungskanal zwischen den Bereichen des Mittelmeeres und dem Indischen Ozean baute, der eine Expedition zur Umsegelung Afrikas aussandte, der grosse Kriege führte und griechische Autoren und jüdische Propheten und Chronisten beeindruckte, keine ägyptischen Aufzeichnungen seiner Leistungen hinterliess. Aber wir entdeckten, dass der grosse Krieg und weitere Aktivitäten des Pharaos – den jüdischen Chronisten als Pharao Necho und den Griechen als Nekos bekannt – von jenem Pharao aufgezeichnet wurden, den die modernen Historiker als Ramses II. kennen. Aber wir haben noch immer kein vollständiges Bild von den grossen Ereignissen, die den Schauplatz des Mittleren Ostens am Ausgang des 7. und zu Beginn des 6. Jahrhunderts belebten. Auch Nebukadnezar war ein mächtiger König. Auch er beeindruckte die jüdischen Chronisten und die griechischen Autoren. Er hinterliess viele Bauinschriften und Gebete. Aber wo sind in Babylonien die historischen Aufzeichnungen dieses Königs? Es erscheint sonderbar, dass ein grosser und langer Krieg zwischen Ägypten und Babylonien, über den in den Schriften in so vielen Einzelheiten berichtet wird, in den Aufzeichnungen der Hauptteilnehmer nicht existent sein sollte. Nachdem wir den wahren Inhalt der Aufzeichnungen von Ramses II. erkannt haben, sollten wir einigen historischen Inschriften Nebukadnezars nachspüren.

Kapitel 4

Das “Vergessene Reich”

Die piktographische Schrift und das Keilschriftarchiv der “Hethiter”

Im ausgehenden 18. Jahrhundert machten Reisende, die auf der kleinasiatischen Hochebene bei Ivriz vorbeikamen, auf Reliefs mit merkwürdigen piktographischen Inschriften aufmerksam. Spätere Reisende sahen ähnliche bildhafte Zeichen auf Steine graviert, die in einem Gebäude des Bazars von Hama in Nordsyrien wieder verbaut worden waren. Dieselben merkwürdigen Zeichen wurden auf Steinblöcken im Gebiet von Dscherablus-Karkemisch am Ufer des Euphrats, und später auf der Fundstätte des Alten Babylon und an anderen Orten gefunden. Sie sind völlig verschieden von den ägyptischen Hieroglyphen. Man wusste nicht, welches Volk diese mysteriösen Inschriften hinterlassen hatte.

Andererseits stimulierten die Hinweise auf die Hatti in den Texten, welche die Reliefs der Schlacht von Kadesch begleiteten und im *Gedicht des Pentawer* wie auch in der ägyptischen Ausgabe des Friedensvertrages zwischen Ägypten und Hatti vorkamen, das Anstellen von Mutmassungen über die Identität der Gegner von Ramses II. im Kampf um die Vorherrschaft in der Alten Welt. Wer waren die Hatti?

In den siebziger Jahren des 19. Jahrhunderts wurde eine Lösung angeboten und akzeptiert: Die Hatti waren die Hethiter, die gelegentlich in den Schriften vorkommen. Es war die phonetische Ähnlichkeit der Namen, welche diese Identifizierung soufflierte.

William Wright, ein Missionar in Damaskus, kam zu dieser Schlussfolgerung, und er entschied ebenfalls, dass die mysteriösen Zeichen hethitische Schrift darstellten. Da fast nichts über hethitische Geschichte bekannt war, erschien es, als ob ein Reich aus der Vergessenheit auferstehen würde, und man nannte es “die Entdeckung eines vergessenen Reiches”.[1]

---

[1] Prioritätsansprüche werden geteilt von Archibald H. Sayce (*Transactions of the Society of Biblical Archaeology,* 1876), und von William Wright, dessen Werk *The Empire of the Hittites* (London 1882) zur Sensation der achtziger Jahre wurde. Aber *vgl.* ebenfalls De Rougé: *Œuvres diverses,* Vol. *V, Cours de 1869,* 104ff.

Jedoch kamen auch warnende Stimmen aus Gelehrtenkreisen, die der ihnen sehr seltsam erscheinenden Idee reserviert gegenüberstanden, dass die Reiche der Alten Welt in Ägypten und Assyro-Babylonien durch ein neuentdecktes Reich der Hethiter vermehrt werden sollten.

Die ägyptischen Urkunden, welche Hatti erwähnen, sind die Kriegsannalen von Thutmosis III. (in nur wenigen Zeilen) und von Sethos und und Ramses II. (ausführlich). Die in Keilschrift geschriebenen el-Amarna-Briefe verweisen häufig auf Hatti. Diese Periode belegt in der konventionellen Chronologie die Zeit von ungefähr -1500 bis -1250. Merenptah, der auf Ramses II. folgte, sagte, dass Hatti befriedet sei. Ramses III., der vorgeblich von ungefähr -1200 bis -1180 regierte, schrieb, dass Hatti bereits vernichtet sei.[1]

Eine babylonische Chronik erwähnt die Hatti in Verbindung mit einer Invasion Babylons am Ende der alten Dynastie von Hammurabi, im 17. oder 16. Jahrhundert vor der gegenwärtigen Zeitrechnung.

Die assyrischen Annalen sprechen von den Hatti erstmals zur Zeit von Tiglatpileser I., der vorgeblich -1107 einen Kriegszug gegen sie unternahm. Diese Annalen verweisen sporadisch auf die Hatti bis -717, als Sargon II. sie überwältigte und sie durch die Besetzung von Karkemisch in völlige Abhängigkeit brachte. Von modernen Gelehrten wird versichert, dass, was immer von ihnen übriggeblieben sei, von Nebukadnezar ausgerottet wurde, als er vor der Schlacht gegen Necho Karkemisch besetzte; er beanspruchte, Oberherr aller Hatti-Länder zu sein.

Die biblische Stammtafel der Nachkommen Adams führt auf, dass Kanaan, Sohn des Ham, Sidon, seinen ersten Sohn, und Heth zeugte sowie den Jebusiter, den Amoriter, den Girgasiter, den Heviter usw. (Genesis 10:15ff). Das dem Patriarchen Abraham versprochene Land zwischen dem Nil und dem Euphrat soll von Kenitern, Kenisitern, Kadmonitern, Hethitern und sechs weiteren Stämmen bewohnt gewesen sein.[2] Als die Israeliten sich, aus der Wüste kommend, Palästina näherten, fanden sie Hethiter, Jebusiter und Amoriter, in den Bergen wohnend, und Kanaaniter, an der Küste lebend.[3] David hatte einige Hethitersoldaten in seinem Heer (I Samuel 26:6; II Samuel 11:3), und sein Sohn Salomon "liebte ausländische Weiber ..., moabitische, ammonitische, edomitische, sidonische und hethitische" (I Könige 11:1), und er trieb auch Handel mit den Königen der Hethiter und von Syrien (I Könige 10:29). "Könige der Hethiter" werden einmal mehr in II Könige 7:6 erwähnt.

[1] Siehe mein *Die Seevölker* für die richtige Zeit von Ramses III. = Nektanebos I.
[2] Genesis 15:19-20; siehe auch Genesis 25:9 und 26:34.
[3] Numeri 13:29; *vgl.* Josua 1:4.

Mit einer Doppelidentifizierung wurden die Hatti der ägyptischen und die Hatti der assyrischen Annalen zu den Hethitern der Schriften erklärt, und die Monumente mit der piktographischen Schrift wurden ihnen zugeschrieben. Unter diesen Monumenten befinden sich Bildhauereien, vor allem in Stein gemeisselte Reliefs. Hethitische Kunst und Schrift werden als materielle Zeugnisse eines Reiches angesehen, das eine Rolle so gross wie jene Ägyptens, Assyriens oder Babyloniens spielte, das aber aus irgendeinem Grund so in Vergessenheit geriet, dass sein historischer Platz unter den Alten Nationen erst im späten 19. Jahrhundert unserer Zeitrechnung wiederhergestellt werden konnte.

Monumente mit "hethitischen" Skulpturen und piktographischer Schrift wurden in Kleinasien gefunden, hauptsächlich in dessen östlichem Teil, sowie in der Region um Karkemisch, in Hamath und in Nordsyrien, aber auch im westlichen Kleinasien, am Sipylos und bei Karabel in der Nähe von Smyrna. In Südsyrien oder in Palästina wurden keine gefunden, obwohl biblische Hinweise auf im alten Palästina (Hebron)[1] ansässige Hethiter die Entdeckung einiger "hethitischer" Monumente an diesen Orten eigentlich hätte erwarten lassen.

Einige Gelehrte wunderten sich, weshalb einer der vielen, in den Schriften als Bewohner des Heiligen Landes vor dessen Eroberung durch Josua aufgezählten Stämme eine so unerwartet wichtige Rolle auf dem Schauplatz des Alten Ostens gespielt haben sollte.[2]

Es wurde erwartet, dass die Geschichte der Hethiter nicht länger allein auf den ägyptischen und assyrischen Quellen beruhen würde, wenn die piktographischen Inschriften einmal ihre Geheimnisse in einer verständlichen Sprache preisgegeben hätten. Das war der Traum der Historiker.

Dann geschah etwas, von dem sie nicht geträumt hatten. Aus einem steilen Hang am Flussufer unterhalb der alten Ruinen von Bogazköi glitten mit Keilschrift beschriebene Tontafeln. Sie bewegten sich auf Sand und Schutt durch ihr eigenes Gewicht. Bogazköi,[3] ein türkisches Dorf in der Landschaft des – aus den Evangelien bekannten – Galatien, etwa 140 Kilometer östlich von Ankara, liegt am Fuss einiger steiler Hügel, auf welchen sich alte Gebäude, darunter ein Palast, befinden. Die Region wird

---

[1] "... die Höhle Machpela, in den Anger Efrons, Sohns Zochars des Chetiters, Mamre gegenüber" (Genesis 25 : 9). *Vgl.* E. Forrer: »The Hittites in Palestine«, *Quarterly Statement of the Palestine Exploration Fund*, 1936, S. 190-203.

[2] "Der Kanaaniter, Amoriter, Chetiter, Prisiter, Chiwwiter, Jebussiter" (Exodus 33 : 2). "Es überrascht, die grosse Nation im Norden der Hethiter als eine Untergruppe der Kanaaniter klassifiziert zu finden." (J. Skinner: *A Critical and Exegetical Commentary on Genesis* (New York 1910), S. 214.)

[3] [Heutiger Name: Bogazkale]

von der grossen Biegung des Flusses Halys (heute Kizil Irmak) umfangen, der zum Schwarzen Meer fliesst. Der Nebenfluss von Bogazköi mündet in den Halys. Felsenreliefs in Yazilikaya, einem von Bogazköi aus zu Fuss erreichbaren Felseneinschnitt, hatte seit langem die Aufmerksamkeit von Reisenden und Gelehrten auf sich gezogen; sie nahmen bereits einen wichtigen Platz unter den hethitischen Kunstmonumenten ein, als die Tontafeln von Bogazköi ans Tageslicht kamen. Kurze piktographische Legenden begleiten die Figuren der Felsenreliefs.

Die am Hang gefundenen Tontafeln wurden durch die Bauern von Bogazköi Stück um Stück an jeden Reisenden verkauft, der dafür einige Piaster aufwenden wollte. 1906 erschienen zwei Gelehrte am Ort der Handlung, um nach der Quelle der Tafeln Ausschau zu halten.[1] Innerhalb von drei Wochen entfernten sie vom Hang, wo sie mit der Hilfe von Bauern, und ohne geeignete Vorsichtsmassnahmen zu treffen, gegraben hatten, mehr als 2500 Tontafeln und Fragmente.

Sie versuchten, die Tafeln zu lesen, während ein Nachschub von mehr als hundert neuen pro Tag eingebracht wurde. Einige waren in babylonischer (akkadischer) Sprache beschrieben. Andere Tafeln trugen ebenfalls Keilschriftzeichen, aber ihre Sprache oder Sprachen waren unbekannt.

Die auf babylonisch geschriebenen Tontafeln waren ohne Schwierigkeiten lesbar. In jenen hektischen Tagen, als die Tafeln zu Dutzenden hereingebracht wurden, wurde der Archäologe Hugo Winckler in Verwunderung versetzt, als er bei Kerzenlicht eine babylonische Kopie oder einen Entwurf des Vertrages zwischen Ramses II. und dem König von Hatti las, der bereits aus seiner ägyptischen Version bekannt war – eingemeisselt auf den Mauern des Ramesseums und in der grossen Hypostylenhalle des Amuntempels in Karnak. Die Silbertafel, auf welcher der Originaltext eingraviert war, ist nicht erhalten, aber es wurden beide Versionen, die ägyptische und die babylonische, aufgefunden: die eine in Ägypten, die andere in Anatolien.

Dass die Heta und die Hatti identisch sind, ersah man aus der hieroglyphischen und aus der Keilschriftversion des Vertrages zwischen Ramses II. und Hetasar (Hattusilis in Keilschrift): Im hieroglyphischen Text wird der letztere "Der grosse Häuptling von Heta" und im Keilschrifttext "Der grosse König von Hatti" genannt.

---

[1] Hugo Winckler und Makridi-Bey. Ein detaillierter Ausgrabungsbericht wurde nie veröffentlicht. Vorläufige Mitteilungen erschienen in *Mitteilungen der Deutschen Orientgesellschaft*, Nr. 35 (1907), und in *Orientalistische Literaturzeitung*, IX (1906), 621-34. Eine posthume Skizze, *Nach Boghaskoi*, von Winckler, wurde 1913 veröffentlicht.

Es wurde deutlich, dass die Staatsarchive des sogenannten "Hethiterreiches" an den Tag gekommen waren. Die Theorie des "vergessenen Reiches" schien völlig bestätigt. Bewies der Urheber dieser Idee nicht Weitblick, als er in seinem Buch *The Empire of the Hittites* prophezeite: "Was die endgültige Anerkennung der hier vorgebrachten Ansichten betrifft, so habe ich davor keinerlei Bedenken"?[1]

Im nächsten Jahr (1907) wurden Tausende weiterer Tafeln und Fragmente vom gleichen Hang in Bogazköi davongetragen, wodurch die Gesamtzahl auf über 10.000 anstieg.

Es gab indessen eine Schwierigkeit stratigraphischer Natur: Die Rückstände, unter denen die Tontafeln gefunden wurden, deuteten auf eine sehr viel jüngere Periode als das Zeitalter dieser Dokumente. Aber die Existenz des Vertrags mit Ramses II. schloss auch nur schon eine Erwägung der sich widersprechenden Daten aus, und Hattusilis, dem König von Hatti, und seiner ganzen Periode wurde ein chronologischer Platz in Übereinstimmung mit der Zeit von Ramses II. zuerkannt.

E. Forrer, ein schweizerischer Keilschriftgelehrter, erkannte, dass in den Archiven von Bogazköi wenigstens acht verschiedene Sprachen vorkamen, alle in Keilschrift geschrieben. Eine dieser Sprachen war häufiger vertreten als alle anderen, mit Ausnahme des Babylonischen: es wurde angenommen, dass dies die Sprache der Hethiter sei. Durch beharrliche Anstrengungen von F. Hrozny, einem tschechoslowakischen Keilschriftgelehrten, wurde diese, im Archiv dominierende Sprache entziffert. Anfänglich traf Hrozny unter seinen Kollegen auf viel Widerstand, aber im Lauf der Jahre erstarb die Opposition, und er triumphierte. Die Sprache wurde zu der Familie der indogermanischen Sprachen gezählt. Indessen wird sie in keinem "hethitisch" geschriebenen Text mit dem Namen hattisch oder hethitisch bezeichnet.

Nachdem eine weitere Sprache der Archive entziffert war, fand man, dass sie in den Texten Hattili, das heisst die Sprache der Hatti, genannt wurde. Es war zu spät, der anderen Sprache einen neuen Namen zu geben, und die neuentzifferte Sprache wurde Hattisch genannt, indem der Name Hethitisch für die von Hrozny entzifferten Sprache belassen wurde. Ihr wahrer, in den Texten geführter Name ist "Neschili".

---

[1] Wright: *The Empire of the Hittites*, x.

[2] "Lieder in den hattischen Sprachen wurden von den Sängern in den Gottesdiensten ebenfalls sehr häufig gesungen. Hattisch scheint eine wichtige Rolle gespielt zu haben, besonders in der Religion des Landes Hatti." F. Hrozny: »The Hittites«, *Encyclopaedia Britannica*, (14th ed.), XI, 602.

Hattili (Hattisch) wurde im Palast gebraucht und ebenfalls im Tempeldienst für Litaneien, Gebete und Geisterbeschwörungen.[2] Die Ritualtexte waren entweder ausschliesslich in Hattili oder zweisprachig geschrieben, mit einer Übersetzung in das sogenannte Hethitische. Hattili ist eine reiche Sprache; in ihren Beugungen verwendet sie Vor-, aber keine Nachsilben; sie ist nicht indoeuropäisch und birgt keine erkennbare Verwandtschaft zu irgendeiner bekannten Sprachgruppe.

Eine Hypothese wurde angeboten, wonach die Hethiter Syriens und Kleinasiens eine Vermischung zweier Völker seien, von denen eines zur indoeuropäischen Rasse gehörte. Das indoeuropäische Volk könnte Kultur und Religion der älteren Bevölkerung absorbiert und seine Sprache viele babylonische und chattilische Elemente aufgenommen haben.

Ein System von wenigstens drei Haupt- und mehreren Sekundärsprachen in einem einzigen Archiv kompliziert das Problem für Historiker und Philologen: Babylonisch wurde für diplomatische Zwecke verwendet (wie im Vertrag mit Ramses II.); einer der Dialekte, von den Forschern Hethitisch genannt, wurde in den meisten einheimischen Dokumenten, manchmal auch für diplomatische Zwecke, gebraucht; und die “Sprache von Hatti” genannte Sprache der Inschriften kam für religiöse Zwecke und auch beim Hofzeremoniell zur Anwendung. Vier oder fünf andere Sprachen wurden auf den Keilschrifttafeln aus Bogazköi gelesen und von den Entzifferern mit den zugehörigen Namen versehen. Es stellte sich heraus, dass Hattusa (die alte Stadt auf dem Gebiet von Bogazköi) eine Hauptstadt mit vielen internationalen Verbindungen war.

Indem wir den historischen Schauplatz dorthin verlegen, wohin er gehört, nämlich in das 7. und 6. Jahrhundert unserer Zeitrechnung, fragen wir uns, welche dieser Sprachen Chaldäisch, welche Phrygisch, welche Lydisch, welche Medisch, welche vielleicht gar Etruskisch ist, die von einem Volk gesprochen wurde, das aus Italien nach Kleinasien kam. Phrygisch ist mit dem Luwischen verwandt: Das phrygische Königreich endete etwa zu der Zeit, als die Luwisch sprechenden syro-hethitischen Staaten von Assyrien bezwungen wurden. Die Kimmerier, ein nicht schriftkundiges Volk aus dem südlichen Russland, eroberten -687 Gordion, die phrygische Hauptstadt; um nach Gordion zu kommen, mussten sie die Biegung des Halys passieren und Bogazköi einnehmen. Es ist sehr fraglich, ob sie sich für ihren eigenen Gebrauch irgendein Alphabet zulegten oder anpassten. Die Kimmerier liessen wenig Spuren irgendwelcher Art zurück. Nach -687 wurde Lydien unter Gyges zur dominierenden Macht im westlichen Kleinasien, gleichzeitig mit der Expansion des "Hethiter"-Königreiches im östlichen Zentralanatolien mit Bogazköi in seiner Mitte. "Hethitisch" war die während der Reichsperiode am häufigsten verwendete Sprache. Die moderne Forschung fand, dass Lydisch "Hethitisch zu sein scheint"[1] – das lydische und das "hethitische" Königreich bestanden zur gleichen Zeit und verwendeten die gleiche Sprache. Hurritisch ist, wie wir im ersten Band der *Zeitalter im Chaos*-Serie zu zeigen trachteten, nichts als ein irrtümlicher Name für das Karische.

Die Verbindung der Sprachen in den Bogazköi-Archiven mit den ethnischen Gruppen, die Kleinasien zur Zeit des Zusammentragens der Archive bevölkerten, ist eine Aufgabe für Philologen.

Das Problem des "Hethiterreiches" wurde durch die seltsamen piktographischen Zeichen kompliziert, die an vielen Orten in Anatolien, Mesopotamien und im nördlichen Syrien zu finden sind: Diese Zeichen lieferten den ursprünglichen Anlass zur Vermutung der historischen Existenz des "Vergessenen Reiches".

Die in Kleinasien gefundenen Siegel der Könige von Hatti tragen beide Arten von Zeichen, sowohl die piktographischen als auch die keilschriftlichen. Auf ein paar Keilschrifttafeln der Bogazköi-Archive sind auch piktographische Zeichen eingeprägt. Ähnliche Zeichen sind in die Felsenreliefs von Yazilikaya eingemeisselt.

Die ans Tageslicht gekommenen Dokumente der Archive lieferten Material für viele neue Kapitel der Geschichte. Bücher und Zeitschriften, die sich mit den "Hethitern" beschäftigen, wurden veröffentlicht. Die Periode von Amenophis III. bis zu Ramses II., welche in der konventionellen Chronologie das 14. und 13. Jahrhundert ausfüllt, wurde im Lichte dieser Inschriften von neuem studiert.

Die in Bogazköi gefundenen königlichen Annalen sind in einer Art abgefasst, die eine nahe Verwandtschaft mit den assyrischen Königsannalen von Sanherib, Asarhaddon und Assurbanipal aus dem 7. Jahrhundert enthüllt.[2]

Andere Texte aus Bogazköi begründen, dass "babylonische Magie und Medizin, babylonische Astronomie in Kleinasien gekannt und gepflegt

---

[1] J. G. Macqueen: *The Hittites* (London 1975), 59.

[2] "Annalen treten zuerst in Bogazköi auf, und die Ähnlichkeit in Stil und Ausdrucksweise zwischen den hethitischen und assyrischen Werken ist so gross, dass man ohne die Annahme eines Zusammenhangs gar nicht auskommt." A. Götze: »Das Hethiter-Reich« in *Der Alte Orient*, XXVII, 2 (Leipzig 1928), 44.

wurden. Man hatte Übersetzungen des Gilgamesch-Epos und wahrscheinlich auch anderer Werke der Literatur."[3] Die "Hethiter" "haben von den Akkadiern neben Werken der Wissenschaft, wie Vokabularen, Omina und medizinischen Texten, und literarischen Werken im engeren Sinne, wie Götterhymnen und dem Gilgamesch-Epos, auch Stücke der historischen Traditionsliteratur übernommen."[1]

Die assyrische Rechtsprechung hatte, soweit sie das Zivilrecht betrifft, vieles gemeinsam mit dem Zivilrecht der Bogazköi-Archive.[2]

Das assyrische Reich soll angeblich seinen Aufstieg nach dem Fall des "Hethiterreiches" begonnen haben. Aber in einigen Beziehungen waren die "Hethiter" weiter fortgeschritten als die Assyrer, und folglich wird angenommen, dass die Assyrer im Vergleich mit den "Hethitern" kulturell zurückfielen.[3]

Gelehrte wundern sich über den unbekannten Grund dieses Rückfalles in der kulturellen Entwicklung, als das Zeitalter der "Hethiter" angeblich um -1200 erlosch und durch das assyrische Reich verdrängt wurde, das sich vorgeblich kurz vor -1100 emporschwang. Sie fragen sich, wie es kommen konnte, dass die "hethitische" Kultur des 15. bis 13. Jahrhunderts in allen Belangen der Wissenschaft, des Rechts, der Literatur, der königlichen Annalen, der Traditionen, Gebäude und Omen so fest der Kultur des assyrischen Reiches im 8. und 7. und der des neubabylonischen Reiches im 7. und 6. Jahrhundert glich.

In Bogazköi wurden Verträge gefunden, welche von den Königen von Hatti (Heta) mit Königen anderer Länder abgeschlossen wurden. Militärische Annalen von Hattusilis' Vater kamen ans Licht: Sein Name wird Mursilis gelesen, und er gibt eine Beschreibung seiner Kriege. Eine Autobiographie von Hattusilis, welche die Zeit von seiner Kindheit bis zur Thronbesteigung umfasst, wurde ebenfalls ausgegraben.

Das Material der vorhergehenden Kapitel hat offenbar werden lassen, dass der "Grosse König von Hatti", gegen den Ramses II. seine Legionen führte, der König der Chaldäer war, und dass der Unterzeichner des Friedensvertrages, Hetasar, oder Hattusilis der Keilschriftversion, Nebukadnezar

---

[1] Ebenda, 45.

[2] H. Güterbock: »Die historische Tradition und ihre literarische Gestaltung bei Babyloniern und Hethitern bis 1200«, *Zeitschrift für Assyriologie*, XLIV (1938), 45.

[3] L. Aubert: »Le Code hittite et l'Ancien Testament«, *Revue d'histoire et de philosophie religieuses*, IV (1924), 352-370.

[4] "Après les Hittites, commence l'empire assyrien, dont les mœurs temoignent par rapport à eux d'une véritable régression." G. Contenau: »Ce que nous savons des Hittites«, *Revue historique*, CLXXXVI (1939), 15.

(Nabuchodonosor) war. Diese Schlussfolgerung ist reich an Konsequenzen. Eine weitere grossartige Struktur der Historiker bricht in sich zusammen, das "Hethiterreich".

Bevor wir die Annalen von Hattusilis' Vater prüfen, behaupten wir, dass sie nicht von einem "hethitischen" König des 14. Jahrhunderts, sondern von Nabopolassar dem Grossen geschrieben wurden, dessen Geschichte bis heute nur mässig erhellt worden ist.

Eine Autobiographie Nebukadnezars! Wir haben unzählige Gebete dieses Königs kennen gelernt, die aus Anlass der Errichtung von Tempeln formuliert wurden; aber sehr wenig Zeilen enthalten Andeutungen auf seine politische oder militärische Regierungstätigkeit, die so reich an Ereignissen war. Lediglich das Fragment einer kleinen Tafel erwähnt einen Vorfall aus den komplizierten Beziehungen zwischen dem chaldäo-babylonischen Reich unter Nebukadnezar und Ägypten, Beziehungen, die jahrzehntelang bestanden und welchen die Schriften viele Kapitel in den Büchern von Jeremia, Hesekiel, der Könige und Chronik widmen. Einschlägiges Material, um die Geschichte dieser grossen neubabylonischen Periode zu schreiben, wurde fast gänzlich diesen Texten der Schriften und der griechischen Literatur entnommen.

In den vorausgehenden Kapiteln wurde gezeigt, dass Ramses II. Pharao Necho war und dass ausführliches hieroglyphisches Material existiert, das den Krieg Ägyptens gegen das babylonische Reich unter Nebukadnezar behandelt.

Das die gleiche Periode betreffende Keilschriftmaterial wurde 1906 in Bogazköi ausgegraben. Aber durch dieselbe Schwarze Magie, welche die Vergangenheit der Menschheit um fünf bis sechs Jahrhunderte verzerrt hat, wurden diese Primärquellen einem falschen Jahrtausend und einem falschen Volk zugeschrieben.

Mursilis, der "Hethiter", und Nabopolassar, der Chaldäer

Zwei lange Inschriften unter den Bogazköi-Texten sind Versionen von Mursilis' Kriegsannalen. Die eine Version umfasst die Zeit von seinem 1. Regierungsjahr bis zu seinem 9. oder 10. Jahr.[1] Die andere, viel detail-

[1] Ein Teil des 10. Jahres der Annalen betrifft nur das 9. Jahr von Mursilis, da seine Thronbesteigung während des Kalenderjahres erfolgte. Siehe E. Forrer: *Geschichtliche Texte aus Boghazkoi II* (Leipzig 1926), 35: "... das letzte Jahr der Zehnjahr-Annalen also das neunte volle Jahr ist ...".

liertere Version besteht aus Fragmenten, deren Reihenfolge nicht immer einleuchtend ist. Wie dem auch sei, eine anerkannte Unsicherheit über die Richtigkeit dieser Einordnung bleibt bestehen, weil die ausführlichen Annalen dieselbe Periode der ersten 10 Jahre recht unterschiedlich wiedergeben.[1] Man glaubt, dass diese Fragmente die Zeit vom 1. bis zum Ende des 11. Jahres, und dann wieder vom 19. bis vermutlich zum 22. Jahr Mursilis' beinhalten. "Dazwischen klafft eine schmerzliche Lücke."[2] Die Lücke verdeckt offenbar die Periode der Höhepunkte von Mursilis' Kriegen, da schon im 9. Jahr der ausgedehnte Konflikt sich einem entscheidenden Stadium näherte. Mursilis stiess mit dem König von Assyrien zusammen, der vom König von Ägypten unterstützt wurde, und die Annalen der ersten Jahre enthalten, zusätzlich zur Beschreibung verschiedener Feldzüge Mursilis' in alle vier Richtungen, den Bericht über die Vorstadien dieses bedeutenden Konfliktes.

In seinem 2. Jahr entsandte Mursilis einen Feldherrn zu Scharrikuschuch, dem Prinzen von Karkemisch, der sein Bruder war, mit dem Befehl, dem König von Assyrien Widerstand zu leisten.

> Wenn der Assyrer kommt, so kämpft mit ihm.

Aus dem 7. Jahr berichten die Annalen von einer Vereinbarung, deren einer Kontrahent der König von Ägypten war (" – Vertrag – Wenn der König des Landes Ägypten – Und wenn mir – der König des Landes Ägypten"); und obwohl die Zeilen verstümmelt sind, wird daraus deutlich, dass vom König von Assyrien mit dem König von Ägypten ein Bündnis gegen Mursilis abgeschlossen worden war. Ebenfalls schwenkten einige syrische Potentaten beim Herannahen des Königs von Ägypten auf die Seite der Feinde von Mursilis.

> Als man über die ägyptischen Truppen aber die Botschaft brachte "sie kommen", den ägyptischen Truppen zog ich da entgegen.

---

[1] "Da die Bruchstücke ihr gegenseitiges chronologisches Verhältnis in keinem Falle ohne weiteres zu erkennen geben, ist ihre Anordnung ein Problem für sich." A. Götze: »Die Annalen des Mursilis«, *Mitteilungen, Vorderasiatisch-ägyptische Gesellschaft*, XXXVIII (1933), 2.

[2] Ebenda, 9. In seiner ursprünglichen Veröffentlichung stellte Götze die Hypothese auf, dass die Fragmente vielleicht bis zum 27. Jahr der militärischen Aktivitäten von Mursilis gereicht hätten. Doch weitere Forschungen führten ihn zu einer anderen Schlussfolgerung: "Die vorhandenen Teile der Annalen von Mursilis rechtfertigen die Annahme, dass seine Regierung ... nicht viel länger als 22 Jahre dauerte." A. Götze in der *Cambridge Ancient History* (3rd ed.; 1975), Vol. II, Pt. 2, S. 126-127. Die letzten Eintragungen der Annalen datieren aus dem 22. Jahr.

Mursilis schrieb an die Besatzung in Karkemisch, dass er unverzüglich benachrichtigt werden müsse, wenn die Ägypter in Nuhasse (in Syrien) eindringen sollten.

> Und ich werde hinkommen und gegen sie kämpfen.

Aber der Konflikt mit dem ägyptischen Heer wurde aufgeschoben.

> Und zunächst kamen die ägyptischen Truppen nicht.

Zwei Jahre später, im 9. Jahr von Mursilis, kam es zur Belebung des Krieges mit dem König von Assyrien.

> Aber da besiegte der König von Assur das Land Kargamis.

Mursilis wandte sich nach dieser Region, befreite sie und setzte seinen Neffen, den Sohn von Scharrikuschuch, auf den Thron von Karkemisch. Im gleichen Jahr marschierte er in die Region von Harran.

> Ich begab mich nach Harrana; und mein Heer gelangte nach Harrana, und ich stiess dort zu meinem Heer.

Einige wichtige Textstellen sind zerstört, doch der Herausgeber vermochte sie zu rekonstruieren und kam zu folgendem Schluss: "Mursilis begegnete in seinem 9. Jahr diesem Gegner (Assuruballit) an der Euphrat-Linie".[1]

Zum Schluss seiner Zehnjahresannalen betonte Mursilis, dass er nur seine eigenen Taten beschrieben habe und die Leistungen seiner Fürsten und Generäle darin nicht enthalten seien.

Die wichtigste, aus den Annalen gewonnene Tatsache ist, dass Mursilis einige Jahre lang gegen eine Koalition zwischen dem König von Assyrien und dem König von Ägypten ankämpfte. Der Krieg verlief ohne Entscheidung. Im 9. Jahr wurde er in Harran geführt. Dort traf Mursilis auf Assuruballit, den König von Assyrien, und kämpfte gegen ihn.

Gemäss der revidierten Chronologie war Mursilis, der Vater von Hattusilis, der chaldäische Name von Nabopolassar, dem Vater von Nebukadnezar. Ich bin deshalb verpflichtet, die in den Annalen von Mursilis enthaltenen Tatsachen mit jenen zu vergleichen, die über Nabopolassar, den König von Akkadien (Babylonien) und Chaldäa bekannt sind.

Bis vor einem halben Jahrhundert standen den Historikern über die Regierung Nabopolassars keine babylonischen Texte geschichtlichen Inhalts zur Verfügung. Aber in den zwanziger Jahren wurden im British Museum

---

[1] Ebenda, 248. Während Assuruballit in den Annalen nicht erwähnt wird, ist Götzes Schlussfolgerung trotzdem richtig. Aber der Feind Mursilis' war Assuruballit II.

eingelagerte Keilschrifttafeln "ausgegraben", die sich als Fragmente von Chroniken der chaldäischen (babylonischen) Könige herausstellten: allerdings sind sie viel später, wahrscheinlich zur persischen Zeit, aufgrund damals erhaltener Berichte geschrieben worden.[1] Diesbezüglich entsprechen sie den Büchern der Chronik des alten Testaments, die ebenfalls unter der Perserherrschaft geschrieben wurden. Unter den Tontafeln, welche die Chroniken der babylonischen Könige enthalten, behandelt eine die militärischen Feldzüge von Nabopolassar.[2] Sie schildert die Geschichte von Nabopolassars Kriegen während der Periode, die mit dem 10. Jahr seiner Regierung begann, und präsentiert damit langgesuchtes Material über den Fall von Ninive und das Erlöschen der assyrischen Macht.

Die babylonischen Chroniken (British Museum 21 901) über Nabopolassars Kriege beginnen mit dem Feldzug des 10. Jahres:

> Im 10ten Jahr bot Nabopolassar das akkadische Heer im (Monat) Ijjar und zog am Euphratufer (entlang).

Einige Monate darauf, laut den Chroniken:

> Im (Monat) Tischri zogen das ägyptische Heer und das assyrische Heer auf der Verfolgung des Königs von Akkad bis Gablini . . .

Im nächsten Jahr "bot der König von Assyrien sein Heer auf und warf den König von Akkad aus (dem Stadtgebiet von) Assur hinaus." Aber er vermochte seinen Sieg über Nabopolassar nicht auszunutzen, denn die Meder drangen in Assyrien ein und eroberten die Stadt Assur.

Das folgende Jahr sah die Ankunft des skythischen Königs mit seinem Heer, um sich an der "Schlacht um Assyrien" zu beteiligen.

> Der König von Umman-Manda zog gegen den König von Akkad (Nabopolassar)..

Aber er wurde dazu überredet, auf die Seite der Feinde Assyriens zu treten. Dann kam der grosse und berühmte Sturm auf Ninive und das grausame Gemetzel. Das assyrische Reich näherte sich seiner letzten Stunde.

Sinscharischkun, Assurbanipals Erbe, fand den Tod; die Legende von Sardanapals Selbstopferung in seinem Palast in Ninive scheint das Ende

---

[1] Frühere Veröffentlichungen: C. J. Gadd: *The Fall of Nineveh* (London 1923). Julius Lewy: »Forschungen zur alten Geschichte Vorderasiens«, Die Neubabylonische Chronik G, *Mitteilungen, Vorderasiatisch-ägyptische Gesellschaft*, XXIX (1925), 2. Neu herausgegebene und übersetzte Texte: D. J. Wiseman: *Chronicles of Chaldean Kings (626-556 B. C.) in the British Museum* (London 1956). Ich folgte Gadds Übersetzung im Vergleich mit Wisemans Version. Für die deutsche Ausgabe folgen wir der Übersetzung von Lewy.

[2] Tafel B. M. 21 901.

Sinscharischkuns zu reflektieren. Nach dem Fall Ninives liess sich Assuruballit, ein jüngerer Bruder Assurbanipals,[1] der in Harran residierte, zum König von Assyrien ausrufen. Laut den Chroniken

> setzte sich Assuruballit in Harran, um König von Assyrien zu werden, auf den Thron.

Während der nächsten zwei Jahre fuhr Nabopolassar fort, den Krieg in das Land Assyrien hineinzutragen.

> Im (Monat) Marcheschwan zogen die Skythen (Umman-Manda) dem König von Akkad zu Hilfe, und sie vermischten ihre Heere miteinander und zogen nach Harran (gegen) Assuruballit, der sich in Assyrien auf den Thron gesetzt hatte.[2]

Die Unterstützung, die Ägypten Assyrien gewährt hatte, solange Ninive sein Verbündeter gewesen war, hörte mit dem Fall der Stadt nicht auf, sondern wurde auf Assuruballit in Harran übertragen.

> Im 7ten Jahre[3] versammelte im Monat Tammuz Assuruballit, König von Assyrien, ein starkes ägyptisches Heer und überschritt den Fluss, und sie zogen auf Harran, um es zu erobern ... Der König von Akkad zog seinem Heere zu Hilfe .. .

Hier endet der Text der im British Museum unter Nr. 21 901 katalogisierten Tontafel der Chroniken.[4]

In keiner anderen Geschichtsperiode waren Assyrien und Ägypten Verbündete in einem Krieg. Die beiden hier behandelten Fälle sind durch sieben Jahrhunderte konventioneller Geschichtsschreibung voneinander getrennt, doch in der Realität sind sie ein und dasselbe.

Es wird gesagt, Mursilis' Marsch entlang des Euphrats und seine Schlachten gegen die von ägyptischen Einheiten unterstützten assyrischen Truppen sowie die militärischen Operationen in Harran gegen Assuruballit hätten sich im 14. Jahrhundert ereignet. Und es wird gesagt, der Marsch Nabopolassars entlang des Euphrats und seine Schlachten gegen die vom ägyptischen Heer unterstützten assyrischen Truppen, sowie die militärischen Operationen gegen Assuruballit in Harran hätten im 7. Jahrhundert statt-

---

[1] "Ich ernannte Ashur-etil-shame irsitim-uballitsu, meinen jüngeren Bruder, als Hohenpriester des Gottes Sin, der in Charran wohnt", schrieb Assurbanipal. Dougherty: *Nabonidus and Belshazzar*, 24.

[2] Luckenbill: *Records of Assyria*, Vol. II, Sec. 1182.

[3] Wiseman liest anders als Gadd und Lewy "im 18. Jahr."

[4] Tafel B. M. 22 047, welche das Ende von Nabopolassars Regierung und die Thronfolge Nebukadnezars beschreibt, wird in einem der folgenden Abschnitte behandelt.

gefunden. Nabopolassar starb im 22. Jahr seiner Regierung. Das letzte Fragment von Mursilis' Kriegsannalen stammt aus seinem 22. Regierungsjahr.

Die "schmerzliche Lücke" in den Annalen von Mursilis zwischen dem 10. und 19. Jahr wird grösstenteils von den babylonischen Chroniken ausgefüllt, welche das 10. bis 17. Jahr seiner Regierung umfassen.

Im Laufe dieser Jahre intervenierte der König der Skythen, der Umman-Manda, zunächst mit der Absicht, dem König von Assyrien zu helfen, dann aber als Partner in einem Bündnis gegen ihn.

Nabonid (-556 bis -539), der letzte König des neubabylonischen Reiches, schrieb über den Zusammenbruch Assyriens unter der vereinten Wucht der Meder, Chaldäer und Skythen: "Der König der Umman-Manda, der unerschrockene, zerstörte ihre Tempel, die Tempel der Götter von Su-Edin (Assyrien) allesamt."[1]

Herodot berichtet, wie, als der König der Meder Ninive belagerte, "ein grosses Skythenheer in sein Reich gezogen kam, das der König der Skythen, Madyas, Protothyas' Sohn, selber befehligte. Die Skythen, die die Kimmerier aus Europa verdrängt hatten und den Flüchtigen nach Asien folgten, kamen jetzt in das medische Land."[2]

Diese Epoche erlebte erstmals die Invasion der Skythen aus den Steppen Russlands. "Sie (die Skythen) hatten den oberen, viel weiteren Weg eingeschlagen und das kaukasische Gebirge rechts gelassen", schrieb Herodot.[3]

Die Teilnahme der Skythen am Krieg gegen Assyrien wird in den babylonischen Chroniken für das 14. bis 17. Jahr berichtet. Der König der Skythen wird Umman-Manda genannt. Da in den Annalen von Bogazköi diese Periode vom 14. bis 17. Jahr fehlt, suchen wir in einigen anderen Dokumenten aus Bogazköi nach einem Hinweis auf die Umman-Manda und finden ihn in juristischen Texten, die dort ausgegraben wurden. Die "hethitischen" Gesetze befassen sich mit den Soldaten von Umman-Manda.[4]

Geht es an, darauf zu bestehen, dass die Umman-Manda bereits 700 Jahre, bevor sie die Kimmerier aus Europa vertrieben hatten und ihnen

---

[1] S. H. Langdon: *Die Neubabylonischen Königsinschriften* (Leipzig 1912), »Nabonid«, 273; auch L. Messerschmidt: »Die Stele Nabunaids«, *Mitteilungen, Vorderasiatisch-ägyptische Gesellschaft*, I (1896), 1-83. Für die deutsche Ausgabe siehe Lewy, *a. a .O.*, 80.

[2] Herodot, I, 103.

[3] Ebenda, I, 104.

[4] Siehe J. Friedrich und H. Zimmern: »Hethitische Gesetze« in *Der Alte Orient* (Leipzig 1922), Teil I, Sek. 55, 14; B. Hrozny: *Code Hittite* (Paris 1922), 49, § 54; S. Smith: *Alalakh and Chronology*, 35; *vgl.* auch S. Langdon: *The Venus Tablets of Ammizaduga* (London 1928), 9, 31-32.

auf dem Umweg über den Kaukasus gefolgt waren, den Schauplatz im Mittleren Osten bevölkerten? Allein schon diese Überlegung hätte als Warnung gelten sollen, bevor die Jahrhunderte der Geschichte verzerrt wurden.

Namen und Zunamen

Um der besseren Orientierung unter den Persönlichkeiten auf der historischen Bühne willen erscheint es angebracht, auf einige Sachverhalte hinzuweisen. In Babylonien wie auch in Syrien – und ebenfalls wahrscheinlich in anderen Regionen Vorderasiens – war es üblich, dass der Name einer verstorbenen Person von einem Überlebenden angenommen wurde. Es wurde geglaubt, dass der Segen des Verstorbenen auf seinen Namensvetter fallen würde, oder das Auftauchen des Brauches kann dem Wunsch entsprochen haben, das Andenken an den Toten am Leben zu erhalten. Ein Sohn wurde nach seinem Grossvater oder Vater genannt; oder einem Knaben wurde der Name seines hingeschiedenen Bruders gegeben. Wenn ein König starb, nannten eine Anzahl von Bürgern sich selbst oder ihre Kinder beim Namen ihres verehrten Monarchen.

Die königlichen Prinzen des Alten Orients, nicht anders als die königlichen Prinzen alter europäischer Nationen, gaben ihren Kindern mehrere Namen. Wie die ägyptischen Pharaonen und die jüdischen Könige trugen die Prinzen und Könige von Assyrien und Babylonien mehr als einen Namen; der Talmud berichtet, dass Sanherib acht und Hiskia sieben hatte.[1] In Ägypten war Rechtens, dass der König fünf Thron- und Geburtsnamen haben sollte, nicht alle von ihnen für immer. Manchmal wurden sie durch andere Namen ersetzt; ausserdem hatte der König persönliche Namen. Ramses III. z. B. hatte mehr als ein Dutzend Namen.[2]

Aus dem Text von Hattusilis' Autobiographie, der weiter unten folgt, kann man ersehen, dass mehrere Persönlichkeiten – wie Arma oder Labasch – im Verlauf derselben Schilderung mit verschiedenen Namen bezeichnet werden. Zum Zweck der in diesem Werk verfolgten Identifikationen ist es als günstiger Umstand anzusehen, dass sowohl Nergal (Neriglissar) als auch

---

[1] *Der babylonische Talmud, Traktat Sanhedrin* 94a; Hieronymus Kommentar Jesajas' 20:1 und 36:1. Siehe Ginzberg: *Legends*, VI, 370. Dieser Brauch überlebte bis in unser Jahrhundert – in den Fürstenhäusern Deutschlands und noch heute im Britischen Königshaus.

[2] Siehe R. Gautier: *Le Livre des rois d'Egypte* (Kairo 1916), Vol. III.

sein Sohn Labasch gelegentlich in den "hethitischen" und in den babylonischen Dokumenten bei denselben Namen genannt

Ebenfalls war es durchaus normal, dass der gleiche König, besonders in Mesopotamien, in verschiedenen Provinzen bei verschiedenen Namen gerufen wurde – so wurde Tiglatpileser III. (-745 bis -727) von Assyrien in Babylonien – auch eins seiner Herrschaftsgebiete – "Pul" genannt. "Es ist fast zur gebräuchlichen Regel geworden, dass der in Babylon regierende König dort einen anderen Namen als in Assyrien hatte."[1] Nicht nur in Ninive und Babylon, sondern auch in anderen Teilen des Reiches trug der König unterschiedliche Namen. Hethiterkönige hatten neben ihren eigenen Thronnamen churritische Namen: So hatte der in der Geschichte unter seinem churritischen Namen Urhi-Teschup bekannte Knabenkönig den Thronnamen Mursilis (III.).

Es war auch sehr gebräuchlich, mittels eines königlichen Erlasses den Namen einer Person so zu ändern, dass er für fremde Ohren angenehmer lautete. Eljakims Name wurde von Pharao Necho in Jojakim abgeändert (II Könige 23:34), und Nebukadnezar wandelte Mattanjas Namen zu Zedekia (II Könige 24:17); die Namen von Daniel und seinen Freunden wurden von Nebukadnezar geändert (Daniel 1:7). Wer würde den biblischen Daniel in einem Beltsazar entdecken, wenn es keinen direkten Hinweis auf den Namenswechsel gäbe? Aus den Keilschriftinschriften der assyrischen Könige des 7. Jahrhunderts – Sanherib, Asarhaddon und Assurbanipal – ist bekannt, dass sie die ägyptischen Könige, ihre Vasallen, bei Namen nannten, die keinerlei Ähnlichkeit mit den Namen hatten, welche diese Vasallen in den hieroglyphischen Texten gebrauchten.

Die Sitte dieser Namenswechsel war sehr alt: ein Pharao des Mittleren Reiches änderte den Namen Josephs zu Zofnat Paneach (Genesis 41:45).

Nicht allein verschiedene Nationen, auch verschiedenartige Götter wollten zufriedengestellt sein. Der Name von Nebukadnezar fordert den Schutz des Gottes Nebo, des Planeten Merkur, heraus. Die Planeten Jupiter (Marduk), Mars (Nergal), Venus (Ischtar) und Saturn (Bel) sowie der Mond (Sin) und die Sonne (Schamasch) mussten ebenfalls zufrieden gestellt werden, weil jeder von ihnen Schaden anrichten konnte. Überdies hatten die Planetengottheiten in verschiedenen Provinzen wiederum andere Namen wie Enlil, Ninlil, Nana usw. Die Namen der Götter des planetaren Pantheon hatten auch wieder Äquivalente in verschiedenen Sprachen, und viele dieser Namen wurden in die akkadische Sprache aufgenommen.

[1] R. W. Rogers: *A History of Babylonia and Assyria* (6th ed.; New York und Cincinnati 1915), II, 483, Fussnote.

Neben all diesem kann Keilschrift sowohl ideographisch als auch silbenweise gelesen werden, und so kann aus "Nergal" "Muwatallis" werden.[1]

Aus diesen Gründen überrascht es nicht, dass griechische Autoren Nabopolassar "Belesys" (Diodor II, 24) und "Bussalossor" (Abydenos) nannten und dass er in den Bogazköi-Texten "Mursilis" und "Pijassilis", auf ägyptisch "Merosar", auf babylonisch "Belschumischkun" und "Nabopolassar" genannt wird. Wie auf den vorangegangenen Seiten deutlich gemacht wurde, war Hattusilis der chaldäische Name des Königs, der in den Schriften verschiedentlich Nebukadnezar und Nebukadrezar genannt wird, mit dem Namen, den er selbst bevorzugte, nachdem er sich als Erbauer Babylons unter der Ägide von Nebo, dem Beschützergott seines Vaters und der Stadt, die der Vater erobert und der Sohn erbaute, grossen Ruhm erworben hatte. In einem anderen Werk beabsichtige ich darzustellen, dass die Katastrophe, die wir mit dem Turmbau von Babel (Babylon) verbinden, durch einen nahen Vorbeizug des Planeten Merkur verursacht wurde, dem Nebo der Babylonier (in den Namen Nabopolassar und Nebukadnezar anklingend) beziehungsweise dem Thot der Ägypter (wie im Namen Thutmosis). Neriglissars Name reflektiert indessen den Marskult für einen Planeten, der im 8. Jahrhundert vor unserer Zeitrechnung sehr im Vordergrund stand.[2]

Nabopolassar wird zum Invaliden

Berossos, der babylonische Historiker, der in Griechisch über drei und vier Jahrhunderte zurückliegende Ereignisse schrieb, hielt die Thronfolgen der Könige des neubabylonischen Reiches fest und berichtete, wie Nabopolassar krank wurde und, "da er selbst den Strapazen nicht gewachsen war, seinem noch jugendlichen Sohn Nabuchodonosor einen Teil des Heeres übergab", und wie Nebukadnezar die rebellierenden Provinzen bändigte.[3]

> Um diese Zeit erkrankte sein Vater Nabopolassar und starb nach einundzwanzigjähriger Regierung in der Stadt Babylon.

---

[1] Delaporte: *Les Hittites*, S. 125: "Le nom de ce roi s'écrit tantôt Moutalli, tantôt Mouattalli, Mouwatalli, dans les textes en langue akkadienne; dans les documents en langue hittite, il se présente en allographie sous la forme sumérienne Nirgal, idéogramme de l'akkadien Moutellou (seigneur)."

[2] *Welten im Zusammenstoss*, »Mars«.

[3] Berossos zitiert in Josephus: *Gegen Apion*, Übers. H. Clementz, I, 19.

Als Nabopolassar, der unermüdliche Krieger, erstmals von einer Krankheit heimgesucht wurde, musste er den Posten an der Spitze seines Heeres aufgeben; später verschlechterte sich sein Gesundheitszustand ein zweites Mal, und er starb.

In den Archiven von Bogazköi wurde die authentische Geschichte der Krankheit von Mursilis, dem Vater von Hattusilis, erhalten.

> Nach Til-Kunu – fuhr ich. Da brach ein Unwetter los, ferner donnerte der Wettergott schrecklich. Und ich erschrak.
> Da wurde mir das Wort im Munde drin wenig, und das Wort ging mir etwas stockend.
> Als aber die Jahre kamen (und) hintereinander vergingen, kann besagter Zustand (und) begann in meinen Träumen eine Rolle zu spielen. Da traf mich während eines Traumes die Gotteshand, und das Sprachvermögen ging mir (ganz) verloren.[1]

Durch den ersten paralytischen Schlag wurde der König aktionsunfähig gemacht; da er die Strapazen des militärischen Lebens nicht mehr ertragen konnte, zog er sich als Feldherr zurück. Einige Jahre später wurde er schwer krank, als er die Fähigkeit zu sprechen verlor; bald danach starb er. Nach seinen Annalen zu urteilen – den in Bogazköi gefundenen und jenen im Lager des British Museum entdeckten – war Nabopolassar-Mursilis ein unbezähmbarer Mann des Kampfes und ein ehrlicher Chronist ohnegleichen. Die Annalen bis zum 10. Jahr, vom 10. bis zum 17. Jahr und vom 19. bis zum Beginn des 22. Jahres sind Meisterstücke der Wahrhaftigkeit, welche die Siege und Rückschläge gleichermassen berichten und damit sehr verschieden sind von den assyrischen Annalen oder von jenen irgendeines anderen Königs der grossen Reiche der Alten Welt.

Die Thronfolge in Babylon

Nach der Beschreibung von Nabopolassars Tod am Ende einer 21jährigen Regierungszeit fährt Berossos fort:

> Als Nabuchodonosor bald darauf vom Tode seines Vaters Kunde erhielt, ordnete er die Angelegenheiten Ägyptens und der übrigen Landesteile und gab einigen seiner Freunde den Auftrag, die gefangenen Juden, Phönikier, Syrer

[1] A. Götze und H. Pedersen: »Mursilis Sprachlähmung, ein Hethitischer Text«, *Det Kongelike Danske Videnskabernes Selskab* (Kopenhagen), *Historisk-Filogiske meddelelser*, XXI, I (1934), S. 5.

> und Ägypter samt dem schwerbewaffneten Teil des Heeres und dem Gepäck nach Babylonien zu führen; dann brach er auch selbst auf und legte in wenigen Tagen den Weg durch die Wüste nach Babylon zurück. Hier übernahm er die von den Chaldäern besorgte Leitung des Staates sowie die Königswürde, die der beste derselben ihm inzwischen gesichert hatte, und trat überhaupt die Vollherrschaft über sein väterliches Reich an.[1]

Über die Ereignisse, die Nebukadnezars Regierungszeit folgten, erzählte Berossos das folgende:

> (Nebukadnezar ...) fiel in eine Krankheit und starb nach dreiundvierzigjähriger Regierung. Den Thron bestieg nun sein Sohn Evilmaraduch, der ein Gesetzesverächter und übermütiger Herrscher war und nach nur zweijähriger Regierung von Neriglissoor, dem Gatten seiner Schwester, meuchlings ermordet wurde. Nach seinem Tod trat eben dieser Neriglissoor, durch dessen Hinterlist er sein Leben gelassen hatte, die Herrschaft an und blieb vier Jahre lang König. Dessen Sohn Laborosoarchod kam als neunmonatliches Kind auf den Thron, wurde aber, weil man recht schlimme Charaktereigenschaften an ihm bemerkte, alsbald von seiner Umgebung umgebracht, worauf seine Mörder sich versammelten und nach gemeinsamem Beschluss einem der Mitverschworenen, dem Babylonier Nabonned, die Krone aufs Haupt setzten.[2]

Berossos schrieb, dass der Perser Kyros Babylonien im 17. Jahr von Nabonid eroberte.

Der *Talmud* und die *Midraschim* stimmen im allgemeinen mit Berossos betreffend der Dauer von Nebukadnezars Regierungszeit überein, die sie mit 40 bis 45 Jahren beziffern.[3] In den Schriften wie auch in Berossos folgt ihm Awil-Marduk.[4] Indessen erwähnen die Schriften nicht, dass Awil-Marduk von Neriglissar und dann von dessen Sohn, der noch ein Knabe war, gefolgt wurde. Die Eroberung Babylons durch die Perser wird im Buch Daniel beschrieben, und der zechende König, der aus den Tempelgefässen Jerusalems trank und die Handschrift an der Wand sah, als das Königreich fiel, wird genannt. Gemäss einer Inschrift von Nabonid war Belsazar sein Erbe und Mitregent.[5]

Nabonid, bekannt als der König-Archäologe, der nach alten Fundament-

---

[1] Josephus: *Gegen Apion*, übers. von H. Clementz, I, 19.
[2] Ebenda, 20.
[3] Siehe Ginzberg: *Legends*, VI, 427, 114. Gemäss den Schriften (*vgl.* II Könige 24: 12, 25: 27) regierte Nebukadnezar 43 Jahre lang als König von Babylon.
[4] II Könige 25: 27; Jeremia 52: 31.
[5] Langdon: *Die Neubabylonischen Königsinschriften*, »Nabonid«, Inschrift 4.

inschriften forschte, schrieb in seiner eigenen Inschrift über die Ereignisse, die zu seinem Regierungsantritt führten, in folgenden Worten:

> In die Mitte des Palastes brachten sie mich, und alle von ihnen warfen sich mir zu Füssen. Ich bin der mächtige Nachfolger von Nebukadnezar und Neriglissar, meiner königlichen Vorgänger. Awil-Marduk, der Sohn von Nebukadnezar, und Labasch-Marduk, der Sohn von Neriglissar, sie entstellten die Verordnungen.[1]

Diese Schilderung scheint den zweiten Teil von Berossos' Bericht perfekt zu bestätigen. Sein erster Teil, die babylonische Thronbesteigung durch Nebukadnezar betreffend, findet seine Bestätigung in einer Keilschrifttafel aus dem British Museum, die erstmals 1956 veröffentlicht wurde.[2] Sie berichtet:

> Im 21. Jahr blieb der König von Akkadien in seinem eigenen Land, sein ältester Sohn Nebukadnezar, der Kronprinz, liess (das babylonische Heer) zusammentreten und ergriff das Kommando über seine Truppen; er zog nach Karkemisch, das am Ufer des Euphrats ist, und überschritt den Fluss (um zu treffen) gegen das ägyptische Heer, das in Karkemisch lag ... kämpften miteinander, und das ägyptische Heer zog sich vor ihm zurück. Er vollbrachte ihre Niederlage und (schlug?) sie zur Nichtexistenz. Was nun den Rest des ägyptischen Heeres betrifft, der von der Niederlage (so schnell) geflüchtet war, (dass) keine Waffe sie erreichen konnte, im Distrikt von Hamath überholten die Truppen sie und besiegten sie so, dass nicht ein einzelner Mann in sein Land (entkam). Zu jener Zeit eroberte Nebukadnezar das ganze Gebiet des Hatti-Landes. 21 Jahre lang war Nabopolassar König von Babylonien gewesen. Am 8. des Monats Ab starb er (wörtlich: "Fatum"): Im Monat von Elul kam Nebukadnezar nach Babylon zurück, und am ersten Tag des Monats von Elul setzte er sich auf den Königsthron zu Babylon.

Seit einiger Zeit sind wir auch im Besitz einer gut erhaltenen Votivstele der Mutter von Nabonid, einer Priesterin, die das ehrwürdige Alter von 105 Jahren erreichte. Die Stele verzeichnet die Namen der Könige, unter denen sie lebte, nachdem sie im 21. Jahr Assurbanipals geboren worden war: Die Thronfolgen der Könige und die Dauer ihrer Regierungszeiten sind dieselben wie in Berossos, der 300 Jahre nach Nebukadnezar lebte. Auf der Stele fehlt nur der Knabe, der Sohn von Neriglissar.

Anhand all dieser Zeugnisse sollte man auf keine Schwierigkeiten stossen. Indessen versteckt sich in den Bauinschriften Neriglissars ein Problem. Bereits im einleitenden Satz dieser beiden Tafeln verkündet Neriglissar:

---

[1] R. P. Dougherty: *Nabonidus and Belshazzar* (Yale Oriental Series, 1929), S. 72.

[2] Tablet B. M. 21946, D. J. Wiseman: *Chronicles of Chaldean Kings*.

> Neriglissar ... , der Sohn des Belschumischkun, des Königs von Babylon, bin ich.[1]

Nebukadnezar regierte in Babylon über 40 Jahre lang, und vor ihm herrschte sein Vater während mehr als 20 Jahren. Wer war dann der König von Babylon namens Belschumischkun, wenn Neriglissar nach Nebukadnezar regierte? Auf diese Frage gab es keine Antwort. "In seiner wichtigsten Inschrift nennt Neriglissar seinen Vater Belschumischkun, von dem nichts bekannt ist."[2] Neriglissar verwendete "hochtrabende Titel auf Belschumischkun, nämlich Sar Babili, König von Babylon. Mit den jetzt verfügbaren Daten ist die Identifizierung von Belschumischkun mit irgendeinem bekannten Herrscher schwierig".[3]

Und doch befindet sich eine mögliche Spur zur Identität des Königs von Babylon, den Neriglissar als seinen Vater beanspruchte, bei Diodor von Sizilien, der in seinem Bericht über den Fall von Ninive den Chaldäer Nabopolassar beim Namen "Belesys" nennt: "Dieser Mann hiess Belesys."[4] – "Belesys" könnte leicht eine griechische Version des Keilschriftnamens Belschumischkun sein.

Neriglissar hielt fest, dass er Esagila, den grossen Tempel in Babylon, in einem Zustand des Verfalls antraf:

> Esagila ..., dessen Wände baufällig geworden waren, dessen Fugen nicht mehr zusammenhielten, dessen Schwelle nicht mehr fest war.
> Auf seinem alten Gründungsstein legte ich sein Fundament, führte hoch auf seine Wand.[5]

Wenn er wirklich zwei Jahre nach Nebukadnezar regierte, ist es seltsam, dass Esagila in solch kurzer Zeit in einen derart baufälligen Zustand gekommen wäre. Nebukadnezar ist berühmt für seine Bautätigkeit wie nicht viele andere Könige des Altertums; überall im Lande errichtete er und stellte er Tempel wieder her; aber mehr als jedem anderen Heiligtum schenkte er Esagila, dem grossen Tempel, Beachtung. Seine religiösen Inschriften beginnen oft wie die folgende:

> Nebukadnezar, der König von Babylon, der Erhalter von Esagila und Ezida, der Sohn des Nabopolassar, des Königs von Babylon, bin ich.[6]

---

[1] Langdon: *Die Neubabylonischen Königsinschriften*, »Neriglissar«, Inschriften 1 und 2.
[2] Rogers: *A History of Babylonia and Assyria*. II, S. 547.
[3] Dougherty: *Nabonidus and Belshazzar*. S. 61.
[4] Diodor, II, 24.
[5] Langdon: *Die Neubabylonischen Königsinschriften*, »Neriglissar«, Inschrift 2.
[6] Ebenda: »Nebukadnezar«, Inschrift 23, 24 und an vielen anderen Stellen.

Sein Amt als Erhalter von Esagila erwähnt er noch vor der Tatsache, dass er der Sohn Nabopolassars war. Immer wieder schrieb er:

> Esagila und Ezida liess ich wie die Sternenschrift des Himmels erglänzen, liess es erstrahlen wie der helle Tag.[1]

Gemäss seinen Inschriften liess Neriglissar am zerfallenen Tempel Reparaturen ausführen und auch die Tore mit Silber überziehen, aber Nebukadnezar erneuerte ihn vom Fundament bis zum Dach und liess ihn rundum mit Gold belegen.

Wie konnte es dann sein, dass zwei Jahre nach seinem Tod – und inzwischen hatte kein Feind Babylon verwüstet – die Verbindungsstücke des Tempels nicht mehr zusammenpassten, die Balken nicht mehr standhielten und die Fundamente völlige Instandsetzung benötigten?

Ein Blick auf eine Photographie der Ausgrabung von Esagila mit den enormen Mauerkonstruktionen, wo sich Nebukadnezar "auf jedem seiner Millionen Ziegel als 'Pfleger von Esagila' bezeichnet",[2] genügt, um einzusehen, wie schwach jede Hypothese über einen baufälligen Zustand der Mauern und Fundamente nach Nebukadnezars Tod sein muss.

In der anderen Inschrift erzählt Neriglissar, wie der Königspalast in Babylon verfallen und nicht länger bewohnbar war.

> Der Palast war ... oberhalb des Euphratufers eingestürzt, sein Gefüge war geborsten. Seine eingestürzten Wände riss ich nieder und drang bis zum Grundwasser vor. Angesichts des Grundwassers legte ich mit Asphalt und Brandziegeln sein Fundament fest. Ich erbaute ihn und vollendete ihn.[3]

Das war der Palast, den Nebukadnezar als König von Babylon bewohnte. "Die Residenz von Nergalschar-usur befand sich im gleichen Palast wie jene von Nebukadnezar, und er führte darin ausgedehnte Änderungen und Verbesserungen aus. Die ersten betrafen die Fundamente."[4] Nebukadnezar schrieb über die Erneuerungs- und Vergrösserungsarbeiten, die gründlich ausgeführt wurden:

> An der Brust der Unterwelt legte ich sein Fundament, und mit Asphalt und Brandziegeln führte ich ihn bergehoch auf.[5]

---

[1] Ebenda, 27 a, 27 b, und andere Stellen.

[2] R. Koldewey: *Das wiedererstehende Babylon* (I. Ausgabe; Leipzig 1913), S. 205-206.

[3] Langdon: *Die Neubabylonischen Königsinschriften*, »Neriglissar«, Inschrift 1.

[4] Rogers: *History of Babylonia and Assyria*, II, S. 547.

[5] Langdon: *Building Inscriptions of the Neo-Babylonian Empire* »Nebuchadnezzar«, Inschriften 31, auch 36.

Abb. 6: Ausgrabungsarbeiten am Esagila-Tempel in Babylon

Nebukadnezar schrieb ebenfalls:

> Eine gewaltige Mauer liess ich aus Asphalt und Brandziegeln bergehoch ringsdarum aufführen. Neben der Ziegelmauer erbaute ich eine grosse Mauer aus gewaltigen Steinen, der Ausbeute der grossen Gebirge, wie ein Gebirge machte ich hoch ihre Spitze ...
> Zum Anschauen für die Gesamtheit der Leute füllte ich es mit strotzender Pracht, Üppigkeit, Fruchtbarkeit, Ehrfurcht, Glanz königlicher Majestät umgeben seine Seiten.
> ... Möge das Haus, das ich erbaut, bis in Ewigkeit alt werden! ... Von den Königen der Weltteile, von der ganzen Menschheit möge ich ihren schweren Tribut darin in Empfang nehmen! ... Meine Nachkommen mögen darin auf ewig das schwarzköpfige Volk beherrschen![1]

Wie konnte es sein, dass einige Jahre nach seinem Tod der für viele Generationen errichtete Palast von Nebukadnezar zur Ruine verfallen war, seine mächtigen Mauern zermalmt, sein Fundament zerrüttet?

Aber wir haben auch archäologische Zeugnisse. Der Boden um das Fundament herum wurde abgetragen, und eine Mauer quadratischer Steinblöcke wurde gefunden, aus gewaltigen Quadern, die durch mit Asphalt versiegelte Holzklammern zusammengehalten wurden. Die Konstruktion steht im Grundwasser, auf der Felsformation in der Tiefe, "der Brust der Unterwelt". Jeder Block in der dritten Reihe über dem Grundwasser trägt die Inschrift: "Nebukadnezar ... bin ich. Den dûru (das Fundament) des Palastes Babylon habe ich mit Gebirgssteinen gemacht."[2] Nicht nur blieben diese Blöcke die dem Tod Nebukadnezars folgenden zwei Jahre an ihrem Platz, sondern sogar heute noch liegen sie in perfekter Ordnung dort, wo sie vor über 2500 Jahren zurechtgesetzt und zusammengefügt wurden.

Die hier angeführten archäologischen Daten betreffend den Zustand des Palastes und des Tempels von Esagila stimmen mit der akzeptierten Thronfolge der Könige von Babylon nicht überein. Das ist eine äusserst ernste Situation. In dem hier ans Licht gebrachten Widerspruch stehen auf der einen Seite die folgenden Beweisstücke: (1) Die Erklärung auf der Tontafel British Museum 21496,[3] die besagt, an welchem Tag Nabopolassar starb, und an welchem Tag bald danach der nach Babylon zurückgerufene Nebukadnezar den Thron bestieg; (2) die Grabplatten der Mutter von Kö-

[1] Ebenda, Inschrift 15.
[2] R. Koldewey: *Babylon*, S. 175.
[3] D. J. Wiseman: *Chronicles of Chaldean Kings*, S. 69.

nig Nabonid,[1] die Neriglissar (aber nicht seinen Sohn Labasch-Marduk) als Nachfolger Nebukadnezars und seines Sohnes Awil-Marduk nennen, aber vor Nebukadnezar weder einen Neriglissar noch einen Labasch-Marduk aufführen; (3) die Thronerklärung von Nabonid,[2] der seine Vorgänger nicht aufzählt und nur auf Nebukadnezar und dessen minderjährigen Sohn Awil-Marduk sowie auf Neriglissar und dessen minderjährigen Sohn Labasch-Marduk verweist; und schliesslich (4) der Bericht von Berossos,[3] der vollständig mit der Erklärung auf den Grabplatten der Mutter Nabonids übereinstimmt, mit der Ausnahme, dass er Labasch-Marduk, den Sohn Neriglissars, auf seinen Vater folgen lässt und sie das nicht tut.

Von diesen vier Beweisstücken stammt die British-Museum-Tontafel wohl aus der persischen Zeit (-538 bis -331). Berossos kommt aus der nachpersischen oder aus der hellenistischen Zeit. Die Mutter von Nabonid, die unter Assurbanipal geboren wurde und 105 Jahre lang lebte, liess auf ihrem im Alter von 95 Jahren selbstentworfenen Nachruf Nabopolassar auf Assurbanipal folgen, obwohl wir wissen, dass der königliche Erbe Assurbanipals Sinscharischkun war – der -612 in seinem Palast in Ninive umkam – und dass danach Assuruballit kam: Gegen alle diese drei Könige nacheinander führte Nabopolassar einen langwierigen Krieg. Sie verweist auf Nebukadnezar als direkten Nachfolger Nabopolassars, ohne einen dazwischenliegenden Regenten. Die Erklärung von Nabonid, dass er "der wahre Vollstrecker des Willens von Nebukadnezar und Neriglissar, meinen königlichen Vorgängern", sei, kann entweder in fallender (Nebukadnezar und dann Neriglissar) oder in aufsteigender (Neriglissar und dann Nebukadnezar) Linie gelesen werden. Da seine Mutter Labasch-Marduk nach Neriglissar nicht nennt – wie dieser es tut –, löst Berossos für den modernen Historiker die Frage, indem er den Knaben Labasch-Marduk auf Neriglissar folgen lässt. Berossos stellt Nabonid als "einen der Schar" und als Zechgenossen des Knabenkaisers dar. Doch als Nabonid zum König ausgerufen wurde, befand er sich schon im fortgeschrittenen Alter. Es scheint, dass Berossos hier ein Fehler unterlief; wenn man bedenkt, dass er nach -300 geschrieben hat und dass die von ihm geschilderten Ereignisse im späteren Teil des 7. Jahrhunderts stattgefunden haben (der Tod Nabopolassars und seine Nachfolge durch Nebukadnezar, als er von der Verfol-

[1] James B. Pritchard: ed., *Ancient Near Eastern Texts Relating to the Old Testament* (Princeton University Press, 1950), 311-312; James B. Pritchard, ed.: *The Ancient Near East, Supplementary Texts and Pictures Relating to the Old Testament* (Princeton University Press, 1969), S. 560-562.

[2] Pritchard, ed.: *Ancient Near Eastern Texts*, S. 309.

[3] Flavius Josephus: *Gegen Apion*, I, 20.

gung der besiegten Ägypter zurückkehrte), so muss er sich auf ein früheres Zeugnis gestützt haben. Es ist eine interessante Tatsache, dass die Summe der Regierungsjahre der neubabylonischen Königsfolgen – Nabopolassar (21 Jahre), Nebukadnezar (43 Jahre), Awil-Marduk (2 Jahre) und Neriglissar (4 Jahre) – von Berossos ohne Abweichung mit den Zahlen von Nabonids Mutter übereinstimmt. Eine so genaue zahlenmässige Übereinstimmung in zwei Quellen, die doch 250 Jahre auseinanderliegen, ist in der archäologischen Literatur ungewöhnlich. Die Gedenkplatte der Mutter von Nabonid, die 1906 in Harran gefunden wurde, war wegen vieler zerbrochener Zeichen unzulänglich, und die in den veröffentlichten Text eingefügten Zahlen über die königlichen Regierungszeiten wurden effektiv bei Berossos entliehen. Aber dann, auf der 1956 gefundenen zweiten und sich in perfektem Zustand befindlichen Gedenkplatte waren alle diese Zahlen vorhanden und identisch mit jenen in Berossos. Beim Lesen des Textes muss der Gedanke aufgetaucht sein: Könnte nicht die neue Platte Falsifikat oder Produkt einer gelehrtenhaften Fälschung sein? Viele Keilschrifttexte, die zum Kauf angeboten wurden, sind von den Museen in der Erkenntnis oder Annahme, es seien Fälschungen, zurückgewiesen worden. Doch im Fall von Nabonids Mutter können wir den Fundbericht über die zweite Gedenktafel zurückverfolgen, so dass der Fälschungsverdacht Boden verliert. Und doch hat sich in Gelehrtenkreisen eine gewisse Verwunderung seit der Entdeckung der zweiten Platte erhalten: Weshalb sollte eine einzige Person gleich zwei als Grabplatten gedachte Gedenktafeln haben?

Die aufgezählten Zeugnisse für die Königsabfolge im neubabylonischen Reich, mit Nebukadnezar als unmittelbarem Nachfolger Nabopolassars, können gefahrlos von 4 auf 2 reduziert werden – Nabonid sagt nichts zur Thronfolge nach Nabopolassars Tod, und Berossos scheint die Tafel von Nabonids Mutter als Hauptquelle vorgelegen zu haben. Andererseits ist die Existenz von König Neriglissar nach Nebukadnezar und Awil-Marduk fest etabliert, vor allem durch das Zeugnis von Nabonids Mutter.

In dem, was folgt, wird die andere Reihe archäologischer Zeugnisse, die nun einem juristischen Resümee zu unterziehen ist, eine Thronfolge vorstellen, gemäss welcher nach Nabopolassar und vor Nebukadnezar ein anderer Neriglissar (in diesem Fall Neriglissar I.) regierte. Wenn diese Beweise stichhaltig sind, was sollen wir dann von der ganz eindeutigen Erklärung auf der British-Museum-Tafel halten? Zunächst müssen wir die sich widersprechenden Erklärungen gegeneinander abwägen und dann nach einer Lösung suchen.

Wie weiter vorne festgehalten, fand Neriglissar den Königspalast in Babylon in baufälligem Zustand vor; er reparierte ihn und legte neue Fundamente. Und doch befanden sich diese Fundamente in perfektem Zustand, als Koldewey[1] sie erreichte, und zwar bis hinunter auf den Felsen oder, wie Nebukadnezar sich ausdrückte, bis auf die "Brust der Unterwelt". Theoretisch kann dieses Argument damit erledigt werden, dass man anderer Meinung als die modernen Gelehrten ist, die Neriglissar denselben Palast wie Nebukadnezar bewohnen lassen; aber kein anderer Palast wurde entdeckt, dessen Fundament Neriglissar zugeschrieben werden könnte, und warum sollte er einen verfallenen Palast instand setzen, wenn Nebukadnezar ihm einen prächtigen Bau auf festen Fundamenten hinterliess? Und sodann könnte kein derartiges Argument auf den Esagila-Tempel angewendet werden. Es gab nur ein Esagila. Der Tempel von Esagila war der Augapfel Nebukadnezars; in seiner grossen Bautätigkeit brachte er keinem anderen Komplex so viel Beachtung entgegen oder so viel Anstrengung; nirgendwo verwendete er so viel Grosszügigkeit wie auf den Tempel von Esagila. Die Fundamente von Esagila, wie sie von Nebukadnezar mit Ziegeln gelegt wurden, die seinen Namen tragen, sind noch heute in perfektem Zustand und sollten es auch zur Zeit seiner Thronfolger gewesen sein, einige Jahre nach seinem Tod. Hier lassen die archäologischen Beweise keinen Kompromiss zu: Neriglissar muss seine Bauinschriften geschrieben haben, bevor Nebukadnezar die seinen schrieb, und das bedeutet, dass er vor und nicht nach Nebukadnezar regierte.

Das dritte Beweisstück, das ebenfalls aus Neriglissars Bauinschriften kommt, ist sein Verweis auf sich selbst als einen Sohn des Königs von Babylon, Belschumischkum – aber wenn Nebukadnezar in Babylon 43 Jahre lang regiert hat und sein Sohn 2 Jahre lang nach ihm und vor Neriglissar, dann steht des letzteren Anspruch in absolutem Konflikt gegenüber den Tatsachen und Daten; aber er ist ohne weiteres vereinbar mit der Situation, wenn er nach Nabopolassar und vor Nebukadnezar regierte. Darüber hinaus rief er seinen Vater mit einem ähnlichen Namen, wie ihn die griechischen Autoren für Nabopolassar gebrauchten.

Das vierte Beweisstück, das wir noch nicht diskutiert haben, ist eine im British Museum aufbewahrte Tontafel (25124), die einen von Neriglissar in seinem 3. Jahr in den westlichen Gebieten Kleinasiens, an der Grenze zu Lydien, geführten Krieg beschreibt.

---

[1] R. Koldewey: *Das wieder erstehende Babylon*.

> In diesem Jahr vom Pass, der zur Stadt Sallune führt, so weit wie bis zur Grenze der Stadt Lulu, verbrannte er mit Feuer.[1]

Der nach Nebukadnezar regierende Neriglissar muss den Thron bestiegen haben, nachdem die Lydier und die Meder – ob -615 oder -585 – sich über die Aufteilung der Einflusssphären in Kleinasien geeinigt hatten – und es gab keine Gelegenheit und keine historische Wahrscheinlichkeit für schwache Inhaber des babylonischen Thrones, die Nachfolger Nebukadnezars, quer durch Kleinasien zur lydischen Grenze zu ziehen. Dieser Feldzug bot für sich selbst ein Element der Überraschung, dem sich die Historiker gegenübersahen, als sie das Dokument lasen.[2] Aber im 3. Jahr eines Neriglissar, der vor Nebukadnezar regierte, steht ein Vorstoss gegen Lydien im Einklang mit dem Gleichgewicht der Kräfte in Kleinasien zu jener Zeit.

Die Beweisführung der einen Reihe von Zeugnissen steht im Konflikt zur Beweisführung der zweiten Reihe von ebenfalls vier Zeugnissen. Einige der Nachweise auf beiden Seiten dieses Resümees haben sich als durch die Umstände bedingt herausgestellt, oder sie sind umstritten. Aber es verbleiben Daten, die unvereinbar sind, solange wir für die Debatte nur Material zur Darstellung bringen konnten, das aus der neubabylonischen Geschichte zusammengetragen wurde.

Mit der Erkenntnis, dass die chaldäische (neubabylonische) Dynastie von Babylon ihren Ursprung in der Region von Bogazköi im Osten von Zentralanatolien hatte, können wir mit gutem Grund erwarten, dass dort die Lösung zu einem scheinbar unlösbaren Problem zu finden ist; und sogar der Grund für eine absichtliche Entstellung der Geschichte wird enthüllt werden.

---

[1] D. J. Wiseman: *Chronicles*, S. 74-77, Kommentar auf den Seiten 39-42. Wisemans Argument, dass das “Ludu” der *Chronik* nicht Lydien, sondern Pamphylien unter lydischer Herrschaft ist, geht aus dem Text nicht hervor.

[2] Ebenda, S. 39: “Die neue Chronik gibt uns jetzt ein ganz anderes Bild von Neriglissar.”

Kapitel 5

Nebukadnezars Autobiographie

Die Thronbesteigung

Hattusilis' autobiographisches Zeugnis wurde verfasst, um in einem Tempel der Ischtar hinterlegt zu werden. Hattusilis bekennt und rechtfertigt darin sein Trachten nach der Reichskrone. Die Autobiographie[1] erstreckt sich über den Teil seines Lebens von der Kindheit bis zur Reichsthronfolge.

Als Kind erkrankte Hattusilis so gefährlich, dass man ihn dem Tod geweiht glaubte. Sein Bruder träumte einen Traum, in welchem ihm Ischtar erschien und seinem Vater den Rat erteilte:

> Für Hattusilis sind die Jahre (nur noch) kurz. Er ist nicht gesund. Gib ihn mir; er soll mein Priester sein. Da wird er gesund sein.

Sein Vater schlug die Mahnung nicht in den Wind und gab "den Kleinen der Gottheit zum Dienst". Im Tempel der Ischtar wuchs er als Priester auf.

Bereits der Anfang der Autobiographie beleuchtet vier oder fünf Tatsachen, die wir über Nebukadnezar wissen. Sein ganzes Leben lang litt er unter einer schwachen Konstitution und seinem zwergenhaften Aussehen. In der talmudischen Tradition wird er Nebukadnezar der Zwerg ("nanas") genannt.[2]

Seine in einem Tempel verbrachte Kindheit muss für Nebukadnezars ekstatisch-religiösen Charakter verantwortlich gewesen sein, der sich in seinen Bauinschriften so deutlich widerspiegelt. Sein ganzes Leben lang nannte er sich einen Priester.

Nebukadnezar, der Novize im Tempel der Ischtar, blieb auch als König ihr Diener. Während seiner Bautätigkeit in Babylon liess er das berühmte Ischtartor errichten – oder renovieren und umbauen –, das an der Stätte des alten Babylons ausgegraben wurde.[3] "Das Ischtartor baute ich aus blau-

---

1 Götze: *Mitteilungen, Vorderasiatisch-ägyptische Gesellschaft*, XXIX (1925); und »Neue Bruchstücke zum grossen Texte des Hattusilis«, ebenda, XXXIV, Heft 2 (1930).

2 Quellen in Ginzberg: *Legends*, VI, 422. Ist sein Epitheton "nanas" auch eine Andeutung, dass er Ischtar-Nana geweiht war?

3 R. Koldewey: *Das Ischtar-Tor in Babylon* (Leipzig 1918).

glasierten Ziegeln."[1] Auch baute und renovierte er viele andere Ischtartempel und erinnert zukünftige Generationen an sein Tun in den Bauinschriften: "Der Ischtar von Uruk ... baute ich Eanna in Uruk neu auf."[2] Er nannte sich "Fürsorger der heiligen Stätten von Ninib und Ischtar."[3]

In anderen Glaubensbekenntnissen wurde Ischtar "Nana", "Ninchursag", "Gula" und "Zarpanith" genannt. Es war der Planet Venus, der im ganzen Orient – tatsächlich überall in der Alten Welt – zur Gottheit erhoben wurde. In seinen Bauinschriften ruft Nebukadnezar die grosse Göttin bei ihren verschiedenen Namen an. Er war ihr, die seine Gesundheit wieder hergestellt hatte, dankbar: "Der Gula, der grossen Herrin, die mein Leben unversehrt erhält", baute er Tempel.

Hattusilis' Autobiographie führt seine Genesung ebenfalls auf die Sorge durch die Göttin zurück.

Offenbar blieb der Knabe bis zum Tode seines Vaters im Tempel. Als sein Vater starb – "als er ein Gott ward" – wurde Hattusilis' Bruder Nergil zum "Grosskönig"; Nergil ernannte Hattusilis zum Oberkommandierenden des Heeres und setzte ihn auch an die Spitze von einem Teil des Reiches.

> AUTOBIOGRAPHIE § 4 Als aber mein Vater Mursilis Gott geworden war, da setzte sich mein Bruder Muwatallis (Nirgal) aber auf den Thron seines Vaters, ich aber wurde vor dem Angesicht meines Bruders Befehlshaber des Feldlagers ... auch das Obere Land gab er mir zur Verwaltung, und das Obere Land nahm ich in meine Gewalt.

Das Obere Land war entweder Assyrien oder ein Teil von Anatolien; das Untere Land war Babylonien.

Schon als Jüngling führte er seine Truppen gegen die Feinde, die in das Land eindrangen.

> AUTOBIOGRAPHIE § 5 Und mein Bruder Nirgal pflegte mich in den Krieg zu entsenden. Und ... auf welches Feindesland auch immer ich da das Antlitz richtete, da richtete auf mich das Antlitz kein Feind zurück ... Solange ich aber jung war, welche Feindesländer ich da besiegt habe, darüber werde ich wahrheitsgemäss eine Tafel anfertigen.

Verschiedene Distrikte rebellierten gegen das chaldäische Joch und den Jüngling auf dem assyrischen Thron.

---

[1] Langdon: *Die Neubabylonischen Königsinschriften*, »Nebukadnezar«; Inschriften 22.
[2] Langdon: *Building Inscriptions of the Neo-Babylonien Empire.*
[3] Ebenda, 101.

> AUTOBIOGRAPHIE § 6 Hernach aber empörten sich alle Gaschgasch-Länder, Pisch-churus, Isch-chupittas ... und die festen Städte nahmen sie weg. Und der Feind überschritt den Marassadas-Fluss und bedrängte von da an das Land.

In diesem Kapitel der Autobiographie Hattusilis' können wiederum drei oder vier Anspielungen auf Ereignisse und Umstände gefunden werden, die in den Nebukadnezar betreffenden Texten beschrieben werden. In seiner nichterhaltenen Geschichte von Chaldäa schrieb Berossos an einer Stelle, die von Josephus Flavius wörtlich wiedergegeben wurde, dass der König von Babylon auf die Nachricht vom Abfall der Provinzen hin Nebukadnezar "einen Teil des Heeres übergab"

> und ihn gegen den Satrapen aussandte. Nabuchodonosor stiess alsbald mit dem Empörer zusammen, lieferte ihm ein Treffen und bemächtigte sich nicht nur seiner Person, sondern unterjochte auch sein Land.[1]

Während der ersten Reihe von Kriegen kommandierte Nebukadnezar das Heer, obwohl er nicht König war; Berossos gibt das richtig wieder, wie wir sehen. Für einen Oberkommandierenden war er sehr jung: auch dieses Detail ist wahr. Er bezwang die rebellierenden Provinzen, und wiederum hatte Berossos recht. Aber in einem Detail irrten Berossos und andere spätere Quellen, und jetzt, nach mehr als 2000 Jahren, ist eine Nachprüfung und Korrektur möglich geworden. Es betrifft die Frage, wer Nebukadnezar gegen die Rebellen entsandte: sein Vater oder sein Bruder. Der Sache der Thronfolge wurde in einem vorausgegangenen Abschnitt besondere Aufmerksamkeit geschenkt. Das Ereignis an sich – die Revolte der Provinzen und ihre Niederschlagung – wird von Berossos wahrhaftig geschildert und in der Autobiographie ausführlich wiederholt:

> AUTOBIOGRAPHIE § 6 Die Gaschgasch-Länder fielen allesamt ab ... Und mein Bruder Nirgal entsandte mich, gab mir aber Truppen und Wagenkämpfer nur in geringer Zahl ... Und da traf ich auf den Feind ... und lieferte ihm eine Schlacht. Und Ischtar, meine Herrin, half mir, und ich schlug ihn ... Und das war meine erste Mannestat.

Beide – Hattusilis' Autobiographie und Berossos' Bericht über Nebukadnezar – betonen die ausserordentliche Jugendlichkeit des Heerführers. Sobald der Jüngling zum Gouverneur des Oberen Landes gemacht worden war, noch bevor er sich seine Lorbeeren im ersten Treffen mit Rebel-

---

[1] Josephus: *Gegen Apion*, übers. von H. Clementz, 1, 19.

len geholt hatte, stiess er auf Opposition in der Person des vorherigen Herrschers dieser Provinz.

> AUTOBIOGRAPHIE § 4 Vor mir aber hatte es (das Obere Land) Sin-Uas, der Sohn des Zidas, verwaltet ... Und Sin-Uas, der Sohn des Zidas, wollte mir übel. Und gegen mich wurden Verleumdungen laut. Und mein Bruder Nirgal leitete ein Verfahren gegen mich ein. Ischtar aber, meine Herrin, erschien mir im Traume und sagte mir folgendes: "Einer Gottheit werde ich dich anvertrauen. Fürchte dich nicht!" Und dank der Gottheit wurde ich rein.

Das Verfahren, in welchem Hattusilis offenbar beschuldigt wurde, er habe den Thron an sich reissen wollen, markierte eine peinliche Periode im Leben des jungen Mannes. Aber es wurden nicht genügend Beweise beigebracht, und der König ignorierte die Warnungen des Beraters seines Vaters.

> AUTOBIOGRAPHIE § 5 Als aber mein Bruder Nirgal den Sachverhalt durchschaute, da führte er gegen mich nicht die geringste schlimme Massnahme aus. Und er nahm mich wieder in Gnade an, und Heerlager und Wagenkämpfer des Landes Hatti legte er mir in die Hand.

Aus den Bauinschriften Nebukadnezars (Inschrift 17) wissen wir, dass er diesen Begriff für das Land unter seiner Herrschaft westlich des Euphrats gebrauchte: "Die Fürsten des Hatti-Landes hinter dem Euphrat im Westen, über welche ich Herrschaft ausübte."

Dann kam die Zeit seiner grossen und siegreichen Schlachten. Er wurde vom Statthalter zum König des Oberen Landes (entweder Assyrien oder ein Teil Anatoliens) erhoben. Der König des Oberen Landes war dem Grosskönig von Hatti dienstbar, aber es war die zweitwichtigste Position im Reich.

> AUTOBIOGRAPHIE § 8 ... und machte mich im Lande Hakmis zum König.

Nergil gab auch einige Provinzen unter seine Herrschaft.

Hier haben wir auch die Lösung zum Rätsel, weshalb im 2. Buch der Könige gesagt wird, dass "der Pharao Necho König von Ägypten heraufzog, auf den König von Assyrien los, auf den Strom Euphrat zu", während in den parallelen Kapiteln der 2. Chronik auf den "König von Babylon" oder den "König der Chaldäer" verwiesen wird. Zu jener Zeit war Nebukadnezar noch König von Assyrien. In der Autobiographie folgt diese Passage:

> AUTOBIOGRAPHIE § 9 Als es aber geschah, dass mein Bruder gegen das Land Ägypten auszog, ... Heerlager und Wagenkämpfer führte ich zu meinem Bruder zum Feldzug gegen das Land Ägypten hinab.

Die Autobiographie widmete diesem Feldzug nur ein paar Zeilen. Hattusilis versprach, seine Kriege auf einer besonderen Tafel zu beschreiben; diese ist bis heute, mit Ausnahme eines verstümmelten Fragments, noch nicht gefunden worden; es wurde erkannt,[1] dass darauf die Geschichte der Schlacht erzählt wird, die Hattusilis für seinen Bruder Nergil gegen Ramses II. bei Kadesch-Karkemisch ausgefochten hat. Für unsere Zwecke genügt der kurze Hinweis auf jenen Kriegszug; die Geschichte wird eingehend im Kapitel über die Berichte von Ramses II. behandelt, die seine Kriege mit Heta betreffen, und das Material wurde bereits den biblischen Daten über Nebukadnezars Krieg mit Ägypten gegenübergestellt.

Man weiss,[2] dass Nebukadnezar bei der Verfolgung des geschlagenen ägyptischen Heeres bis an die Grenze Ägyptens vorstiess und dann nach Babylon zurückkehrte. Tatsächlich erklärt die Autobiographie:

> AUTOBIOGRAPHIE § 9 Als ich aber aus dem Lande Ägypten zurückgekehrt war …, da ging ich zur Gottheit, um zu opfern.

Ramses II. hat nicht verraten, dass ihn das Heer von Heta nach der Schlacht bei Kadesch durch Syrien und Palästina verfolgte; aber er verhehlte nicht die Tatsache, dass diese Provinzen nach der Schlacht verlorengingen: Auch die biblischen Quellen erhärten diese Tatsache, die hier von der Autobiographie enthüllt wird.

Es wird häufig berichtet, dass Nebukadnezar in der Schlacht auf dem Feld von Karkemisch noch als Prinz gefochten hatte, er aber wegen Zeitdruckes im Zusammenhang mit der Thronfolge von der ägyptischen Grenze zurückkehrte.[3] Die Wahrheit scheint zu sein, dass er wegen der Anschuldigung heimkehrte, er strebe nach dem Thron des Reiches; offenbar wurde er zurückgerufen, um eine Erklärung in dem Verfahren abzugeben, das bereits entschieden schien. Auf seinem Marsch durch Syrien und Palästina sahen seine Gegner in seinem Verhalten neue Gründe, ihn der Begierde nach der höchsten Macht im Reich zu bezichtigen. Oberster des Heeres und Sieger von Kadesch-Karkemisch, Eroberer der syrischen und palästinischen Provinzen, die nur wenige Jahre zuvor von Ägypten unterworfen worden waren – er schien Zustimmung und Macht erreicht zu haben. Aber seine Rückkehr war auch noch aus einem anderen Grund erforderlich

---

[1] D. D. Luckenbill: »Hittite Treaties and Letters«, *American Journal of Semitic Languages and Literatures*, XXXVII (April 1921), Document Nr. 7, S. 192-193.

[2] *Vgl.* Berossos in Josephus: *Gegen Apion*, I, 19.

[3] *Vgl.* Louis Delaporte: *Die Babylonier, Assyrer, Perser und Phöniker* (Freiburg im Breisgau 1933), S. 288.

geworden: Er hatte das Obere Land gegen eine Invasion zu verteidigen, die sich ereignet hatte, als sein Heer nach Syrien zog.

> AUTOBIOGRAPHIE § 9 Als mir da aber Sin-Uas, der Sohn des Zidas, der Ischtar, meiner Herrin, und meines Bruders Gnade merkte, da begannen sie, mich darauf unrein zu machen, er samt seinen Söhnen.
> Hakmis aber fiel ab, und da verjagte ich die Gaschgasch-Leute und unterwarf es.

Bald nach seiner Rückkehr hatte er sich den Beschuldigungen zu stellen und wurde vor seinen Bruder, den Grosskönig, gebracht.

> AUTOBIOGRAPHIE § 10 Ischtar, meine Herrin, ... brachte den Prozess wieder in Fluss.

Er konnte seinem Widersacher religiöse Ausschweifungen nachweisen, und der Grosskönig, sein Bruder, entschied schliesslich zu seinen Gunsten und lieferte Sin-Uas an Hattusilis aus.

> AUTOBIOGRAPHIE § 10 Weil aber Sin-Uas ... ein alter Mann war, liess ich ab von ihm. Seinen Söhnen tat ich nichts. Nach Alasia (Zypern) schickte ich sie.

In einer Variante, welche denselben Teil der Autobiographie übermittelt, heisst es:

> Und weil mir Arma ein verwandter Mann war, er ferner ein Greis war und er leidend war, liess ich ihn unbehelligt.[1]

Offensichtlich waren Sin-Uas und Arma (Armadattas) zwei Namen für dieselbe Person.

Wir werden bald sehen, ob dieser alte Verwandte recht oder unrecht hatte, als er den Grosskönig vor seinem jungen Bruder warnte. Mittlerweile wartete Hattusilis auf seine Stunde. Der Tag würde kommen, da er sein Leben bis dahin mit folgender Erklärung zusammenfasste:

> AUTOBIOGRAPHIE § 13 Ich ... wurde darauf Grosskönig. Darauf lieferte mir Ischtar, meine Herrin, meine Neider, Widersacher und Prozessgegner in die Hand. Und die einen starben durch die Waffe, die anderen aber starben am (ihnen bestimmten) Tage; allesamt erledigte ich sie.

Aber wir sind unserer Geschichte voraus. Wir werden lesen, dass ein Sohn Armadattas' im Felde starb; Armadattas selbst wurde offenbar hingerichtet.

---

[1] Götze: *Mitteilungen, Vorderasiatisch-ägyptische Gesellschaft*, XXXIV, Heft 2 (1930), 19.

Hattusilis' Ehrgeiz, die Opposition, auf die er bei Armadattas traf, der Prozess, seine Rechtfertigung und der entscheidende Sieg über seine Gegenspieler nehmen einen hervorragenden Platz in der Autobiographie ein, welche die Periode bis zum Ende von Hattusilis' Ringen um die Krone des Grosskönigs umfasst.

Dass Nebukadnezar eifrig darauf bedacht war, die Krone seines Vaters nicht seinem Bruder zu überlassen, ist in der über Jahrhunderte ausgebildeten Geschichtsschreibung allgemein bekannt. Die Autobiographie von Hattusilis wirft ein klares Licht auf alle Phasen des erregenden Geschehens.

Es ist interessant festzuhalten, dass sowohl die talmudische Tradition als auch die Kirchenväter eine Erinnerung an die Persönlichkeit von Armadattas, einen imposanten bejahrten Prinzen bewahrt haben, der ein Verwandter und Antagonist Nebukadnezars war. Er verlor sein Leben durch die Hand Nebukadnezars nach Jahren des Haders und Streits. Sein Name wurde als "Hiram" überliefert, König von Tyrus und Sidon. Unter den Königen von Tyrus und Sidon war dieser Name vererbbar.

Hiram "war ein Zeitgenosse Nebukadnezars und glich ihm in vieler Hinsicht ... Das Ende dieses stolzen Königs war, dass er von Nebukadnezar überwältigt, seines Thrones beraubt und einem grausamen Tod zugeführt wurde".[1] Gemäss dem Midrasch war Hiram ein sehr alter Mann[2] und wurde "von Nebukadnezar, der nah mit ihm verwandt war", umgebracht.[3]

Die nächsten Passagen in der Autobiographie sind nur mangelhaft erhalten. Dann folgen diese Worte:

> AUTOBIOGRAPHIE § 10 ... aber meinem (verstorbenen) Bruder ein erwachsener Sohn noch nicht war, ... den Urhi-Teschup nahm ich auf, und in die Stadt Hatti hinein setzte ich ihn auf den Thron seines Vaters.

Das heisst, dass Nergil (Neriglissar) starb und sein minderjähriger Sohn auf den Thron des Reiches kam. Es ist diese Situation, die von Berossos beschrieben wird: "Dessen Sohn Laborosoarchod kam als neunmonatiges Kind auf den Thron ..."[4] Im Text von Hattusilis' Autobiographie wird der Knabe auch Labasch genannt.[5]

---

[1] Ginzberg: *Legends*, IV, 335-336.

[2] S. G. Bernstein: *König Nebucadnezar von Babel in der jüdischen Tradition* (Berlin 1907), 24.

[3] Ginzberg: *Legends*, VI, 424ff. Hiram war mit Nebukadnezar durch seine Heirat mit Nabopolassars Witwe verwandt. *Midrasch Rabba* über Leviticus 18.

[4] Josephus: *Gegen Apion*, I, 20.

[5] Götze: *Mitteilungen, Vorderasiatisch-ägyptische Gesellschaft,* XXXIV, Heft 2 (1930), 33 (IV, 62). In der babylonischen Sprache werden die Laute "m" und "b" ("v") durch die gleichen Zeichen ausgedrückt; so kann "Yaman" als "Yavan" (griechisch) oder "Amel-Marduk" (Sohn Nebukadnezars) als "Awel-(Evil-)Marduk" gelesen werden.

König Nabonid schrieb: "Als die Tage erfüllt waren und er (Neriglissar) den Weg des Geschicks ging, Labasch-Marduk, sein junger Sohn, der nicht zu regieren verstand, gegen den Willen der Götter auf den Königsthron setzte er sich."[1]

In seiner Autobiographie sagte Hattusilis, dass er aus Respekt vor dem Andenken an seinen Bruder dessen Sohn krönte. Wahrscheinlich hatte Nergil ihn schwören lassen, seinem Sohn die Treue zu halten. Solche Schwüre, in Verbindung mit vielen Flüchen im Falle einer Verletzung, waren oft mit den Vereinbarungen aus dieser Zeit verknüpft; der Vertrag mit Ramses II. hatte eine spezielle Schwur-und-Fluch-Klausel; in anderen Dokumenten aus Bogazköi verlangte ein "Grosskönig von Hatti" von seinen Vasallenkönigen häufig einen Treueid und Schutz für seine Erben, unter der Beschwörung des Fluches von tausend Göttern. Berossos schrieb, dass nach 9 Monaten die Regierung des Knaben ein gewaltsames Ende fand.

Nach dem Text der Autobiographie zu urteilen, vergingen wohl nur wenige Monate, bis Hattusilis seinem Neffen den Gehorsam verweigerte. Die Dauer seiner Loyalität gegenüber seinem Bruder und dessen Sohn wird mit 7 Jahren angegeben, wobei der grössere Teil unter die Regierung seines Bruders fällt. Hattusilis hatte an seinem Neffen etwas auszusetzen und beschuldigte ihn, seine – Hattusilis – wohlerworbene Macht zu beschneiden. Er schrieb einen den Knabenkaiser herausfordernden Brief.

In den Bogazköi-Archiven ist ein Brief erhalten geblieben, den Hattusilis an den König von Karaduniasch (Babylon) adressierte. "Der letztere, ein Minderjähriger, scheint unter dem Daumen eines alten Grosswesirs zu sein, der (gegenüber Hattusilis) keine wohlwollende Einstellung zu haben scheint."[2] Der Hinweis, dass der Minderjährige in Babylon sass, ist natürlich wichtig.

In diesem Brief schrieb Hattusilis: "Als dein Vater den Weg des Geschicks ging, beklagte ich wie ein Bruder den Tod deines Vaters."[3] Zu dieser Zeit versprach er Loyalität: Aus Liebe für seinen Bruder würde er den Sohn seines Bruders beschützen. Waren sie nicht treue Brüder gewesen? "Als der König von Ägypten und ich zornig aufeinander waren", hatte er an den Vater seines gegenwärtigen Adressaten geschrieben: "'Der König von

[1] Messerschmidt: *Mitteilungen, Vorderasiatisch-ägyptische Gesellschaft,* I (1896), 29; ebenfalls Langdon: *Die Neubabylonischen Königsinschriften,* 277.

[2] Luckenbill: *American Journal of Semitic Languages and Literatures,* XXXVII (1921), Document Nr. 13.

[3] Ebenda. Der Übersetzer schrieb: "Ich kann die Bedeutung einiger Abschnitte der Korrespondenz nicht verstehen." Der Zusatz "wie (als ob wir gewesen wären) Brüder" in Klammern scheint unnötig.

Ägypten hat Krieg gegen mich gemacht.' Und dein Vater antwortete: '... ich werde mit dir ziehen'." Weiter unten im Brief nennt er seinen Bruder beim Namen, Muwatallis (Nergil).[1] Dieser Brief bestätigt die Tatsache, dass Nergil (Neriglissar), Hattusilis' Bruder, König von Babylon war.

Hattusilis fuhr fort: "Aber Itti-Marduk-Balatu (der Wesir), dem die Götter ein Altern über die Grenzen gestattet haben, aus dessen Mund die üblen Worte ohne Unterbrechung kommen, so sprach er: 'Du redest uns nicht als Brüder an, als deine Sklaven machst du uns untertan.'"

Der Brief war für den Knabenkaiser in Babylon eine Herausforderung. Dieser Brief, der in der Autobiographie erwähnt wird, offenbart einen offenen Bruch mit dem Knabenkaiser.

Hattusilis fühlte sich zu einer Rechtfertigung gedrängt und schrieb deshalb:

> AUTOBIOGRAPHIE § 11 Wenn da etwa einer so gesagt hätte: "Warum hast du ihn vordem in die Königswürde eingesetzt, warum schreibst du ihm jetzt aber, um von ihm abzufallen?", wäre zu sagen gewesen; "Ja! Hätte er mit mir je Streit nicht angefangen!"

Im nächsten Satz enthüllt Hattusilis, dass der alte Prinz Armadattas mit seinen Beschuldigungen Recht gehabt hatte:

> AUTOBIOGRAPHIE § 12 Weil mir aber die Königsherrschaft die Ischtar, meine Herrin, schon vorher zugesprochen hatte, erschien zu eben dieser Zeit die Ischtar, meine Herrin, meiner Frau im Traume: "Deinem Gemahl werde ich beistehen. Und ganz Hattusas (Hatti) wird auf die Seite deines Gemahls gewendet werden. Weil ich ihn hochschätzte, überliess ich ihn nicht einem bösen Gerichte, einer bösen Gottheit, zu keinem Zeitpunkt. Auch jetzt werde ich ihn erheben ..."
>
> Und Ischtar, meine Herrin, sorgte für mich, und wie sie mir sagte, wurde es auch. Und die Ischtar, meine Herrin, zeigte ihr Walten auch da in reichem Masse.

Während seiner Jahre als Feldherr des Heeres, als er seinen Siegeslorbeer im Kampf gegen Ramses II. erntete, hatte er sich für die kommenden Tage der Auseinandersetzung die Unterstützung durch das Heer gesichert. Das Heer und das Land folgten ihm. Und wieder in einem Traumauftritt sagte Ischtar:

> AUTOBIOGRAPHIE § 12 "Die Länder von Hatti aber insgesamt wandte ich, die Ischtar, dem Hattusilis wieder zu."

---

[1] Ebenda, 204.

Er versicherte sich des Knaben, dessen Thron in Babylon (Karaduniasch) stand; "aus Respekt vor meines Bruders Andenken" liess er ihn unverletzt: "Ich führte ihn wie einen Gefangenen mit mir." Auch an dieser Stelle verweist Hattusilis auf Nergil, den Vater von Labasch, als seinen Bruder. Er brachte den Knaben "nach Nuhasse", wahrscheinlich Baalbek. Aber Hattusilis (Nebukadnezar) war nicht der Mann, der ruhig schlief, solange der legitime Thronerbe nahebei allein gelassen war.

Hattusilis musste seine Gefühle der Dankbarkeit verdrängen, die er gegenüber seinem Bruder hatte, der ihm Zuneigung gezeigt und so viel vertraut hatte. Wiederum hatte er an dem Knaben etwas auszusetzen. Nuhasse lag nah; ein Staatsstreich könnte den Knaben auf freien Fuss setzen.

> AUTOBIOGRAPHIE § 12 Und so wie ich die Sachlage erfuhr, ergriff ich ihn und schickte ihn auf die Seite ins Meer.

Das war entweder eine Insel im Persischen Golf oder das Küstengebiet am Schwarzen Meer.

Die Mutmassung einiger Gelehrter, dass der Knabenkönig in Ägypten ein Asyl fand, scheint nicht genug begründet zu sein.

Jetzt konnte Hattusilis seine Apotheose schreiben:

> AUTOBIOGRAPHIE § 13 Und ich war Prinz, und wurde Gross-Mesedi; ich, der Gross-Mesedi, aber wurde König von Hakmis; ich, der König von Hakmis, aber wurde darauf Grosskönig.

Alle seine Widersacher verurteilte er zum Tode. Es wird nicht gesagt, ob auch der Knabenkönig umgebracht wurde. "Wer bei Nebukadnezars Lebzeiten ins Gefängnis geworfen wurde, hat es nie wieder verlassen", berichtet hebräische Tradition.[1]

In seinen Bauinschriften schrieb Nebukadnezar: "Die Könige des fernen Bezirks, welcher ist am Oberen Meer und ... die Region beim Unteren Meer, die Fürsten des Landes von Hatti hinter dem Euphrat im Westen, über die ich Herrschaft ausübte ..."[2]

Das Reich, das unter seinem Vater und Bruder gewachsen war, erreichte unter seiner Regierung eine Macht wie nie zuvor. "Die Geschenke aber, die sie mir schickten, die sandten sie von meinen Vätern und Vorvätern an keinen", steht in der Autobiographie. Alle Könige huldigten ihm, und "was mir aber Feind war, das besiegte ich. Den Ländern von Hatti aber fügte ich

---

[1] Bernstein: *König Nebucadnezar von Babel in der jüdischen Tradition,* 32.
[2] Langdon: *Building Inscriptions of the Neo-Babylonian Empire,* Inschrift »Nebuchadnezzar«, XVII.

Gebiet um Gebiet hinzu." Der Hinweis auf die "Länder von Hatti" ist derselbe in den aus Bogazköi und aus Babylon stammenden Texten.

Diese abschliessenden Sätze der Autobiographie sind keine leere Prahlerei: Nebukadnezar brachte das Chaldäerreich wahrhaftig zu einer Grösse, die nie zuvor von einem historischen Staat erreicht worden war. Tribut wurde bezahlt, Feinde wurden bezwungen; Jerusalem bezeugte das.

Der Krieg zwischen Hattusilis und Ramses II. wird im Detail durch ägyptische Quellen berichtet, und alles in den vorangegangenen Kapiteln, das zur Identifizierung von Ramses II. mit Pharao Necho dient, dient ebenfalls der Identifizierung Nebukadnezars mit Hattusilis, und zwar zusätzlich zu dem im vorliegenden Kapitel präsentierten Material. Der Verlauf der Schlacht von Kadesch-Karkemisch, die zahllosen Ereignisse des neunzehnjährigen Krieges in ihrer präzisen Abfolge und der Vertrag mit seinen Klauseln haben Bedeutung für beide Identifikationen. Ein nachfolgendes Kapitel wird von den friedlichen Beziehungen zwischen Nebukadnezar und Ramses erzählen.

Nebukadnezars Persönlichkeit

Der Geist, in welchem die Autobiographie von Hattusilis geschrieben wurde, ist der eines gegen andere arroganten, skrupellosen, tückischen und machtgierigen Mannes, der sich aber gegenüber seiner Gottheit demütig, voller Furcht, ekklesiastisch sowie abergläubisch verhält und seiner himmlischen Beschützerin mit Psalmengesängen und priesterlichen Opfern für Führung und Schutz huldigt. Er fühlte sich erwählt als König über viele Könige. In ekstatischer Hingebung beschwörte er Erscheinungen herauf und gab acht auf seine Träume. Er nannte sich selbst nicht "Sonne", wie sein Vater und Grossvater es getan hatten: "Und wenn du, Vasallenkönig Soundso, die Sonne schützest, wird die Sonne dich beschützen"; und auch den Stil der ägyptischen Könige übernahm er nicht, die sich selbst in den Einleitungs- und Schlusspassagen ihrer Annalen und Dekrete mit bombastischen Worten vergötterten. Es darf gesagt werden, dass die Autobiographie Hattusilis' in keinen anderen hieroglyphischen oder Keilschriftquellen irgendwelcher Könige eine Parallele findet, ausgenommen die babylonischen Inschriften Nebukadnezars. Hier wie dort findet man denselben Geist von Hochmut und die gleiche demütige Einstellung gegenüber der Schutzgottheit, die mystische Besessenheit, die Furcht vor Zaubersprüchen, das Beschäftigtsein mit Träumen und mit ekstatischer Psalmodie. Wenn es keinen Beweis dafür gäbe, dass Hattusilis und Nebukadnezar dieselbe Person sind, so würde die Gleichartigkeit ihrer Geisteshaltung sehr merkwürdig erscheinen.

In der Autobiographie wird berichtet, dass die Himmelskönigin in einem Traum erschien, um davor zu warnen, dass der Knabe dem Tod entgegensah; und um zu fordern, dass er ihr zu weihen sei: "Da wird er gesund sein."

Nebukadnezar dankte der Himmelskönigin, "die meinen Körper gesund macht."[1] Er schrieb: "Geliebte Beschützerin, die über mein Leben wacht und gute Einsicht bringt ... ein Zeichen, das meine Krankheit hinwegtreibt."[2] "Und Ischtar, meine Herrin, nahm mich an der Hand und waltete über mir", schrieb Hattusilis wiederholt.[3] "Geliebte Herrin, Beschützerin meiner Seele, Grosse Gebieterin", "Schirmherrin meines Lebens, meine Herrin, die meiner Seele gewogen ist",[4] schrieb Nebukadnezar. "Nicht aber überwand mich jemals die Waffe des Feindes. Ischtar, meine Herrin, errettete mich immer bei jeder Gelegenheit; wenn es mir einmal schlecht ging, sah ich gerade krank das Walten der Gottheit deutlich. Die Gottheit, meine Herrin, hatte mich bei all und jeder Gelegenheit bei der Hand."[5] Die Göttin erschien an Tagen der Prüfung, um Hattusilis zu ermutigen: "Fürchte dich nicht!", und sie erschien wiederum in einem Traum, um Hattusilis Erfolg im Ringen um die Krone zu prophezeien.

"Meine geliebte Beschützerin, die über mein Leben wacht und mir gute Einsicht bringt", schrieb Nebukadnezar.[6] "Mache meine Einsichten klar", forderte er wieder.[7] "In Furcht ohne Unterlass",[8] "war ich zitternd gehorsam",[9] schrieb Nebukadnezar im gleichen Geist, in welchem er seine Autobiographie verfasste.

In seinen späteren Jahren bewies Nebukadnezar hingebungsvolle Frömmigkeit für die Vatergottheit Marduk; im mittleren Alter für den Gott Nebo;[10] und, wie wir hier sahen, in seinen jungen Jahren für die "Mutter des Erbar-

---

[1] Langdon: *Building Inscriptions of the Neo-Babylonian Empire,* S. 129.
[2] Ebenda, S. 67.
[3] Götze: *Mitteilungen, Vorderasiatisch-ägyptische Gesellschaft,* XXIX, 3; Abt. 3, S. 9.
[4] Langdon, op. cit., S. 107.
[5] Götze, op. cit., S. 11.
[6] Langdon, op. cit., S. 67.
[7] Ebenda, S. 69.
[8] Ebenda, S. 67.
[9] Ebenda, S. 103.
[10] Ebenda, S. 17, 22.

mens."[1] Aber auch seinen Göttern blieb er nicht treu. Eine Krankheit, die Geschichte einer wundersamen Heilung, liess ihn eine andere Gottheit suchen; die Geschichte von Daniel und der weiter unten zitierte Bericht eines ägyptischen Priesters illustrieren dies. Es konnte sogar vorkommen, dass ein und dieselbe Gottheit zur Heilung in dem einen Tempel unwirksam, am nächsten heiligen Ort wohlwollend sein konnte. Die Gunst Ischtars von Agade, Ischtars von Arbela, Ischtars von Uruk oder von Gula oder Nana wurde gesucht und mit Opfern, der Instandsetzung ihrer Gebäude, mit religiösen Zeremonien, Geld, Gebeten, Liturgien, Unterwerfung und Magie erwidert.

Das Gefühl, geführt zu werden, wechselte immer wieder ab mit dem des Entsetzens, und die Züge einer paranoischen Persönlichkeit werden sowohl durch die Autobiographie, die "Bauinschriften" als auch die Schriften enthüllt.

Unter den Bogazköi-Texten wurden Gebete zur Vertreibung böser Geister aus dem Königspalast gefunden.

> Diese zeigen, dass auch die Hethiter gleich den Babyloniern apotropäische Hundebilder zur Abwehr böser Dämonen verwendeten.[2]

Die ältere Tochter von Hattusilis wurde geisteskrank, und Hattusilis schrieb ein Gebet:

> Wenn du nun, o Gott, mein Herr, von meiner ältesten Tochter etwas ... Böses suchst, so habe ich dir, siehe ein geschmücktes Bild hergeschickt, ... sieh dieses an; der ältesten Tochter aber wende dich wieder gütig zu und heile sie von dieser Krankheit ...[3]

Dem bösen Geist, der in seine Tochter gefahren war, opferte er gemästete Tiere.

Talmudische Quellen berichten, dass eine geisteskranke Tochter Nebukadnezars zwei falsche Propheten konsultierte und von ihnen den unbilligen Rat erhielt, mit ihnen sexuellen Verkehr zu haben: Sie wurden von Nebukadnezar zum Tode verurteilt.[4]

In der ägyptischen Literatur ist eine Geschichte über die Geisteskrankheit der Tochter eines fremden Königs (wahrscheinlich Hattusilis) erhalten. Die Stele (Bentreesch-Stele genannt), die vorgeblich ungefähr 800 bis 900

---

[1] Ebenda, S. 131; siehe S. 77.

[2] J. Friedrich: »Aus dem hethitischen Schrifttum«, II, *Der Alte Orient,* XXV, 13.

[3] Ebenda: »Gebet der Gaschschulijawiasch«.

[4] *Traktat Sanhedrin* 93a; Origenes: *Epist. ad Africanum;* Hieronymus über Jeremia 29.

Jahre nach Ramses II. während der Perserherrschaft in Ägypten geschrieben wurde,[1] schildert die wunderbare Heilung der geisteskranken Prinzessin Bentreesch, der älteren Tochter des Königs von "Bachtan". Die Priester von Chonsu in Ägypten schrieben die Heilung ihrem Gotte zu. Die Geschichte trug sich in der Zeit zu, als Pharao Ramses II. (Usermare Setepenre) nach der Beendigung des langen Krieges friedliche Beziehungen mit dem "Häuptling von Hatti" unterhielt.

Es wird nicht erklärt, weshalb die in der Kunst des Schreibens gut unterrichteten Priester von Chonsu die Geschichte so viele Jahrhunderte lang mündlich überliefert haben sollen, bevor sie dieselbe schriftlich aufzeichneten. Aber es gibt hier keine wirkliche Schwierigkeit. Zwischen dem Ende der Regierung von Ramses und der persischen Eroberung vergingen lediglich Jahrzehnte, nicht Jahrhunderte.

Die Tatsache, dass Hattusilis zur Besänftigung des bösen Geistes, der in seine Tochter gefahren war, einen Zauber schrieb, verleiht dem von den ägyptischen Priestern geschriebenen Bericht Glaubwürdigkeit. Gemäss der Stele der Priester von Chonsu entsandte man aus Ägypten einen Arzt, als die Tochter des Königs von "Bachtan" an "Besessenheit von Geistern" erkrankte; aber der Arzt konnte nichts gegen sie ausrichten. Darauf wurde das Abbild des Gottes Chonsu aus Ägypten gebracht, "auf dass sie sofort geheilt werden möge", und der Geist verliess sie. Der König ehrte den bösen Geist mit einem Abschiedsgelage. Er entschied, das wunderwirkende Bildnis in seinem Lande zu behalten und zögerte drei Jahre lang mit dessen Rücksendung.

Dann, so berichtet die Bentreesch-Stele, "sah der König, als er auf seinem Bette schlief, diesen Gott zu ihm kommen, aus seinem Schrein heraus; er war ein Falke aus purem Gold, und er flog (hinauf) in den Himmel und (hinweg) nach Ägypten. (Der König) erwachte in Panik."[2] Erschreckt

---

[1] A. Erman: »Die Bentresh Stele«, *Zeitschrift für ägyptische Sprache und Altertumskunde,* XXI (1883), 54ff, nahm an, dass die Stele in der späten pharaonischen Epoche entstand. J. Wilson in Pritchard, ed.: *Ancient Near Eastern Texts,* S. 29, verbindet die Stele mit der persischen oder griechischen Periode. Die Stele, Louvre C 284, spricht eigentlich vom Lande von Bachtan, und einige Gelehrte haben angenommen, dass Bachtan Baktrien sei (z. B. Constant de Wit: »Het Land Bachtan in de Bentresjstele«, *Handeligen van het XVIIle Vlaamse Filologencongres* (Gent 1949), S. 80-88). Es kann sein, dass Babylonien gemeint ist. Allgemein wird angenommen, dass der König von Bachtan tatsächlich der König von Hatti, Hattusilis war. Der Name der Tochter des Königs von Bachtan, die Ramses II. zur Hauptfrau nahm (Nefru-Re), ist der gleiche wie der Name der Tochter von Hattusilis, die Ramses in seinem 34. Jahr heiratete (siehe weiter unten, »Nebukadnezar besucht Ramses II«).

[2] J. Wilson: »The Legend of a Possessed Princess« in Pritchard, ed.: *Ancient Near Eastern Texts,* S. 29-31. *Vgl.* G. Lefebvre: *Romans et contes de l'époque pharaonique* (Paris 1949), S. 221-232.

durch den Traum, befahl er den Priestern von Chonsu, mit ihrem Wagen abzureisen.

Die Begebenheit, dass ein König in Panik erwacht, ist zweimal in einem weiteren literarischen Werk enthalten, das ebenfalls in der persischen oder frühen griechischen Zeit in Babylonien schriftlich niedergelegt wurde – im Buch Daniel. Beide Male verweist es auf den König der Chaldäer, Nebukadnezar.

"Im zweiten Jahr der Königschaft Nebukadnezars aber träumte Nebukadnezar Traumgesichte, sein Geist ward aufgerührt, und um seinen Schlaf wars geschehn." (Daniel 2:1)

Nebukadnezar mass seinen Träumen ausserordentlich grosse Bedeutung bei, und das 2. und 4. Kapitel des Buches Daniel bezeugen dies.[1] Sogar in einem Dekret schrieb er, laut dem Buch Daniel (4:5): "Einen Traum schaute ich, der hat mich erschreckt, – Anwandlungen auf meinem Lager und Schau meines Hauptes haben mich bestürzt."

Durch seine Träume geplagt, liess der König "die Magier und die Beschwörer, die Zauberer und die Chaldäer rufen" und war "aufgerührt, des Traums kundig zu werden". (Daniel 2:2-3)

Obwohl er von seinen Träumen geängstigt wurde, beschwor Hattusilis trotzdem Visionen herauf. In seinen jüngeren Jahren, als er und seine Frau Gesichte Ischtars hatten, bedeuteten ihm diese Träume Glück und Erfolg.

Die Inschrift im Sonnentempel von Sippar, den Nebukadnezar errichtete, lautet: "Du, oh Schamasch, in Gesicht und Traum antworte mir recht."[2]

Eher abergläubisch als religiös, liess er auch gegensätzlichste Gottheiten anbeten und verehren und dadurch gegenseitig verleugnen. Er "machte ein goldenes Bild" und "stellte es auf die Ebene Dure" (Daniel 3:1); und er wurde zur Verehrung der "heiligen Gottheit" Daniels bekehrt (Daniel 4:2); und er verwahrte in seinem Land die Statue der ägyptischen Gottheit Chons.

Der Mann, zu dessen Lebzeiten niemand zu lachen wagte,[3] war selbst das wehrlose Opfer seiner Alpträume. Der böse Geist näherte sich ihm. Ein erfahrener Psychiater kann in der Autobiographie Hattusilis' die schizo-

---

[1] Dougherty schreibt dem Buch Daniel eine frühe Entstehungsgeschichte zu, besonders dem 5. Kapitel. "Der Ansicht, dass das 5. Kapitel Daniel in makkabäischer Zeit entstand, ist kein Glaube zu schenken ... Ein von derart exakter historischer Perspektive charakterisierter Bericht wie Daniel 5 sollte gerechterweise einen zeitlich den zuverlässigen Dokumenten viel näheren Platz einnehmen, welche zur generell darin behandelten Epoche gehören." Dougherty: *Nabonidus and Belshazzar,* S. 200, Fussnote.

[2] H. Winckler: *Inschriften Nebukadnezar's,* Keilinschriftliche Bibliothek, III, 2 (1890), S. 65. Langdon: *Building Inscriptions,* S. 99.

[3] *Babylonischer Talmud, Traktat Schabbat* 149b.

thymische Persönlichkeit erkennen, die leicht in eine paranoide Schizophrenie umschlagen kann.

Nebukadnezars Krankheit, die während langer Zeit durch seine gespaltene Persönlichkeit verdeckt worden war, brach endlich aus. Er konnte sein Gefühl der Entfremdung nicht länger verheimlichen und fragte: "Ist nicht dieses das grosse Babel, das ich mir zur Königsbehausung erbaute?" (Daniel 4:27)

> DANIEL 4:29 ... ward er aus der Menschheit vertrieben, und Gras wie die Rinder musste er fressen, und sein Leib ward vom Tau des Himmels benetzt, bis sein Haar gewachsen war wie Adlergefieder und seine Nägel wie Vogelkrallen.

Ungefähr 7 Jahre lang litt Nebukadnezar unter dieser geistigen Umnachtung und konnte weder das Land regieren noch für sich selber sorgen.

Die biblische Erzählung der Geisteskrankheit Nebukadnezars birgt alle Zeichen der Glaubwürdigkeit.

Nebukadnezar war fraglos ein Mann mit grossen Fähigkeiten. Als begabter militärischer Führer führte er neue Waffen und eine neue Taktik schneller Bewegungen und blitzartiger Angriffe ein; als gewandter Politiker wusste er den Kampfgeist der Nationen, mit denen er im Krieg lag, durch Entzweiung zu unterminieren und ihren Widerstand zu schwächen (Buch Jeremia). Der Produktivkraft seiner Kriegsindustrie schenkte er volle Aufmerksamkeit, und aus jedem Land, das unter seine Herrschaft geriet, brachte er an erster Stelle alle ausgebildeten Arbeiter, Handwerker und Schmiede nach Babylon. Ganze Bevölkerungen eroberter Länder versetzte er aus ihrer Heimat in weit entlegene Gebiete, in aller Eile und unter völliger Missachtung menschlichen Leidens. Seinen Opfern gegenüber verhielt er sich ganz und gar unbarmherzig; viele hielt er im Gefängnis fest, manche verstümmelte er, und in seinen Greueltaten war er überaus erfinderisch. Er begünstigte die Wissenschaften, und besonders förderte er die Erziehung der Jugend (Daniel 1:4). Er war abergläubisch und, beriet sich mit Astrologen. Er frönte pervertierten sexuellen Praktiken,[1] litt unter einer gespaltenen Persönlichkeit, wurde von Alpträumen heimgesucht und versank schliesslich im Wahnsinn. Nach einer Anzahl von Jahren gewann er die geistige Ausgewogenheit wieder zurück, nur um seine Tochter mit einem ähnlichen Leiden geschlagen zu sehen.[2]

---

[1] Siehe *Traktat Schabbat* 149b und Hieronymus: *Kommentar zu Habakuk* 2:16, betreffend Nebukadnezars Päderastie.

[2] Die Bentreesch-Stele.

Als er seine Hauptstadt erbaute, “Babylon das Grosse”, beschwor er den Gott Marduk, dass von dort aus seine Nachkommen die Menschheit für immer und ewig regieren sollten.

Eine Generation später, in einer Nacht des Zechens und der Visionen, verschwand das Reich Nebukadnezars.

Geschichtsentstellung

Schon seit Beginn der Regierung von Nergil (Neriglissar) wurde sein jüngerer Bruder Hattusilis (Nebukadnezar) verdächtigt, nach der Krone des Reiches zu streben. Nach der Schlacht von Karkemisch wurde der Feldzug unterbrochen, weil Hattusilis – um sich von Anschuldigungen zu entlasten – zurückberufen wurde. Als Nergil nach einer Regierung von nur wenigen Jahren starb, hinterliess er ein Kind – einen Sohn Labasch –, der zum König von Babylon gekrönt wurde. Aber bald empörte sich Hattusilis gegen seinen Neffen, den Knabenherrscher, und vertrieb ihn. Es scheint, dass der Junge kurz darauf umgebracht worden ist. Die Regierung von Nergil und seinem jungen Erben zusammen dauerte 7 Jahre.

Diese Abfolge der Ereignisse wird in der Autobiographie Hattusilis' (Nebukadnezars) enthüllt.

Es scheint, dass Nebukadnezar nach der Thronbesteigung vom Gedanken geplagt wurde, seine Errungenschaft sei durch Verrat und Bruch eines heiligen Eides erzielt worden. Der ihm von seinem Bruder, dem König, auferlegte Schwur, seinem minderjährigen Sohn und Erben die Treue zu halten, war – wie in ähnlichen Beispielen jener Zeit – von einer Reihe sich selbst auslösender Flüche im Falle eines Eidbruches begleitet. Einer nach dem anderen wurden die Götter beschworen, sich bei Eidesbruch im Zorn gegen den Eidgeber zu wenden. Die schrecklichsten Strafen wurden ausgesprochen, um den schwörenden Mann von der Treulosigkeit abzuhalten – und zwar speziell gegenüber dem Verstorbenen, der jetzt in direkter Verbindung mit den Göttern stand und sie dazu anhalten konnte, den Eidesbrecher zu bestrafen, der ihre Namen feierlich als Garantie gegen eine so niedrige Handlung beschworen hatte.

Um sich selbst vor seinen Untertanen zu rechtfertigen und mit seinem eigenen Gewissen leben zu können, klagte Nebukadnezar seinen Neffen gerade jener Tat an, der er selber schuldig war: des Verrats. Der König konnte seine Untertanen täuschen oder Mitglieder der fremden Königshäuser oder sogar Geschichtsschreiber; aber sich selbst vermochte er nicht irrezuführen. Selbst wenn es ihm gelang, an die Beschuldigungen gegen seinen Neffen zu glauben, könnten die aus dem geängstigten Unterbewusstsein durchsickernden Schuldgefühle zu seiner Geisteskrankheit beigetragen haben. Er löste seinen Treueeid nicht ein. Der Thron war deshalb auf einem wackligen Fundament errichtet, soweit es die innere Sicherheit des Königs betraf.

Im Verlauf der Jahre entstand in Nebukadnezar (Hattusilis) der Wunsch, die Vergangenheit auszulöschen und den Anschein zu erwecken, dass er von allem Anfang an ein legitimer Thronerbe seines Vaters Nabopolassar war und dass Neriglissar – sein älterer Bruder, der ihrem Vater gefolgt und dann als König gestorben war – sowie Labasch-Marduk, der kleine Sohn Neriglissars – den Nebukadnezar vom Thron gestossen hatte – keine rechtmässigen Könige waren. Indem er die Geschichte entstellte, erhob Nebukadnezar den Anspruch, dass seine Regierung direkt auf diejenige seines Vaters folgte und er in Wirklichkeit gleich nach dem Tode seines Vaters gekrönt worden sei. Dynastische Geschichtsschreibungen kennen eine ganze Anzahl solcher "Änderungen"; mit dem Verlust ihres Thrones verlieren Könige oft zugleich auch ihren Platz in der Geschichte der Nationen.

In der ägyptischen Geschichte wurden später Echnaton und die Epigonen der 18. Dynastie (inklusive Tutanchamun) in den dynastischen Listen ausgelassen.

Nebukadnezar änderte die dynastische Abfolge und die Geschichte der auf den Tod seines Vaters folgenden Jahre – er eliminierte seinen Bruder und dessen Sohn als seiner eigenen Regierung vorausgegangene Könige, so als wenn sie unrechtmässige Throninhaber gewesen wären. Es wurden Dokumente verfasst, in welchen er wieder und wieder "erstgeboren" genannt wird, obwohl er es nicht war. Indem er das tat, konnte er eine Rechtfertigung im orientalischen Brauch finden, wonach "der Vater das Recht zur Missachtung der Primogenitur und zur Wahl des Sohnes mit der Bezeichnung 'erstgeboren' hatte".[1] Dieser Brauch, bekannt aus den literarischen Zeugnissen in den Archiven von Ugarit und Nuzi, ist auch vom Zeitalter der israelitischen Patriarchen her vertraut: Bei der Geburt Isaaks widerrief Abraham Ismaels Erstgeburtsrecht, und Jakob wählte Joseph an Stelle von Reuben und Ephraim anstatt Josephs ältestem Sohn Manasse.[2]

---

[1] D. Wiseman: »Alalakh« in *Archaeology and Old Testament Study* (Oxford 1967), 127.

[2] Genesis 21:10ff; 48:14, 22; 48:13; 49:3ff; vgl. I Chronik 5:1ff.

Aber Nabopolassar entschied sich nicht für Nebukadnezar gegen Neriglissar – das Erstgeburtsrecht wurde widerrechtlich beansprucht, als der Vater nicht mehr am Leben war.

Weder sagte Sanherib von sich, er sei der Erstgeborene von Sargon, noch beanspruchte Asarhaddon das Erstgeburtsrecht von Sanherib, das ihm nicht zustand; Asarhaddon tötete seine Brüder, die Vatermörder waren, und er brauchte weder Rechtfertigung noch Verheimlichung der Tatsachen; Assurbanipal musste nicht betonen, er sei der Erstgeborene Asarhaddons, obwohl er gegen seinen Bruder Schamasch-schum-ukin, den König von Babylon, einen Krieg führte: Keiner von ihnen bestand in diesem Krieg auf seinem Erstgeburtsrecht, da ihr Vater das Reich in seinem Testament zwischen sie aufgeteilt hatte. Aber Nebukadnezar beanspruchte ständig, der Erstgeborene und damit der rechtmässige Erbe des Thrones von Babylon zu sein. Er musste die Geschichte fälschen, um seinen Anspruch auf die rechtmässige Thronfolge vollstreckbar zu sehen.[1]

Nebukadnezar nannte sich erstgeborener und unmittelbarer Nachfolger Nabopolassars. Diese Täuschung hatte Erfolg, und Historiker nahmen seine Worte als Wahrheit; und doch sollte gerade die Tatsache, dass Nebukadnezar das "erstgeboren", und deshalb die rechtmässige Erbfolge auf dem Thron, so sehr herausstellte, misstrauisch machen.

Seine Version der Nachfolge lässt ihn von der Verfolgung des ägyptischen Heeres zurückkehren, weil er vom Tod seines Vaters gehört habe; in Wirklichkeit wurde er von der Grenze Ägyptens durch seinen Bruder zurückbeordert, der davon gehört hatte, wie Nebukadnezar sich auf seinem Marsch durch Syrien und Palästina als Herrscher des Reiches gebärdet hatte.

Die Historiker der folgenden Generationen – der Verfasser der Babylonischen Chroniken, der während der persischen Periode (-538 bis -332) lebte, und Berossos, der zu Beginn des hellenistischen Zeitalters lebte – wurden irregeführt. Indem sie den offiziellen Regierungsquellen aus der Herrschaftszeit Nebukadnezars vertrauten, akzeptierten sie seine Variante der Geschichte.

So entfernte Nebukadnezar nicht nur den Sohn seines Bruders vom Thron und verbannte ihn dann, um ihn später wahrscheinlich noch zu ermorden, sondern er löschte sie auch beide von ihren Plätzen in der Weltgeschichte.

---

[1] Selbst die eine mit dem Namen Nabopolassars gezeichnete Tontafel, in welcher er auf Nebukadnezar als seinen Erstgeborenen verweist, muss nicht echt sein; keine anderen Hinweise dieser Art auf einen "erstgeborenen" Sohn sind aus den Inschriften der assyrischen und babylonischen Königshäuser bekannt.

Die Ereignisse in ihrer richtigen Reihenfolge sind so bedeutsam, dass ein weiterer Blick auf sie gerechtfertigt ist.

Hattusilis kam auf den Thron des Reiches und hielt das Zepter fest im Griff. Zu Lebzeiten seines Bruders, der ihm so sehr vertraute, und sogar zu Lebzeiten seines Neffen – in den wenigen Jahren, die sein Neffe auf dem Thron sass – erhob Hattusilis nicht ein einziges Mal, und nicht einmal in Gedanken, die Frage nach der Legitimität der Thronfolgerechte seines Neffen; oder Bruders. In noch jungen Jahren muss er sich seines ehrgeizigen Strebens bewusst gewesen sein: Direkt aus dem Tempel kommend, wo er als Novize aufgewachsen war, zeigte er seine militärische Meisterschaft; durch sein Verhalten in Syrien und Palästina war sein Trachten offenbar geworden; in gleichem Masse begabt, sich dem Gericht und seinen Anklägern zu stellen, drehte er die Waage der Gerechtigkeit und war seinem Bruder dankbar – und Ischtar, seiner Beschützerin. Aber er stellte die Legitimität seines Bruders als oberstem Richter nie in Frage. Und später, als der Bruder noch in jungen Jahren dahingeschieden war (und wir werden nie wissen, ob dabei alles mit rechten Dingen zugegangen ist[1]), rühmte sich Hattusilis seiner Loyalität ihm gegenüber, dessen minderjährigen Sohn er auf den Thron des Reiches gesetzt habe – noch immer ohne Argumente gegen die Legitimität der Thronrechte seines Neffen zu erheben.

Als nächstes wollte er die Geschichte der ehemaligen Kriege so darstellen, als ob er der Verbündete seines jetzt toten Bruders beim Feldzug gewesen sei, in welchem die Chaldäer (Babylonier) dem Pharao von Ägypten gegenüberstanden. Er schrieb an seinen Neffen in Babylon:

> Als der König von Ägypten und ich zornig waren, an deinen Vater ... schrieb ich: "(Der König von Ägypten) hat Krieg gegen mich gemacht." Und dein Vater antwortete wie folgt: "(Wie ich) gegen den König von Ägypten zog, so werde ich jetzt mit dir gehen – werde ich gehen ..."[2]

Wie wir allerdings aus seiner Autobiographie erfuhren, war er in Wirklichkeit von seinem Bruder Nergil an die Spitze des Heeres gestellt worden, das gegen den Pharao kämpfte: er war nicht ein Verbündeter. Hier lügt er seinen Neffen offensichtlich an.

Bald danach begann er gegen den Knaben auf dem Thron eine Verleugnungskampagne; und obwohl nur ein paar wenige Sendschreiben des

---

[1] G. Bruno Meissner: »Die Beziehungen Ägyptens zum Hattireiche nach hattischen Quellen«, *Zeitschrift der Deutschen Morgenländischen Gesellschaft*, 72 (1918), 42.

[2] D. D. Luckenbill: »Hittite Treaties and Letters«, *American Journal of Semitic Languages and Literatures,* 37 (1921), 202.

Schriftwechsels überlebt haben, muss etwas Wahres an den Worten des alten Wesirs gewesen sein, der aus Babylon schrieb:

> Du redest uns nicht als Brüder an, als deine Sklaven machst du uns untertan.[1]

Dann kamen die unheilvollen Worte in der Autobiographie (§ 11):

> Wenn da etwa einer so gesagt hätte: “Warum hast du ihn vordem in die Königswürde eingesetzt, warum schreibst du ihm jetzt aber, um von ihm abzufallen?”, wäre zu sagen gewesen: “Ja! Hätte er mit mir je Streit nicht angefangen!”

Natürlich brach nicht der Knabenkönig, der Sohn seines Bruders, einen Streit vom Zaun, denn dazu war er nicht in der Lage. Bald wurde er aus Babylon nach irgendeinem Festungsplatz in Syrien verbannt – es könnte Tell Nebi Mend (das alte Ribla) gewesen sein; oder Palmyra oder Baalbek. Doch dort blieb er nicht lange. Hattusilis selbst schrieb: “Ich bemächtigte mich seiner und schickte ihn an die Küste.” Und er stellte die Frage nach der Legitimität des Thronanspruches seines Neffen. Labasch-Marduk, auch Urhi-Teschup genannt, den er vom Thron entfernte, hatte keine legitimen Rechte. Seinem Bruder Nergil war er nicht von dessen Hauptfrau, sondern von einer Nebenfrau geboren worden.[2]

Es wurde nicht nur verkündet, dass der Sohn Nergils ein illegitimes Kind und seine Regierung gesetzwidrig sei – er wurde auch eingekerkert oder gleich vom Leben in den Tod gesandt.

Dann erhob Hattusilis die Frage nach der Legitimität des Thronanspruches seines Bruders Nergil. In einem viele Jahre nach seines Bruders Tod mit einem König in Syrien (Amurru) abgeschlossenen Vertrag schrieb er, dass auf den Tod ihres Vaters “Muwatallis (Nergil), mein Bruder, den königlichen Thron an sich riss.“[3] Indem er das sagte, wollte Hattusilis offensichtlich den Eindruck erwecken, dass sein Bruder nicht von Rechts wegen, sondern durch einen illegalen Akt der Inbesitznahme auf den Thron kam, und dass er deshalb ein Usurpator sei. Über sich selbst schrieb Hattusilis: “Als Nergal den Grosskönig in sein Schicksal getrieben hatte,[4] sass ich, Hattusilis, auf dem Thron meines Vaters”.[5] Hier macht Hattusilis mit Hilfe der Ausdrucksweise einen klaren Unterschied zwischen der widerrechtlichen Regierung seines Bruders und seiner eigenen legitimen Thronbestei-

---

[1] Ebenda, 201.

[2] Autobiographie, III:41. Der von Hattusilis gebrauchte Ausdruck ist “Sohn der Konkubine”.

[3] Luckenbill, op. cit., 198.

[4] Zu dieser Äusserung kommentiert Meissner (op. cit., 42): “Ob man hieraus allein auf einen gewaltsamen Tod schliessen kann, ist mir unsicher.”

[5] Luckenbill, op. cit., 198.

gung. Hinzu kommt, dass er nicht nur die Regierung seines Neffen übergeht,[1] sondern augenfällig anstatt seines Bruder oder Neffen sich selbst als Nachfolger seines Vaters bezeichnet.

Als Zeugnis besitzen wir lediglich Fragmente aus Ton, die viele Jahrhunderte, ja Jahrtausende überlebt haben – aber sie tragen mit sich die fast vollständige Geschichte eines dynastischen Verbrechens. Zur Verheimlichung dieses Frevels fälschte Nebukadnezar die Geschichte.

Endlich wissen wir, welche der zwei Beweisketten für und wider Nebukadnezars Thronbesteigung auf Nabopolassars Tod hin schwerer wiegt. In Bogazköi, der alten Hauptstadt des chaldäischen Königreiches, haben wir die Antwort in einem vom Beschuldigten selbst verfassten Bekenntnis gefunden – in seiner Autobiographie und in seinen Briefen und Verträgen. Natürlich war die Verkündung, dass sein Bruder Neriglissar und sein Neffe Labasch-Marduk unrechtmässige Throninhaber gewesen seien, ein Teil des Komplottes, nicht allein dazu, den rechtmässigen König seines Thrones zu berauben, sondern ebenfalls zur Entstellung der Geschichte. Beides ist ihm gelungen.

Nach der Schlacht von Karkemisch wurde er von der Verfolgung Ramses' II. (Pharao Necho) nicht wegen des Todes seines Vaters zurückgerufen – Nabopolassar war schon seit einiger Zeit gestorben –, sondern weil ihn sein eigenes Verhalten in Syrien-Palästina des Strebens nach der Reichsmacht verdächtig gemacht hatte: Er trat auf, als wäre er bereits der Herrscher. In den folgenden Jahren würde es zum Staatsverbrechen werden, auf Neriglissar und Labasch-Marduk als seine legalen Vorgänger hinzuweisen. Man durfte sie nicht als frühere Könige erwähnen. Für seine eigene Regierungszeit werden unterschiedliche Zahlen genannt – 40, 43, 45 oder mehr, bis zu 48 Jahren. In rabbinischen wie auch arabischen Quellen des Mittelalters wird die Dauer der Regierungszeit Nebukadnezars gewöhnlich mit 40, durchwegs aber auch mit 45 Jahren angegeben.[2] Die wahre Dauer von Nebukadnezars Regierung kann geklärt werden, wenn realisiert wird, dass einige Berechnungen von der Zeit ausgehen, als Nebukadnezar den Thron des Reiches bestieg; andere, als er die Position eines Vizekö-

[1] Dass Hattusilis die Jahre seines Neffen als seine eigenen zählte, hat schon H. G. Güterbock erschlossen. *Vgl.* Ph. H. J. Houwink Ten Cate: »The Early and Late Phases of Urhi-Teshub's Career«, in *Anatolian Studies Presented to Hans Gustav Güterbock* (Istanbul 1974), 137, Fussnote 49. J. D. Schmidt macht auf die Tatsache aufmerksam, dass im Vertrag, den Hattusilis mit Ägypten abschloss, die Regierung seines Neffen "völlig ignoriert wird". *Ramesses II* (Baltimore 1973), 125.

[2] Bernstein: *König Nebucadnezar von Babel,* 69-79. Die Zahl von 45 Jahren ist ebenfalls zu finden in Maçoudi: *Les prairies d'or* (Paris 1861-1877). Aus Angaben in II Könige 23:29; 23:36; 24:8 und 25:27 kann eine Regierungszeit von wenigstens 48 Jahren abgeleitet werden.

nigs von Assyrien erhielt; und wieder andere mit dem Tod seines Vaters zu zählen beginnen. Dieses letzte Datum war die Zahl, die er – wie wir sehen werden – in den Dokumenten seiner späteren Regierungszeit bevorzugte.

Die Entpersonifizierung Neriglissars und seines Sohnes muss während mehrerer Jahrzehnte von Nebukadnezars Regierungszeit mit solchem Eifer betrieben worden sein, dass Nabonids Mutter sie auf ihrer Grabplatte nicht mehr erwähnte.

Es ist recht gut möglich, dass der Usurpator des Thrones nach Awil-Marduk, Nebukadnezars Sohn, sich vorsätzlich Neriglissar nannte, mit dem Namen von Nebukadnezars älterem Bruder. In jenen Zeiten waren Mystizismus, Nekromantie und der Glaube an Auferstehung oder Wiedergeburt derart ausgeprägt, dass mehrere Möchtegernusurpatoren sich als Reinkarnationen Nebukadnezars ausgaben und Thronansprüche erhoben – ein solcher Nebukadnezar begann -522 eine Bewegung, nach dem Tod von Kambyses.[1]

Es ist auch möglich, dass Neriglissar II. seinen Sohn "Labasch-Marduk" nach dem Namen des Sohnes von Neriglissar I. nannte. Aber wie ich früher sagte, wurde er von Nabonids Mutter nicht erwähnt, und Nabonid könnte auf Neriglissar I. – eine ausdrücklicher verehrte Person als Neriglissar II. – und auf seinen Sohn Labasch-Marduk verwiesen haben. Angesichts dieser Ränke und Entstellungen könnte der von Berossos angeführte Labasch-Marduk eine nichtexistente Figur gewesen sein. Ob ein Labasch-Marduk II. 9 Monate lang in Babylon regiert hat oder nicht, ist ein sehr nebensächliches Problem – ein Zechbruder und Trinkkumpan des schon älteren Nabonid war er nicht.

Das Hauptproblem der königlichen Thronfolge, das mit Zeugnissen allein aus Babylon nicht zu lösen war, wurde hier mit Hilfe der Bogazköi-Archive geklärt. Die British-Museum-Tontafel 21 946 aus der persischen (oder möglicherweise sogar hellenistischen) Zeit – die aber die Geschichte des Todes von Nabopolassar und die Nachfolge Nebukadnezars berichtet – gehört zur gleichen Gruppe wie einige andere Besitztümer des Museums, z. B. der Piltdown-Schädel: Nur wurde die Fälschung schon zur Zeit von Hattusilis dem Chaldäer eingeleitet, den wir aus den Schriften als Nebukadnezar kennen.

---

[1] Hermann Bengston: *The Greeks and the Persians from the Sixth to the Fourth Centuries* (New York 1965), 357-358.

Kapitel 6

Das "Vergessene Reich": Zeugnisse der Kunst

Yazilikaya: "Der beschriftete Felsen"

Die "hethitische" Geschichte entpuppt sich als die Geschichte der chaldäischen Dynastie, vor allem der Periode des neubabylonischen Königreiches. Die Dokumente von Bogazköi – dem alten Hattusa – reflektieren die politischen Verhältnisse des 7. und des frühen 6. Jahrhunderts. Zu dieser Schlussfolgerung führt die Rekonstruktion der ägyptischen Geschichte. Die schriftlichen Überlieferungen aus Kleinasien widersprechen den chronologischen Daten dieser Rekonstruktion nicht; im Gegenteil, diese Zeugnisse verleihen ihr noch zusätzliches Gewicht.

Werden die Sammlungen "hethitischer" Kunst im Widerspruch zu den Zeugnissen stehen? Kunst hat ihre eigene Weise, sich zu entwickeln; Einflüsse können in den Motiven und der Art ihrer Ausführung aufgespürt werden. In Museen sind der "hethitischen" Kunst gewidmete Abteilungen eröffnet worden; wird sich aus diesen Hallen lautstark die Stimme der Opposition erheben?

Genau das Gegenteil ist der Fall.

Es ist interessant, der Frage über mehr als 140 Jahre der Forschung nachzugehen; von der Zeit um 1830, als die Ruinen von Bogazköi erstmals beschrieben wurden, bis zum heutigen Tag. Diese Periode kann in drei Phasen aufgeteilt werden: in die Zeit, bevor die Theorie des "Hethiterreiches" um 1870 lanciert wurde; von da an bis zur Entdeckung der "hethitischen" Archive in Bogazköi, 1906; und in die Zeit von 1906 bis zur Gegenwart.

Die Ruinen von Bogazköi und die Felsskulpturen von Yazilikaya, dem "beschrifteten Felsen" in 3 Kilometer Entfernung, wurden 1834 erstmals bekannt gemacht.[1] Ein Forschungsreisender, der einige Jahre danach Kleinasien erkundete, war von den Felsskulpturen beeindruckt – "eines der selt-

[1] Von C. Texier: *Description de l'Asie-Mineure* (Paris 1839), I, 214ff.

samsten und bemerkenswertesten Monumente" – und schrieb: "Die künstlerische Anordnung scheint das Treffen zweier Könige darzustellen, von denen jeder ein königliches Emblem in der Hand hält und von einem langen Zug gleichartig gekleideter Soldaten oder Gefolgsleuten begleitet wird. Die Hauptfigur auf der linken Seite ... ist in ein eng anliegendes Gewand gekleidet und trägt eine hohe konische Kappe sowie einen Bart; während die andere führende Figur in lose fliegende Gewänder gekleidet ist, mit einer barettähnlichen Kopfbekleidung und ohne Bart."

"Ich neige zu der Annahme", fuhr er fort, "dass hier das Zusammentreffen von zwei zeitgenössischen Königen dargestellt und ein Denkmal zur Erinnerung an einen zwischen ihnen abgeschlossenen Friedensvertrag errichtet wurde. Der (Fluss) Halys, der nur einige Meilen entfernt vorbeifliesst, ist lange Zeit die Grenze zwischen Lydien und Persien gewesen, und es ist möglich, dass wir in der Figur mit den fliessenden Gewändern den König von Persien erkennen können und in der anderen den König von Lydien mit seinem Gefolge aus Lydiern und Phrygern, weil ihre Kopfbekleidung dem gutbekannten phrygischen Barett gleicht. Dieser Ort hätte zur Erinnerung an den Friedensschluss gewählt werden können.

Dieselbe Höhlung enthält eine weitere Figur ..., die in den Felsen gemeisselt ist, allerdings abgetrennt von der oben erwähnten Prozession. Ihre Hand hält ebenfalls merkwürdige Embleme fest."[1]

Indem er sich von der Erscheinung der sich einander nähernden Königsfiguren und ihrer Gefolge leiten liess, dachte der zitierte Gelehrte, dass das Relief den Abschluss eines Waffenstillstandes nach der grossen Schlacht veranschaulichte, die in der Nähe um -550 zwischen Kroisos und Kyros geschlagen wurde.[2] Die eine Gruppe trägt phrygische Kappen, die andere persische Tiaren.

Ein anderer früher Gelehrter,[3] der die Ruinen bei Bogazköi und die Felsskulpturen von Yazilikaya untersuchte, interpretierte die Figuren im Felsen als Lydier und Meder. Der Mederkönig Kyaxares, der gemeinsam mit Nabopolassar Ninive erobert hatte, wurde später in einen fünfjährigen Krieg mit dem Lydierkönig Alyattes, dem Vater von Kroisos, verwickelt. Während dieser Schlacht in der Nähe des Flusses Halys trat eine Sonnenfin-

---

[1] W. J. Hamilton: *Researches in Asia Minor, Pontus and Armenia* (London 1842), I, 393-395.

[2] Herodot, I, 76.

[3] H. Barth: »Versuch einer eingehenden Erklärung der Felssculpturen von Boghaskoei im alten Kappadocien«, *Monatsberichte der Königlichen Preussischen Akademie der Wissenschaften* (Berlin 1859), 128-157.

sternis ein, wie Thales von Milet sie vorhergesagt hatte.[1] Die Truppen brachen den Kampf ab. Durch die Bemühungen des Königs von Babylonien und von Kilikien wurde ein Frieden ausgehandelt und unterzeichnet.[2] "Sie setzten durch, dass der Friedensschwur getan und ein verwandtschaftliches Band geschaffen wurde: Alyattes musste seine Tochter Aryanis mit Kyaxares' Sohn Astyages vermählen."[3]

Auf dem Felsenrelief von Yazilikaya wird von zwei Figuren ein Neumond oder eine verfinsterte Sonne getragen: Das scheint die Interpretation zu stützen, wonach die Szenen auf dem Felsen in Yazilikaya an den Friedensvertrag zwischen dem Mederkönig Kyaxares und dem Lydierkönig Alyattes erinnern.

Der als Vermittler tätige babylonische König soll entweder Nabopolassar oder Nebukadnezar gewesen sein, je nach dem Datum der Sonnenfinsternis: Diejenige vom 30. September -610 rivalisiert mit derjenigen vom 28. Mai -585 um die Ehre, von Thales vorhergesagt worden zu sein.[4]

Herodot nennt den babylonischen König, der den Frieden herbeiführen half, Labynetos. Ich bin geneigt, anzunehmen, dass der Friedensstifter Neriglissar hiess und dass in diesem Falle von den zwei Daten das frühere von Thales vorhergesagt wurde. In den Bogazköi-Texten trägt Nergil, oder Muwatallis, auch den Namen Labarnas.[5]

Die Felsenreliefs enthalten auch einige Zeichen in der Bilderschrift, aber solange sie nicht entziffert waren, vermochten sie den Gelehrten keine Anhaltspunkte über die Zeit zu geben, in der sie eingraviert wurden; in ihrer charakteristischen Darstellungsart sprechen der Stil, die Kleidungsstücke und gewisse Einzelheiten wie Keulen und Streitäxte für das Ende des 7. oder die erste Hälfte des 6. Jahrhunderts. "Die Keule sowie die Streitaxt erscheinen auf den assyrischen Sculpturen zum ersten Mal in den Kriegsdarstellungen des Enkel's Sennacherib's, der vielleicht eben der letzte König von Nineve war, also ein Zeitgenosse des Cyaxares."[6]

---

[1] Siehe Herodot, I, 74. Thales lebte von vielleicht -640 bis -550. Von F. K. Ginzel: *Specieller Kanon der Sonne und Mond Finsternisse* (Berlin 1899), wird die berühmte Finsternis dem 28. Mai -585 zugeschrieben. Er zitiert 10 weitere vermutete Daten, vom 3. Februar -626 bis 16. März -581.

[2] Herodot, I, 74.

[3] Ebenda.

[4] Zur Zeit von Mursilis fand eine Sonnenfinsternis statt, die er mit folgenden Worten beschrieb: "Während ich gegen das Land Azzi zog, wurde die Sonne verdunkelt." Siehe E. Forrer: »Die astronomische Festlegung« in *Forschungen*, II (Berlin 1926), S. 2.

[5] J. Friedrich: »Staatsverträge des Hatti-Reiches in Hethitischer Sprache«, *Mitteilungen, Vorderasiatisch-ägyptische Gesellschaft,* XXXIV (1936).

[6] Barth, op. cit., S. 139. Assurbanipal, Sanheribs Enkel, war der zweitletzte König Ninives.

Der zerstörte Palast von Bogazköi beeindruckte diesen Gelehrten auch durch seine "grösste Übereinstimmung mit dem Grundplane des Nord-West-Palastes von Ninive", den Sanherib -700 erbaute.[1]

Als in den siebziger Jahren des 19. Jahrhunderts die Theorie des "Hethiterreiches" vorgebracht wurde, wurden die in Hamath und Karkemisch sowie die auf den Felsenreliefs von Bogazköi gefundenen piktographischen Zeichen als "hethitische", in die Zeit Ramses' II. gehörende Hieroglyphen angesehen. Das bedeutete für das Alter der Skulpturen 600 bis 700 Jahre mehr. Obwohl davor gewarnt wurde, dieses spezielle Monument in eine Zeit vor Asarhaddon, dem Sohn von Sanherib[2] zu versetzen, blieben solche Bedenken unbeachtet: Die von der Gegenwart der piktographischen Zeichen in den Reliefs beeinflussten Historiker schrieben die Skulpturen und andere Denkmäler desselben Stils der Zeit des "Hethiterreiches" zu, das heisst dem Zeitalter von Sethos und von Ramses II. im 14. und 15. Jahrhundert.

Darauf zu bestehen, die "hethitischen" Skulpturen seien nicht im 2. Jahrtausend entstanden, war gleichbedeutend mit der Verleugnung der Theorie des "Hethiterreiches"; und da der Stil eines Kunstdenkmals eine sichtbare Tatsache und eine Theorie lediglich Theorie ist, bekannte sich ein berühmter Kunstexperte (O. Puchstein) zu einer klar ausgedrückten Ansicht.[3]

Die Motive dieser Skulpturen und viele Details ihrer Ausführung sprechen dafür, dass diese Kunst in die Zeit zwischen dem 10. und dem 6. Jahrhundert gehört und nicht in das 14. und 13. Jahrhundert.

"Alle jene Bildwerke weisen deutliche Kennzeichen einer viel späteren Entstehungszeit auf; es ist daher ausgeschlossen, dass sie Schöpfungen der ägyptischen Heta sein könnten.

Jedenfalls gibt es weder hier (in Kleinasien) noch in Nordsyrien ein Zeugnis dafür, dass die sogenannte hethitische Plastik schon in dem 10. Jahrhundert v. Chr. existierte. Diese Tatsache scheint mir mit den Ansichten von Sayce unvereinbar zu sein. Für ihn liegt die grösste Machtentfaltung des hethitischen Reiches und damit auch die Blüte der hethitischen Kunst fast um ein halbes Jahrtausend vor der Zeit, in der die erhaltenen altkommagenischen und kleinasiatischen Denkmäler entstanden sind.

---

1 Ebenda, S. 129.

2 G. Hirschfeld: »Die Felsenreliefs in Kleinasien und Das Volk der Hettiter«, *Philosophisch-historische Abhandlungen der Königlichen Preussischen Akademie der Wissenschaften,* 1886 (Berlin 1887), II, 23ff.

3 O. Puchstein: *Pseudohethitische Kunst* (Berlin 1890).

Es braucht daher die Kunst, die diese und ähnliche Werke hervorgebracht hat, nicht den rätselhaften Hethitern des 2. Jahrtausends v. Chr. zugeschrieben werden, sondern sie ist als ein merkwürdiges Zeichen der ehemals hochentwickelten Kultur der kleinasiatischen und kommagenischen Bevölkerung in der Zeit von 1000 – 600 v. Chr. zu betrachten."[1]

Die am besten ausgebildeten Motive in der "hethitischen" Kunst Kleinasiens und Nordsyriens deuten auf das 7. Jahrhundert bis -600; sie als Produkte selbst des 8. Jahrhunderts auszugeben, erscheint als Verletzung gesunder Beurteilung. Der spätassyrische Einfluss ist unmissverständlich sichtbar. Die "hethitischen" Monumente wurden einer mindestens 5 Jahrhunderte weiter zurückliegenden Epoche zugeschrieben und können deshalb nicht dem "Vergessenen Reich" angehören. Und was die Yazilikaya-Skulpturen betrifft, "erhielten die (an der Prozession teilnehmenden) Götterfiguren ihre Gestalt nicht vor dem 7. Jahrhundert, unter dem Einfluss assyrischer Vorstellungen".

"Erst damals, das heisst im 7. Jahrhundert v. Chr., kann assyrisches Wesen in Kappadokien sich eingebürgert und die Künstler der Reliefs von Bogazköi beeinflusst haben."

"... Aus derartigen Abweichungen dürfen wir den Schluss ziehen, dass es sich in Bogazköi um einheimische Götter handelt, deren Bilder erst im 7. Jahrhundert v. Chr. unter dem Einfluss assyrischer Vorstellungen, so wie wir es sehen, ausgeprägt worden sind. Sie lassen sich tatsächlich mit den Göttern in Übereinstimmung bringen, die nach griechisch-römischen Quellen in späterer Zeit in Kappadokien verehrt wurden."[2]

Der Kunstexperte bestand darauf, dass die Kunstbeispiele von Kleinasien und Nordsyrien, welche die unentzifferten Hieroglyphen enthalten, nicht den Heta – den Feinden Ramses' II. – zugeschrieben werden können. Warum nicht? Weil die Heta oder die "Hethiter" gemeinsam mit Sethos und Ramses II. in das 14. und 13. Jahrhundert gehört haben müssen, wogegen die diesen "Hethitern" zugeschriebene Kunst im 7. Jahrhundert produziert wurde. Die Zeit von Sethos oder Ramses wurde nicht angezweifelt, und die Chronologie der Geschichte kam nicht unter Verdacht.

Als aber 1906 der Boden in Bogazköi die Archive des Königs von Heta (Hatti) freigab und darunter die Keilschriftkopie des Vertrages zwischen Hattusilis (Hetasar) und Ramses II. gefunden wurde, brachte man alle Einwände gegen die Theorie des "Hethiterreiches" zum Verstummen. Der

---

[1] Ebenda, S. 13, 14, 22.
[2] Ebenda, S. 13, 21.

gleiche Kunstexperte, der die hervorragende Stilanalyse abgegeben hatte, schrieb ein umfangreiches Werk über die "hethitische" Architektur von Bogazköi; und indem er nun die Entdeckung der Keilschriftkopie des Vertrages zwischen dem König von Heta (Hatti) mit Ramses II. betonte, unterliess er es, seine früheren Einwände noch zu erwähnen. "Der archäologische Hauptgewinn dieser ersten Grabungskampagne war aber die von Winckler den Tontafeln entnommene Erkenntnis, dass die alte Stadtanlage bei Bogazköi einst die Hauptstadt des Hatti-Reiches gewesen ist. Bis in welche Zeit sie sicher zurückreichte, bestimmte sich durch Stücke des Briefwechsels, den um 1300 v. Chr. Ramses II. mit dem Hethiterkönig Hattusil geführt hat."[1]

Ein Faktum, das zwingender erschien als Stil und Motive, stand vor seinen Augen. Keine Kunstexpertise konnte sich an solch offensichtlichen Zeugnissen messen. Stumme Denkmäler können nicht mit beredten Tontafeln wetteifern. Nachdem die aus den Erwägungen über die Kunstobjekte abgeleitete Ansicht aufgegeben war, blieb kein Zweifel, dass die Kultur von Bogazköi zeitgenössisch mit dem Ende der 18. und dem Beginn der 19. Dynastie in Ägypten und ein Produkt des 2. Jahrtausends vor unserer Zeitrechnung gewesen war.

Auf den in Keilschrift verfassten Abhandlungen und Annalen der Könige von Hatti waren piktographische Siegelabdrücke, und identische Siegelembleme kommen auf den Yazilikaya-Reliefs vor. Wie wir sehen werden, zwang diese Tatsache die Archäologen, die seit einem halben Jahrhundert in Bogazköi gegraben und die Reliefs von Yazilikaya studiert haben, an der Ansicht festzuhalten, dass diese Kunst ein Produkt des Hethiterreiches sei, das vor -1200 existierte.

---

[1] O. Puchstein: *Boghasköi, Die Bauwerke* (Leipzig 1912), S. 2. Siehe auch Hall: *The Ancient History of the Near East,* S. 329: "Es könnte sich schliesslich als nicht unmöglich herausstellen, dass einige der tatsächlichen Überbleibsel in Boghaz Kyoi in eine spätere Zeit als die von Winckler gefundenen Archive gehören; es ist aber unwahrscheinlich, dass sie in eine viel spätere Zeit gehören." Vor der Entdeckung der Archive hatte Hall zu den hauptsächlichen Gegnern der Theorie des "Hethiterreiches" gehört. 1901 vertrat er für die Monumente von Bogazköi eine Entstehungszeit im 8. Jahrhundert wegen des assyrischen Einflusses, den er in den Skulpturen erkannte. Fünf Jahre später stellte er seine Ansicht völlig auf den Kopf. Siehe sein *The Oldest Civilization of Greece: Studies of the Mycenaean Age* (Philadelphia 1901), S. 115, 124, 273.

Archäologie und "hethitische" Denkmäler

"Hethitische" Denkmäler wurden in Babylon gefunden, das wichtigste im Palast Nebukadnezars entdeckt. Es handelt sich um eine Reliefstele mit einer Gottheit, die Blitze in der Hand hält und in Tiefrelieftechnik ausgeführt ist. Die Rückseite des Doleriten ist mit ausgezeichnet erhaltenen "hethitischen" Hieroglyphen beschrieben.[1] Die Stele kommt offenbar aus Aleppo und datiert aus der ersten Hälfte des 9. Jahrhunderts.[2] Sie ist jetzt übersetzt worden.[3]

Im Lauf der Ausgrabungen in Anatolien und Nordsyrien wurden verwirrende Fakten angehäuft, und fast jeder "hethitische" Fund konnte als zwei verschiedenen Zeitaltern zugehörig interpretiert werden.

In Gordion – bekannt wegen der Legende um den gordischen Knoten – fand man phrygische Hügelgräber mit Altertümern, welche ihre Entdecker [4] dem 7. und 6. Jahrhundert zuschrieben. Sie beurteilten das Alter ihrer Funde durch Vergleiche mit gut bekannten griechischen Vorbildern. "An der kulturellen Abhängigkeit Phrygiens von Hellas im VI. Jahrhundert ist seit dem Funde zahlreicher griechischer Vasen in der Nekropole sowie der stark hellenisierenden Terrakotten nicht mehr zu zweifeln."[5] Viele dieser Objekte schrieben die Archäologen einer Zeit nach der Vertreibung der Kimmerier und vor dem Fall von Kroisos zu, das heisst zwischen -630 und -546.[6]

Doch von einem Gelehrten, der die Funde von Gordion in ihrer Beziehung zur "hethitischen" Epoche studierte, kam ein Protest: "Es scheint sehr wahrscheinlich, dass die Bestattung (Tumulus III) in die letzten Jahrhunderte des 2. Jahrtausends, in die letzte Periode des hethitischen Reiches gehört."[7]

Der Unterschied in der Bewertung umfasst mehr als 600 Jahre. Die zuletzt zitierte Meinung schien durch die Ausgrabungen in Alisar (80 km

---

[1] R. Koldewey: *Die Hettitische Inschrift gefunden in der. Königsburg von Babylon am 22. August 1899* (Leipzig 1900).

[2] Persönliche Mitteilung von J. D. Hawkins vom 18. März 1977.

[3] P. Meriggi: *Manuale di Eteo Geroglifico,* II/1 (Rom 1967), No. 13, S. 37ff.

[4] G. und A. Körte: *Gordion* (Berlin 1904).

[5] Ebenda, S. 219.

[6] Ebenda.

[7] H. Frankfort: *Studies in Early Pottery in the Near East* (London 1927), S. 158. Siehe K. Bittel und H. Güterbock: »Bogazkoy«, *Abhandlungen der Preussischen Akademie der Wissenschaften, Philosophische-historische Klasse,* 1935 (Berlin 1936).

südöstlich von Bogazköi) bestätigt zu werden,[1] wo die Archäologen einen Horizont mit ähnlichen Funden dem 14. und 13. Jahrhundert zuschrieben, und zwar aufgrund von Siegeln, die "hethitische" piktographische Zeichen trugen, sowie von – mit geometrischen Mustern bemalter – Keramik, wie sie auch in Gordion gefunden worden ist.

Aber die Zeitaltereinteilung der Funde in Alisar wurde ihrerseits kritisiert. Fibeln, das heisst Metallspangen einer bestimmten Form, wurden dort gefunden, und es ist deshalb "unmöglich", dass sie nach der einzig denkbaren Erklärung "nur zufällig in eine so sehr viel ältere Schicht geraten" wären.[2] "Es ist daher ausgeschlossen, dass es schon ... allermindestens 400 Jahre früher viel entwickeltere Fibeln in Anatolien gegeben haben soll."

Diese letztere Ansicht und die Kritik der Alisar-Resultate kam von den neuen Ausgräbern in Bogazköi.[3] Doch diese ihrerseits waren durch die in Bogazköi verkehrt verlaufenden Horizonte verwirrt. Über ihre eigene Arbeit bei der Zitadelle berichteten sie, dass "jede Angabe über die Tiefe, in der ein Fund gemacht wird, wertlos ist", und sie versuchten, sich von den Erfahrungen der Ausgräber Jerichos[4] Trost zu holen – einer dieser Archäologen hatte übrigens seine Bewertung des Alters von Jericho zu widerrufen, ein Vorfall, auf den ich an geeigneter Stelle eingehen werde.

Die Ausgräber in Bogazköi wiesen die Bauten (Schicht II) der Periode des "Hethiterreiches" im 2. Jahrtausend zu; sie mussten allerdings zugestehen, dass diese Gebäude "bis ins 7. Jahrhundert hinein bewohnt gewesen sein müssen". Immerhin kommt ostgriechische spätgeometrische Keramik in so grossen Mengen vor, "dass man sie schwerlich höher datieren kann".[5] Das bedeutet, dass die Bauten mindestens sechs bis sieben Jahrhunderte lang bewohnt waren und dass ihre letzten Bewohner neben der Keramik ihrer eigenen Periode – des 7. Jahrhunderts – Objekte aufbewahrten, die den früheren Bewohnern dieser Räume gehört hatten – neben anderen Gegenständen "hethitische" Siegel des "Hethiterreiches", vorgeblich aus dem 2. Jahrtausend. Ist es vernünftig anzunehmen, dass jemand, der ein Haus bewohnt, in seinen Räumen Dinge aufbewahren würde, die von jenen zurückgelassen wurden, die dort 600 Jahre früher gehaust hatten?

Angesichts erneuter wissenschaftlicher Zweifel, welche die Entstehungszeit der Yazilikaya-Felsskulpturen wiederum in eine spätere Zeit einzuord-

[1] H. H. von der Osten und E. Schmidt: *The Alishar Huyuk,* 7. Bde. (Chicago 1930-1937).
[2] Bittel und Güterbock, op. cit., 1935, S. 22.
[3] Ebenda.
[4] C. Watzinger: *Die Denkmäler Palästinas,* 2. Bde. (Leipzig 1933-1935), I, 5.
[5] Bittel und Güterbock, op. cit., S. 26.

nen begannen, sahen sich die Ausgräber von Bogazköi ein weiteres Mal zur Festlegung des Alters der Reliefs aufgefordert. Während ein Gelehrter es für möglich hielt, die Felsenreliefs dem "Alten Hethiterreich" des 19./18. Jahrhunderts vor unserer Zeitrechnung zuzuschreiben,[1] und andere sie auf das 13. Jahrhundert zurückführten[2] – manchmal sogar das Jahrzehnt nannten oder die Reliefs als die Hochzeit Hattusilis' erklärten –, berücksichtigte eine Reihe von Gelehrten vermehrt Parallelen mit anderen ausgegrabenen Altertümern und schrieb die Skulpturen einer dem Niedergang des "Hethiterreiches" folgenden Periode zu;[3] und einige brachten das Datum der Felsenreliefs bis hinab zum 10. oder 9. Jahrhundert.[4] Es wurde sogar eine Hypothese vorgetragen, nach welcher ein Teil der Felsenskulpturen dem 14. oder 13. Jahrhundert und der andere dem 10. oder 9. Jahrhundert zuzuschreiben sei.[5]

Dieses Meinungschaos veranlasste einen Gelehrten zu schreiben: "Jeder, der die zeitlichen Ansetzungen der einzelnen Denkmäler vergleicht, weiss, wie sehr die Urteile der Gelehrten auseinandergehen. Nicht Jahrzehnte oder Jahrhunderte, oft trennen Jahrtausende die Fixierungen der verschiedenen Forscher."[6]

Die Ausgräber von Bogazköi entschlossen sich, dieser alten Auseinandersetzung ein Ende zu bereiten. Sie schrieben: "Seit H. Wincklers (dem Entdecker der Archive) Erschliessung des Namens und der Bedeutung der Ruinen von Bogazköi hätte man eigentlich auch an der Datierung von Yazilikaya in die Jahrhunderte vor 1200 nicht mehr ernstlich zweifeln dürfen ... Die architektonischen Merkmale Yazilikayas weisen weiterhin deutlich genug in die Zeit des Neuen Hatti-Reiches",[7] das heisst auf das Neue Reich von Suppiluliumas, Mursilis und Hattusilis. "Eine endgültige Entscheidung" fanden sie in hieroglyphischen Siegeln aus Bogazköi und in identischen Kartuschen auf dem nahegelegenen Felsenrelief von Yazilikaya.

Doch in Bogazköi fanden die Ausgräber Bittel und Güterbock auch "Hiero-

---

[1] Herzfeld: »Hettitica«, in *Archäologische Mitteilungen aus Iran*, 2 (1930), 132-203. Siehe Bittel: *Die Felsbilder von Yazilikaya* (Bamberg 1934).

[2] Sayce, J. Garstang, V. Müller.

[3] H. H. von der Osten, Albright.

[4] V. Christian: *Archiv für Orientforschung,* IX (1933), 25 ff.

[5] F. W. von Bissing: »Untersuchungen über Zeit und Stil der ›chetitischen‹ Reliefs«, *Archiv für Orientforschung,* VI (1930-1931), 159-201

[6] Helmuth Th. Bossert: »Das hethitische Pantheon«, *Archiv für Orientforschung,* VIII (1923-1933), 297.

[7] Bittel und Güterbock: *Abhandlungen der Preussischen Akademie der Wissenschaften,* 1935, S. 46.

glyphensiegel in höheren Schichten",[1] die sie nicht erklären konnten. Ebenfalls fanden sie eine ganze Reihe griechischer Inschriften der spät- und nachphrygischen Perioden;[2] aber da sie schon von allem Anfang an entschieden hatten, dass "jede Angabe über die Tiefe, in der ein Fund gemacht wird, wertlos ist", wiesen sie entsprechend ihrer vorgefassten Chronologie die phrygischen Objekte einem gegenüber dem Ende des "Hethiterreiches" 400 oder 500 Jahre jüngeren Datum zu.

"In tiefster Dunkelheit"

Die Kritik an den Alisar-Ausgrabungen durch die Ausgräber von Bogazköi in der Angelegenheit der Fibeln machte grösseren Eindruck, als beabsichtigt worden war. Die Archäologen von Alisar widerriefen alle ihre Bewertungen, die sie schon in monumentalen Bänden veröffentlicht hatten.

"Eine endgültige Änderung muss eingeführt werden" – im Hinblick auf die archäologische Schicht, "die wir früher Periode IV nannten und auf Grund der häufigen Funde von Siegeln mit 'hethitischen' Hieroglyphen in die Zeit des Neuen Hethiterreiches (ungefähr -1500 bis -1200) setzten ... Ausserdem enthüllen Studien auf Grund erweiterten Materials eine nahe Verwandtschaft zwischen unserer Keramik der Periode IV und der späteren phrygischen Ware aus Gordion. Das Auftreten der sogenannten 'hethitischen' Hieroglyphen in dieser Gebäudeschicht, und *nur* (kursiv im Text) in dieser Schicht, erfordert eine Erklärung ... Der Beginn hieroglyphischer Schreibkunst in Kleinasien ist viel zu früh angesetzt worden, und ihre Verbindung mit den Hethitern der zwei Reiche erscheint eher fragwürdig."[3]

Diese Erklärung, wonach die "hethitischen" Hieroglyphensiegel in der späten phrygischen Schicht, und nur in dieser Schicht gefunden wurden, und dass demzufolge die "hethitischen" Hieroglyphen nicht zu den "Hethitern" gehören, kommt der Unterschrift unter eine Bankrotterklärung gleich. Diese eigenartigen hieroglyphischen Zeichen waren das Alpha der Theorie des "Hethiterreiches". W. Wright, ein Missionar in Damaskus, machte

---

[1] Ebenda, S. 58.
[2] Ebenda, S. 84ff.
[3] H. H. von der Osten: *Discoveries in Anatolia*, 1930-1931, Publications of the Oriental Institute of the University of Chicago (1933), S. 9-10.

den hieroglyphischen Stein in der Ecke eines arabischen Gebäudes in Hamath zum Grundstein der Konstruktion des "Vergessenen Reiches".[1] Durch das Auffinden der Archive von Bogazköi, den Aufzeichnungen des Hatti-Reiches, war diese Theorie glänzend bestätigt worden. Und jetzt, nach all diesen Triumphen, diese Kapitulation?

"Es scheint am wahrscheinlichsten, dass dieses hieroglyphisch schreibende Volk eine aktive Rolle bei der Zerstörung des hethitischen Reiches spielte, vielleicht in Verbindung mit den Phrygern."[2]

Die Schicht mit den hieroglyphischen Inschriften wurde neu als "erste nachhethitische Schicht" bezeichnet,[3] und in Übereinstimmung mit der Schicht IV wurde das Alter aller Schichten um eine Reihe von Jahrhunderten reduziert.

So wird Licht zur Finsternis. "Trotz aller Fortschritte der letzten 25 Jahre in der 'Hethitologie' bleiben wir aus archäologischer Sicht über die hethitische Frage in tiefster Dunkelheit."[4]

Dieses testimonium paupertatis[5] konnte nur durch eine grundlegende Verwirrung hervorgerufen worden sein.

Die Nekropolis von Gordion wurde wegen der geometrischen Muster auf ostgriechischer Keramik dem 7./6. Jahrhundert zugehörig erklärt. Alisar IV lieferte dieselbe Ware. Aber auch diese Schicht enthielt hieroglyphische Siegel. Diese sind zeitgleich mit den Siegeln von Bogazköi und den Kartuschen auf den Reliefs von Yazilikaya, und ebenfalls mit den Archiven von Bogazköi: Auf einigen Tontafeln aus diesen Archiven gibt es Abdrücke von (piktographischen) Siegeln, die vor dem Brennen in den noch weichen Ton geprägt worden waren.

Zu einem späteren Zeitpunkt unterzog der Ausgräber von Alisar ein Stück Holz, das unter der Mauer der Akropolis in Schicht III – zunächst als altbronzezeitlich bestimmt – gefunden worden war, einer Radiokarbondatierung. Nach dem Resultat war das Holz 700 Jahre jünger, als auf Grund der akzeptierten historischen Chronologie erwartet wurde.[6]

Der gleiche reumütige Autor, der seine Einschätzung von Alisar IV widerrief und es der nachphrygischen Zeit zuschrieb, hatte einige Jahre früher

---

[1] Wright: *The Empire of the Hittites.*

[2] Von der Osten: *Discoveries in Anatolia,* S. 10.

[3] Ebenda.

[4] H. H. von der Osten: *Four Sculptures from Marash,* Metropolitan Museum Studies, II, 1929-1930 (New York 1930), 115.

[5] [lat.: Armutszeugnis, Anm des Verlags]

[6] W. F. Libby: *Radiocarbon Dating* (Chicago 1952), S. 71.

geschrieben: "Es gibt keine historisch bekannten Umstände, die eine allgemeine Verwendung von Hieroglyphen inmitten des hethitischen Grossreiches während seiner Existenz angemessen erklären könnten."[1]

Jetzt war alles durcheinander.

Da "hethitische" Geschichte keine eigene Chronologie hat, "müssen wir nach wie vor die hethitische Chronologie auf die ägyptische aufbauen", schrieb einer der führenden Hethitologen.[2] Wie fatal diese Abhängigkeit ist, beginnen wir jetzt zu verstehen.

Gordion

Durch das phrygische Königreich floss der Sangarios (heute Sakarya); seine Ostgrenze verlief entlang dem Halys (heute Kizil Irmak). Die Ruinen von Gordion befinden sich etwa 80 Kilometer südwestlich von Ankara und weitere 140 Kilometer von Bogazköi (Hattusa) entfernt. Es war der Sitz von König Gordios, dem Gründer der Dynastie, und des legendären König Midas – alles, was er berührte, verwandelte sich zu Gold.

Gemäss griechischer Tradition kamen die Phryger von Thrakien über den Bosporus. Die Zeit ihrer Ankunft ist unbekannt, und es gibt keine archäologischen Anhaltspunkte, welche die manchmal geäusserte Ansicht stützen könnten, die Phryger wären bereits im 13. Jahrhundert in Anatolien angekommen: Einziges Argument für ein so frühes Datum ist der Umstand; dass Homer auf die Phryger als Verbündete des Königs Priamos von Troja verweist. Aber es wird auch die Meinung vertreten, dass dieses frühe Datum nicht beachtet werden sollte, da Homers Hinweis auf die Phryger in der Art eines Anachronismus aufzufassen sei. Keine phrygischen Altertümer wurden aus einer Zeit vor der ersten Hälfte des 8. Jahrhunderts (-800) gefunden.[3]

Das Ende des phrygischen Königreiches ist bekannt – es fiel -687 oder ein bis zwei Jahre später der Invasion der Kimmerier zum Opfer.

Die Kimmerier kamen aus dem Norden, auf den Küstenstrassen des Kaukasus entlangziehend; ihre ursprüngliche Heimat wird oft auf der Krim

---

[1] Von der Osten: *Four Sculptures from Marash*, S. 115.

[2] Götze: *Mitteilungen, Vorderasiatisch-ägyptische Gesellschaft*, XXXVIII (1933), 9.

[3] E. Akurgal: *Phrygische Kunst* (Ankara 1955), S. 112: "Die phrygische Kunst ist erst am Beginn des 8. Jahrhunderts entstanden."

gesucht. Obwohl sich die literarische Tradition über die Invasion der Kimmerier und den Fall von Gordion beharrlich wiederholt, wurde von den Archäologen nichts gefunden, das ihrer Anwesenheit in dieser Stadt oder in Phrygien überhaupt zugeschrieben werden könnte. Es scheint, dass sie kaum in Phrygien verweilten und – wie die Skythen, die ihnen auf den Küstenstrassen des Kaukasus bald folgten – nur als vorüberziehende Eroberer auftraten. Die Zeit, zu der sie ihre Heimat verliessen (-687 oder bald danach), lässt mit Sicherheit erkennen, dass sie von den Naturereignissen jenes Jahres, die in *Welten im Zusammenstoss* ausführlich beschrieben sind, zu ihrer Wanderung getrieben wurden. Es war auch das Jahr, in dem Sanherib sein berühmtes Debakel erlebte, das von Herodot und auch in den Büchern Jesaja, II Könige und II Chronik geschildert wird, während er Jerusalem mit Erstürmung und seine Bevölkerung mit Vertreibung und Exil bedrohte.

Nach dem Durchgang der Kimmerier war Phrygien der Besetzung durch die westlichen und östlichen Nachbarstaaten ausgesetzt. Im Westen lag Lydien mit der Hauptstadt Sardes; im Osten war das chaldäische Königreich. Wir aber erkennen das "Hethiterreich" mit seiner Hauptstadt in Hattusa als das chaldäische Königreich, und seine Zeit als das 7. und die erste Hälfte des 6. Jahrhunderts. Das Felsenrelief mit der Friedensprozession in Yazilikaya stammt aus derselben Periode.

Nachdem zu Beginn unseres Jahrhunderts die Brüder Körte in Gordion gegraben hatten, fanden bis nach dem Zweiten Weltkrieg keine weiteren Ausgrabungen statt. Aber 1950 führte Rodney Young, gefördert vom University of Pennsylvania Museum, ein Team dorthin und kehrte viele Jahre hindurch für weitere Grabungskampagnen zurück.

Wenn das konventionelle Geschichtsschema wahr ist, sollte in Gordion die Schicht des "Hethiterreiches" unter dem phrygischen Horizont gefunden werden; wenn aber das rekonstruierte Schema wahr ist, müssen einige der Relikte von dem, was unter dem Namen des Hethiterreiches zurückgeblieben ist, über der phrygischen Schicht vorkommen. Und hier ist, was Dr. Young und sein Team in Gordion ans Licht brachten:

Der phrygische Horizont wird von einer Lehmschicht bedeckt. "Für Zwecke der Datierung eignen sich die Scherben aus dieser Lehmschicht wenig; sie sind fast ausschliesslich hethitisch." Die im Überfluss vorhandenen "hethitischen" Relikte qualifizieren die Schicht, in der Auffassung ihres Ausgräbers, als "offensichtlich eine Ablagerung", die bereits im Lehm war, als dieser von anderswo zur Bedeckung der Oberfläche des phrygischen Stadthügels herbeigebracht worden war."[1]

Young führt weiter aus, dass wenn diese Lehmschicht während der Perserperiode über den Hügel ausgebreitet worden sei, wie er sich gezwungen sieht anzunehmen, "würde es nötig gewesen sein, den Lehm über das persische Tor (der Stadtmauer) zu heben, bevor er auf den Hügel im Westen geschüttet werden konnte".[2] Er bezeichnet dies als "einen offensichtlich höchst extravaganten Arbeitsvorgang".

Dies wäre in der Tat extravagant gewesen, wenn es wahr wäre. Ist es aber wahr, dass die Perser den lehmigen Boden von irgendwo im Osten herbeibrachten, dann diese Erdschicht, mit hethitischer Keramik darin, über das hügelige Terrain transportierten und sie gleichmässig überall auf die Hauptstadt von Phrygien verteilten, um darauf neu zu bauen? Im Durchschnitt ist die Schicht 4 Meter dick, und wenn man die Ausdehnung von Gordion bedenkt, muss das Unternehmen – wenn es stattgefunden hat – die Bewegung von Millionen Tonnen lehmigen Grundes über eine bedeutende Distanz mit sich gebracht haben.

Selbst wenn das die Lösung der bemerkenswerten Schichtenfolge wäre, so müsste es, abgesehen von der Lehmschicht zwischen der phrygischen und der persischen Schicht, noch einen weiteren Horizont geben, um die Lücke zwischen dem Ende des phrygischen Königreiches um -687 und -548 auszufüllen, als Kyros Kleinasien und damit das chaldäische Königreich, das phrygische Gordion und Sardes von Lydien eroberte, wo er Kroisos gefangen nahm. Aber lediglich der "hethitische" Horizont trennt die phrygische von der persischen Schicht.

"Die über die Lehmschicht gebaute neue Stadt datiert aus der zweiten Hälfte des 6. Jahrhunderts. Es gibt deshalb eine Lakune (Lücke) von etwa einundeinhalb Jahrhunderten in der Schichtung und Geschichte der Stätte; die Lehmschicht war nicht akkumuliert, sondern aufgeschüttet, offenbar alles zu ein und derselben Zeit; der von anderswo gebrachte Lehm enthält fast ausschliesslich Keramik der hethitischen Periode."[3]

Der Grund zur Aussage, dass die Schicht nicht akkumuliert worden ist, sondern über den ganzen Hügel aufgeschüttet wurde, ist offenbar in der

---

[1] R. S. Young: »Gordion: Preliminary Report, 1953«, *American Journal of Archaeology,* Vol. 59 (1955), S. 12.

[2] Ebenda.

[3] Young: »The Campaign of 1955 at Gordion: Preliminary Report«, *American Journal of Archaeology,* Vol. 60 (1956), S. 264.

Tatsache zu sehen, dass die darin enthaltene Keramik fast ausschliesslich aus der Periode des "Hethiterreiches" stammt.

Folgen wir dieser logischen Denkrichtung noch ein wenig: Die Schicht mit den Gegenständen aus dem "Hethiterreich" ist für Gordion völlig fremd, da sie aus einiger Entfernung zur Bedeckung der phrygischen Stadt herantransportiert wurde. Die phrygische Stadt fiel -687 den Kimmeriern zum Opfer, die aber nicht dort blieben. Die persische Regierungszeit begann -548. Ungefähr 140 Jahre trennen diese zwei Ereignisse. Etwas Akkumulierung von Abfall, Keramik und anderen Relikten der Bewohner dieses Ortes muss es während dieser 140 Jahre gegeben haben. Aber indem die "hethitische" Schicht als nicht zugehörig unberücksichtigt bleibt, haben wir eine "Lakune".

Young nimmt an, die Perser hätten die phrygische Hauptstadt mit einer "hethitischen" Schicht als Basis für die Neuanlage überdeckt. Entfernten sie auch eine gleichartige Schicht, die sich während fast eineinhalb Jahrhunderten akkumulierte, um die Lücke in der Schichtung des Hügels zu schaffen?

Young schreibt: "Das Gordion der lydischen Periode zwischen ca. 690 und 550 hat sich uns bislang entzogen, obwohl es unwahrscheinlich erscheint, dass die Hauptstätte während dieser langen Periode gänzlich verlassen war."[1]

Nach dem Durchzug der Kimmerier wurde das phrygische Königreich zwischen den Lydiern und den Chaldäern aufgeteilt. Die "hethitische" Schicht über der phrygischen und unter der persischen Schicht befindet sich an ihrer richtigen Stelle. Die Erde wurde nicht von weit hergebracht.

Young beobachtete ebenfalls, dass die Konstruktion des phrygischen Tores in Gordion seine "nächste Parallele in der Mauer der 6. Stadt in Troja hatte". Doch vorgeblich liegt eine Spanne von vielen Jahrhunderten dazwischen. "Obwohl durch eine Zeitspanne von 500 oder ungefähr soviel Jahren getrennt, können die zwei Befestigungen gut eine gemeinsame Bautradition in Nordwestanatolien vertreten; wenn das so ist, müssen dazwischenliegende Beispiele noch gefunden werden."[2] Die 6. Stadt von Troja, indessen, gehört nicht in das 13., sondern in das 8. Jahrhundert, genau in die Zeit, als die Befestigungen von Gordion errichtet wurden.

---

1 Ebenda.

2 R. S. Young: »Gordion: Preliminary Report, 1953«, *American Journal of Archaeology,* 59 (1955), S. 13.

Das Dunkle Zeitalter Anatoliens

"Trotz der eifrigen Spatenforschung der letzten Jahrzehnte liegt die Zeitspanne von 1200-750 für die meisten Teile des anatolischen Raumes noch in völliger Dunkelheit."[1]

Dies sind die Worte von Ekrem Akurgal, einem prominenten türkischen Archäologen, der grosse Regionen Kleinasiens sorgfältig begutachtet hat. Das Gebiet enthält für eine volle Spanne von 450 Jahren keine Relikte aus Kunst oder Gewerbe, keine Überreste menschlicher Kultur oder auch nur einer Besiedlung.

"Demnach scheinen die Kulturreste der Zeit zwischen 1200-750 im mittleren Kleinasien, vor allem im Hochland, für uns fast unwiederbringlich verloren zu sein."[2]

"Auffallend ist ferner, dass bis heute in Zentralanatolien nicht nur keine phrygischen, sondern überhaupt keine Kulturreste irgendeines Volkes zutage getreten sind, die in die Zeit 1200-750 datiert werden können."[3]

"Doch ist auch hier (im Süden der Halbinsel) die frühe Eisenzeit, das heisst die Periode zwischen 1200 und 750, in Dunkelheit gehüllt."[4]

Um zu solchen Schlussfolgerungen zu kommen und trotzdem am akzeptierten chronologischen Zeitplan festzuhalten, muss ein Gelehrter völlig überzeugt sein, dass an keinem Grabungsort einer derart grossen Region irgendein Artefakt oder begrabener Körper aus vier bis fünf aufeinanderfolgenden Jahrhunderten zu finden sei. Wie vollkommen entvölkert muss dieses Gebiet gewesen sein, welches zur Zeit des "Hethiterreiches" von vielen Nationen bewohnt wurde, die kommerzielle und diplomatische Beziehungen gepflegt und kulturellen Austausch und gewerbliche Güter in Fülle gehabt hatten.

In einem vorgesehenen Band über die Archäologie und Chronologie Griechenlands werde ich das sogenannte Dunkle Zeitalter in Griechenland behandeln, das, wie in Kleinasien, den akzeptierten Zeitplan derselben Periode von -1200 bis -750 ausfüllt. Diese Jahrhunderte, zwischen der mykenischen und der ionischen (griechischen) Periode, sind irreal: Sie resultieren aus der Abhängigkeit der mykenischen zeitlichen Abstimmung von der ägyptischen Chronologie – von der gleichen Situation also, die wir in Kleinasien vorgefunden haben. Dort brachte der Vertrag mit Ramses II.

---

[1] E. Akurgal: *Die Kunst Anatoliens* (Berlin 1961).
[2] Ebenda.
[3] Ebenda.
[4] Ebenda, S. 7.

in Hattusa (Bogazköi) die Welt der Historiker zu ähnlichen Schlüssen, wie die in den mykenischen Gräbern gefundenen Skarabäen der Könige und Königinnen der 18. Dynastie sie nach sich zogen.

Das Dunkle Zeitalter Anatoliens (Kleinasiens) wurde von H. Frankfort, einem Kunsthistoriker, noch ausgedehnt in Richtung der Länder des Ostens gesehen.[1] Akurgal indessen zeigte auf Karkemisch am Euphrat als den Ort, wo eine ununterbrochene Bewohnung verfolgt werden könne, welche die in Anatolien nichtüberbrückten Jahrhunderte miteinander verbindet.

Das "Goldgrab" von Karkemisch

Als einziges Grab innerhalb der Stadtmauern wurde unter dem Boden eines Raumes (Raum E) im nordwestlichen Fort von Karkemisch das "Goldgrab" entdeckt – so genannt wegen der goldenen Objekte, vor allem Figurinen, die darin gefunden wurden. Es lieferte "die feinsten Kleinobjekte, die während der ganzen Expedition ans Licht kamen".[2] Es handelte sich um eine Kremationsbestattung. Die Urne mit den ausgeglühten Knochen, einem kleinen Lapislazuli und vier goldenen Quasten stand in einem Trichter und war von einem kleineren Trichter zugedeckt. Alles war in einer Anhäufung von Holzasche eingehüllt; in diesem Haufen wurde eine Serie von 39 kleinen, als Relief in Lapislazuli geschnitzte oder aus Steatit in Goldzellenschmelz gefasste Figurinen gefunden. Es gab auch durch Feuer formlos gemachte Bronzebarren, Elfenbeinfragmente von Möbeln – ebenfalls verbrannt –, eine grosse Anzahl kleinster Goldperlen und -pyramiden und ein Paar goldener Scheiben (eine davon beschädigt) mit einem Muster menschlicher und tierischer Figuren. Einige der Objekte waren durch die Verbrennung stark beschädigt worden, andere waren offenbar in noch heissem Zustand in die Asche gekommen, aus dem Scheiterhaufen in die Grube gegossen, in welche die Urne bereits gestellt worden war.

Die 39 kleinen Figurinen – nicht alle überlebten gut – erweckten Aufmerksamkeit. Woolley schrieb: "Diese kleinen Figurinen sind miniaturisierte Juweliersreproduktionen der grossen Felsskulpturen von Yazilikaya. Nicht allein das allgemeine Thema ist dasselbe – eine lange Aufreihung von Göt-

---

[1] H. Frankfort: *The Art and Architecture of the Ancient Orient* (Baltimore 1954), S. 164-166.
[2] Sir Leonard Woolley: *Carchemish III* (London 1952), S. 250ff.

tern, Königen und Soldaten –, sondern die einzelnen Figuren sind in Typ, Haltung, Attributen und Kleidung identisch. Die einen langen Mantel tragende zentrale Figur, mit der geflügelten Scheibe über ihrem Kopf, einen umgekehrten Lituus greifend; die Figur mit der konischen Kopfbedeckung, offenem Rock und caduceusähnlichem Stab; die weibliche Figur mit dem bis auf die Füsse reichenden Faltenrock; die Soldaten mit ihren zugespitzten Helmen, kurzen Röcken und nach oben gebogenen Schuhen – alles ist direkt von Yazilikaya hergeleitet."

Das aber bedeutete ein Problem:

"Die nahe Verwandtschaft zwischen den Felsskulpturen und den Karkemisch-Schmucksachen kann keine Täuschung sein. In erster Linie liegt die Schwierigkeit bei der Datierung; die Schnitzereien stammen aus dem 13. Jahrhundert v. Chr. und das Grab aus den letzten Jahren des 7. Jahrhunderts. Dann sind entweder die Schmucksachen selbst viel älter als das Grab, in welchem sie gefunden wurden, und sind als Erbstücke durch viele Generationen gereicht worden; oder sie sind relativ jung und wurden in Syrien hergestellt (nachdem die Hethiter von Anatolien Hunderte von Jahren vorher verschwunden waren) und bewahren ungebrochen die alte hethitische Tradition. Es muss zugestanden werden, dass die 'Erbstück'-Theorie weit hergeholt ist, angesichts der Tatsache, dass Karkemisch von Hattusa weit entfernt ist und jegliche Familienkontinuität über diese weite Trennung von Ort und Zeit höchst unwahrscheinlich ist."

Indessen wurde diese Ansicht von anderen Sachverständigen nicht geteilt. Güterbock,[1] der in Hattusa (Bogazköi) viele Jahre lang gegraben und das naheliegende Felsenrelief von Yazilikaya studiert hatte, schrieb:

"Es gibt keinen Zweifel, dass diese Figuren sowohl in Stil als auch vom Thema her ... hethitisch im Sinne des Hethiterreiches von Bogazköi sind. Wie kamen Schnitzereien des 13. in ein Grab des 7. Jahrhunderts?" Güterbock fuhr fort: "Zwei Möglichkeiten bieten sich an: Entweder wurden die Figuren vor 1200 hergestellt und bis zu ihrer Deponierung im Grab als 'Erbstücke' weitergereicht, oder sie wurden in der späthethitischen Periode, aber in dem Stil hergestellt, der vom Reich her überlebte. Sir Leonard scheint geneigt, die zweite Alternative zu bevorzugen, aber seine Argumentation beruht zum Teil auf seinen Daten für die Wassertor- und Heroldsmauerskulpturen, denen ich nicht zustimmen kann. Ich würde eher die 'Erbstück'-Theorie vorziehen ... Der Einwand gegen die 'Erbstück'-Theorie, dass es keine Familienkontinuität zwischen den Königen des Reiches

[1] H. G. Güterbock: »Carchemish«, *Journal of Near-Eastern Studies,* 1954, S. 113ff.

und den späten hethitischen Herrschern von Karkemisch gab, ist richtig." Er versuchte, diesen Einwand zu überwinden, indem er folgende Hypothese anbot: Es könnte geschehen sein, dass "die späten Hethiter, die sich am Euphrat nach 1200 etablierten, sie (die goldenen Figuren) als Beute nahmen, als sie das Reich plünderten"; oder es waren Erbstücke aus der Zeit, als "Suppiluliumas und seine Nachfolger diese Schmuckstücke nach Karkemisch brachten, wo sie trotz des Herrschaftswechsels in der Schatzkammer aufbewahrt blieben".

"Die einzige dritte Möglichkeit wäre, das Alter des Grabes selbst zu bezweifeln, aber das ist angesichts der klaren Beschreibung der Fundumstände nicht möglich."[1]

Ist das die einzige andere Möglichkeit?

Die Reliefs von Yazilikaya stammen nicht aus dem 13. Jahrhundert, sondern sind sechs bis sieben Jahrhunderte jünger: Das ist die Antwort auf die oben gestellte Frage "Wie kamen Schnitzereien des 13. in ein Grab des 7. Jahrhunderts?"

Die Heroldsmauer

Ekrem Akurgal konnte in seinem archäologischen Bericht über Kleinasien kein einziges Relikt aus dem Dunklen Zeitalter (-1200 bis -750) erwähnen; allein in Karkemisch, der Festungsstadt am Euphrat ganz am Rande Kleinasiens, glaubte er, eine ununterbrochene Geschichte aufspüren zu können, welche sowohl die letzten Jahrhunderte des 2. Jahrtausends als auch die ersten Jahrhunderte des 1. Jahrtausends ausfüllen könnte.

So wie wir immer stärker zu realisieren begannen, dass es in Anatolien, der zentralen Hochebene in Kleinasien, keine leeren Jahrhunderte gab, so wurde uns auch immer klarer einsichtig, dass die Geschichte von Karkemisch in der konventionellen Darstellung nicht einer ordentlichen Methode folgt, sondern die Jahrhunderte alle durcheinanderwirft. Die Schlacht von Karkemisch (die Schlacht von Kadesch), die zwischen Ramses II. und Nebukadnezar ausgetragen wurde, fand -605 statt. Es folgt, dass die Ansetzung dieses Schlachtgeschehens im 14. oder zu Beginn des 13. Jahrhunderts ein Durcheinander historischer Abfolgen nach sich zieht. Das Balawat-Tor von Salmanassar III. aus dem mittleren 9. Jahrhundert mit einem Bronze-

[1] Ebenda.

relief der Karkemisch-Festungstürme entstand vor Ramses' II. Gestaltung der äusseren Verteidigungsanlagen in Karkemisch – und nicht erst danach.

Diese äusseren Verteidigungsanlagen von Karkemisch haben wir bereits diskutiert. Der Hügel ist nie völlig erforscht worden, aber bestimmte Zonen im inneren Teil wurden ans Licht gebracht – ein Tempelkomplex und Stücke der inneren Festungsanlagen. Dazu gehört ein Tor, eine angrenzende und mit Tiefreliefskulpturen verzierte Schutzwehr, "Heroldsmauer" genannt; damit verbunden ist ein weiteres Stück Mauer, die bis zum Wassertor führt, so bezeichnet, weil es teilweise versunken im Euphrat stand.

Eine der verwitterten Figuren auf der skulpturierten Steinplatte der Heroldsmauer stellt ein weibliches Wesen dar, mit einer "kunstvollen Kopfbedeckung aus drei unten angeordneten Bändern, über denen eine hohe, von senkrechten Furchen in drei offenbar in der Mitte durch Kreuzlinien zusammengehaltene Säulen geteilte Krone steht – es ist die Kopfbedeckung der Göttin, die in der grossen Vertiefung von Yazilikaya eingemeisselt ist und der auch die Figur als Ganzes augenfällig gleicht."[1]

Von dieser wie auch von einer Anzahl weiterer Steinplatten, eigentlich "von der Mehrheit der Steine kann zum mindesten gesagt werden, dass der Stil der Bildhauereien archaisch ist"; und das ist verblüffend, wenn der Palast aus "der letzten Kunstphase in Karkemisch" datiert. Die Schlussfolgerung widerspricht sich selbst, und eine Lösung wird in der Alternative gesucht: "Entweder stammt die ganze Mauer aus einer früheren Periode und wurde als Ganzes in den späten Palast übernommen, oder die einzelnen Reliefs kamen von einem älteren Gebäude und wurden ein zweites Mal verwendet." Woolley fuhr fort: "Im Gegensatz dazu gibt es im Königstor unbezweifelbare Hinweise, dass die Serie einer späten Periode entstammt, obwohl Heroldsmauer und Königstor aneinanderstehen und Teile desselben Gebäudes sind ..."[2]

Von einer Steinskulptur schrieb Woolley: "Gewiss sieht die Statue archaisch aus ... bei ihrer Entdeckung war unser erster Eindruck, dass es sich um eine frühe Figur handelte und neu errichtet wurde, als man das Gebäude umbaute. Aber dieser Archaismus muss einfach die Folge konservativer Religiosität sein." Die Analogie wurde in beide Richtungen getrieben: mit dem, was man als früh oder als spät erachtete, und die Schlusserwägung ("die Analogie der Sençirli-Figur") "ist entscheidend für ein spätes Datum".

---

[1] Sir Leonard Woolley: *Carchemish III* (1952), S. 187.
[2] Ebenda, S. 190-191.

M. E. L. Mallowan schrieb 20 Jahre nach Woolley und folgerte, dass die Heroldsmauer im frühen 9. Jahrhundert, etwas später als die lange Skulpturenmauer, gebaut wurde.[1]

Dieser Ansicht folgte auch J. D. Hawkins, einer der Pioniere bei der Entzifferung der hethitischen piktographischen Inschriften, der seine Zeitbestimmungen hauptsächlich auf epigraphische Zeugnisse stützte.[2]

Die syrischen Stadtstaaten

Die Stadtstaaten von Nordsyrien und Ostanatolien – Karkemisch, Malatya, Sençirli, Karatepe, Marasch – entstanden um die Jahrtausendwende zum 1. Millenium vor unserer Zeitrechnung, und sie blühten fast bis zum Ende des 8. Jahrhunderts, als die letzte unter ihnen die Unabhängigkeit an Assyrien verlor.

Diese Stadtstaaten entwickelten nie genügend Bindekraft, um ein geeintes Reich zu bilden, obwohl sie bei Gefahr ihre Kräfte gegen einen gemeinsamen Feind vereinten. Als im 9. Jahrhundert Salmanassar III. seine Heere bis zum Oberen Meer (dem Mittelmeer) führte und Übergriffe in nordwestlicher Richtung in die Anti-Taurus-Region Anatoliens machte, vereinten sich die Stadtstaaten zu einer weitgreifenden Föderation, die auch Ahab von Israel einschloss und der es unter der Führung des ägyptischen Oberbefehlshabers Biridri glückte, dem assyrischen Vordringen Einhalt zu gebieten.

Die Geschichte der Stadtstaaten ist recht unscharf, und was bekannt ist, muss fast ausschliesslich aus Hinweisen in den Annalen assyrischer Könige rekonstruiert werden; die piktographischen Inschriften der einheimischen Fürsten, die heute einigermassen verlässlich entziffert werden können, ergeben höchst spärliche Informationen über die politische Geschichte dieser Fürstentümer; es handelt sich zumeist um Widmungsinschriften. In zunehmendem Masse liefern archäologische Zeugnisse Einsicht in das tägliche Leben, in die Religion und in die kulturellen Errungenschaften der Stadtstaaten.

Allen Anzeichen nach war ihre Kultur einheimisch, wuchs aus ihren eigenen Wurzeln und reifte in einem langsamen Prozess. Die Schrift, um-

---

[1] »Carchemish«, *Anatolian Studies,* 22 (1972), S. 63-86.

[2] »Building Inscriptions of Carchemish«, ebenda, S. 106.

ständlich und unpraktisch; der primitive Stil der Reliefs; die politische Organisationsform in Stadtstaaten – alles spricht für langsames, regionales Wachstum.

Und doch versichern die Proponenten des akzeptierten Geschichtsschemas, dass diese Staaten die Nachfolger des grossen "Hethiterreiches" des 2. Jahrtausends gewesen seien; dass nach dem Niedergang dieses Reiches unter der Welle wandernder Horden sich Überbleibsel seiner einstigen Grösse in den isolierten Bergfesten von Nordsyrien festsetzten, wo sie jahrhundertelang noch fortlebten. Schliesslich wurden sie zu Vasallen Assyriens und zur Zeit Nebukadnezars dann ausgelöscht.

Bei der Untersuchung der syro-hethitischen Hinterlassenschaft müssen in Bezug auf diese Ereignisabfolge unvermeidlich starke Zweifel aufkommen. Die in den Archiven von Bogazköi im Osten Zentralanatoliens am allerhäufigsten vorkommende Sprache ist Babylonisch, und die dafür gebrauchte Schrift ist fast ausschliesslich die Keilschrift – nur auf Denkmälern und Königsinsignien überlebte die alte piktographische Schrift. Und doch sollen die Syro-Hethiter, die in viel engerer Nachbarschaft zur mesopotamischen (assyrischen) Kultur lebten, vorgeblich zur piktographischen Schrift zurückgekehrt sein, die bereits zur Zeit des Reiches ausser Gebrauch gekommen war. In der Tat, die piktographische Schrift wird jetzt als charakterisierendes Merkmal der Syro-Hethiter hervorgehoben.

Syro-hethitische Kunst, so wie sie in den primitiven Reliefs sichtbar ist, zeugt nicht von grossartigen zurückliegenden Ereignissen in Yazilikaya. Während einige der Motive einander ähnlich sind, fällt es trotzdem schwer, die Reliefs von Malatya und Karatepe lediglich als degenerierte Imitationen monumentaler Werke aus der Reichsperiode zu verstehen. Die Kunst jedes Stadtstaates hat ihren eigenen Einschlag. Sie ist keineswegs degeneriert oder formalistisch: Es handelt sich um primitive, lebenssprühende und in der heimischen Erde verwurzelte Kunst.

In der politischen Organisation der Syro-Hethiter zeigt sich weiteres starkes Beweismaterial für eine lokale Entwicklung, die nichts mit einem grossen "Hethiterreich" im vorangegangenen Jahrtausend zu tun hat. Gleich wie im frühen Griechenland ging der Entwicklung eines geeinten Grossreiches eine Periode von Stadtstaaten voraus.

Diese drei Beweisklassen – Schrift, Kunst und politische Organisation – bestätigen die bereits im revidierten chronologischen Schema inbegriffene

1. *EMU-wa-mi* ^{1}*Ga-tu-wa-s* ^{k} LÌ *tar-wa-na-s* ^{k} *Kar-ga-mi-sa-ī-s*ST ^{k} LD-*na*-HR-*s*

   ^{1}*Lu-hi-sa* ^{k} LD-*na*-HR-*ā-a-s* ^{k}KD^{k}-*na-mu-wa-ī-s*

   ^{1}*E-s-tu-wa-di-ma-ī-sa-a* ^{k} LD-*ná*-HR-*ā-a-s* ^{k}KD^{k}-BETT-WIEGE-*s*

"ich bin (?) *Gatuwas*, *êïßñáíïò*, Kargamiser Landesherr,

des *Luhis*, Landesherrn, Sohn,

des *Estuwadimaīs*, Landesherrn, Enkel"

Abb. 7: Hieroglypheninschrift aus Karatepe; Übersetzungsmuster einer Torinschrift aus Karkemisch:
Diese syro-hethitischen Inschriften sollen im 7. Jahrhundert einer 600jährigen Tradition aus dem "Hethiterreich" des 13. Jahrhunderts nachgeahmt worden sein, als die benachbarten Völker längst schon die Keilschrift kannten.

Schlussfolgerung, dass das Grossreich der Hethiter, das heisst das chaldäische Reich, den syro-hethitischen Staaten nachfolgte. Unter dem chaldäischen Reich – im späten 7. und frühen 6. Jahrhundert – kam die alte piktographische Schrift ausser Gebrauch, die Kunst blühte in einem monumentalen und vereinheitlichten Stil auf, und die politische Stadtstaaten-Organisation wurde durch ein monolithisches Reich abgelöst.

Das Löwentor von Malatya

Malatya liegt genau im Zentrum der Bergregion Ostanatoliens, wo die frühen chaldäischen ("hethitischen") Staaten zu Beginn des 1. Jahrtausends blühten. Seitdem eine französische Expedition unter der Führung von Louis Delaporte in den Jahren 1928 bis 1930 dort die ersten Grabungen vornahm, kamen die Auseinandersetzungen in der wissenschaftlichen Literatur über die korrekte chronologische Einordnung der hauptsächlichsten Monumente nicht zum Schweigen. Besonders die Reliefs am Löwentor verursachten viel Diskussion. Offensichtlich waren sie nahe verwandt mit der "hethitischen" Kunst aus der Reichsperiode: In seinem Bericht verwendete Delaporte mehrere Seiten auf einen detaillierten Vergleich vieler Einzelheiten der Löwentorreliefs mit den Skulpturen von Yazilikaya und Alaca Höyük, den zwei Hauptstätten aus der Reichsperiode;[1] die eigentümliche konische Haartracht der Hauptgottheit kommt nur in Malatya, Yazilikaya und in Alaca Höyük vor; die Bekleidungsart des Gottes und andere Einzelheiten, wie die geflügelte Scheibe über den Köpfen der Relieffiguren, sind fast genau identisch. Für Delaporte war offensichtlich klar, dass solche Ähnlichkeit in künstlerischen Details ein Zeichen enger zeitlicher Nachbarschaft ist, und nach seiner ersten Überzeugung gehörte die Stadt Malatya in die Zeit des Reiches. "Zur Zeit der Entdeckung des Löwentors legte uns die augenscheinliche Verbindung seiner Skulpturen mit denen von Yazilikaya die Berechnung nahe, dass es kurz nach dem benachbarten Heiligtum von Hattusa gebaut worden ist; da der Niedergang des hethitischen Reiches zu Beginn des 12. Jahrhunderts stattfand, schrieben wir die Monumente von Malatya dem Ende des 13. Jahrhunderts zu."[2]

Als aber die Ausgrabungen voranschritten und die Schichten der Stätte bestimmt werden konnten, wurde klar, dass der Horizont des Löwentores effektiv die letzte "Hethiter"-Schicht war, direkt unter dem assyrischen Horizont. Delaporte erkannte richtig, dass die assyrische Besetzungszeit der Stätte, die er archäologisch ausmachte, den Feldzug Sargons im Jahr -712 reflektieren musste, in dessen Verlauf – so behauptet Sargon – er Malatya besetzte und dessen Herrscher gefangennahm. Demnach ergaben die archäologischen Nachweise, dass das Löwentor in der Mitte des 8.

---

[1] Louis Delaporte: *Malatya, Fouilles de la Mission Archéologique Française,* Fascicule I, »La Porte des Lions« (Paris 1940), S. 31-32ff.

[2] Delaporte: *Malatya,* S. 39.

Jahrhunderts errichtet wurde, kurz vor der assyrischen Besetzung der Stadt; andererseits wiesen die Kunstzeugnisse nach, dass es zeitgenössisch mit den anderen Monumenten des "Hethiterreiches" war, die ihrerseits in das 13. Jahrhundert zu datieren waren. Jene Gelehrten, die hauptsächlich aufgrund künstlerischer Zeugnisse debattierten, zogen im allgemeinen ein frühes Datum vor. So schrieb Henri Frankfort: "Die das Tor bewachenden Löwen zeigen eine Reihe von Merkwürdigkeiten, die sie mit der Kunst von Boghazkeuy verketten; ihre Mähnen werden durch verbundene Spiralen wiedergegeben ... die kleinen runden Marken zwischen ihren Augen kommen bei den Löwen von Boghazkeuy vor."[1] Nach dem Auflisten noch weiterer "eindrucksvoller" Ähnlichkeiten kam Frankfort zum Schluss, dass das Löwentor nicht später als im frühen 12. Jahrhundert errichtet sein konnte.

Eine ähnliche Ansicht wurde von G. Hanfmann geäussert, der damit übereinstimmte, dass die Löwentorskulpturen "ikonographisch und stilistisch immer noch sehr nahe an den spätesten Skulpturen des hethitischen Reiches liegen",[2] und er schlug ebenfalls ein frühes Datum vor (-1050 bis -900).

Historiker, welche die archäologischen Zeugnisse berücksichtigten, konnten diese Datierung nicht akzeptieren. Besonders H. T. Bossert argumentierte unerbittlich, dass ein frühes Datum allem zuwiderlief, was aus der stratigraphischen Situation in Malatya bekannt war.[3] Sogar Hanfmann, der ein frühes Datum verfocht, erkannte die archäologischen Schwierigkeiten, die seine Ansicht stiftete: Denn sie unterstellte, dass die Schicht, in welcher das Löwentor gefunden wurde, "mindestens 250 Jahre umfassen und somit der Zeitdauer aller fünf früheren neo-hethitischen Schichten gleich sein würde".[4] Diese fünf Schichten zusammen würden dann weniger als 200 Jahre umfassen. Bossert fand das unannehmbar und platzierte das Bauwerk unzweideutig in die Mitte des 8. Jahrhunderts.

William F. Albright stellte einen Vergleich mit dem nahegelegenen Karkemisch an und kam zur Überzeugung, die Malatya-Reliefs seien nicht später als im 10. Jahrhundert anzuordnen, weil die Karkemisch-Reliefs derselben Periode den Einfluss der hethitischen Reichsperiode bereits ver-

[1] H. Frankfort: *The Art and Architecture of the Ancient Orient* (Baltimore 1954), S. 129.

[2] G. Hanfmann: »Remarques stylistiques sur les Reliefs de Malatya; Ankara Universitesi Dil ve Tarih-Cografya, No. 53, Arkeoloji Entstitüsü, mo. 3, by Ekrem Akurgal«, *American Journal of Archaeology,* 51 (1947), S. 329.

[3] H. T. Bossert: *Altanatolien* (Berlin 1942), S. 69.

[4] Hanfmann, op. cit., S. 329.

loren hatten. Er entschied sich für ein Datum zwischen -1150 und -1050.[1] Wir indessen würden in Karkemisch-Reliefs aus dem 10. Jahrhundert keine Einflüsse aus Yazilikaya erwarten, denn der berühmte Felsen war zu dieser Zeit noch nicht behauen. Die Kunst, die Yazilikaya auf primäre Art repräsentiert, erschien erst im 8. und blühte im 7. und im frühen 6. Jahrhundert.

Albrights Lösung wurde von O. W. Muscarella zurückgewiesen, der ein alternatives Schema vorstellte: Malatya war "eine hethitische Stätte, wo Reliefs später zusammen mit Skulpturen aus dem späten 9. und dem 8. Jahrhundert wiederverwendet wurden. Es gibt keinen Beweis für ein Datum des 11. Jahrhunderts, das höchstens zweckdienlich erscheint ..."[2] Muscarella dachte das Problem so lösen zu können, indem er Malatya sowohl früh als auch spät, nicht aber dazwischen, leben liess. Noch vor ihm hatte Albright eine Lösung gesucht, indem er das Bauwerk zwischen die gegensätzlichen Ansichten von Bossert (8. Jahrhundert) und von Delaporte, Hanfmann und Frankfort (13. oder 12. Jahrhundert) setzte.

Jetzt ist die Lösung zur Hand. Das Löwentor wurde irgendwann in der zweiten Hälfte des 8. Jahrhunderts errichtet, vor der assyrischen Besetzung der Stadt, so wie es die stratigraphische Situation ganz klar anzeigt. Es rangiert einige Jahrzehnte vor den Yazilikaya-Skulpturen, die möglicherweise in derselben künstlerischen Tradition gemeisselt wurden, welche durch assyrischen Druck von Malatya zu dem westlicher gelegenen Ort verlagert wurde. In den Anfangsjahren der Regierungszeit Assurbanipals kam der Druck aus der anderen Richtung: Die "Hethiter" bewegten sich nach Osten und besetzten zur Zeit Suppiluliumas' Karkemisch und einige Jahrzehnte später Babylon. Nicht lange danach fiel Ninive, und das grosse chaldäische Reich kontrollierte den grössten Teil des Alten Ostens.

"Das Land ihrer Geburt"

"Die Länder von Hatti" muss ein geographischer Begriff für ein in der Tat sehr grosses Gebiet gewesen sein; nachdem er zur höchsten Macht im ganzen neubabylonischen Reich gelangt war, schrieb Hattusilis (Nebu-

---

[1] W. F. Albright: »Comment on Recently Reviewed Publications«, *Bulletin of the American Schools of Oriental Research,* 105 (1947), S. 14.

[2] O. W. Muscarella: »Hasanlu in the Ninth Century B. C., and Its Relations with Other Cultural Centers of the Near East«, *American Journal of Archaeology,* 75 (1971), S. 263.

kadnezar): "Die Länder von Hatti aber insgesamt wandte Ischtar, dem Hattusilis zu." In gleicher Weise bezeichnete Nebukadnezar in seinen in Babylon gefundenen Bauinschriften die gesamte Region westlich des Euphrats, deren Oberherr er wurde, als Hatti-Land. Es umfasste Ostanatolien, Syrien und noch andere Länder. Es war ein geographischer Begriff; auf die gleiche Weise gebrauchen wir Namen wie Kleinasien, Fruchtbarer Halbmond, Naher oder Mittlerer Osten.

Noch bis vor kurzer Zeit wurde "Ur der Chaldäer" am südlichen Euphrat als Geburtsort des Patriarchen Abraham angesehen;[1] Archäologen, die in Tell Muqajjar Grabungen anstellten, fanden dort eine Inschrift, welche sie in ihrem Glauben bestätigte, dass der Ort das alte Ur sei. Grosse physische Störungen, die sich im 2. Jahrtausend ereignet haben, und riesige Ablagerungen von Schwemmland, das die Stadt in einer plötzlichen Katastrophe[2] bedeckte, muss die Überlebenden aus ihrer Heimat vertrieben haben.

Cyrus H. Gordon hat nun aber argumentiert, dass Ur im Süden nicht Abrahams Geburtsort war: Die biblische Beschreibung seiner Wanderungen, bevor er nach Kanaan ging, um dort seinen Wohnsitz zu nehmen, weist auf ein anderes Ur, nordwestlich von Babylonien; und dieses Ur wurde, zur Unterscheidung von der Stadt im Süden, das Ur der Chaldäer genannt.[3]

Die Chaldäer wechselten ihre Heimat mehr als einmal in erzwungenen, grossen Wanderungen. Nach einem ausgedehnten Krieg gegen die Chaldäer (Kaldu) wurden sie von Tiglatpileser III. -728 in die nördlichen Regionen deportiert, und gegen Ende des 8. Jahrhunderts gab es Chaldäer verstreut in Uruk, Nippur, Kisch, Kutha und Sippar.[4]

Merodach-Baladan, der Rivale von Sargon II., Sanherib und Assurbanipal, wurde "König der Chaldäer" genannt. Sein Hauptterritorium war in Bit-Jakin, wahrscheinlich nahe am Persischen Golf; einige Zeit lang hielt er Babylon besetzt. Assurbanipal vernichtete die chaldäische Bevölkerung in Bit-Jakin.

In der Region Ararat, östlich vom Ur der Chaldäer, am oberen Euphrat und am Van-See, lebte ein Volk, das den Gott Chaldi verehrte. Beginnend mit Lehmann-Haupt wurden sie von modernen Gelehrten "Chaldier" in der Annahme genannt, dass ihr Stammesname den Namen ihrer Hauptgottheit reflektiere (auf dieselbe Weise bekam die assyrische Nation ihren Na-

[1] Genesis 11:31.
[2] C. L. Woolley: *Ur of the Chaldees* (London 1929).
[3] »Abraham of Ur«, *Journal of Near Eastern Studies,* 17 (1958), S. 77-89.
[4] Sanheribs Prisma, I, 37 f.

men von ihrem Hauptgott Assur); diese Namensform wurde gewählt, um sie von den Chaldäern Babyloniens zu unterscheiden. Die Dynastien dieser "Chaldier" waren in Verteidigungskriege gegen die Assyrer verwickelt.[1] Sie wurden auch Urartu genannt, ein Name, der im biblischen Ararat überlebt.

Gelehrte haben "verblüffende" Ähnlichkeiten zwischen der Kultur von Urartu (der Chaldier) und der "Hethiter" festgestellt.[2]

Im Licht des anhaltenden Drucks gesehen, den die Assyrer unter Asarhaddon und seinem Sohn Assurbanipal auf die Bevölkerung im Gebiet des Urmia- und des Van-Sees ausübten und der in unfreiwilligen Neuansiedlungen dieser Volksgruppen immer weiter im Westen resultierte, lässt sich mit einiger Begründung doch vermuten, dass die Verehrer von Chaldi ihren Namen "Chaldäer" ("kasdim" auf hebräisch) erhielten, weil sie einer der Zweige des alten Chaldäervolkes waren.

Unter Nabopolassar besetzten die Chaldäer Babylonien, aber Babylonien war nicht ihr Heimatland. Sie kamen aus Chaldäa und verlegten ihre Hauptstadt nach Babylon. Hesekiel nannte sie "Söhne Babels, Chaldäa das Land ihrer Geburt" (Hesekiel 23:15).

Wo war "das Land ihrer Geburt?" Woher kam Nabopolassar?

Beurteilt nach der Hinterlassenschaft der seltsamen, den "Hethitern" – die ich als Chaldäer identifiziere – zugeschriebenen Kultur, befand sich das Geburtsland der Chaldäer des 8. und 7. Jahrhunderts in Kappadokien und Kilikien, zwischen dem Schwarzen Meer im Norden, der Region des Ararat und dem oberen Euphrat im Osten, dem grossen Bogen des Mittelmeeres im Süden und dem Fluss Halys im Westen. Bogazköi, Alisar, Sençirli und Karkemisch liegen in diesem Gebiet.

Xenophon,[3] der Soldat aus Athen (ca. -435 bis -335), der im Heer von Kyros dem Jüngeren von Persien kämpfte und mit den berühmten "Zehntausend" Söldnern die ganze Länge Kleinasiens durchquerte, bezeichnete die Chaldäer als einen Stamm, der in Armenien lebte, das vom Ararat bis in den Süden des Schwarzen Meeres reichte. 140 Jahre früher verwies Kyros der Grosse, als er sich im Krieg gegen Kroisos befand, auf die Chaldäer als "Nachbarn" der Armenier. Über das Land, das moderne Gelehrte den Hethitern zuweisen, schrieb er ausserdem: "Diese Berge, die wir sehen,

---

[1] Boris B. Piotrovsky: *The Ancient Civilization of Urartu* (New York 1969).

[2] M. N. van Loon: *Urartian Art: Its Distinctive Traits in the Light of New Excavations* (Istanbul 1966), S. 170.

[3] Xenophon: *Anabasis,* IV, iii, 4; V, v, 17. *Kyrupädie,* III, i, 34ff. Siehe auch *Strabon*, XII, iii, 18-19; Plutarch: *Lucullus.*

gehören zu Chaldäa."[1] Strabon, ein Einheimischer von Amaseia in Pontus, der Kleinasien aus erster Hand kannte, lokalisierte die Chaldäer bei Trapezus (Trebsond) an der Schwarzmeerküste: "Über die Region von Pharnakeia und Trapezus sind die Tibarenoi und die Chaldaioi, deren Land zum niederen Armenien reicht."[2] Es wird versichert, dass diese "Schwarzmeerchaldäer" Xenophons und Strabons nicht die richtigen Chaldäer seien, sondern "Chaldier", oder dass Xenophon für den kampfeslustigen Stamm in dieser Region den falschen Namen verwendete. Aber Xenophon und Strabon irrten nicht. Obwohl die Chaldäer unter Nabopolassar und Nebukadnezar in den Schmelztiegel des neubabylonischen Reiches gerieten, überlebten in Kappadokien viele von ihnen: Auf sie traf Xenophon dort am Ausgang des 5. Jahrhunderts, und Strabon verzeichnet ihre Gegenwart in diesem Gebiet noch im 1. Jahrhundert. Bald werden wir auch archäologische Zeugnisse zur Beurteilung der Frage anführen und zeigen, dass die chaldäischen ("hethitischen") Bilderschriftzeichen in dieser gleichen Region zur Zeit Strabons, und sogar später noch, im Gebrauch waren.

Die geheime Schrift der Chaldäer

Nachdem das chaldäische Reich die Oberherrschaft in einem weit ausgreifenden Gebiet, von den Ufern des Persischen Golfes bis zum Schwarzen Meer und vom Mittelmeer bis zum Roten Meer, erlangt hatte, umfasste es viele Nationen, Religionen und Sprachen. In den unterworfenen Provinzen wurden die einheimischen Sprachen respektiert. "An euch, Völker, Stämme und Zungen!" ruft Nebukadnezars Herold im Buch Daniel (3:4). Die Alltagssprache in Babylon war Akkadisch-Babylonisch; in den Provinzen war dies die Sprache für offizielle und diplomatische Dokumente; diese Dokumente wurden oft in die lokale Sprache übersetzt. Das System war nicht zwei-, sondern dreisprachig. Neben dem Babylonischen als offizieller internationaler Sprache und den einheimischen Sprachen der verschiedenen Gebiete wurde in den Gottesdiensten für Liturgien und Gebete sowie bei feierlichen Anlässen im Palast auch Chaldäisch gebraucht. Im Buch Daniel heisst es, dass König Nebukadnezar die Ausbildung bestimmter jüdischer Knaben aristokratischer Herkunft anordnete, "an denen allweg

---

[1] Xenophon: *Kyrupädie,* III, ii.
[2] Strabon, 12:3, 18-20, 28, 29.

kein Gebrechen ist, von gutem Aussehn und begreifend in aller Weisheit, wissensgerecht wissende und Gewusstes Verstehende, an denen Tauglichkeit ist, in der Königshalle anzutreten, und man solle sie Schrift und Sprache der Chaldäer lehren".[1]

Viele Jahrhunderte lang und bis in die heutige Zeit haben Gelehrte angenommen, dass ein Teil des Buches Daniel wie auch der *Talmud* in der chaldäischen Sprache abgefasst worden sei. Aus diesem Grund gibt es "chaldäische" Wörterbücher. In der Folge wurde allerdings aufgezeigt, dass die Sprache dieser Bücher nicht Chaldäisch, sondern Aramäisch respektive Altsyrisch ist. Im gleichen Buch Daniel (2:4) wird gesagt, dass neben den Sprachen Chaldäisch und Babylonisch im Palast auch Syrisch gesprochen wurde. "Die Chaldäer redeten zum König aramäisch ..."

Das Fehlen von Inschriften in chaldäischer Sprache stand im Widerspruch zum Hinweis im Buch Daniel auf eine Sprache, welche die Chaldäer für ihre geheimen Lehren und für religiöse Zwecke gebrauchten. Man gelangte schliesslich zur Meinung, dass die "Sprache dieser Chaldäer sich in keiner Weise vom gewöhnlichen semitisch-babylonischen Idiom unterschied"[2] und praktisch identisch war mit der akkadischen Sprache Babylons und Assyriens.

Die akkadische Bevölkerung Babylons vermischte sich mit dem chaldäischen Stamm, aber Babylon war nicht die ursprüngliche Heimat der Chaldäer. Die Chaldäer behielten für sich selbst die Position einer Kaste von Priestern und Astrologen,[3] und es wäre nur selbstverständlich gewesen, dass sie bei ihren Glaubensinvokationen und Mysterien von der Sprache ihrer alten Traditionen Gebrauch gemacht hätten, die dem gewöhnlichen Volk nicht bekannt war. Sie erhielten ihr geheimes, nicht zur Verbreitung bestimmtes Wissen in einer Schrift, die den profanen Abc-Schützen unverständlich war.

---

[1] Daniel 1: 4. Die Ansicht, dass Daniel ein Produkt des 2. Jahrhunderts vor unserer Zeitrechnung sei, ist erschüttert, und Dougherty (Nabonidus and Belshazzar, S. 196-200) demonstriert, dass "von allen nichtbabylonischen Überlieferungen, die sich mit der Situation am Ende des neubabylonischen Reiches befassen, das 5. Kapitel Daniel an Exaktheit an die Keilschriftliteratur heranreicht", und dass "die in allen erreichbaren chronologisch fixierten Dokumenten aus den Keilschrifttexten nach dem 6. Jahrhundert v. Chr. aufzufindende Gesamtinformation ... nicht das nötige Material für das historische Gerüst des 5. Kapitels Daniel hätte liefern können".

[2] J. D. Prince: »Chaldea«, *Encyclopaedia Britannica* (14. Ausgabe), V, 195. Es wird manchmal vermutet, dass die Sprache der Weisen nichtsemitisches Sumerisch war. *Vgl.* E. Renan: *Histoire générale et système comparé des langues sémitiques* (7. Ausgabe), S. 65.

[3] "Die Chaldäer also gehören zu den ältesten Babyloniern und nehmen in der Einrichtung ihres Staatswesens eine ganz ähnliche Stellung ein, wie in Ägypten die Priester." Diodor, II, 29.

Es wird oft versichert, in den Ländern entlang dem Euphrat sei keine geheime Schrift entdeckt worden. Sogar moderne Bücher über Altertumsgeschichte halten das in Kapiteln aufrecht, in welchen die Chaldäer behandelt werden; und in den Kapiteln über die Entdeckung einer seltsamen piktographischen Schrift in Karkemisch am Euphrat, in Babylon, in Assur am Tigris, in Hamath, in Bogazköi und an anderen Orten wird die Erklärung abgegeben, dass diese Schrift vom Volk "eines vergessenen Reiches" zurückgelassen worden sein muss und, Jahrhunderte danach, auch von den sogenannten syrischen Hethitern.

Aber da wenigstens einige dieser Monumente mit dieser piktographischen Schrift einmütig dem 6. Jahrhundert zugeschrieben worden sind,[1] müssen die "Hethiter", die vorgeblich diese Hieroglyphen (Bilderschriftzeichen) zur Zeit der späten Könige der chaldäischen Dynastie niederschrieben, nicht nur der Erinnerung nachfolgender Generationen, sondern auch der Aufmerksamkeit ihrer Zeitgenossen entgangen sein.

Ein Dolch und eine Münze

Obwohl das chaldäische Reich mit der Eroberung Babylons durch Kyros -539 (oder -538) sein Ende fand und Chaldäisch aufhörte, Staatssprache zu sein, war das nicht zugleich der Untergang der Chaldäer als Stamm im gebirgigen Kappadokien und Kilikien oder als eine Klasse von Priestern. Man könnte deshalb erwarten, dass die chaldäische piktographische Schrift in den Jahrhunderten nach dem Fall Babylons weiterverwendet worden ist. Die mit Bilderschriftzeichen versehenen Bleistreifen aus Assur stellten sich als gleichartig mit den Streifen des 3. und 2. Jahrhunderts heraus, auf welchen in griechischer Sprache Exorzismen eingeprägt sind. Man könnte ebenfalls erwarten, dass chaldäische Bilderschriftzeichen so lange zur Anwendung gelangten, wie Keilschrift im Gebrauch war. Keilschrift überlebte hauptsächlich darum, weil die Perser sie ihrer Sprache als silbenbildende Zeichen anpassten. Die jüngste erhaltene Keilinschrift datiert aus dem Jahr 75 unserer Zeitrechnung, aus der Regierungszeit des Kaisers Vespasian.

Sehr bald nach der Bekanntgabe der Entdeckung des "Hethiterreiches" zog eine zweisprachige Inschrift in Keil- und Bilderschrift die Aufmerksam-

---

[1] Die Königsstele von Marasch, die Bor-Stele und die Palanga-Statue haben alle piktographische Inschriften. Siehe Von der Osten: *Four Sculptures,* S. 112-132.

keit der Wissenschaftler auf sich. A. H. Sayce schrieb in seinem *The Hittites: The Story of a Forgotten Empire* (1888): "Innerhalb eines Monats, nachdem mein Papier der Society of Biblical Archaeology vorgetragen worden war, das die Entdeckung des Hethiterreiches und die Verbindung der merkwürdigen Kunst Kleinasiens mit derjenigen von Karkemisch zum Gegenstand hatte, stolperte ich über eine bilinguische Inschrift in hethitischen und keilschriftlichen Zeichen. Sie stand auf dem Silberknauf von König Tarkondemos." Der Knauf ist eine gravierte Scheibe, die an einem Dolchgriff befestigt war. Sayce fuhr fort: "Die Lesung der keilschriftlichen Erläuterung bietet keine weiteren Schwierigkeiten. Sie gibt uns den Namen und den Titel des Königs, dessen Abbild darin eingraviert ist – 'Tarqu-dimme, König des Landes von Erme'. Der Name Tarqu-dimme ist offensichtlich derselbe wie jener des kilikischen Fürsten Tarkondemos oder Tarkondimotos", der zur Zeit des Augustus in den allerersten Jahren des christlichen Zeitalters lebte. "Den Namen trifft man auch in anderen Teilen Kleinasiens in der Form Tarkondas und Tarkondimatos; und wir können ihn als einen ausgesprochen hethitischen Typus auffassen. Wo der Distrikt war, über den Tarqu-dimme regierte, können wir nur erraten; es kann der von den klassischen Autoren Arima genannte Bergzug gewesen sein, der nahe am Fuss der hethitischen Monumente des Bulgar Dagh lag. In diesem Falle wäre Tarkondemos ein kilikischer König gewesen."

Schon seit den ersten Anfängen der "Hethiter"- Forschung ist der Knauf des Tarkudimme ein hervorstechendes Untersuchungsobjekt gewesen, da es sich für lange Zeit um die einzige zweisprachige Inschrift in Bilderschriftzeichen und in einer anderen Schrift handelte. Die piktographische Inschrift wurde nicht entziffert – sie schien nicht das exakte Gegenstück zur Keilinschrift zu sein. Aber der oben zitierte Autor (Sayce) zog in Erwägung, dass der Dolch einem Fürsten in Kilikien gehört haben könnte, dessen Name Tarkondemos war; er fand des weiteren heraus, dass ein Fürst dieses Namens zur Zeit des Kaisers Augustus in Kilikien gelebt hatte. Der Frage, ob es zur Zeit Augustus eine Nation der "Hethiter" gab, wurde ausgewichen. Kein römischer Autor, Historiker oder Geograph sagte irgend etwas über Hethiter, und doch stand Kleinasien unter römischer Herrschaft.

Im ersten vorchristlichen Jahrhundert wurde den chaldäischen und persischen Magiern der Besitz geheimen und alten Wissens zugeschrieben. Ein Zauber in chaldäischen Buchstaben auf dem Griff eines Dolches könnte zum Schutz seines Eigentümers gegen Feinde entworfen worden sein. Einer der Urheber der Idee des "Hethiterreiches" lieferte unwissentlich den Nachweis, dass die piktographischen Zeichen mindestens bis zum Beginn der christlichen Zeitrechnung verwendet worden sind.

Spätere Autoren, welche die piktographische Schrift der "Hethiter" behandelten, waren sich in ihren Meinungen völlig einig, dass diese Schrift, die in den syrischen Städten unter den sogenannten "Syro-Hethitern" bis ins 6. Jahrhundert hinein verwendet wurde, in Kleinasien bereits um -1200 völlig ausser Gebrauch gekommen war. Wenn die Schrift aber Chaldäisch und nicht "Hethitisch" ist, so darf vernünftigerweise ihr Überleben im Nahen Osten bis in griechische und römische Zeiten erwartet werden.

1950 veröffentlichte ein Schweizer Numismatiker in einer lokalen numismatischen Zeitschrift eine Mitteilung, die von einer Münze mit irgendwelchen piktographischen Zeichen und der daneben abgedruckten griechischen Version berichtete. Der Welt der Orientalisten wurde dieser Fund erst 1952 bewusst, als H. T. Bossert mit einem Aufsatz die Aufmerksamkeit auf diese Münze lenkte.[1] Einige Zeit danach kaufte Theresa Goell, die Ausgräberin von Nemrud-Dag in der Kommagene-Landschaft westlich des Euphrats, in Samosata, der alten Hauptstadt des Kommagene-Königreiches, eine gleichartige Münze.[2] Beide Münzen bieten dieselbe "hethitische" piktographische Lesung "Gal-Lugal" ("Grosskönig") und daneben auf griechisch "Basileus Megas", d. h. "Der Grosse Herrscher". Die Münzen wurden von Antiochos IV. geprägt, einem König des Kommagene-Königreiches; er regierte zur Zeit des Kaisers Vespasian, von dem er im Jahre 72 unserer Zeitrechnung auch abgesetzt wurde.

Bossert nahm an, dass die "hethitische" Bilderschrift ohne jegliches Wissen um die Bedeutung der Zeichen zur Verzierung der Kommagene-Münze aus dem 1. Jahrhundert gewählt wurde, weil die "hethitische" Kultur und Sprache Dinge einer fernen Vergangenheit waren; das hört sich nicht glaubhaft an. Warum wurde aus einer sehr grossen Anzahl "hethitischer" Bilderschriftzeichen, die auf Denkmälern zu finden waren, exakt das Wort "Herrscher" oder "König" ausgewählt? Es handelt sich um eine Übersetzung des griechischen Begriffes "Basileus Megas", auf die gleiche Münze geprägt. "Hethiter" gehörten in eine längst vergangene Epoche, aber die Chaldäer waren den Römern bekannt und wurden auch für ihr altes Wissen bewundert. Die Welt war begierig, die Geheimnisse der Vergangenheit

---

[1] Bossert: »Wie lange wurden hethitische Hieroglyphen geschrieben?«, *Die Welt des Orients* (1952), S. 480-484. Siehe auch C. Küthmann: *Schweizer Münzblätter* I (1950), S. 62-69.

[2] Persönliche Mitteilung.

kennen zu lernen, und von den persischen Magiern, den Chaldäern und den ägyptischen Priestern nahm man an, sie überlieferten solche Traditionen. Die Chaldäer lebten als ethnische Gruppe während persischer und griechischer Perioden in dem Gebiet, das an die Kommagene grenzte, in der Nähe von Malatya und anderer Stätten, wo die Denkmäler von den Tagen erzählen, als die Chaldäer das Land und, in der Tat, den grössten Teil des Alten Ostens regierten. Zur Zeit Strabons, in den letzten vorchristlichen und in den ersten zwei nachchristlichen Jahrzehnten, bewohnten die Chaldäer als ethnische Einheit noch immer dieses Gebiet; es entspringt deshalb nicht unbedingt einem Willen zur Tributleistung an archaische Traditionen, wenn die Kommagene-Könige, Nachfahren der makedonischen Generale, ihre Münzen mit chaldäischen Zeichen neben griechischen Buchstaben schmückten.

Im Stil seiner Monumente bewahrte das Königreich von Kommagene Merkmale, die auf die Zeit des "Hethiterreiches" zurückzugehen schienen, vorgeblich zwölf Jahrhunderte lang.

Theresa Goell, Ausgräberin von Nemrud-Dag, der Hauptstadt der hellenistischen Könige von Kommagene, berichtete: "Von besonderem Interesse für die Kultur- und Kunstgeschichte ist das archaische Überleben hethitischer Attribute und Details im Vergleich mit Grundzügen aus Yazilikaya, Tell Halaf, Karkemisch ... Die Kolossalstatuen, Wächterlöwen ... sind Details, die unverkennbar hethitischen Einfluss verraten."[1]

Wenn der "hethitische" aber eigentlich ein chaldäischer Einfluss ist, so ist er ohne weiteres durch die Gegenwart chaldäischer Stämme in dieser Region noch im 1. Jahrhundert vor unserer Zeit zu erklären.

Mitanni

Noch ein anderes Königreich löst sich in Luft auf, wenn die Jahrhunderte ihre richtige Position einnehmen.

Im "hethitischen" Bereich lebte ein Volk indoeuropäischer Rasse – das Volk von Mitanni. Die Könige von Mitanni waren unter den aktiven Korrespondenten der el-Amarna-Periode. Tuschratta schrieb einen Brief teilweise in babylonischer und zum Teil in mitannischer Sprache. Nach langem Werben des ägyptischen Königshauses waren die Könige von Mitanni

[1] »Summary of Archaeological Work in Turkey in 1954«, *Anatolian Studies* (1955), S. 14.

einverstanden, ihre Töchter den Pharaonen zur Gemahlin zu geben.[1] Diese Tatsache deutet die wichtige Position an, welche die Könige von Mitanni und ihr Land einnahmen.

Es war keine leichte Aufgabe, in Nordsyrien oder in Mesopotamien ein nicht schon von anderen Völkern bewohntes geographisches Gebiet zu finden; deshalb wurde – im Zusammenhang mit noch anderen Erwägungen – die Region von Karkemisch, die bereits den "Hethitern" und den Assyrern zuerkannt worden war, auch den Mitanni zugeteilt; auf historischen Karten werden die Namen dieser drei Völker in verschiedenen Richtungen quer über das gleiche Gebiet geschrieben.

Mitra, Varuna und Indra – von indoiranischer Herkunft – umfassen das Pantheon des Volkes von Mitanni. Die Mitanni hatten "indoiranische technische Begriffe in ihrem Vokabular".[2] Wenn man annimmt, dass dieses Volk am oberen Euphrat lebte, muss man auch eingestehen, dass sie in einer noch früher zurückliegenderen Zeit aus dem Iran einwanderten. Wer war das Volk von Mitanni?

Es wird versichert, dass das Königreich von Mitanni und sein Volk im 13. oder 12. Jahrhundert verschwanden, da in den nachfolgenden Jahrhunderten nichts mehr über sie bekannt ist. Aber der libysche Pharao Scheschonk verwies einmal mehr auf die Mitanni, was als Anachronismus aufgefasst wurde.[3]

Im 15. bis zum 13. Jahrhundert war von den indoiranischen Medern noch nichts gehört worden, aber mit dem 9. bis zum 8. Jahrhundert, kurze Zeit bevor ihre Aktivitäten aufzufallen begannen, sollte ihre Gegenwart im Kreis der Nationen erwartet werden.

Die Rolle der Meder im Bündnis gegen Assyrien, wie sie in den Annalen Nabopolassars dargestellt wird, und die Rolle der Mitanni, ebenfalls in einer Allianz gegen Assyrien, wie sie von Mursilis und seinem Vater berichtet wird, scheinen zusammenzufallen.

Ein vatermörderischer Prinz von Mitanni floh fast nackt aus seinem Land, kam zum Vater von Mursilis und wurde Mursilis' Schwager: Die Ehe wurde zur Sicherung einer Allianz wegen des bevorstehenden Krieges mit Assyrien geschlossen.[4] Aus dem knappen Bericht in den Annalen von Nabonid

---

[1] *Zeitalter im Chaos*, Band I, *Vom Exodus bis König Echnaton*, »Eine syrische Koalition ...« in Kap. 8.

[2] Albright: *From the Stone Age to Christianity*, S. 153.

[3] J. A. Wilson: »Egyptian Historical Texts«, in *Ancient Near Eastern Texts*, hrsg. von Pritchard, S. 263-264; "Mitanni hat als Nation mindestens vier Jahrhunderte früher aufgehört zu existieren".

[4] E. Weidner, Hrsg.: »Die Staatsverträge in akkadischer Sprache aus dem Archiv von Boghazköi«, *Boghazköi Studien*, VIII-IX (1923).

über den Fall Assyriens kann geschlossen werden, dass der Prinz aus Medien, der Verbündete der Chaldäer, ein Vatermörder war.

Der politische Zweck des Bündnisses durch eine Ehe mit dem Prinzen aus Mitanni im bevorstehenden Krieg gegen Assyrien wird in den Bogazköi-Texten ausführlich geschildert.[1] Bei griechischen Autoren nahm diese Tatsache die Form einer Legende über Nabopolassar an, der eine medische Prinzessin als Braut für seinen Sohn Nebukadnezar akzeptierte.[2] Aber es wurde bemerkt, dass aus Keilschrifttexten nichts über eine medische Gefährtin Nebukadnezars bekannt ist.[3]

Herodot (V, 49) bezeichnet den nordwestlichen Teil Mediens unter den Perserkönigen als das Land der Matiener. Diese persische Satrapie lag in der Nähe des Berges Ararat.[4] Wir verbinden den Namen Matiene mit dem Namen Mitanni aus el-Amarna und Bogazköi. Wir fügen hinzu, dass Mitanni der ursprüngliche Name der Meder war und dass ihr Gebiet nicht am mittleren Euphrat, sondern südlich des Kaspischen Meeres lag. Die Invasion Mediens durch die Skythen (Umman-Manda)[5] brachte einen Zufluss neuen Blutes mit sich, und danach wurde der Name "Manda" auch auf die Mitanni angewendet.[6] Die Mischnation wurde mit dem Mischnamen "Medien" bezeichnet. Aber der ursprüngliche Name von Mitanni wurde im Namen einer separaten Satrapie im Nordwesten von Medien beibehalten.

Ganz anders, als üblicherweise dargestellt wird, fanden die wirklichen Bewegungen rassischer Gruppierungen von Osten nach Westen, von Norden nach Süden, von Süden nach Osten und Norden statt, als indoiranische Völkergruppen durch den Filter semitischer Nationen passierten und eine vereinte Kultur Kleinasien erreichte.

---

[1] Luckenbill: *American Journal of Semitic Languages,* XXXVII (April 1921), Treaty between Shubbiluliuma of Hatti and Mattiuazza of Mitanni, S. 161-211.

[2] Alexander Polyhistor in Eusebios: *Kirchengeschichte,* I, 29.

[3] Dougherty: *Nabonidus and Belshazzar*, S. 55.

[4] Kiepert: »Vortrag über die geographische Stellung der nördlichen Länder in der phönikisch-hebräischen Erdkunde«, *Monatsberichte der Akademie der Wissenschaften zu Berlin*. 1859 (1860), S. 191-219.

[5] Gadd: *The Fall of Nineveh*; E. Meyer (*Geschichte des Altertums,* Band III, S. 74) betrachtet Umman-Manda als eine Bezeichnung für Kimmerier, die gleichzeitig mit den Skythen in Kleinasien eindrangen.

[6] »In den Königsinschriften des neubabylonischen Reiches sind die Umman-Manda gewiss identisch mit den Madai, Medes«, Langdon: *The Venus Tablets of Ammizaduga,* S. 9, Fn.

Kapitel 7

Exil oder Exodus

Nebukadnezar besucht Ramses II.

Als Jeremia (43:7ff) in Ägypten im Exil weilte, nahm er in einem symbolischen Akt "grosse Steine", verscharrte sie "im Schutt am Ziegelbau, der am Einlass des Hauses Pharaos in Tachpanches ist", und prophezeite dann im Namen des Herrn: "Wohlan, ich sende hin, ich hole Nebukadnezar, König von Babel..., ich setze seinen Stuhl oberhalb dieser Steine, die ich verscharren liess, er soll seinen Prachthimmel über ihn spannen. Er kommt daran, er schlägt das Land Ägypten ..."

Im babylonischen Exil prophezeite auch Hesekiel, dass Nebukadnezar Ägypten erobern würde (29:19). Wurden diese Prophezeiungen erfüllt?

"Ob Nebukadnezar je in Ägypten eingedrungen ist, wie Hesekiel prophezeite, wissen wir noch nicht."[1] Diese zu Beginn des Jahrhunderts geschriebenen Worte haben ihre Gültigkeit für die Geschichtsforscher noch nicht verloren. Tausende von Tonziegeln mit den Gebeten Nebukadnezars sind gefunden worden, aber von den modernen Gelehrten wird nur eine einzige Inschrift mit geschichtlichem Inhalt Nebukadnezar zugeschrieben: Es handelt sich um ein kleines, verstümmeltes Fragment, auf welchem von einer Expedition Nebukadnezars nach Ägypten die Rede ist.

> Die Könige, (die Vasallen?) seiner Macht – seinen Höchstkommandierenden und seine Söldner – sprach er zu ihnen – welche vor – mitten auf dem Weg ...
> – Im 37. Jahr Nebukadnezars, des Königs von Babylon, (die Könige?) von Misir (Ägypten) rückten heran, eine Schlacht zu liefern -es, der König von Misir, entbot seine Heeresmacht (und ...) -kus von der Stadt Butu-Javan – (und andere von?) fernen Gebieten mitten im Meere – den zahlreichen – im Lande Misir ...
> – Waffen, Pferde und – entbot er zu seinem Beistand ...[2]

---

[1] H. Winckler: *The History of Babylonia and Assyria* (New York 1907), S. 318.

[2] *Vgl.* Langdon: *Building Inscriptions of the Neo-Babylonien Empire.* S. 182; *Die Neu-babylonischen Königsinschriften,* »Nebukadnezar«, Inschrift 48.

Seit der Veröffentlichung dieses Fragments[1] wurde es wiederholt als Bezugnahme auf eine Invasion Ägyptens durch Nebukadnezar in seinem 37. Jahr ausgelegt. Einige, dem verstümmelten Text hinzugefügte Mutmassungen liessen militärische Aktionen vermuten. Vom Namen des Pharaos war nur der letzte Teil, -es oder -is, übrig geblieben, und die Rekonstruktion erfolgte folgendermassen: "Der einzige Name eines Königs von Ägypten aus dieser Periode, der mit -is (-es) endet, lautet Ahmes oder Amasis."[2] Amasis regierte Ägypten von ungefähr -568 bis -526.

"Dieser Tafel kommt wegen der Tatsache Bedeutung zu, dass es sich um die einzige historische Tontafel handelt, die wir aus dieser Epoche besitzen. Dass der König eine kleine Tontafel wählte, um auf ihr die Unterwerfung der ägyptischen und mittelmeerischen Allianz festzuhalten, ist überaus verblüffend und erheischt eine Erklärung."[3] Der Autor dieses Zitates dachte, dass das Dokument ein königlicher Brief gewesen sei.

Aber weder in ägyptischen noch griechischen Quellen gibt es einen Hinweis auf die Tatsache, dass Nebukadnezar tatsächlich in Ägypten eingedrungen ist. Ebensowenig sprechen die hebräischen Quellen von einer Eroberung Ägyptens durch Nebukadnezar oder von der Erfüllung der Prophezeiungen Hesekiels oder Jeremias – obwohl die Tatsache erwähnt wird, dass Nebukadnezar die jüdischen Flüchtlinge aus Ägypten nach Babylon holen konnte.

Eine kritischere Untersuchung der Tafel legt nahe, dass "diese Inschrift gewöhnlich als Hinweis auf eine Invasion Ägyptens durch Nebukadnezar missverstanden wurde."[4] Die Expedition scheint eine friedliche gewesen zu sein, obwohl Infanterie und Kavallerie den König begleiteten.

Was bedeuten die fragmentarischen Sätze der Tontafel? Der König zog nach einer Konsultation mit seinen Anführern und einer Ansprache an sein Heer in Richtung Ägypten. Er wurde von Berittenen und Fusssoldaten begleitet. In Verbindung mit der Expedition werden ein Pharao, dessen Name mit -es endet, und die Stadt der griechischen Söldner in Ägypten[5] erwähnt.

Mein revidiertes historisches Schema führt mich zu der Auffassung, dass Nebukadnezars Gastgeber Pharao Ramses II. war.

---

[1] T. G. Pinches: »A New Fragment of the History of Nebuchadnezzar«, *Transactions of the Society of Biblical Archaeology,* Vol. 7, 188 D (1882), S. 210-225.
[2] Ebenda, S. 216.
[3] Langdon: *Building Inscriptions of the Neo-Babylonian Empire,* S. 183.
[4] Hall: *The Ancient History of the Near East,* S. 547.
[5] Butu-Javan ("Javan" bedeutet im Babylonischen "griechisch").

Im 34. Jahr von Ramses II. kam Hattusilis nach Ägypten, um den Pharao zu besuchen und ihm seine Tochter zur Frau zu geben. Ebenfalls wollte er die Wunder dieses Landes sehen. Die sogenannte "Hochzeitsstele" in Ägypten[1] berichtet, dass der König von Heta sein Heer und seine Anführer versammelte; und "dann sprach der Häuptling des Landes Hatti zu seinem Heer und seinen Anführern", um ihnen die Vorteile auseinanderzusetzen, Ramses eine Tochter zur Gemahlin zu geben.

> Seine Majestät (Ramses) empfing die Botschaft – im Palast, mit frohem Herzen ... als er hörte so seltsame und unerwartete Dinge ...

Zu jener Zeit sammelten sich viele Prinzen und Fürsten fremder Länder in der Residenz des Pharaos. Als sie aber hörten, dass der Grosskönig von Hatti kommen würde, wurden sie von Ehrfurcht erfasst. "Es kamen die grossen Häuptlinge eines jeden Landes; sie waren tief gebeugt, in Furcht zurückweichend, als sie seine Majestät den Häuptling von Heta in ihre Mitte treten sahen, um die Gunst von König Ramses (II.) zu suchen."

Es war Nebukadnezar, von welchem der *Talmud* sagt, dass der Schrecken, den er in allen Königen erweckte, derart gross war, dass zu seinen Lebzeiten die ganze Welt in einem Zustand der Angst war und niemand zu lachen wagte.[2]

Die Hochzeitsstele – in leicht beschädigten hieroglyphischen Zeilen – schildert die Ankunft des grossen Gefolges:

> Sein Heer kam, ihre Glieder gesund, und sie schritten weit aus ... Die Tochter des Grosskönigs von Heta schritt an der Spitze des Heeres ... Seiner Majestät, ihr folgend. Es war gemischt aus Fussvolk und Berittenen aus Heta; sie waren Krieger wie auch Berufssoldaten; sie assen und tranken, nicht sich bekämpfend – untereinander ...[3]

Beim Vergleich des ägyptischen Textes der Hochzeitsstele mit der Keilschrifttafel Nebukadnezars finden wir eine Anzahl von Parallelen: Sie beginnen bei der Rede des Königs von Hatti, d. h. Nebukadnezars, an sein Heer und seinen Anführer, gefolgt vom Marsch der Infanterie und Kavallerie nach Ägypten bis zum Treffen mit dem Pharao und seinen zahlreichen

---

[1] Breasted: *Records*, Vol. III, Sec. 415ff. Die Stelen in Karnak, Elephantine und Abu Simbel enthalten den Text. Siehe Ch. Kuentz in: *Annales du Service des Antiquités de l'Egypte*, XXV (1925), und J. Wilsons Übersetzung in Pritchard: *Ancient Near Eastern Texts*, S. 256ff. Eine gute Zusammenfassung der Texte aus Bogazköi, welche die Reise von Hattusilis nach Ägypten betreffen, findet man im Artikel von Elmar Edel: »Der geplante Besuch Hattusilis III. in Ägypten«, *Mitteilungen der Deutschen Orient-Gesellschaft*, 92 (1960), S. 16-20.

[2] Bernstein: *König Nebucadnezar von Babel in der jüdischen Tradition*, S. 32.

[3] Breasted: *Records*, Vol. III, Sec. 424.

Truppen sowie der Schilderung des Vertrauens, das sie einander bewiesen.

Neben der Hochzeitsstele aus dem 34. Jahr von Ramses II. existiert auch eine in Koptos gefundene Stele, die einen Hinweis auf königliche Prinzen aus Hatti enthält, die "seine (des Königs) andere Tochter" begleiteten und "ein zweites Mal nach Ägypten" kamen.[1] Entweder ist die Hochzeitsstele oder die Koptosstele ein Gegenstück zur Tontafel Nebukadnezars.

Aus der Autobiographie von Hattusilis wissen wir, dass er sich sieben Jahre lang seinem Bruder und Neffen untergeordnet hatte. Während dieser Zeit war er König des Oberen Landes (entweder Assyrien oder ein Teil Anatoliens) sowie Oberbefehlshaber des westlichen Heeres (des Heeres von Hatti).

Wie wir sahen, konnte Nebukadnezar seine Regierungsjahre auf verschiedene Art kalkulieren. Zählte er sie von dem Jahr an, in welchem er König von Babylonien wurde, wäre das 34. Jahr Ramses' II. das 29. oder 30. Jahr von Nebukadnezar, und die in seinem 37. Jahr geschriebene Tontafel würde seinen zweiten Besuch in Ägypten betreffen; wenn aber Nebukadnezar – wie er es in seinen späteren Jahren sicher tat – seine Regierungsjahre vom Tod seines Vaters an zählte, wäre das 34. Jahr von Ramses das 37. Jahr von Nebukadnezar. In diesem Fall ist die Tontafel Nebukadnezars, die in seinem 37. Jahr geschrieben wurde, zeitgleich mit der Hochzeitsstele aus dem 34. Jahr von Ramses.

Ein Relief im Felsentempel von Abu Simbel in Nubien zeigt, wie der König von Hatti seine Tochter zu Ramses II. bringt. Sie steht vor ihrem Vater; er erhebt seine Arme mit offenen Händen mit dem Ausdruck eines respektvollen Grusses. Sein Gesicht ist glatt rasiert, und ein grosser Haarschopf fällt in seinen Nacken unter einer hohen, konisch geformten Kopfbedeckung hervor, die wie eine Bischofsmütze aussieht und eine phrygische Kappe ist.

Im Wadi Brissa im Libanon liess Nebukadnezar an zwei Stellen sein Bild in den Felsen meisseln; es sind vorgeblich die zwei einzigen bekannten Abbildungen dieses Königs. Die Figuren sind verwittert und erodiert; aber es lässt sich ausmachen, dass er auf einem der Reliefs ein Tier hält – wahrscheinlich tötet er einen Löwen – und auf dem anderen einen Baum fällt, wohl eine Libanonzeder. Die Reliefs werden von langen Glaubensinschriften begleitet, die seinen frommen Taten gewidmet sind.[2]

---

[1] Ebenda, Sec. 427f.

[2] Die Inschriften sind auf Englisch übersetzt von Langdon: *Building Inscriptions of the Neo-Babylonian Empire*, S. 153-175.

Abb. 8: Hattusilis-Nebukadnezar bringt seine Tochter zu Ramses II. Man beachte den Kopfputz des Königs, identisch mit jenem auf der einzig bekannten Abbildung Nebukadnezars aus Wadi Brissa.

Das am besten erhaltene und charakteristischste Kleidungsstück Nebukadnezars auf diesen Reliefs ist seine Kopfbedeckung. Unter dieser phrygischen Kappe hervor fällt der schwere Haarschopf über seinen Nacken. Die Kopfbedeckung, "eine hohe Tiara, ähnelt der bischöflichen Mitra."[1]

Obwohl das Bild im Libanon beschädigt ist, bieten die erhaltenen Teile eine verblüffende Ähnlichkeit mit dem Bild des "Königs von Hatti" in Abu Simbel dar, besonders, weil beide Ansichten den König im gleichen Profil zeigen; seine auf beiden Porträts identische Haartracht ist ungewöhnlich.

Wir haben die historischen Annalen verglichen, wir verglichen auch die geistig-seelischen Bildnisse und haben nun die Möglichkeit, auch die körperlichen Porträts des Chaldäer- und des "Hethiter"-Königs miteinander zu vergleichen, die ein und derselbe waren.

Der Ziegelofen von Tachpanches

Im Zusammenhang mit seinem Besuch in Ägypten erwähnt Nebukadnezar Butu-Javan, die Kolonie der Griechen. Zur Zeit Nebukadnezars war "Tachpanches" der hebräische Name für die Stadt der griechischen Soldaten in Ägypten. Um ihm auf seinem Besuch zu Ramses II. zu folgen, müssen wir uns nach Tachpanches begeben.

Tachpanches war eine Grenzstadt im Osten des Deltas.[2] Es gab dort einen Königspalast (Jeremia 43:9), und es war eine Festung. Ihr griechischer Name war Daphne, heute Tell ed-Defenne.[3] Im 7. und 6. Jahrhundert waren dort griechische Soldaten stationiert; der Ort war zum Schutz der palästinischen Grenze Ägyptens gewählt worden (Herodot). Dort unternommene Ausgrabungen brachten grosse Mengen griechischer Waffen, Werkzeuge und Töpferwaren zutage.[4] Die Fundamente eines von Ramses II. erbauten Tempels wurden entdeckt. Der Teil einer Statue von Ramses II., auf dem sich seine Kartuschen befanden, wurde in den Ruinen gefunden.[5] Daphne war vorgeblich zur Zeit der 26. Dynastie um ungefähr -664 erbaut worden und soll bis -565 existiert haben; Überreste eines von

---

1 F. H. Weissbach: »Die Inschriften Nebukhadnezars II im Wadi Brissa und am Nahr el-Kelb«, *Wissenschaftliche Veröffentlichungen der deutschen Orientgesellschaft* (Leipzig 1906), Heft 5.

2 Sir W. M. Flinders Petrie, A. S. Murray und F. Ll. Griffith: *Tanis,* Teil II, *Nebesheh (Am) and Defenneh (Tahpanhes)* (London 1888).

3 Ebenda, S. 52. Herodot, II, S. 30, 107.

4 Petrie: *Tanis,* Teil II, *Nebesheh and Defenneh,* S. 30.

5 Ebenda, S. 30.

Ramses II. errichteten Tempels wurden von den Ausgräbern nicht erwartet.[1]

Flinders Petrie, der Ausgräber von Tachpanches-Daphne war von den rötlichen ofengebrannten Ziegeln beeindruckt, die in Tell ed-Defenne und im benachbarten Dorf Nabesche gefunden wurden. Steine und Lehmziegel sind seit je das Baumaterial. Ägyptens gewesen. Die Lehmziegel wurden in der Sonne getrocknet, ein Verfahren, das noch heute in Ägypten angewendet wird.

Deshalb waren die an diesen zwei Orten verwendeten ofengebrannten Ziegel in Petries Augen etwas sehr Ungewöhnliches. Auch im Tempel in Nabesche fand Petrie eine Statue mit den Kartuschen von Ramses II. Er öffnete einige Gräber. Prompt enthüllte das erste Grab die Zeit seiner Entstehung. "Einige im Grab gefundene Fragmente geformten Granits stimmen wiederum mit einer ramessidischen Periode überein. Die Verwendung roter Brandziegel in diesem Grab, und im nächsten, das ebenfalls ramessidisch ist, ist von grosser Bedeutung. Bisher hatte ich in Ägypten nie Brandziegel aus einer früheren Zeit als der konstantinischen Periode gesehen; und es schien ein Test für jenes Zeitalter zu sein. Nun sehen wir aus diesen Fällen ..., dass der Brandziegel zu ramessidischer Zeit im Delta eingeführt wurde."[2]

Ebenfalls in Tachpanches (Daphne) brachte der Archäologe das Fundament eines aus ofengebrannten Ziegeln errichteten Gebäudes ans Licht. "Die frühesten hier gefundenen Überreste sind Teile des Fundamentes eines Gebäudes aus Brandziegeln."[3] Da diese Ziegel mit jenen der Gräber identisch waren, wurde der Schluss gezogen, dass einige Bauten zur Zeit der Ramessiden errichtet worden sind.

Es ist wesentlich, folgende Tatsache festzuhalten: In Ägypten sind Brandziegel aus einer früheren Zeit als der ramessidischen nicht bekannt und auch nicht aus einer auf die Ramessiden folgenden Zeit; erst zur Zeit des christlichen Kaisers Konstantin treten sie wieder in Erscheinung.

Von woher kam diese kurzlebige Neuerung nach Ägypten?

R. Koldewey, der Ausgräber von Nebukadnezars Palast in Babylon, schrieb auf der ersten Seite seines Berichtes: "Nebukadnezar erneuert zunächst den Palast seines Vaters, indem er die Lehmziegelmauern durch solche aus gebrannten Ziegeln ersetzt."[4] In seiner Beschreibung der charakteristi-

---

[1] Ebenda.

[2] Ebenda, S. 19.

[3] Ebenda, S. 47.

[4] R. Koldewey: *Die Königsburgen von Babylon* (Leipzig 1931), I.

schen Eigenheiten der Gebäude Nebukadnezars betont der Ausgräber Babylons wiederholt die "gut gebrannten, rötlichen Nebukadnezar-Ziegel", und Nebukadnezar selber verweist in seinen Bauinschriften immer wieder darauf.

Die Fabrikation ofengebrannter Ziegel war offenbar eine Neuerung, die unter Nebukadnezar aus Babylon nach Ägypten eingeführt wurde.

Wir besitzen auch das Zeugnis von Jeremia, dass es zu seiner Zeit in Daphne-Tachpanches einen Ziegelofen gab. Er nahm Steine und verscharrte sie "im Schutt am Ziegelofen, der am Einlass des Hauses Pharaos in Tachpanches ist" (Jeremia 43:9)

Da ausser jenen der Ramessiden-Periode im vorchristlichen Ägypten keine ofengebrannten Ziegel gefunden worden sind, müssen die Anhänger der konventionellen Chronologie annehmen, dass der Ziegelofen nach Ramses II. sieben Jahrhunderte lang bis zu Jeremia unbenützt stand und dass die zur Zeit Jeremias im Ofen hergestellten Ziegel alle verschwunden sind.

Ramses' Hochzeit

Der Besuch Nebukadnezars in Ägypten wird nicht nur durch die Bilder und die Tontafel festgehalten, die oben erwähnt wurden, sondern auch durch seine in Ägypten gefundenen königlichen Siegel bezeugt. Das sind "drei Terrakottazylinder, die eine Inschrift Nebukadnezars tragen, ein gewöhnlicher, auf seine Bauten in Babylon hinweisender Text ... Sie sollen vom Isthmus von Suez gekommen sein, und sie gehören offensichtlich zu einem Ort, wo Nebukadnezar 'seinen Thron aufgestellt' und 'sein Königszelt ausgebreitet' hatte. Da er nur der syrischen Strasse gefolgt war und im Gebiet des Isthmus Daphne der einzige Halteort an dieser Strasse sein konnte, weisen alle Folgerungen auf ihre Herkunft aus Tefenne (Daphne) hin, und als Gedenkzeichen des dortigen Aufenthalts".[1] Mit anderen Worten, diese Siegel sind Anzeichen für Nebukadnezars Besuch in Tachpanches-Daphne.

Ramses II.- Necho seinerseits beehrte Nebukadnezar durch die Erwiderung des Besuches in Babylon. Die Bentreesch-Stele von Ramses II. informiert uns: "Siehe, seine Majestät war in Naharina (Mesopotamien), gemäss seiner jährlichen Gewohnheit."

[1] Petrie: *Tanis,* Teil II, *Nebesheh and Defenneh,* S. 51.

Es ist von Interesse, in Babylon Spuren seiner Besuche zu finden.

Eine Gebäudeinschrift Nebukadnezars erwähnt "bît nikî", d. h. das Haus von Necho, ausserhalb der Mauern Babylons.[1] Wahrscheinlich handelt es sich um das Haus, welches der frühere Gegner und jetzige Schwiegersohn während seiner alljährlichen Besuche in Babylon bewohnte. Der Ort wartet auf seine Ausgräber.

Als die Tochter des "Grosskönigs von Hatti" ein Mädchen gebar, schrieb er an Ramses einen Brief mit der Forderung, ihm die Kleine zu überlassen, damit er sie später "zur Königinnenwürde" führen könne.[2] Nebukadnezar war daran gelegen, dass seine Enkelin nicht das Leben einer Nebenprinzessin in Ägypten führen würde. Ramses hatte die Tochter Nebukadnezars geheiratet, als er bereits in mittleren Jahren stand; obwohl die Neue zu seiner Hauptgemahlin wurde, hatte er vorher eine Hauptfrau gehabt, die ihm viele Kinder geboren hatte. Diese frühere Hauptfrau hatte mit "ihrer Schwester, der Frau des grossen Häuptlings von Hatti" korrespondiert und Kopien dieser Briefe blieben in den Archiven von Bogazköi erhalten.[3]

Jeremias Prophezeiung, der König von Babylon würde sein Königszelt, den "Prachthimmel", am Eingang von Pharaos Haus in Tachpanches ausbreiten, ging in Erfüllung. Wenn die Prophezeiung zur Zeit von Ramses II. und nicht zu der seines Nachfolgers gemacht worden war, so sagte Jeremia genau den Platz voraus, wo Nebukadnezar seinen Thron aufstellen liess. Wenn er aber zur Zeit Merenptahs, des Nachfolgers von Ramses II., prophezeite, dann kannte Jeremia bereits den Platz, an welchem Nebukadnezar zweimal vorher sein Zelt aufgeschlagen hatte.

Der zweite Teil derselben Prophezeiung – "Er kommt daran, er schlägt das Land Ägypten" – erfüllte sich nie, soweit die Ägypter davon betroffen waren und soweit uns die historischen Dokumente Auskunft erteilen. Aber sie erfüllte sich insoweit, als davon die Juden in Ägypten betroffen waren, und zwar in Übereinstimmung mit dem Vertrag über die Auslieferung der Flüchtlinge.

Nun werden wir einigen dieser Überbleibsel des Volkes folgen, das zwischen Nebukadnezar und Ramses zermalmt wurde, als die zwei Herrscher sich bekämpften und dann wieder, als sie zu Freunden wurden.

---

1 Koldewey: *Die Königsburgen von Babylon,* II, S. 63-64; "bît nikî" wird gewöhnlich in der Bedeutung "Spendehaus" verstanden.

2 Luckenbill: *American Journal of Semitic Languages and Literatures,* XXXVII (April 1921), 195.

3 Ebenda.

Die Israel-Stele Merenptahs und die Klagelieder Jeremias

Die acht Jahrhunderte geordneten Lebens im Lande des Stammes Juda gingen zu Ende. Ein Volk, das in der Morgendämmerung dieser Epoche aus der Knechtschaft in Ägypten gekommen war, wurde ins Exil nach Babylon verschleppt.

Jeremia, der mit anderen angekettet von Jerusalem nach Ribla getrieben worden war, wurde dort freigelassen. Aber er folgte der Aufforderung nicht, als freier Mann nach Babylon zu gehen, sondern er kehrte nach Juda zurück, wo eine kleine Zahl verelendeter Bauern vom babylonischen Kriegsheer zurückgelassen worden war.[1]

Gedalja, Sohn des Ahikam, wurde zum Statthalter über die Reste der Bevölkerung Palästinas ernannt. Die Juden, die nach Moab, Ammon und Edom vertrieben worden waren, begannen zu Gedalja zurückzukehren, der in Mizpa in Juda war. Er hörte nicht auf die Warnungen seiner Freunde; Aufrührer, die vom Ammoniterkönig Baalis aufgewiegelt waren, fielen über Mizpa her und töteten Gedalja zusammen mit seinen Begleitern und den Chaldäern, die sich dort aufhielten. Aus Angst vor einer gnadenlosen Rache Nebukadnezars entschlossen sich die letzten Juden, nach Ägypten zu ziehen.

> JEREMIA 42:14 … ins Land Ägypten wollen wir kommen, dass wir Krieg nicht mehr sehn, dass wir Posaunenhall nicht mehr hören, dass wir nach Brot nicht mehr hungern, und dort wollen wir siedeln!

Die jüdischen Auswanderer, die “in Moab, bei den Söhnen Ammons, in Edom” waren und die “aus all den Orten, wohin sie versprengt waren”, zurückkehrten (Jeremia 40:11-12) und nach Mizpa kamen, nur um weiter nach Ägypten zu flüchten, könnten von den Ägyptern als Flüchtlinge aus Edom, Moab und Ammon angesehen worden sein. Weitere Flüchtlinge, die nicht mehr nach Mizpa zurückkehren wollten, strömten aus Edom und Moab nach Ägypten und folgten so dem verarmten, aus Juda flüchtenden Volk.

Ein fragmentarischer Brief eines Grenzbeamten ist gefunden worden, in dem es heisst:

> Wir haben aufgehört, den Schosu-Stämmen von Edom das Passieren der Festung des Merenptah-hotphima'e, welche sich in Tjeku befindet, … um sie am Leben zu erhalten und um ihre Herden am Leben zu erhalten durch die Güte Pharaos, die schöne Sonne eines jeden Landes.[2]

---

[1] Jeremia 40: 4-6.

[2] Sir Alan H. Gardiner: *Geschichte des Alten Ägypten* (Stuttgart 1965), S. 305f. Siehe R. Caminos: *Late-Egyptian Miscellanies* (Oxford 1954), S. 293.

> JEREMIA 43:7 ... sie kamen ins Land Ägypten, denn sie hörten nicht auf SEINE Stimme. Sie kamen bis Tachpanches.

In Tachpanches gab es ein "Haus Pharaos" (Jeremia 43:9). Die Stadt war eine Grenzfestung im Osten des Deltas, und Petrie fand dort einen Königspalast.[1] Tjeku (T-k'), die Grenzstadt im Osten des Deltas an der Hauptstrasse von Syrien – Palästina, wurde als das Tachpanches der Schriften und Daphne der griechischen Autoren identifiziert.

Der Pharao, dessen Name "Binerē'- meramun Merenptah-hotphi (r) mā'e" gelesen wird und der auf Ramses II. folgte, ist der Pharao Hophra des Jeremia. Die Lesung "hotphi (r) mā'e" sollte zu "hophrāma'e" korrigiert werden. Der Buchstabe "t" in "hotep" ("geliebt von") wurde offenbar nicht ausgesprochen (entsprechend wird "Amen-hotep" im Griechischen zu "Amenophis"), und so wurde "Hotphir" im Hebräischen zu "Hophra" und im Griechischen zu "Apries" transkribiert.

Als er im Exil in Ägypten weilte, sagte Jeremia von diesem Pharao (44:30):

> So hat ER gesprochen: Wohlan, ich übergebe Pharao Chofra, König von Ägypten, in die Hand seiner Feinde, ... wie ich übergeben habe Zidkijahu (Zedekia), König von Jehuda (Juda), in die Hand ... seines Feindes.

Die griechische Form des Namens "Hophra" ist "Apries". Sowohl laut Jeremia als auch nach Herodot folgte Hophra-Apries dicht auf Necho-Nekos.[2]

Ein Gelehrter[3] theoretisierte, der oben zitierte Brief eines Beamten aus der Festung Tjeku, der nach Ägypten kommende Einwanderer betraf, stelle einen Bericht über den Zug Jakobs und seiner Söhne in das Land Pharaos dar; dies, natürlich, wenn Merenptah nicht der Pharao des Exodus war, wie die meisten Gelehrten heute annehmen.

Doch wie weit gefehlt! Merenptah war nicht der Pharao Josephs oder des Exodus, somdern der Pharao des Exils. Dazwischen liegt die lange Geschichte Israels – der Aufenthalt in Ägypten, die Wanderung in der Wüste und die Zeit der Richter und dann der Könige.

Weshalb wurde Merenptah die Rolle als Pharao des Exodus zugeschrieben? Hauptsächlich wegen der sogenannten Israel-Stele. Sie wurde 1896 von Petrie gefunden. Dieses Monument sollte "Libyen-Stele" heissen, denn sie enthält einen Bericht über den libyschen Feldzug; aber sie hat zwölf ab-

---

1 Petrie: *Tanis*, Teil II, *Nebesheh and Defenneh*.

2 Herodot (II, 161) schob die sechsjährige Regierungszeit von Psammis zwischen Nekos (Necho) II. und Apries.

3 B. D. Eerdmans: *Alttestamentliche Studien*, II (Giessen 1908), 67.

schliessende Zeilen, aus welchen ihr Name abgeleitet wurde: die Israel-Stele.[1]

Zum besseren Verständnis der Schlussverse ist es nötig, den Geist zu bestimmen, in welchem die Stele geschrieben wurde. Diese Inschrift beschreibt den König als

> die Sonne, die die Wolken verjagte, die über Ägypten waren; der Ägypten die Strahlen der Sonne sehen liess; der einen ehernen Berg vom Nacken der Menschen wälzte ...

Die der Erwähnung Israels vorausgehenden Zeilen lauten:

> Singend geht man, und kommt man, und es gibt kein Schreien trauernder Leute mehr. Die Dörfer sind wieder aufs neue besiedelt, und wer sein Korn gebaut hat, wird es auch essen. Re hat sich Ägypten wieder zugewendet; er ist geboren mit der Bestimmung, sein Schützer zu sein, er, der König Merenptah.

Hier folgen die abschliessenden Zeilen:

> Die Fürsten liegen ausgestreckt und sagen "Schalom", und kein einziger erhebt noch seinen Kopf unter den neun Bogen. Tehenu ward zerstört; das Hattiland ist friedlich; Pekanon ist mit (?) jedem Bösen gefangengenommen; Askalon ward fortgeführt; Gezer ward gepackt; Jenoam ist zu nichts gemacht; Israel ('-s-r-'-r) ist verdorben und hat keinen Samen; Charu (H'-rw, Palästina) ist zur Witwe geworden für (?) Ägypten – alle Länder insgesamt sind in Frieden, und wer immer umherschweifte, der ist gebändigt von dem Könige von Ober- und Unterägypten ... Merenptah, dem es gegeben ist zu leben wie Re, alle Tage.

Die Zeile "Israel ist verdorben und hat keinen Samen" in der abschliessenden Passage der Stele inspirierte eine umfangreiche Literatur; man ist sich einig, dass Israels Name hier zum ersten Mal schriftlich genannt wird, noch bevor sogar die ältesten Teile der hebräischen Traditionen in geschriebenen Buchstaben festgehalten wurden. Es wird uns versichert, dass es sich nicht allein um die älteste, sondern auch um die einzige Erwähnung Israels in den erhaltenen Aufzeichnungen aus Ägypten handelt.[2]

---

[1] J. Wilson in Pritchard: *Ancient Near Eastern Texts*, S. 376-378. Siehe *Zeitalter im Chaos*, Band I: *Vom Exodus bis König Echnaton*, »Welches ist die historische Zeit des Exodus?«

[2] "Das Monument hat weite Beachtung gefunden, wegen der Hinweise auf Israel im letzten Abschnitt. Das ist die älteste uns bekannte Erwähnung Israels in der Literatur, eingeschlossen die hebräischen Schriften selbst." Breasted: *Records*, Vol. III, § 603. Siehe auch Adolf Erman: *Die Literatur der Aegypter* (Leipzig 1923), S. 346: "Die weitaus älteste Erwähnung Israels und die einzige in einem ägyptischen Text. Es ist hier im Unterschied von den anderen Namen als Volk und nicht als Land geschrieben ..."

"Und hat keinen Samen" wurde wiederholt als Hinweis auf das Umbringen der männlichen Kinder der Israeliten durch die Ägypter interpretiert, doch wird diese Auslegung von der Mehrheit unter den Gelehrten als gekünstelt angesehen; sie sind der Meinung, dass diese Zeile auf Merenptahs Stele eine Niederlage beschreibt, die der Pharao den aus Ägypten flüchtenden Israeliten beigebracht hatte. Es wurde betont, dass "Israel" ohne das Zeichen für ein sesshaftes Volk oder ein Land geschrieben wurde. Bände voller Kontroversen und Debatten türmen sich auf dieser einzelnen Zeile, um ihren Inhalt zu beleuchten.[1] Ihre wenigen Worte beginnen die Geschichtsschreibung des "Ewigen Volkes"; und für viele Gelehrte ist sie auch das "Alpha" zur Berechnung der Zeit des Exodus.

Welches war der Grund für die Versicherung, dass die Stele Merenptahs ein den Exodus der Israeliten nach Palästina betreffendes Dokument sei? Weil er ein Pharao war, der Palästina plünderte? Die Geschichte des Exodus weiss nichts von der Plünderung Palästinas durch den Pharao des Exodus. Weil er die Israeliten besiegte? Die Geschichte des Exodus weiss nichts von einer Niederlage der Israeliten durch den Pharao; sie weiss lediglich von der Katastrophe, die das ägyptische Heer ereilte. Wenn die vage Zeile bedeutet, dass die Israeliten von Merenptah besiegt wurden, so wäre das ein Beweis gegen und nicht für die Identifizierung Merenptahs mit dem Pharao des Exodus.[2]

Die Geschichte des Exodus weiss weder etwas davon, dass Ägypten von den Hethitern bedroht war, noch dass es die Hethiter befriedete; die Stadt Pekanon, offensichtlich wichtig in Palästina, ist in der detaillierten Liste des Buches Josua nicht enthalten, in welcher die von den Israeliten nach ihrem Auszug aus Ägypten in Kanaan gefundenen Städte aufgezählt werden.[3] Auch die Tatsache, die von den durch die Grenzbeamten Merenptahs geschriebenen Dokumente enthüllt wird, wonach zu dessen Zeit Semiten aus Palästina nach Ägypten kommen durften, harmonisiert nicht mit den Umständen beim Exodus. "Der Name des Volkes Israel an dieser Stelle ist in jeder Hinsicht überraschend: Es handelt sich um das einzige Beispiel des

---

[1] Vom kontroversen Material vor 1925 findet sich einiges in J. W. Jack: *The Date of Exodus in the Light of External Evidence* (Edinburgh 1925).

[2] S. A. B. Mercer: *Tutankhamen and Egyptology* (Milwaukee 1923), S. 48f.

[3] Im Band über die Periode der assyrischen Herrschaft weise ich nach, dass Pekanon der Name für Samaria war, das von einem der letzten Könige Israels, Pekah, vergrössert wurde. Seit der Zeit von Sargon II. und Sanherib lebten dort Siedler aus den nördlichen Provinzen Assyriens.
Die Stadt Jenoam, die auf der Stele erwähnt wird, ist wahrscheinlich der Name sowohl von Dan als auch Jerusalem, und zwar wegen der Tempelorakel, die im Namen Jahwes sprachen ("Jenoam" bedeutet "Jahwe spricht"); in der Passage der Stele ist Jerusalem gemeint.

Namens Israel auf irgendeinem Monument, und es erfolgt 400 Jahre, bevor das Volk keilschriftlich erwähnt wird; es steht klar ausserhalb unserer literarischen Tradition, die zur Überzeugung geführt hat, dass es in Palästina zwischen ihrem Zug nach Ägypten und ihrem Einfall in Jericho keine Israeliten gegeben hat; indessen hier Israeliten in Jenoam in Nordpalästina zu einer Zeit erwähnt werden, in welcher das historische Israel ausserhalb Palästinas war ... Aber die Frage nach dem Exodus wird noch erschwert durch die offensichtliche Ruhe an der Grenze, die sich aus dem Grenztagebuch erweist ... Es würde also scheinen, dass die Ägypter weitere semitische Stämme begrüssten ... nur wenige Jahre vor dem Exodus."[1]

Die Israel-Stele enthält nichts, um Merenptah mit dem Pharao des Exodus zu identifizieren. Welches ist dann aber die wahre Bedeutung der abschliessenden Zeilen der Israel-(Libyen-)Stele?

Die gesicherte Position Ägyptens, im Vergleich zur Verheerung Palästinas, wird durch die Zeilenabfolge hervorgehoben. Derselbe Gedanke wird im Buch Jeremia (42:14) von jenen ausgedrückt, die sich zur Flucht nach Ägypten entschieden: "... ins Land Ägypten wollen wir kommen, dass wir Krieg nicht mehr sehn, ... dass wir nach Brot nicht mehr hungern ..."

Im ägyptischen Exil sprach Jeremia über das Land Juda und Israel zu seinem Volk in ähnlichen Ausdrücken, die auch Merenptah gebrauchte:

> JEREMIA 44:2 Selber habt ihr all das Böse gesehn, das ich über Jerusalem und über alle Städte Jehudas habe kommen lassen, wohl, eine Ödnis sind sie an diesem Tag, keiner mehr siedelt darin.
>
> 6 ... die Städte Jehudas, die Gassen Jerusalems [wurden] zur Einöde und zur Starrnis ...
>
> 22 So wurde euer Land zur Ödnis, zum Erstarren, zur Verwünschung, insassenlos, wie es an diesem Tag ist.

Jeremia sagte, dass die Gassen Jerusalems "zur Einöde" wurden; Merenptah verwendet auf seiner Stele dieselbe Ausdrucksweise in bezug auf Israel. Jeremia gebrauchte sogar dieselbe Metapher wie Merenptah, der von Palästina als "einer Witwe" spricht. Die Klagelieder Jeremias werden mit den folgenden Worten eröffnet: "Wehe, wie weilt die Stadt einsam, die einst viel bevölkerte, einer Witwe gleich ist sie geworden!"

In seinem "Lastwort gegen die Philister, ehe der Pharao Gasa schlug", sprach Jeremia (47) über das Schicksal der philistinischen Küste: "Glatzschur kam über Gasa, schweigsam ward Askalon."

---

[1] Petrie: *A History of Egypt,* III, 114-115.

Diese Worte erinnern uns an “Askalon ward fortgeführt” auf der Stele. Jeremia sagt nicht, ob seine Worte über Askalon die Zerstörung anlässlich des Marsches von Necho (Ramses II.) betreffen, wie wir sie mit Hilfe der Reliefs von Ramses II. greifbar machten; oder ob sie sich auf die Heldentaten irgendwelcher Truppen Hophras (Merenptah) beziehen.

Die Frage, ob die Schlusszeilen der Libyen-Stele einen Feldzug Merenptahs nach Syrien-Palästina behandeln, wurde von einigen Gelehrten zustimmend, von anderen negativ beantwortet.[1] Die letzteren bestanden darauf, dass ein Zug nach Syrien und ein Sieg dort nicht nur in einigen wenigen vagen Worten, sondern in einer für Merenptah typischen Weise erwähnt worden wären, wie das durch die Gedenkinschriften über seine anfänglichen Siege im libyschen Feldzug illustriert wird.

Dieser Kontroverse kann noch hinzugefügt werden, was Herodot über die sieghafte Kampagne von Apries gegen die Küste Palästina-Syriens vor dem libyschen Feldzug berichtet.[2] Auch Diodor von Sizilien verwies auf Apries, der die phönikische Küste terrorisierte und sagt, dass Apries “Sidon eroberte ... und die anderen Städte Phönikiens so in Schrecken versetzte, dass er ihre Unterwerfung erlangte”.[3]

Wenn das ein regelrechter Feldzug war, erforderte er das Einverständnis Nebukadnezars. Nebukadnezar machte sich nicht viel aus dem Land, das ruiniert und entvölkert worden war. Die einzige Zeit, zu welcher Merenptah-Apries aus eigenem Ermessen in Palästina hätte handeln können, war die Periode von Nebukadnezars geistiger Umnachtung. Einige Truppen von Apries (Merenptah) machten sich den anarchischen Zustand des verwüsteten Landes zunutze, um Gezer, Askalon und weitere Städte der philistinischen Ebene zu überfallen. Ammoniter[4] und Eboniter[5] – räuberisch und habgierig – kamen in die mauerlosen Dörfer, zu Städten ohne Tor und Schranken, um von ihrer Asche noch zu zehren. Vielleicht waren auch ägyptische Banden darunter.

Das chaldäo-babylonische Reich (Hatti) war durch den Vertrag und verwandtschaftliche Bande befriedet; deshalb fühlte Ägypten seinen Nacken von einem ehernen Joch befreit. Jeremia prophezeite vergeblich, dass der König von Babylon kommen und das Land Ägypten züchtigen würde. Der

---

[1] Siehe E. Naville: »Did Mernephtah Invade Syria?«, *Journal of Egyptian Archaeology,* II (1915), S. 195-201.
[2] Herodot, II, 161.
[3] Diodor, I, 68.
[4] Jeremia 41:10; 49:1.
[5] Hesekiel 25:12.

Untergang Ägyptens war noch nicht besiegelt. Aber auch das Verhängnis in der Israel betreffenden Prophezeiung Merenptahs – "Israel ist verdorben und hat keinen Samen" – war nicht besiegelt.

> JEREMIA 46:27 Du aber fürchte dich nimmer, ... Jisrael, lass dich nimmer bestürzen! Denn, wohlan, ich befreie dich fernher, aus ihrer Gefangenschaft Land deinen Samen.

Mehr als das; als alle Übel, die er vorhergesagt hatte, eingetroffen und er sich zum Segen an die Überreste seines Volkes gewandt hatte, sagte Jeremia: "So hat ER gesprochen, der die Sonne zum Licht gibt bei Tag, nach Satzungen, Mond und Sterne zum Lichte bei Nacht ... Könnten diese Gesetze mir vorm Antlitz je schwinden, ... dann nur könnte Jisraels Samen aufhören, ein Stamm zu sein mir vorm Antlitz alletag." (31:35f)

Dieselbe Periode, die gleichen Ereignisse bewegten Merenptah und Jeremia zu gleichartiger Ausdrucksweise über "verdorbenes Land", Städte, die "zu nichts gemacht", Orte, die "fortgeführt" wurden, ein Land, das "einer Witwe gleich" war und der "Same Israels".

Die Schriftrollen Jeremias und die Stele Merenptahs erhellen beide die politische Situation in den siebziger Jahren des 6. Jahrhunderts in den Ländern an den Küsten des östlichen Mittelmeeres.

Der libysche Feldzug

Nach dem Vergleich der Schlusspassage auf der Stele von Merenptah-Hophrama'e mit Jeremias Hinweis auf Pharao Hophra ist es interessant, Merenptahs Denkmalinschriften über seinen libyschen Krieg mit dem zu vergleichen, was Herodot über Apries, den Pharao Hophra, zu sagen hatte.

Die ägyptischen Quellen lassen uns erkennen, wie Merenptah "den üblen Zuständen an seiner libyschen Grenze gegenüberstand ... Jahrelang sind die Libyer in das westliche Delta eingedrungen und haben es besetzt. Sie stiessen fast bis zu den Toren von Memphis vor ... Sie waren ein Bündnis mit Küstenvölkern des Mittelmeeres eingegangen, die jetzt aus Sardinien im Westen und von Kleinasien im Osten in das Delta strömten. Die Erwähnung dieser Völker in diesen Dokumenten bedeutet das früheste Auftreten von Europäern in der Literatur, das immer der Mittelpunkt vieler Forschung und grossen Interesses war."[1]

Eine neuerdings entdeckte Inschrift Merenptahs aus Heliopolis berichtet:

> Regierungsjahr 5, zweiter Sommermonat, kam einer, seiner Majestät kundzutun: "Der elende Häuptling der Libyer ... und jedes Fremdland, das mit ihm ist, dringen ein, um die Grenzen Ägyptens zu übertreten." Dann befahl seine Majestät (seinem) Heer, sich gegen sie zu erheben.[2]

Die grosse Karnak-Inschrift zählt Merenptahs Feinde auf:

> Ekwesch, Teresch, Luka, Scherden, Schekelesch, Nordvölker, die aus allen Ländern kommen.

In diesem Namen erkannte man die europäischen Völker, von Sardinien im westlichen Teil des Mittelmeeres bis nach Kleinasien im Osten: Etrusker (Teresch[3]); Sardinier (Scherden, Sardan), die später als das Volk aus Sardes erklärt wurden; Lykier (Luka); Sizilier (Schekelesch). Sie strömten nach Cyrenaica (Ostlibyen) und nahmen an der Invasion an der Westgrenze Ägyptens teil.

Es war die Sensation der sechziger Jahre im vorigen Jahrhundert, als die Inschriften Merenptahs übersetzt und auf diese Weise interpretiert wurden; das Eindringen wurde die Invasions Ägyptens durch die arischen Völker des 13. Jahrhunderts genannt.

Diese Beteiligung der nordmittelmeerischen Völker an den Kriegen in Libyen und Ägypten im 13. Jahrhundert vor unserer Zeitrechnung, vor der Belagerung Trojas und ungefähr ein halbes Jahrtausend vor Homer, wurde als eine äusserst seltsame und merkwürdige Tatsache angesehen. Sie wurde zu einer Angelegenheit grosser Bedeutung für den gesamten Bereich hellenistischer Forschung. Griechische Quellen wissen nichts von einer Invasion Ägyptens durch hellenistische oder irgendwelche andere Völker im 13. Jahrhundert. Jetzt wurde postuliert, das, was den griechischen Historikern und Dichtern verhüllt geblieben war, sei in den ägyptischen Inschriften erhalten; und die modernen Erforscher der ägäischen Vergangenheit hatten nun aus dem Born der Ägyptologie zu schöpfen.

Aber wie kann die Gegenwart europäischer Heere im Ägypten des 13. Jahrhunderts erklärt werden, oder wie sollen wir Herodot verstehen, der

---

[1] Breasted: *Records,* Vol. III, Sec. 570.

[2] H. Bakry: »The Discovery of a Temple of Merneptah at On«, *Aegyptus,* LIII (1973), S. 7.

[3] Eine andere Identifikation bekundet die Teresch als das Volk von Tarsus in Ostkleinasien. Aber E. Schorr schlägt vor, dass Teresch das Volk von der ägäischen Insel Thera bezeichnet, die in Cyrenaica eine Kolonie gründeten (Herodot, IV, 159).

schrieb, dass Apries (im 6. Jahrhundert) der erste gegen die Griechen kämpfende Ägypter war, dass Psammetich zwei oder drei Generationen früher (im 7. Jahrhundert) als erster griechischen Freischärlern den Zutritt nach Ägypten gewährte – er nahm sie in seine Dienste – und dass vor Psammetich die Ägypter die Griechen nicht gekannt hatten?

Der Hinweis auf Eindringlinge, die aus den nördlichen Küstenländern und von den Inseln des Mittelmeeres kamen, in den Inschriften Merenptahs, sowie Berichte über Sardan-Krieger in noch älteren Dokumenten – von Sethos und Ramses II. – vereitelten jeden Erklärungsversuch und verwirrten die hellenistische Forschung. Gelehrte dieses Forschungsbereiches weigerten sich zunächst zu glauben, dass eine solche Interpretation der ägyptischen Texte korrekt sein könne;[1] doch nach und nach erkannten sie die Notwendigkeit, ihre akzeptierten Vorstellungen zu revidieren. Die frühere Skepsis wurde vergessen, und aus der Wiederholung wurde Überzeugung; und so enthalten Bücher, die das helladische Zeitalter behandeln, Berichte über "das erste Auftreten europäischer Völker" in den Dokumenten der Weltgeschichte.

Es wurde nun erwogen, dass die frühe griechische Geschichte durch schriftliches Material aus dem zeitgenössischen Ägypten beleuchtet wurde; und dass das, was Herodot und Thukydides nicht wussten, zu einem offenen Buch geworden war.

Libyen war für Merenptahs ein Dorn im Auge. Er ging mit seinem Heer, "um das Land Libyen zu vernichten." "Die Libyer planten üble Dinge, sie in Ägypten zu tun." (Karnak-Inschrift) Der Häuptling der Libyer kam, um die "Mauern-des-souveränen-Memphis" zu überschreiten (Israel-Stele). Die Karnak-Inschrift, die Kairo-Säule, die Athribis-Stele, die Inschrift von Heliopolis und die Israel-Stele beschreiben diesen Krieg mit den Libyern, aber offensichtlich nur sein Anfangsstadium.

Merenptah schrieb: "Die Prahlereien, die er (der Häuptling von Libyen) verbreitete, wurden in den Wind geschlagen", aber der Krieg war nicht vorbei, als diese Erinnerungen in den Stein gemeisselt wurden. Jede Inschrift, die historisches Material aus der Zeit Merenptahs enthält, beschäftigt sich mit dem libyschen Feldzug. In seinem 5. Jahr war es ihm möglich, die Route zu blockieren, auf welcher die Libyer über die Grenze gekommen waren, und es gelang ihm sogar, die Vorhut der Libyer in die Flucht zu schlagen; doch errang er seinen Sieg in einem Verteidigungskrieg.

---

[1] Siehe Hall: *The Oldest Civilization of Greece* (London und Philadelphia 1901), S. xxvii, 96, 173, 220.

Im Namen eines Gottes berichtet die Kairo-Säule: "Ich mache, dass du die Häuptlinge von Libyen niederschlägst, deren Invasion du zurückgewiesen hast."[1]

Im üblichen bombastischen Stil schildert die Athribis-Stele,[2] dass "die Familien von Libyen über die Gräben verstreut sind wie Mäuse" und der Pharao "sie beim Genick packt wie ein Falke". Schon vor dieser Schlacht war den Libyern die Besetzung ägyptischen Territoriums und das Einbringen von Beute gelungen: Darin liegt die Bedeutung des bildlichen Ausdrucks, "er werde in die Hand Merenptahs gegeben, dass er ihn wieder ausspeien lasse, was er wie ein Krokodil verschlungen hat". In jenem Moment waren die Aussichten für einen entscheidenden ägyptischen Sieg gut. Der Pharao sammelte die unbeschnittenen Phalli der Eindringlinge, lud sie auf Esel und liess sie vom Schlachtfeld zur Hauptstadt bringen. "So sagt jeder Greis zu seinem Sohne! 'O Unglück für die Libyer!'" Und doch konnte sich der libysche Herrscher unversehrt zurückziehen. "Der elende Grosse, der Gefallene von Libyen ist unter dem Schutze der Nacht geflohen, ganz allein."

Der Konflikt war nicht vorbei; die Invasion der Libyer und die Versuche, sie zurückzuwerfen, entwickelten sich zu einem ausgedehnten Krieg mit wechselndem Erfolg. In späteren Jahren hatte Merenptah weniger Grund, seine militärischen Triumphe zu verewigen. Er enthüllte das Ergebnis dieser langwierigen Kampagnen nicht. Von sich selbst schrieb der Pharao, er sei dazu ausersehen, der Untergang der Libyer zu sein; doch in Sachen des Schicksals zählt nur das Resultat. Auch verriet er nicht, was schliesslich mit den nordmittelmeerischen Truppen geschah, deren Erwähnung in den etablierten historischen Schemata so viel Verwirrung stiftete.

Ich werde den Inhalt der zitierten Merenptah-Inschriften mit den historischen Aussagen Herodots über Apries vergleichen. Im 2. Buch seiner *Historien* gibt der griechische Geschichtsschreiber einen kurzen Bericht: "Apries sandte ein starkes Heer gegen Kyrene, das eine furchtbare Niederlage erlitt." (II, 161) Im 4. Buch berichtet Herodot ausführlich über den Krieg. Er fand im 6. Jahrhundert statt, und es war die Auswanderung von Griechen nach Kyrene (Ostlibyen), welche den Feindseligkeiten vorausging.

> Durch einen Orakelspruch trieb die Pythia (Priesterin des Orakels zu Delphi) alle hellenischen Städte an, ebenfalls Kolonisten nach Libyen auszusenden. Die Kyrenaier hatten nämlich zur Aufteilung des libyschen Landes aufgerufen.

---

[1] Breasted: *Records,* Vol. III, Sec. 594.
[2] Ebenda, Sec. 598ff.

> Der Orakelspruch lautete:
> "Wer nach Libyen einst, dem vielgeliebten, zu spät kommt ...
> Wenn das Land schon verteilt ist, der wird es bitter bereuen."
> So kam eine grosse Menge Volks in Kyrene zusammen, und man nahm den benachbarten libyschen Stämmen und ihrem König namens Adikran einen grossen Teil ihres Landes weg.[1]

Bald kamen die neuen Siedler in Konflikt mit der benachbarten Bevölkerung, und Ägypten wurde in den Streit mit hineingezogen.

> Apries sammelte ein grosses ägyptisches Heer und schickte es gegen Kyrene. Die Kyrenaier zogen aus nach der Landschaft Isara und der Quelle Theste, wo es zum Kampf mit den Ägyptern kam. Die Kyrenaier blieben Sieger. Die Ägypter hatten sich nämlich nie vorher mit den Hellenen gemessen und verachteten sie. Darum wurde ihr Heer jetzt so völlig geschlagen, dass nur wenige Leute nach Ägypten zurückkamen.[2]

Nach dieser Niederlage rebellierte das Heer von Apries.

Merenptah liess seine Siege im frühen Stadium des libyschen Feldzuges in einer Anzahl von Inschriften festhalten, von denen fünf erhalten sind. Aber über sein unglückliches Ende wollte und konnte er nichts schreiben. Herodot indessen schilderte es. Das ägyptische Heer an der libyschen Front meuterte. Apries sandte Amasis (Ahmose), den General, um die Rebellen zurückzugewinnen. Statt dessen wurde Amasis selber vom Heer dazu überredet, König zu werden. Apries sandte seinen Wesir, um Amasis zu verhaften, und durch ihn liess Amasis antworten, er komme mit seinen Männern. Für das Überbringen dieser Nachricht liess Apries seinem Wesir Nase und Ohren abschneiden. Durch diese Tat verfeindete sich der König mit der Bevölkerung der Hauptstadt. Apries musste gegen sein eigenes Heer kämpfen und konnte sich nicht auf seine Leibgarde von Kariern und Ioniern verlassen, die Nachkommen der von Sethos (Psammetich) und Ramses II. (Necho) in Ägypten angesiedelten Söldner waren.

> Nun waffnete Apries seine Söldner und zog gegen seine ägyptischen Untertanen. Er hatte ein Heer von 30.000 karischen und ionischen Söldnern.[3]

Die Schlacht fand bei Momemphis (Memphis)[4] statt, und Apries wurde besiegt. Dies war das Ende des langen Krieges. Der libysche Feldzug nahm für Merenptah-Apries ein böses Ende.

---

[1] Herodot, IV, S. 159.
[2] Ebenda.
[3] Ebenda, II, S. 163.
[4] Petrie interpretiert Momemphis als einen Ort namens Menouf im Westen von Benha.

Amasis nahm Apries gefangen und hielt ihn in seinem Palast fest; aber das Volk verlangte nach seinem Leben, und er wurde vom Pöbel stranguliert.[1]

Jeremias Prophezeiung (44:30), dass Pharao Hophra in die Hand seiner Feinde gegeben würde, wie Zedekia, König von Juda, in die Hand seines Feindes gegeben wurde, ging in Erfüllung.

Amasis, der seinen Gefangenen nicht des königlichen Gewandes und der Königskrone beraubt hatte, erwies ihm nach seinem Tode die königlichen Ehren; der Leichnam wurde einbalsamiert und einer Grabkammer übergeben.

Im Schädel der Mumie Merenptahs befindet sich ein von einem spitzen Instrument stammendes Loch.[2] Um diese Verletzung zu erklären, wird vermutet, dass zu Lebzeiten Merenptahs oder nach seinem Tod eine chirurgische Operation an seinem Kopf vorgenommen wurde. Aber dieses Loch ist offenbar das Resultat der tödlichen Wunde, die ihm von seinen Mördern beigebracht wurde.

Die Verwicklungen über die Anwesenheit der nordmittelmeerischen Einwanderer in Kyrene sind geklärt. Sie waren die neuen Siedler in Kyrene, die aus allen Teilen der griechischen Welt gekommen waren. "Alle hellenischen Städte", die vom pythischen Orakel zur Entsendung von Kolonisten ermahnt wurden, und die "grosse Menge Volkes", das die See überquerte, waren die "Ekwesch, Teresch, Luka, Scherden, Schekelesch und das Nordvolk aus allen Ländern."

Die Vorstellung, dass im 13. Jahrhundert vor unserer Zeitrechnung Arier in Libyen und Ägypten anwesend waren, ist ein Trugschluss. Es war das 6. Jahrhundert.

Die persische Eroberung Chaldäas und Ägyptens

Von der Schlacht bei Karkemisch, mit deren Beschreibung wir diesen Band eröffneten, bis zur Entthronung von Merenptah-Hophrama'e (dem biblischen Hophra und griechischen Apries) vergingen weniger als 50 Jahre. Zwar blendeten wir zurück zur Regierung des Vaters von Hattusilis, um so zwei Generationen des chaldäischen Königreiches zu überblicken; und wir

---

[1] Herodot, II, 169, und Diodor, I, 68.

[2] G. Elliot Smith: »The Royal Mummies«, *Catalogue général des Antiquités Egyptiennes du Musée de Cairo* (Kairo 1912), S. 68; James Harris und Kent Weeks: *X-raying the Pharaos* (New York 1973), S. 157.

gingen ebenfalls zurück, um kurz die Rolle von Sethos-Ptah-Maat (dem Psammetich der griechischen Autoren) im langwierigen Konflikt zu schildern, in welchem die von den Ägyptern unterstützten Assyrer gegen die Allianz der Chaldäer, Meder und – gegen Ende – der Skythen kämpften und verloren. Um diesen Band bis zum Ende des neu-babylonischen (chaldäischen) Reiches weiterzuführen, und zugleich zum Ende dessen, was eine Vermengung der manethonischen 19. und 26. Dynastien ist, und um auf diese Art der Erzählung ein paar weitere Jahrzehnte hinzuzufügen, werden wir nicht viel Tinte verschwenden.

Der nach Westen gerichtete Druck der Chaldäer, der in der zeitweisen Besetzung der phrygischen Hauptstadt Gordion gipfelte – ein Druck, der zur Zeit Nergils (Neriglissar), der an der lydischen Grenze kämpfte, noch anhielt –, wurde in den späteren Jahren Nebukadnezars lahmgelegt – zur Zeit seiner schwachen Thronfolger traf er auf entschiedenen Gegendruck. Kroisos, der Sohn des Lyderkönigs Gyges, dessen Hauptstadt Sardes war, zerstörte Bogazköi -546. Bogazköi wurde nicht durch die mysteriösen Seevölker um -1200 zugrunde gerichtet: es wurde von Kroisos sechseinhalb Jahrhunderte später niedergebrannt. Kroisos begann den Krieg.

> Als er an den Halys kam, führte er das Heer hinüber und benutzte dazu, so ist wenigstens meine Meinung, die vorhandenen Brücken; ... nach Überschreitung des Halys gelangte Kroisos in den Teil Kappadokiens, der Pteria heisst. Pteria ist der stärkste Ort dieses Landstrichs und liegt gegen die Stadt Sinope hin, die zum grössten Teil in den Pontos Euxeinos hineingebaut ist. Dort lagerte er und verwüstete die Felder der Syrier.[1] Er eroberte die Stadt Pteria und verkaufte die Bewohner in die Sklaverei, eroberte auch alle umliegenden Städte.[2]

So berichtet Herodot über die Verwüstung von Pteria durch Kroisos, und die modernen Gelehrten stimmen darin überein, dass Herodots Pteria den Platz der alten Hauptstadt Bogazköi-Hattusa einnahm:[3] Es war genau jene Hauptstadt, von der aus Mursilis, der Sohn von Suppiluliumas, weniger als 80 Jahre zuvor die Eroberung Babylons zuerst plante und dann ausführte und so das neubabylonische Reich errichtete.

---

[1] Die so genannten Weissen Syrier von Kappadokien. Der ägyptische Name für sie, "Hatti", bedeutet ebenfalls "Syrier", das Land Hatti ist Syrien.

[2] Herodot, I, 76.

[3] W. M. Ramsey: *Historical Geography of Asia Minor* (1890), S. 33f; J. Garstang: *The Land of the Hittites* (1910), S. 32f und 197. *Vgl.* Kurt Bittel: *Hattusha, Capital of the Hittites* (1970), S. 155-156. Die Identifikation wurde schon von Texier 1834 gemacht.

Über die Zerstörung von Bogazköi durch Kroisos kann der archäologische Bericht nachgelesen werden:

> Deutliche Zeichen eines Unglücks sind überall in der königlichen Zitadelle gefunden worden. Nicht ein einziges Gebäude wurde verschont, und die Strassen und offenen Plätze wurde durch dicke Schichten von verkohltem Holz und durch von Feuer gerötete Schlammziegel bedeckt.[1]

Nach dieser Eroberung hatte Kroisos die höchste Regierungsgewalt in Anatolien nur ein paar wenige Monate inne. Kyros, der aus Anschan in Medien auftauchte, drang in Kleinasien ein, nahm Sardes im gleichen Jahr -546 und führte Kroisos als seinen Gefangenen und Begleiter auf seinen weiteren Kriegszügen fort. Babylon fiel -539, nach einer Nacht der Visionen und Gelage im Palast, den Nebukadnezar für seine Nachkommen und die Ewigkeit errichtet hatte.

In Ägypten regierte Amasis; sein Gefangener, der frühere Pharao Merenptah und Sohn von Ramses II., war dem Pöbel ausgeliefert worden, der ihn tötete – die bei Herodot überlieferte Geschichte über das Ende von Apries fand ihre Bestätigung, als die Mumie von Merenptah kürzlich von einem Expertenteam in Kairo untersucht wurde.[2] Ein Loch im Schädel, verursacht durch ein spitzes Instrument, sowie weitere an der Mumie durch Röntgen entdeckte Schäden zeugen alle von einem unnatürlichen und grausamen Tod.[3]

Zu dem, was über Amasis' angeblich 43jährige Regierungszeit bekannt ist, haben wir wenig hinzuzufügen. Er war ein Bewunderer der Griechen: Er öffnete ihnen die Mittelmeerküste zur Kolonisierung – in Jahrtausenden ägyptischer Geschichte war diese sumpfige Küste eine vernachlässigte Region gewesen –, und Kaufleute, Seeleute, griechische Priester sowie einfache Siedler errichteten an der Küste viele griechische Votivkapellen, welche die verschiedenen Stadtstaaten von Hellas repräsentierten. Die Küste erhielt den Namen hellenische (Helu) Küste.

Die Griechen bewunderten die Ägypter nicht minder. Ein dünner Strom von Staatsmännern und Philosophen begann zu den Tempeln und Priestern Ägyptens zu pilgern, auf der Suche nach uralter Weisheit und nach dem Wissen, was die Welt in den vergangenen Zeitaltern erlebt hatte.

---

[1] Bittel: *Hattusha,* S. 90.

[2] Die Untersuchung der Mumien im Kairo Museum wurde von einem Expertenteam in den Jahren 1966 und 1971 vorgenommen.

[3] Harris und Weeks: *X-raying the Pharaohs,* S. 157.

Aber nur 14 Jahre nach dem Fall Babylons und lediglich einige Monate nach dem Tode von Amasis fiel das Land Ägypten mit seinen vielen Städten und Tempeln vor Kambyses, dem Sohn von Kyros. Kambyses verursachte viel Verwüstung im gesamten Land, und in *Die Seevölker* wird diese Geschichte im weiteren Zusammenhang erzählt. Erst vor kurzer Zeit wurde berichtet, dass die Waffen und Überreste der grossen Expeditionsstreitmacht, die Kambyses durch die Wüste zum Angriff auf Karthago schickte, nicht weit entfernt von der Siwa-Oase gefunden wurden. Alle 50.000 Männer, so überliefert Herodot, gingen in einem Sandsturm zugrunde.[1]

Aus der langen Regierungszeit von Amasis wurden nur wenige, ihm zuschreibbare Objekte gefunden und überhaupt keine Denkmalreste – obwohl wir von Herodot wissen, dass er grosse Bauten errichten liess.[2] Aber den Grund dafür liefert Kambyses selbst. Kambyses nahm für sich in Anspruch, dass seine Mutter eine Tochter Merenptahs (Apries) war, die Kyros geheiratet hatte. Daher betrachtete er sich als legitimer Pharao durch Geburt und Erbfolge und sah in Amasis einen unrechtmässigen Inhaber des ägyptischen Thrones oder einen verbrecherischen Usurpator. Er befahl die Vernichtung von allem, was den Namen "Amasis" trug, und wenn nicht alles zerstört wurde, so wurden doch sämtliche Kartuschen von Amasis auf den Monumenten ausgelöscht. Aufmerksamere Forscher könnten manches von der erhaltenen Kunst Amasis zuschreiben, der starb und das Elend der Besetzung und Erniedrigung seinem Sohn und Erben hinterliess.

[1] Bericht aus Kairo von der Agence France-Press, Februar 1977.
[2] Herodot, II, 177.

Epilog

Fragen und Antworten

Die Geschichte ist bis zu einem Punkt gebracht worden, an dem sie mit der Darstellung in *Die Seevölker* verkettet ist – mit der persischen Herrschaft über den Alten Orient.

Wenn ich das Beweismaterial und seine Gültigkeit, die Argumente und ihre Beweiskraft prüfe, frage ich mich, welche Art von Gegenargumenten ich von strengen Kritikern erwarten könnte. Es gibt davon mehrere, jedes soll hier erwähnt werden; gewisse singuläre Themen sind entweder bereits oder werden von mir an anderer Stelle diskutiert.

Und hier sind die Fragen, die ich erwarte:

1. Die Identifizierung von Psammetich, Necho und Apries in den griechischen Überlieferungen mit Sethos, Ramses und Merenptah, die wir von den Denkmälern kennen, führt zu der Frage: Wenn die ersteren uns als die Pharaonen mit Tanis im Osten des Deltas als Hauptstadt bekannt sind, während wir die späteren Könige als die Saitischen Pharaonen mit ihrer Hauptstadt Sais, auf der anderen Seite des Deltas, kennen, wie lässt sich dieser Unterschied in Einklang bringen?

2. Die Kunst – Architektur, Skulptur und Malerei –, die Sprache – literarische Werke, Orthographie und Epigraphie (Inschriften) – und auch die Religion: Zeigen sie nicht alle in der 19. Dynastie (von Sethos und Ramses II.) Nähe und Affinität zur Kunst, Sprache und Religion gegen Ende der 18. Dynastie? Welches ist die wahre Situation? Ich verschiebe die detaillierte Diskussion einer grossen Anzahl von Beispielen aus allen genannten Bereichen auf den Band dieser Rekonstruktion, der sich mit der auf das Ende des Hauses von Echnaton folgenden Periode befasst. Es möge genügen, hier zu sagen, dass die 18. und 19. Dynastie bemerkenswert sind für die Unterschiede ihres Stils in Kunst, Sprache und Religion, derweilen viele Merkmale des libyschen und äthiopischen Stils in enger Weise den Brauch der 18. Dynastie nachahmen, ihn angeblich, aber unerklärbar nach einer Kluft von mehreren hundert Jahren wieder zum Leben erwecken.

3. Seit dem Altertum war bekannt, dass Ramses II. 66 Jahre lang regierte – Pharao Necho aber eindeutig weniger lang; des weiteren wird dem Vater von Ramses, Sethos, von modernen Gelehrten eine verhältnismässig kurze Regierungszeit von ungefähr elf Jahren zugeschrieben, während die vorliegende Rekonstruktion eine lange Regierung von über 50 Jahren nennt. Welches sind die wahren Nachweise?

4. Der "Hethiter"-König Suppiluliumas war einer der Korrespondenten der El-Amarna-Briefwechsel, die im staatlichen Archiv dieser kurzlebigen Hauptstadt des Ketzerkönigs Echnaton gefunden worden sind. Wie konnte er so lange gelebt haben, dass er ein Zeitgenosse von Assurbanipal dem Assyrer und Tirhaka dem Äthiopier gewesen sein konnte? In der revidierten – oder synchronisierten – Geschichtsschreibung vergingen zwischen der Zeit, in welcher die Amarna-Briefe geschrieben wurden, und Suppiluliumas, einem Zeitgenossen von Assurbanipal und Tiharka, über 150 Jahre. Wie lautet die Antwort?

5. Das Zeitalter von Sethos und Ramses fällt in die Bronzezeit; Psammetich und Necho aber lebten in der Eisenzeit. Diese Frage erfordert eine nähere Untersuchung. Den Abschnitt »Bronze und Eisen«, den ich vor über einem Vierteljahrhundert schrieb – als ich vorhatte, die gesamte Rekonstruktion in zwei Bänden abzuhandeln –, lasse ich so stehen. Ich finde keinen Beweggrund, »Bronze und Eisen« neu zu schreiben, da später veröffentlichte Werke das Problem, wie es sich 1952 präsentierte, nicht verändert haben; und so wie der Abschnitt steht, überschreitet seine Länge sowieso schon die anderen hier diskutierten Fragen.

6. Stratigraphie dominiert alle Urteile der professionellen Archäologen. Literaturdenkmäler werden eindeutig als zweitrangig bewertet und, wenn sie in falschen stratigraphischen Lagen gefunden werden, als Intrusionen angesehen. Töpferwaren indessen, besonders mykenischen und postmykenischen Ursprungs (geometrische auf verschiedenen Stufen und orientalisierte), definieren durch ihre Präsenz die chronologische Einordnung der Schicht. Skarabäen, die oft einen ägyptischen Königsnamen tragen, kommen gleich nach der Keramik (gewöhnlich Scherben) als Schiedsrichter über das Alter. Wie lautet also das Urteil aus den Bereichen Keramik und Skarabäen in dem Gerichtshof, wo die konventionelle Chronologie und das revidierte Schema vor dem Richter stehen?

7. Und wie lautet das Urteil, das aus den C-14-Laboratorien kommt? In der Einleitung zu *Die Seevölker* gab ich eine kurze Übersicht darüber. In

Penseé VI, Winter 1973/74, S. 5ff, veröffentlichte ich einen zwei Jahrzehnte umspannenden Briefwechsel, der meine Bemühungen um C-14-Tests von Materialien aus dem Neuen Reich Ägyptens im einzelnen darstellt. Der einzige Versuch, dessen Durchführung ich 1964 erwirken konnte, brachte ein Resultat, das die rekonstruierte Geschichtsversion rechtfertigte. *Pensée* VI, Frühling/Sommer 1973, war der Bedeutung der C-14-Datierung für die revidierte Chronologie gewidmet und enthielt auch meinen Aufsatz »Die Fallgruben der Radiokarbonmethode«.[1] Darin diskutiere ich das Problem der Anwendbarkeit dieser Datierungsmethode in einer Umwelt, die in der Vergangenheit kosmischen Katastrophen mit Immissionen kohlenstoffhaltigen Materials fremden Ursprungs ausgesetzt war, und in welcher weltweite Grossbrände stattfanden, die das $^{14}C : ^{12}C$-Verhältnis in der Hydro- und Biosphäre gestört haben müssen.

8. Schliesslich ist da noch das Argument der "astronomischen Datierung". Bis vor kurzem wurde es als Respekt einflössend betrachtet. Mit Hilfe der Sothis-Kalkulation oder dem Fortschreiten des Tages des heliakischen (mit der Sonne gleichzeitigen) Aufgangs des Sternes Sothis ringsum durch den Kalender von 365 Tagen wurde eine Chronologie errichtet, und die Worte "astronomisch festgelegt" hatten einen unheilvollen Vorrang über alle und jede Datierung – und ebenfalls einen ehrfurchtsgebietenden Status unter den Gelehrten aller Disziplinen. In dieser Datierung begann eine neue Sothis-Periode, genannt "Ära von Menophres", im Jahr 1321 vor unserer Zeitrechnung; und kanonisiert wurde sie auch in der neuen Ausgabe der *Cambridge Ancient History* als Datum der einjährigen Regierungszeit von Ramses I. (Menpehtire), des Vaters von Sethos dem Grossen – obwohl einige Ägyptologen wie M. B. Rowton und D. B. Redford, wie ich selbst, dazu neigten, Menophres als den Namen für Memphis (Men-Nofre) und nicht den einer Person anzusehen.

Da ich das Problem des Sothis-Kalenders und der astronomischen Chronologie im allgemeinen ausführlich im Anhang von *Die Seevölker* behandelt habe, gibt es dazu nichts hinzuzufügen; ausser dass nicht einmal der schroffste Kritiker von *Die Seevölker* es wagte, irgendeine Gültigkeit für die "astronomische Chronologie" zu beanspruchen, einen Bereich, in welchem die Anstrengungen der sogenannten "Giganten" des Fachgebiets – unter ihnen Eduard Meier und Ludwig Borchardt, deren Bemühungen so viel Beifall fanden – sich letztlich nur als grosse Übung in Sinnlosigkeit herausstellten.

---

[1] [Dieser Aufsatz wird im Anhang dieses Buches veröffentlicht. Anm. des Verlags]

Dieses Thema wird nicht wieder diskutiert werden.
Es verbleibt somit die Behandlung der Fragen 1, 3, 4, 5 und 6.

1. Tanis und Sais

Die vorliegende Rekonstruktion bietet ausführliche Beweise, dass die 19. Dynastie dieselbe ist wie die 21. Dynastie, und dass Sethos I., Ramses I., Sethos II., Ramses II. und Merenptah dieselben sind wie Psammetich (Sethos), Necho I., Psammetich II., Necho II. und Apries (Hophra) der griechischen Autoren. Nun haben wir die Erklärung dafür zu finden, weshalb die 26. Dynastie als die Saitische Dynastie, das heisst diejenige aus der Stadt Sais, bekannt ist, während die Dynastie von Sethos und Ramses ihre Hauptstadt in Tanis hatte.

Die Ruinen von Tanis sind über ein grosses Gebiet im östlichen Teil des Deltas verbreitet. Petrie im vergangenen Jahrhundert und Montet im jetzigen untersuchten die alte Metropole und fanden sie dicht besetzt mit bedeutungsvollen Überresten der Residenz, mit Palästen und Tempeln und einer Nekropolis. Heutzutage nimmt ein Fischerdorf, San el Hagar, einen Teil des alten Tanis ein. Nicht weit entfernt ist Nebesche, wo ebenfalls ramessidische Bauwerke und Gräber ans Tageslicht gebracht wurden.

Vor über 100 Jahren wurde Sais von Lepsius im westlichen Teil des Deltas plaziert, am Rosetta-Arm des Nils an einem Ort namens Sa el Hagar – ähnlich dem Namen des Dorfes an jener Stelle von Tanis. Seine Identifizierung wurde nicht in Frage gestellt. Jedoch fand man dort keine altertümlichen Ruinen der Residenz. Von Herodot (II, 169; 175-176), und auch aus anderen Quellen, wissen wir, dass Sais grosse und luxuriöse Bauten sowie oberirdische königliche Grabstätten besass. Unter Kambyses, der das Grab von Amasis zerstörte, erlitt die Stadt Beschädigungen. Aber zur Zeit der Ptolemäer war Sais wiederum ein wichtiges Zentrum. Wo sind die Ruinen? Sais war eine der ältesten und bedeutendsten Städte in Ägypten, und Ruinen aus allen Zeitaltern müssen überlebt haben: ganz gewiss aus dem Mittleren Reich, dem Neuen Reich und natürlich aus der 26., der saitischen Dynastie sowie aus der hellenistischen Periode. Wo also sind diese Ruinen?

Unsere Hauptquelle zu Sais ist Herodot. Aber Herodot (II, 17) unterlässt bei seiner Aufzählung der Nilarme im Delta die Erwähnung des tanitischen

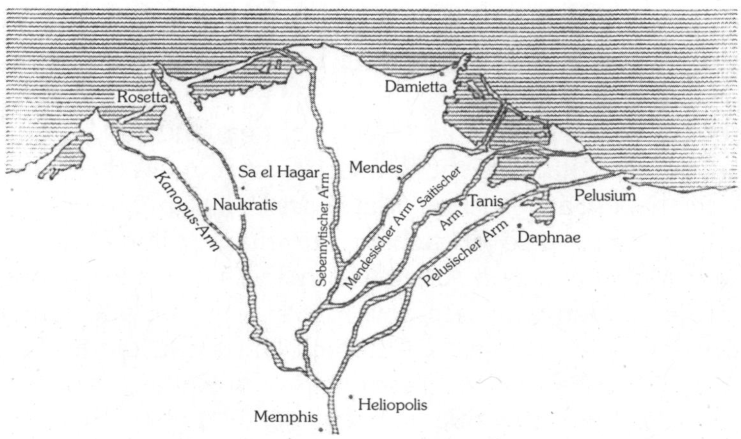

Abb. 9: Das Nildelta, wie Herodot es beschrieb
Nach Omar Toussoun: »Anciennes Branches du Nil«, *Mémoires de l'Institut d'Egypte*, IV (Kairo 1922-23).

Armes und nennt statt dessen den saitischen Arm des Nils an der Stelle, an welcher der tanitische hätte aufgezählt werden müssen. Des weiteren beschreibt Herodot den saitischen als eine Abzweigung des sebennytischen Armes. Das passt zwar auf die tanitische Abzweigung, aber nicht auf den Rosetta-Arm, wo man sich Sais gewöhnlich vorstellt. Der Geograph Strabon (XVII, i, 20) unterscheidet zwar zwischen Sais und Tanis, aber er schreibt, dass der saitische Arm des Nils derselbe ist wie der tanitische. Diese Identifizierung des saitischen mit dem tanitischen Nilarm durch einen frühen Historiker und einen frühen Geographen lässt die moderne Ansicht sehr fragwürdig erscheinen, welche diese zwei Nilarme voneinander trennt und den einen im Westen und den anderen im Osten des Deltas ansiedelt.

Gemäss den Schriften (Numeri 13:22) war Tanis sieben Jahre nach Hebron gegründet worden. Der hebräische Name von Tanis war "Zoan". Seltsamerweise ist ihr ägyptischer Name für die Zeit der Ramessiden, deren Hauptstadt sie war, unbekannt geblieben;[1] und als "Zane" erscheint er erstmals im *Papyrus Wenamun*, der unbestreitbar aus einer späteren Zeit stammt.[2] Jesaia (19:11, 13; 30:4) spricht um das Jahr -700 und Hesekiel (30:14) 100 Jahre später von Zoan als der Metropole Ägyptens. Assurbanipal nannte sie "Saanu".

[1] *Vgl.* A. H. Gardiner: *Journal of Egyptian Archaeology*, V (1918), 248.

[2] Die Zeit der Reisen Wenamuns wird im Band *Die Seevölker* diskutiert.

Tanis wird in den Schriften die Hauptstadt Ägyptens genannt, als sowohl nach dem konventionellen Plan als auch nach dieser Rekonstruktion Sais die Hauptstadt war.

Die Frage ist hier zu stellen: Ist "Sais" nicht ein anderer Name für Tanis? Und wenn die zwei Städte nicht identisch waren, muss Sais ganz nahe bei Tanis gelegen haben, am gleichen Nilarm des Deltas: Möglicherweise könnte es bei Tell Nebesche gelegen haben, nur einige Kilometer entfernt, wo zahlreiche Ruinen desselben Alters wie in Tanis gefunden wurden.[1]

Von Strabon wissen wir, dass Sais, die Hauptstadt von Unterägypten, der Kultort der libyschen Pallas Athene, Neith, war, die auch "Sais" genannt wurde. Offenbar wegen dieses libyschen Kultes der Sais wurde angenommen, die Stadt befände sich auf der libyschen Seite des Deltas; indessen reichte die Stadt viel weiter ins Altertum zurück als bis zur libyschen Dynastie in Ägypten. Sais erhob ebenfalls den Anspruch, innerhalb seiner Grenzen das Grab von Osiris zu besitzen (Herodot, II, 17; Strabon, XVII, i, 20), und die Osiris-Mysterien fanden dort auf einem heiligen See statt. Es war das Zentrum ägyptischer Kultur, als Solon Ägypten im 6. Jahrhundert besuchte.

Tanis war der Kultort der Isis-Athene, und sein Name ist von "Tanit" abgeleitet, dem Namen der karthagischen Athene:[2] "Tanit" und "Sais" sind zwei Namen für dieselbe libysche oder karthagische Göttin. Tanis war auch dem Osiris heilig: Plutarch sagt, dass die Lade mit Osiris darin durch die tanitische Mündung des Nils in das Meer geschwemmt wurde.[3]

Wir haben allen Grund, die moderne von Lepsius stammende Ansicht zu revidieren, wonach sich Sais auf der libyschen Seite des Deltas befindet; wir müssen es, Herodot und Strabon folgend, am tanitischen Zweig des Deltas lokalisieren. Dies würde erklären, warum an der vermeintlichen Stelle von Sais im Westen des Deltas keine Ruinen aus dem Altertum gefunden wurden. Die in den "Gefilden von Zoan" reichlich vorhandenen Ruinen am tanitisch-saitischen Flussarm sind die Relikte der Königsresidenzen der 19., der gleichen wie der 26. Dynastie. Das erklärt, warum im 7. und 6. Jahrhundert, in der Zeit der "Saitischen Dynastie", die hebräischen Propheten Jesaja und Hesekiel Tanis als die Hauptstadt von Ägypten betrachteten.

---

[1] Die Ruinen dieser Ebene sind so zahlreich, dass Ch. Hayes den Vorschlag machte, nach Tanis in einiger Entfernung südlich von San el Hagar zu suchen.

[2] Noch heute trägt Tunis, bei den Ruinen von Karthago, den Namen der Göttin Tanit so wie Athen den Namen der Athene.

[3] Plutarch: *De Iside*, 13.

3. Wie lange regierten Sethos und Ramses II.?

Die vorliegende Rekonstruktion der Geschichte des Altertums erläutert die Regierungsdauer von Sethos, Ramses II. und Merenptah, wenn auch nicht auf das Jahr, so aber doch annähernd. Sethos-Ptah-Maat (Psammetich bei Herodot) regierte von -663 (dem Jahr, in welchem er im Gefolge Assurbanipals nach Ägypten zurückkehrte) bis -609 (drei Jahre nach dem Fall Ninives, -612), insgesamt also 54 Jahre.

Ramses II. wurde zum Mitregenten gemacht, als er noch ein kleines Kind war. In seinen eigenen Worten:

> Als mein Vater vor allem Volk Hof hielt und ich, damals noch ein Kind, auf seinem Schoss sass, sprach er von mir: "Krönt ihn zum König, damit ich noch zu meinem Lebzeiten sehe, wie tüchtig er ist!" Und er befahl den Kämmerern, mir die Doppelkrone aufs Haupt zu setzen. "Lasst ihn dieses Land regieren, lasst ihn sich vor dem Volk zeigen", so sprach er aus grosser Liebe zu mir.[1]

Auch auf einem Relief ist Ramses II. als Jüngling zu sehen, der von seinem Vater, König Sethos, im Gebrauch von Pfeil und Bogen unterrichtet wird.[2]

Ramses' erster Feldzug gegen Karkemisch fand in seinem 2. Jahr statt, offensichtlich vom Beginn seiner Alleinherrschaft an gezählt; seinen zweiten Feldzug begann er in seinem 5. Jahr; Gaza und Askalon nahm er in seinem 9. Jahr; den Friedensvertrag mit Nebukadnezar schloss Ramses in seinem 21. Jahr ab; er heiratete eine Tochter Nebukadnezars im 34. Jahr, immer vom Tod seines Vaters Sethos an gezählt.

Als Jeremia im ägyptischen Exil lebte und bevor er nach Babylon gebracht wurde,[3] verwies er auf Pharao Hophra, den wir als Merenptah-Hophrama'e identifiziert haben. Nach den Daten seiner Inschriften beurteilt, dauerte Merenptahs Regierungszeit 10 bis 11 Jahre lang. Wenn die Zahl von 43 Regierungsjahren für Amasis[4] der Wahrheit entspricht, dann muss er seine Regierung -568 oder 19 Jahre nach der Zerstörung Je-

---

[1] Übers. von C. Aldred in: *Akhenaten* (1968), S. 102. *Vgl.* K. A. Kitchen: *Ramesside Inscriptions* (1969), Vol. II, S. 323-326. Für eine Diskussion der Frage einer Mitregentschaft zwischen Ramses II. und Sethos siehe Schmidt: *Ramesses II*, Kap. V, »The Coregency«, S. 154-164.

[2] Nordwand der grossen Hypostylenhalle in Karnak.

[3] Jeremia 44:30.

[4] Herodot, III, 103 und die Manetho-Version des Africanus geben für Amasis eine Regierungsdauer von 44 Jahren; aber Eusebios und die armenische Version von Eusebios teilen Amasis nur 42 Jahre zu.

rusalems begonnen haben: -525 ist Ägypten von Kambyses, dem Perser, erobert worden, nur wenige Monate nach Amasis' Tod. Der grössere Teil dieser 19 Jahre gehört Ramses; aber Merenptah könnte in den letzten Jahren von Ramses dessen Mitregent gewesen sein. Dass Amasis nach der Thronergreifung Merenptah erlaubte, die Krone als Mitregent zu tragen, wissen wir von Herodot (II, 169).

Es folgt, dass Ramses II. über 30 Jahre lang regierte; wenn indessen die Jahre seiner Mitregentschaft mit Sethos hinzugezählt werden, so dauerte seine Regierung fast sein ganzes Leben lang und könnte 60 Jahre überschritten haben.

In modernen Lehrbüchern über Geschichte wird die Regierungszeit von Ramses II. konstant mit 66 Jahren beziffert. Die Streitfrage, über welche die Meinungen gewisser Fachleute auseinandergehen und welche sie in endlose Debatten verwickelt, bezieht sich darauf, ob Ramses II. von -1304 bis -1238 oder von -1290 bis -1224 regierte. Wie dem Leser mittlerweile bewusst geworden ist, steht die Geschichtsschreibung vor einem Problem einer ganz anderen Grössenordnung. Doch ist die Frage, "Wie lange regierte Ramses II.?" zweckdienlich und sollte im Licht der historischen Ereignisse des 7. und 6. Jahrhunderts behandelt werden.

Die Angabe von 66 Jahren findet sich in der Eusebios-Version der manethonischen Dynastien. Gemäss dieser Version regierte in der 19. Dynastie Sethos 55 Jahre lang und nach ihm sein Sohn Ramses während 66 Jahren: Somit umfassen die Regierungsjahre von Vater und Sohn zusammen 121 Jahre.

Africanus, der andere Kompilator der Listen Manethos, gibt folgende Zahlen: Sethos' Regierung, 51 Jahre; Rapsaces (der ihm folgte), 61 Jahre; zusammen 112 Jahre und damit immer noch sehr lang für eine Vater-Sohn-Thronfolge, es sei denn, es gab eine Mitregentschaft.

Josephus, der dritte Kompilator Manethos, hat in der 19. Dynastie einen König Sethos, der "nach der Vertreibung von Harmais, 59 Jahre lang und sein ältester Sohn Rampses 66 Jahre lang regierte".

Die Situation wird noch weiter verwirrt, denn Eusebios hat in der vorangehenden 18. Dynastie einen König Ramesses, der 68 Jahre lang regierte. Josephus hat in der 18. Dynastie einen König Miamun (der Eigenname von Ramses II.) mit 66 Jahren und 2 Monaten. Africanus indessen lässt diesen Pharao (Ramesses bei Eusebios und Miamun bei Josephus) im Königsregister der 18. Dynastie aus.

Zu welcher Lösung kamen die modernen Historiker? Ramses in der 18. Dynastie ist natürlich ein Fehler oder eine Erfindung. Ramses II. der 19. Dynastie wird eine Regierungszeit von 66 Jahren zugeteilt, wie Eusebios sie hat, aber seinem Vater Sethos sind nur 11 Jahre zugewiesen und nicht 55, die Zahl, die Eusebios für ihn nennt.

Trotz Ramses' II. lebhafter Beschreibung, wie er als kleines Kind zum Mitherrscher eingesetzt wurde, stand für die modernen Gelehrten die Tatsache im Vordergrund, dass er für die erste Kampagne nach Syrien das "Jahr 2" und für den zweiten Feldzug das "Jahr 5" nannte und somit seine Regierungsjahre mit der Alleinherrschaft zu zählen begann – als Kind konnte er das Heer nicht führen.

Mit dem Ende der 18. Dynastie angeblich im letzten Teil des 14. Jahrhunderts wurde berechnet, dass die 19. Dynastie nicht lange vor -1300 begonnen haben konnte. Die Kalkulationen wurden mit Hilfe astronomischer Überlegungen angestellt, deren Gültigkeit in unserer Diskussion der auf der Sothis-Periode basierenden Chronologie in *Die Seevölker* für null und nichtig erklärt wurde. Indem Ramses eine lange Regierungszeit zugewiesen wurde, blieben für Sethos nicht allzu viele Jahre übrig.

Für die Zuteilung der sehr langen Regierungszeit an Ramses II. war eine Anzahl von Argumenten massgebend. Aus der Zeit von Ramses II. gibt es eine grosse Zahl von Denkmälern, von denen einige kolossale Proportionen aufweisen. Es existiert ein Dokument aus dem 67. Jahr von Ramses; und es gibt ein schriftliches Bittgebet von einem späteren Ramessiden, die göttlichen Mächte möchten ihm ein an Jahren zweimal so langes Leben gewähren wie Ramses II. – was besagt, dass in späteren Generationen dem Leben oder der Regierungszeit von Ramses eine ans Wunderbare grenzende Dauer zugeschrieben wurde.

Dieses Beweismaterial ist nicht unumstritten. Aus der grossen Masse von Ramses' Denkmälern verweisen die meisten auf die ersten drei oder vier Jahrzehnte seiner Regierung, und seltsamerweise ist kaum eines der Dokumente in die letzten zwei oder drei Jahrzehnte seiner Regierung datiert. Zu Beginn seiner Regierungszeit – wie auf den Monumenten im Andenken an seine Feldzüge nach dem Euphrat (Jahr 2, Jahr 5) – notierte Ramses II. seine Jahre von seiner Thronbesteigung an. Aber in späteren Jahren mag er auf eine Datierung ab Beginn der Mitregentschaft zurückgekommen sein. Ob das nun so ist oder nicht, die Tatsache besteht, dass Ramses II. kein sehr alter Mann war, als er starb, und darum nicht 66 Jahre lang regierte – nur das ist nötig, festgehalten zu werden.

Hätte er nach dem Tod seines Vaters 66 Jahre lang als Alleinherrscher regiert, müsste Ramses II. bis zu seinem Tod die späten achtziger oder die neunziger Jahre erreicht haben.

Rudolph Virchow, der renommierte Anatom der zweiten Hälfte des 19. Jahrhunderts, war für sein archäologisches Interesse bekannt. Er untersuchte den Schädel der Mumie von Ramses und wunderte sich über die Form des Kieferknochens; er konnte nicht der eines sehr alten Mannes sein.

G. Elliot Smith, der Anatom an der Universität von Kairo, der alle greifbaren Königsmumien in Ägypten untersuchte, schrieb über die Mumie von Ramses: "Die Zähne sind sauber und in exzellentem Zustand der Erhaltung; sie waren nur wenig abgenützt. Es ist ein merkwürdiges Problem zu bestimmen, weshalb dieser überaus alte Mann gesunde und nur wenig abgenützte Zähne hätte haben sollen."[1]

Dieser Erforscher der Königsmumien war verwirrt, dass die Zähne von Ramses II. nicht diejenigen eines Mannes von 90 oder 80 oder 70 Jahren waren: sogar für ein Alter von 60 Jahren waren die Zähne des Königs ungewöhnlich gut erhalten. Seine Ansicht über den Zustand der Zähne von Ramses II. wurde in jüngerer Zeit von J. E. Harris und K. E. Weeks in Frage gestellt,[2] die den Körper von Ramses einschliesslich der Mundhöhle einer Röntgenuntersuchung unterzogen. Sie fanden, "was schmerzhafte Zahnhöhlenabszesse gewesen sein müssen", aber sie bestritten nicht Smith's Einschätzung des Alters von Ramses bei seinem Tod. Dr. Wilton Krogman, der mit dem Röntgenteam der Universität von Michigan arbeitete, interpretiert die Resultate als Anzeichen, dass Ramses II. aller Wahrscheinlichkeit nach zur Zeit seines Todes "zwischen 50 und 55" Jahren alt war. Diese Zahl wurde aus einer sorgfältigen Studie über die Demineralisation der Beckenknochen gewonnen.[3]

Das Sternum (Brustbein) ist ein guter Indikator für das Alter einer Person. Smith untersuchte das Sternum und schrieb: "Ein Teil des Sternums war vom oberen Thorax (Brustkasten) losgebrochen. Bei dessen Anheben fand ich zu meiner Überraschung, dass trotz des hohen Alters, das Ramses erreicht hatte, das Manubrium steri (Brustbeinfortsatz) mit dem Gladiolus (Mittelbrustbein) nicht fest verwachsen war, und dass die verknöcherten zweiten Rippenknorpel zum Sternum immer noch gelenkig waren."[4]

---

[1] G. E. Smith: *The Royal Mummies* (Kairo 1912), S. 63.
[2] Harris and Weeks: *X-raying the Pharaohs,* S. 155.
[3] *Philadelphia Inquirer,* 15. Juni 1975, S. 14.
[4] Smith, op. cit., S. 64.

Dies weist auf ein zweifellos jüngeres Alter von Ramses II. bei seinem Tode hin, als allgemein angenommen wurde. Bei der Entscheidung zwischen einer Zahl auf einem Dokument und einem anatomischen Gutachten ist es immer das letztere, dem mehr Gewicht zukommt. Würde ein Gerichtsmediziner das Alter eines toten Mannes – oder, was das betrifft, auch eines lebenden – aufgrund des Verknöcherungsstadiums bescheinigen oder auf Grund des Datums auf einer Heiratsurkunde?

Bei seinem Tod befand sich Ramses II. gerade in den Sechzigerjahren, und die Daten, wie wir sie aus den Schriften kennen, stimmen mit dem Verdikt von zwei grossen Anatomen überein, R. Virchow und G. E. Smith.

Wenn also die berühmte Mumie von Ramses II. mit diesem König identisch ist, so kann er nicht 66 Jahre lang allein geherrscht haben. Wenn das Dokument aus dem 67. Jahr auf Ramses II. verweist, und nicht auf einen anderen König, dann stützt es sich auf die Anzahl Regierungsjahre seit der Investitur in seiner Kindheit. Das Bittgebet eines späteren Königs (des letzten Königs vor der Wiedereroberung Ägyptens durch Artaxerxes III.) könnte sich auf die gesamte Dauer von Ramses' Mitregentschaft und Regierung bezogen haben, es sei denn, dass nicht Ramses, sondern Sethos ("Sethos genannt Ramesses" bei Josephus) gemeint war.

Manetho teilt Psammetich aus der 26. Dynastie 53 Jahre zu, also die Dauer der Regierungszeit von Sethos, wie oben gezeigt; aber dem Nekos (Necho) gibt Manetho nur 6 Jahre; Herodot indessen sagt 16. Die zuletzt genannten Zahlen sind weit von den historischen Werten entfernt – nach Sethos' Regierung von 53 Jahren regierte Ramses als Alleinherrscher nicht 6 oder 16 und nicht 66 Jahre lang, sondern um die 30 Jahre.

4. Zwei Suppiluliumas

Es ist bereits argumentiert worden, dass Suppiluliumas, der Autor von zwei Briefen der el-Amarna-Sammlung, kaum der König des gleichen Namens gewesen sein konnte, welcher der Vater von Mursilis war. In der konventionellen Chronologie vergingen zwischen dem Tod von Amenophis III. (-1375) und dem 21. Jahr von Ramses II. (-1279), als der Vertrag mit Hattusilis unterzeichnet wurde, 105 Jahre; für die Regierungsjahre von drei aufeinanderfolgenden Generationen erscheint das zu lang, besonders wenn man berücksichtigt, dass nur ein Teil der Regierungszeiten von Suppiluliumas und Hattusilis in dieser Spanne enthalten sind.[1]

Gemäss meiner Rekonstruktion der Geschichte müssen zwischen der Periode der Amarnabriefe und der Zeit von Suppiluliumas, dem Grossvater von Hattusilis, mehr als 160 Jahre verflossen sein (von der Zeit Josaphats bis zur Zeit Manasses), und es ist unmöglich, dass der Autor eines Amarnabriefes der Grossvater von Hattusilis hätte sein können.

Die Amarnabriefe, wie ich versucht habe nachzuweisen (*Vom Exodus bis König Echnaton*, »Die El-Amarna-Briefe«), wurden in der Mitte des 9. Jahrhunderts zur Zeit des Assyrerkönigs Salmanassar III. (-859 bis -824) geschrieben. Salmanassar beruft sich in der Tat auf seine kriegsähnlichen Verhältnisse mit Suppiluliumas ("Sapalulme") von Hatti ("Hattina").[2]

An geeigneter Stelle im vorliegenden Band wurden einige der politischen und militärischen Aktivitäten von Suppiluliumas II. kurz diskutiert, und die detailliertere Behandlung des Themas für den Band über *Die Assyrische Eroberung* in Aussicht gestellt. Aus der von seinem Sohn Mursilis geschriebenen Biographie über Suppiluliumas[3] verdient eine Einzelheit, hier besonders hervorgehoben zu werden. Eine ägyptische Königin namens Dachamun, deren Gatte gestorben war, ohne ihr einen Thronfolger zu hinterlassen, sandte an Suppiluliumas einen Boten mit einem Brief, in welchem sie den Adressaten um einen seiner Söhne bat; den wollte sie heiraten und auf den Thron Ägyptens setzen, da ihr die Verbindung mit einem ihrer Untertanen zuwider war.

Gewöhnlich wird angenommen, und so steht es in vielen Lehrbüchern, dass die Königin, die diesen Brief an den "Hethiter"-König Suppiluliumas schrieb, die Witwe Tutanchamuns war, Anchsenpa'aton, Tochter Echnatons.[4] Aber diese Mutmassung ist auf sehr schwache Argumente gebaut, abgesehen von der Tatsache, dass Anchsenpa'aton (ca. -830) und Suppiluliumas II. (7. Jahrhundert) keine Zeitgenossen, sondern durch über 160 Jahre getrennt waren.

---

[1] Breasted: *Records*, Vol. III, Anm.: "Wie (Max) Müller vorgeschlagen hat (Vorderasiatisch-ägyptische Gesellschaft, Mitteilungen, VII), könnte der Amarnabrief von einem früheren Seplel (Suppiluliumas) stammen."

[2] *Reallexikon der Assyriologie*, IV, s. v. Hattina. *Vgl.* J. D. Hawkins: »Assyrians and Hittites«, *Iraq 36* (1974), S. 81-83. Der Name des Landes wird manchmal als "Pattina" gelesen.

[3] H. G. Güterbock: »The Deeds of Suppiluliuma as Told by His Son Mursili II«, *Journal of Cuneiform Studies*, Vol. X (1956), S. 41-50, 59-68, 75-130.

[4] Beispielsweise A. Götze: »The Struggle for the Domination of Syria«, *Cambridge Ancient History* (3rd ed.; 1975), Vol. II, Pt. 2, S. 17-18; Güterbock: *The Deeds of Suppiluliuma*, S. 94; Alan Gardiner: *Geschichte des Alten Ägypten,* S. 267.

Die historische Szene im ägyptischen Theben verleiht der Idee, dass Anchsenpa'aton die Rolle einer verwitweten Königin übernommen und von einem fremden König einen Sohn zur Wiederverheiratung verlangt habe, keine Glaubwürdigkeit. Beim Tod Tutanchamuns im Alter von 18 oder vielleicht 17 Jahren war Anchsenpa'aton sehr wahrscheinlich 16 Jahre alt, wenn nicht jünger. Das Reich befand sich unter der schweren Hand von Eje, der sich selbst zum Pharao ausrief und ohne Verzug, noch bevor er die Krone aufgesetzt und den Thron bestiegen hatte, Anchsenpa'aton heiratete, die zu Anchsenpa'amun umbenannt wurde: Nur durch die Heirat mit einer Prinzessin von königlichem Geblüt konnte er die Regalien erhalten.[1] Die Kindkönigin wurde wahrscheinlich nicht einmal befragt, ob sie ihren Grossonkel mütterlicherseits als Gatten dulden würde (Eje war ein Bruder der Königin Teje, der Mutter Echnatons); und nach den Trauungsfeierlichkeiten wurde nichts mehr von ihr gehört – sie war ein Spielzeug in den politischen Plänen des verschlagenen Eje. Der Schauplatz in Theben und die Rollen der verschiedenen Mitglieder des Königshauses und der Palastumgebung werden detailliert in meinem *Ödipus und Echnaton* beleuchtet.

Suppiluliumas war ein Zeitgenosse Tirhakas, des an der Spitze Ägyptens stehenden äthiopischen Königs. Tirhaka starb -663, ohne einen Erben zu hinterlassen. Es muss seine Witwe gewesen sein, die den viel zitierten Brief an Suppiluliumas schrieb.

Nun liegt die Probe auf diese Schlussfolgerung auf der Hand. Die von Mursilis, dem Sohn Suppiluliumas', berichtete Geschichte gibt den Namen des Pharaos als "Bib-khururia" (oder "Nib-khururia")[2] wieder. Der Königsname Tirhakas endet mit "khu-ra".[3] Der Name seiner Königin war "Duchat-amun".[4] Der Name existiert nur einmal unter den Königinnen Ägyptens.

Im Rahmen der konventionellen Chronologie lässt sich der Name "Dachamun" im Text aus Bogazköi nicht erklären. "Ihr Name ist in dem

---

1 Beim Fehlen eines legitimen Erben – dem ältesten Sohn der Hauptkönigin (W. Stevenson Smith: »The Old Kingdom in Egypt«, *Cambridge Ancient History* (3rd ed.; 1975), Vol. I, Pt. 2, S. 166) – suchte sich der Prätendent durch die Heirat mit einem Mitglied des Königshauses zu legitimisieren: entweder mit der Hauptkönigin selbst oder mit einer Prinzessin in direkter Abstammung vom letzten rechtmässigen Pharao.

2 Güterbock: *Deeds of Suppiluliuma*, S. 94, Fn. e.

3 R. Gauthier: *Le Livre des rois* (*Mémoires*, l'Institut français d'archéologie orientale du Caire, t. 20, 1916), S. 31-42. Einer von Tirhakas Namen, auf einem in Tanis gefundenen Skarabäus eingraviert (Louvre N. 632), beginnt mit "neb-khu". Siehe J. Leclant und J. Yoyotte: »Scarabée Commémoratif de la crue du Nil«, *Kêmi* 10 (1949), S. 39.

4 Petries Lesung. Maspero liest "Dikahitamanou".

Text durch irgendein Versehen völlig entstellt."[1] Als Alternative wurde die Hypothese aufgestellt, dass Dachamun gar kein Name sei, sondern ein Status;[2] diese gekünstelte Ansicht zeigt nur die Schwierigkeit der konventionellen Chronologie auf, in welcher Suppiluliumas, der Vater von Mursilis, an das Ende der Amarnaperiode plaziert wird.

Der Prinz, den Suppiluliumas nach wiederholten Bitten Dachamuns (ägyptisch Duk-hat-amun) entsandte, wurde auf seinem Weg nach Ägypten in Syrien ermordet. Es war töricht, den Prinzen auf dem Landweg zu schicken, besonders angesichts der Tatsache, dass Assurbanipal Syrien kontrollierte. Nach einem langwierigen Krieg gegen Tirhaka war -667 Assurbanipal tief nach Ägypten eingedrungen; der Äthiopier hatte sich in den Sudan zurückgezogen, wo er bald darauf an seinen Wunden starb. In dieser Krisis haben Suppiluliumas die Appelle Dachamuns erreicht, als er in Nordsyrien in der Umgebung von Karkemisch in einen Krieg verwickelt war.

Der letzte kurzlebige Vorstoss der Äthiopier nach Ägypten kam vier Jahre später, -663 unter Tanutamun, einem Neffen Tirhakas. Die assyrische Reaktion war schnell. Assurbanipal trieb Tanutamun aus dem Land, besetzte und zerstörte Theben und setzte so der äthiopischen Periode der ägyptischen Geschichte ein Ende.

5. Bronze und Eisen

In den dreissiger Jahren des 19. Jahrhunderts schlug ein Gelehrter,[3] der in die Fussstapfen von Hesiod und Lukrez trat, vor, die Vergangenheit der Menschheit nach dem Material einzuteilen, aus welchem der historische Mensch Zeitalter für Zeitalter seine Werkzeuge und Geräte herstellte, das heisst die Zeitalter von Stein und Knochen, von Bronze und von Eisen zu unterscheiden. Dieser Vorschlag war erfolgreich, und die Einführung weiterer Unterteilungen übersäte moderne Geschichts- und Archäologiewerke mit Buchstaben, die "junge", "mittlere" und "späte" Perioden in jedem Zeitalter anzeigten, mit später noch weiteren Unterabteilungen I, II und

---

1 Gardiner: *Geschichte des Alten Ägypten*, S. 267; H. R. Hall: »The Hittites and Egypt«, *Anatolian Studies*, gewidmet Sir W. M. Ramsey (London 1923), S. 179: "Aus ägyptischen Quellen kennen wir diese Königin nicht. Sie kann kaum dieselbe Person sein wie Tutanchamuns Gemahlin, die wohlbekannte Anchsenpa'amun."

2 Walter Federn: »Dahamunzu (KBo V 6 iii 8)«, *Journal of Cuneiform Studies*, Vol. XIV, No. 1 (April 1960), S. 33.

3 Christian Thomsen. *Vgl.* Hesiod: *Erga* (*Werke und Tage*).

manchmal sogar III. Das frühe Bronzezeitalter wird mit grösserer Genauigkeit "Kupferzeit" genannt.

Die Archäologie konstruiert ihre Zeitalter gewöhnlich entweder nach dem Charakter der Töpferwaren oder nach den für die Werkzeuge verwendeten Metallen; die zweite Unterteilungsart ist besser umrissen, so dass Keramik verschiedener Art nach Metallperioden etikettiert wird – z. B. Keramik der Spätbronze I a oder Jungeisenzeit II b usw. Im folgenden Abschnitt werden wir die Verwirrung sehen, die sich durch die Einteilung der Keramikzeitalter zieht. Hier beabsichtigen wir eine kurze Prüfung der Metallzeitalter und ihrer Auswirkung auf die Chronologie.

Verursachen wir nicht eine Verschiebung der Metallzeitalter, wenn wir die ägyptische Geschichte um sechs oder sieben Jahrhunderte näher an unsere Zeit heranbringen? Ein Segelschiff benötigt nur zwei oder drei Tage, um eine Ladung von Ägypten nach Palästina zu bringen; die Wüstenstrasse wurde von Thutmosis III. mit seinem Heer in neun Tagen bewältigt. Man möchte erwarten, dass die konventionelle Chronologie die Nähe von Ländern wie Ägypten und Palästina berücksichtigen würde; wenn also der Beginn der Eisenzeit in Palästina nach der allgemeinen Meinung -1200, in der Zeit der Richter, erfolgt sein soll, dann muss im konventionellen Schema die Eisenzeit auch in Ägypten um -1200 begonnen haben.

Das ist nicht der Fall. "Wenige Themen sind umstrittener als das Datum, an welchem Eisen in Ägypten erstmals Verwendung fand."[1] Folglich gibt es keinen Grund zu der Befürchtung, dass die revidierte Chronologie Verwirrung in das Bronze-Eisen-Schema bringen könnte; die Verwirrung ist bereits vorhanden. Wann die Eisenzeit in Ägypten begann, kann nicht im Vertrauen auf die konventionelle Chronologie bestimmt werden. Es ist auch klar, weshalb das so ist. Die Zeit der 19. Dynastie geht jener der 26. Dynastie nicht um 700 Jahre voraus; es ist ein und dieselbe Periode. Und die 20. Dynastie von Ramses III. liegt nicht sechs Jahrhunderte vor der Zeit von Necho II., sondern sie folgt zwei Jahrhunderte danach. Unter derartig fehlerhaften Prämissen ist es natürlich hoffnungslos, den Eintritt Ägyptens in die Eisenzeit zu bestimmen.

Wenn wir uns das vor Augen halten, um die Abfolge der Zeitalter rekonstruieren zu können, müssen wir fragen: Wann wurde Eisen erstmals verwendet? Wann wurde der Prozess der Eisengewinnung aus dem Erz bekannt? Wann verdrängte das Eisen die Bronze für die meisten Zwecke, für die Eisen heute der Bronze vorgezogen wird?

---

[1] A. Lucas: *Ancient Egyptian Materials and Industries*, S. 193.

Eisenerz ist auf der Erde weiter verbreitet als Kupfer oder Zinn, und die Metallurgie des Eisens ist einfacher als diejenige der Bronze.[1] In gediegener Form wird Eisen in Meteoriten gefunden, was ein Gewinnungsverfahren überflüssig macht. Aus dem Erz wird es durch Erhitzung auf 500 °C gewonnen (verhüttet); wenn es rotglühend ist, kann es in die gewünschte Form geschmiedet werden. Durch Hinzufügen von Kohlenstoff (Verhüttung auf Holzkohle) und schnell darauf folgende Abkühlung wird es zu Stahl. Um Eisen flüssig zu machen (es zu schmelzen), so dass es in Formen gegossen werden kann, wird eine Temperatur von über 1500 °C benötigt.

Kupfer ist uns von der Natur weniger grosszügig beschert; es ist in gediegener Form zu finden und kann auch aus Malachit und anderen Erzen durch Erhitzung gewonnen werden. Seine Gewinnung erfordert eine Temperatur von ungefähr 1085 °C, bei der es auch schmilzt und in Formen gegossen werden kann. Anders als Eisen besitzt Kupfer die Eigenschaft, auch in kaltem Zustand schmiedbar zu sein. Durch Hämmern lässt es sich härten; zu starkes Ausschmieden macht es brüchig. Bronze, eine Legierung aus Kupfer und Zinn, ist viel härter als Kupfer. Die Fabrikation von Legierungen markiert einen entscheidenden Fortschritt in der Kunst der Metallurgie; sie stellt ein fortgeschrittenes Stadium dar im Vergleich zur reinen Metallgewinnung aus dem Erz und dem In-Form-Schmieden.

Kupfer mit Zink legiert wird Messing genannt. Diese Legierung ist aus relativ später Zeit bekannt; "Messing", die Übersetzung des biblischen "nechoschet", bedeutet eigentlich sowohl "Kupfer" als auch "Bronze", ohne zwischen den beiden zu unterscheiden.

Eisenerze kommen in Ägypten in recht grossen Ablagerungen vor, doch sind sie von geringer Qualität.[2] Kupfer wurde von ausserhalb der eigentlichen ägyptischen Grenzen gebracht. Den Ägyptern gehörende Malachitminen wurden im Südwesten des Sinaimassivs entdeckt. Die Inschriften informieren uns, dass sie bereits schon im Alten Reich ausgebeutet wurden; Schlackenhaufen neben den Minen zeigen an, dass die Gewinnung an Ort und Stelle erfolgte. Vor dem Ende des Alten Reiches lieferten die Kupfer-

---

[1] Lucretius war nicht dieser Meinung. Er schrieb: "Und eher als den des Eisens lernte man den Gebrauch des Erzes (Bronze) kennen, je leichter seine Natur zu bearbeiten ist und in je grösseren Mengen es gefunden wurde. Mit Erz behandelten sie den Boden der Erde, mit dem Erz mischten sie die Fluten des Krieges ... Dann machte Schritt für Schritt das eiserne Schwert seinen Weg ... und mit dem Eisen fingen sie an, den Boden der Erde aufzubrechen." Lukrez: *Über die Natur der Dinge* (Übers. Josef Martin, Berlin 1972).

[2] W. F. Hume: *The Distribution of Iron Ores in Egypt* (Kairo 1909). Siehe auch sein *Geology of Egypt* (1925-1937), 2 Bände.

minen auf Zypern Metall nach Ägypten. Entweder gab die Insel ihren Namen dem Metall oder das Metall erhielt seinen Namen von der Insel.[1]

Die zur Gewinnung und zum Schmelzen des Kupfers erforderliche hohe Temperatur (1085 °C) wurde durch die Verwendung von Blasebälgen erreicht und auch durch die Konstruktion von Öfen mit Kamin, um Luftzug zu erhalten, wie auf alten ägyptischen Zeichnungen zu sehen ist. Mit diesen Mitteln konnte Eisen ohne Mühe bei einer niedrigeren Temperatur aus seinem Erz gewonnen (verhüttet) und dann in Form geschmiedet werden.

Zinn ist bis heute in den Zentren der Bronzezivilisation, Zypern, Ägypten oder Griechenland, nicht gefunden worden. Zur Herstellung von Bronze wurde es von weither importiert.[2] Hesekiel (27:12) sagt, dass die Seeleute von Tyrus mit Zinn handelten, das sie aus Tarschisch brachten. Noch früher wird Zinn von Jesaja[3] erwähnt, und Homer verweist wiederholt darauf.[4] Herodot berichtet von dessen Import nach Griechenland, und mit den "Zinninseln" werden wahrscheinlich die Britischen Inseln gemeint sein.[5] Im 2. Jahrhundert vor unserer Zeitrechnung nannte Poseidonios die Iberische Halbinsel als eine Abbauquelle für importiertes Zinn;[6] desgleichen Plinius, und Diodor berichtete von dessen Gewinnung in Cornwall.[7] Im ersten Jahrhundert unserer Zeitrechnung wurde Zinn über Ägypten nach Indien transportiert.[8]

Da allgemein angenommen wird, dass der Steinzeitmensch das Meer nur zufällig und nicht in regulären Reisen befuhr, muss die Kupferperiode der Bronzezeit die Eroberung des Meeres gesehen haben, und der Bronzezeitmensch muss bereits einen Seehandel in Zinn entwickelt haben.

In Ägypten begann die Kupferperiode in vordynastischer Zeit, und vom Alten Reich wird ebenfalls angenommen, dass es in das Zeitalter des Kupfers gehört. Nur vom Ende des Alten Reiches (6. Dynastie) sind ein paar wenige Kupferobjekte übriggeblieben. Die Bronzezeit umfasst das Mittlere Reich und erstreckt sich bis zu einem nicht definierbaren Datum. Das Auseinanderklaffen der Meinungen über den Beginn der Eisenzeit in

---

1 Hill: *A History of Cyprus,* I, 82.

2 In den letzten Jahren wurde vermutet, dass Zinn als Schwemmabbruch durch die Winterbäche aus dem syrischen Bergland in die Umgebung von Byblos gebracht und dort in den ausgetrockneten Flussbetten während des Sommer eingesammelt wurde.

3 Jesaja 1: 25. *Vgl.* Numeri 31: 22.

4 *Ilias*, XI, 25, 34; XVIII, 474, 565; XX, 271 usw.

5 Herodot, III, 115.

6 Zitiert bei Strabon.

7 Plinius, III, 2, 9; Diodor, V, 2.

8 Lucas, op. cit., S. 211.

Ägypten ist extrem. “Das Datum des Beginns der Eisenzeit in Ägypten wird ausdauernd diskutiert, und leider kommt im Verlaufe der Zeit nur wenig neues Beweismaterial zum Vorschein.”[1]

Die Eisenzeit in Ägypten “könnte jetzt noch als Vorläuferin der Bronzezeit nachgewiesen werden,”[2] ist die Ansicht einer Autorengruppe.[3] Die Eisenzeit begann ungefähr -1800 mit dem Ende des Mittleren Reiches, ist die Meinung einer anderen Gruppe, oder zur Zeit von Ramses II. laut einer dritten Gruppe. Die ausgebildete Eisenzeit begann ungefähr -1200, das heisst zur Zeit von Ramses III., verfechten ein paar weitere Gelehrte. Viele ziehen das Datum -1000 unter der libyschen Dynastie vor.[4] “Die jüngere Eisenzeit Ägyptens begann nicht vor -800 (zwischen der 22. und der 25. Dynastie).”[5] Das Jahr -700 “kann als der Beginn der Eisenzeit in Ägypten angesehen werden”,[6] ist eine oft gehörte Erklärung. Es wird auch versichert, dass die früheste Verhüttung in Ägypten (in Naukratis) aus dem 6. Jahrhundert datiert. Alle Meinungsschattierungen, welche die gesamte Dauer der ägyptischen Geschichte umfassen, haben ihre Vertreter. “Über Eisen wurden mehr sich widersprechende Erklärungen laut als über irgendein anderes Metall.”[7]

Für den Beginn der Eisenzeit muss ein Kriterium definiert werden, und das Problem muss in zwei Teile geteilt werden: Wann gelang es dem Menschen, Eisen herzustellen, und wann gelangte Eisen zur allgemeinen Verwendung und verdrängte massgeblich Kupfer und Bronze?

Nicht nur wegen des im Vergleich mit Bronze einfacheren Herstellungsprozesses und wegen der ausgedehnten Erzvorkommen wurde postuliert, dass Eisen vorher auftrat, sondern auch wegen des Zeugnisses, das die damit ausgeführten Arbeiten ablegten. Die Steine für die Pyramiden wurden im Alten Reich rechtwinklig zugehauen – Kupfer- oder Bronzewerkzeuge hätten den Kalksteinfelsen nicht schneiden können. Granitsarkophage mit gemeisselten scharfen Ecken in perfektem Winkel und mit messerscharfen Kanten und lotrechten Linien; Skulpturen mit fein geschnit-

---

1 H. Garland und C. O. Bannister: *Ancient Egyptian Metallurgy* (London 1927), S. 85-86.

2 Ebenda, S. 5.

3 Diese Meinung wurde bereits im vergangenen Jahrhundert vertreten. *Vgl.* St. John V. Day: *The Prehistoric Use of Iron and Steel* (London 1877).

4 *Vgl.* H. C. Richardson: »Iron, Prehistoric and Ancient«, *American Journal of Archaeology,* XXXVIII (1934), 555.

5 R. A. Smith: »Archaeology, Iron Age«, *Encyclopaedia Britannica* (14th ed.), II, 252.

6 Lucas: *Ancient Egyptian Materials*, S. 406.

7 Sir W. M. Flinders Petrie: »The Metals in Egypt«, *Ancient Egypt* (1915), II, 18.

tenen Augenlidern und Lippen aus der 4. Dynastie; die mit spitzen Stichen in die sehr harten Steine Granit und Basalt und sogar in Diorit, das stählerne und härteste aller Gesteine, geschnittenen Hieroglyphen: das alles deutet darauf hin, dass ein Material so hart wie Stahl verwendet wurde. Ein moderner Bildhauer würde sich über die Idee amüsieren, dass etwas weniger Hartes als Stahl diese Gesteine auch nur anzukratzen vermöchte, welche nach wenigen Hieben den Stahlmeissel stumpf werden lassen.

Im Ägypten des Alten Reiches, und sogar im vordynastischen Ägypten, wurden tatsächlich verschiedene, aus Eisen gearbeitete Objekte entdeckt. In El-Gerzeh, etwa 80 Kilometer südlich von Kairo, wurden Eisenperlen gefunden, die vordynastischen Zeiten zugeordnet werden konnten.[1] Ein Eisenmeissel wurde zwischen den Steinen der grossen Pyramide aus der 4. Dynastie gefunden.[2] Eine Reihe von Meisseln und andere Werkzeuge aus der 5. Dynastie sind in Sakkara gefunden worden, nicht weit von Kairo.[3] Mehrere Stücke einer Breithacke aus der 6. Dynastie sind in Abusir ans Tageslicht gebracht worden[4] und ein Haufen zerbrochener Werkzeuge aus der gleichen Periode in Dahschur;[5] in Abydos ist ein Klumpen aus Eisenstaub, wahrscheinlich ein Keil, entdeckt worden.[6]

Die meisten dieser Objekte wiesen Nickelgehalt auf, was darauf schliessen lässt, dass sie aus Meteoriteneisen hergestellt wurden. Die Grosse Pyramide und Stücke aus Abydos enthielten "Spuren von Nickel", aber die Analysen waren nicht überzeugend. Meteoritisches Eisen muss nicht aus dem Erz gewonnen (verhüttet) werden. Wenn nur meteoritisches Eisen verwendet und kein Metall aus dem Erz gewonnen wurde, so kann der Herstellungsprozess nicht als vollständig betrachtet werden, und die Eisenzeit hatte noch nicht begonnen. Andererseits ist meteoritisches Eisen schwieriger in Form zu schmieden als Eisen aus Erz. Einige Gelehrte betonen, dass Geologen nur ein paar hundert Tonnen Meteoreisen gesammelt haben, vor allem in der westlichen Welt, und dass demzufolge – solange die Quellen so spärlich waren – die echte Eisenzeit nicht beginnen konnte. Andere meinen, dass dem Menschen, der Metalle erst seit fünf- oder sechs-

---

1 G. A. Wainwright: »The Coming of Iron«, *Antiquity*, X (1936), 7.

2 R. W. H. Vyse: *Operations Carried on at the Pyramids of Gizeh in 1837* (London 1840-1842), I, 275-276.

3 Olshausen: *Zeitschrift für Ethnologie*, 1907, S. 373.

4 1882 von G. Maspero gefunden.

5 Siehe Olshausen, op. cit., S. 374.

6 Sir W. M. Flinders Petrie: *Abydos*, II (*Egyptian Exploration Fund, Memoirs,* Vol. 24; London 1903), 33.

tausend Jahren verwendet, zu der Zeit, als er die Verarbeitung von Metallen erlernte, die Meteoriten zur Verfügung standen, die im Verlauf von Hunderten Millionen von Jahren niedergegangenen waren.

Von einem oder zwei Eisenobjekten der 6. Dynastie wird allerdings erklärt, dass sie keinen Nickel enthalten und somit nicht meteoritischen Ursprungs sind. Das bedeutet, dass bereits im Alten Reich die Eisenverhüttung bekannt war. Wenn der erste erfolgreiche Versuch zur Eisenverhüttung aus dem Erz als Beginn der Eisenzeit anzusehen ist, dann begann sie bereits zu dieser frühen Zeit. Es bleibt aber die Frage, warum aus dem Erz gewonnenes Eisen nicht zur allgemeinen Verwendung kam, wenn der Verhüttungsprozess bekannt war? Und überhaupt, weshalb kam zuerst die Bronzezeit und erst danach die Eisenzeit? Hier haben wir erfahren, dass das Eisen zumindest nicht aus Mangel an Fertigkeit während des Alten und Mittleren Reiches nicht zur breiteren Verwendung gelangte.

Bronze und Eisen nach dem Fall des Mittleren Reiches. Die historischen Abschnitte der Schriften, welche die Periode vom Exodus bis zur Rückkehr aus dem Exil zum Inhalt haben, präsentieren Palästina als eine gemischte Eisen-Bronze-Zivilisation. Kupfer und Bronze diente zu vielem, wofür diese Metalle heute nicht mehr verwendet werden, aber Eisen war ein vertrautes Metall und seine Herstellung ein wohlbekannter Prozess. "Barzel" ("Eisen") und "nechoschet" ("Kupfer, Bronze") werden in den Schriften gleich häufig erwähnt.

Bei ihrer Ankunft in Palästina — nach der Wanderung in der Wüste – fanden die Israeliten, dass die Bewohner des Landes Eisen verwendeten (das eiserne Bett des Og, König von Basan; die eisernen Gefässe von Jericho). Doch sobald das Fortschreiten der Eroberungen von dem philistinisch-amalekitischen Block aufgehalten worden war, fanden sich die Israeliten von der Werkzeugfabrikation und vom Zugang zu den Grubengebieten ausgeschlossen.[1] Wenn die Israeliten auf die Arbeit eines Schmiedes angewiesen waren, mussten sie ins Tal zu den Philistern gehen. Die Philister verwendeten Bronze für Waffen, aber Eisen für Lanzenspitzen.[2] Die Kanaaniter besassen eiserne Streitwagen, die Israeliten hatten keine.[3]

Wegen dieser Bedingungen waren Metallobjekte in dem von den israelitischen Stämmen bewohnten Hügelland selten, und für archäologische Funde sind wenige übriggeblieben. An der Schefela (der Küste) der Phili-

---

[1] I Samuel 13:19.
[2] I Samuel 17:5-7.
[3] Josua 17:16-18; Richter 1:19.

ster rostet ungeschütztes Eisen in wenigen Jahren dahin, und nur unter besonders vorteilhaften Voraussetzungen würde es jahrtausendelang konserviert bleiben. Derart vorteilhafte Bedingungen herrschten in Gezer.

> Eine merkwürdige Ausnahme vom völligen Fehlen des Eisens in den frühsemitischen Perioden muss indessen erwähnt werden. Ganz zuunterst des geneigten Teiles des Wasserdurchflusses wurden zwei keilförmige Eisenklumpen gefunden, offenbar Stücke von Blättern einer Axt oder einer Hacke. Wie diese zu ihrem Ruheplatz gekommen sind, der 400 oder 500 Jahre vor der allgemeinen Verwendung von Eisen hermetisch verschlossen wurde, ist nicht leicht zu erklären.[1]

Wie schon vorher gesagt wurde, hat der Ausgräber von Gezer die Zeitalter der semitischen Perioden seiner früheren Grabungen um gut 500 Jahre geändert. Die Eisenblätter von Gezer datieren am wahrscheinlichsten aus der Zeit der Richter, als Gezer eine philistinisch-amalekitische Stadt war.

Zu der Zeit, als die Amu-Hyksos Ägypten von Auaris aus regierten, müssen sie in Bezug auf die Metallherstellung eine ähnliche Grundsätze verfolgt haben, wie sie auch in Palästina zur Anwendung gelangte. Ein Beispiel für die Gleichartigkeit ägyptischer Werkzeuge mit den Eisenblättern aus Gezer ist ein Meissel, der zusammen mit dem Beschlag eines Hackengriffes bei Esna gefunden wurde; diese Stücke stammen aus der 17. Dynastie, gegen Ende der Hyksos-Herrschaft.[2]

Im Verlauf des letzten Teils des 11. Jahrhunderts, als die Israeliten unter Saul und David die Unabhängigkeit erlangten, traten sie wieder in die Eisen- und Bronzezeit ein. In Damaskus nahm David "sehr viel Erz" (Kupferlegierung).[3] Streitwagen und Bogen (II Samuel 1:18) wurden zur neuen Kriegsausrüstung der Israeliten, als "das Volk der Bogen",[4] d. h. die Amu beziehungsweise Amalekiter, ihre beherrschende Position verloren. Schwerter und Schilde wurden aus Bronze ("Erz" oder "Messing") hergestellt, landwirtschaftlichen Geräte aber, "die eisernen Picken und die eisernen Äxte", aus dem grauen Metall.[5]

Für den Bau des Hauses Gottes bestellte David "Eisens die Menge zu den Nägeln für die Türflügel der Tore und zu den Klammern ... und Erzes die Menge, nicht zu wägen". Jedes Metall hatte seinen eigenen Verwendungs-

---

1 Macalister: *The Excavation of Gezer* (1902-1909), II, 269.
2 Wainwright: *Antiquity*, X (1936), 8.
3 II Samuel 8:8.
4 Gardiner: *Admonitions*, 2:2.
5 II Samuel 12:31.

zweck ("Erz fürs Erzene, Eisen fürs Eiserne"). Die Fürsten Israels brachten zur Errichtung des Hauses ihren Anteil dar: 18.000 Barren Kupfer und Bronze und 100.000 Barren Eisen. Das beweist, dass Eisen in allgemeinerem Gebrauch stand als Kupfer und Bronze.[1]

Wechsel auf der politischen Szene waren vom Erwerb der Metallherstellung durch die Israeliten begleitet; mit dem Ende der Amalekiterherrschaft kamen die Israeliten in den Besitz der Kupfer- und Eisenlager im edomitischen Teil des Arabagrabens und an anderen Orten, und sie erlernten die künstlerische Metallbearbeitung von den Phönikiern und von ihren Landsleuten, die in der Umgebung der phönikischen Städte wohnten.[2]

Im Araba-Bergbaugebiet zwischen dem Toten Meer und dem Golf von Akaba, mit Sela – oder Petra – in seiner Mitte, wurde zur Zeit von David und Salomon fleissig Abbau getrieben. Es trug die Bezeichnung "Tal der Schmiede", und die dort lebenden Keniter oder Kenizziter waren die Schmiede, welche das Arsenal der verbündeten Amalekiter mit Waffen versorgten, bevor David die letzteren überwältigte und das Tal eroberte. Das Gebiet ist reich an kupferhaltigem Gestein und an Eisenerzen (Oxyden). In letzter Zeit ist es von N. Glueck erforscht worden.[3] Entlang des Tals wurden die Ruinen von Verhüttungsöfen gefunden; zur Zeit Salomons wurde darin Kupfer und Eisen verarbeitet. Grosse Eisennägel kamen sogar ans Licht, die der Zeit Salomons zugeschrieben wurden.

Salomons Hafen Ezeon-Geber am Golf von Akaba war eine industrielle Gemeinschaft, wo zur "Verhüttung und zum Feinen von Kupfer und Eisen und für die Herstellung von Metallgegenständen für eigene und fremde Märkte" Öfen eingesetzt wurden, die mit künstlichem Luftzug arbeiteten.[4]

In Schiffen wurde zur Zeit Salomons von weither Silber in grossen Mengen gebracht, wodurch eine weitere Metallrevolution ausgelöst wurde, wie wir in den Schriften und in den Inschriften von Königin Hatschepsuts Wesir nachlesen können. Sowohl in Palästina als auch in Ägypten wurden luxuriöse Gebäude errichtet, und in einigen Fällen wurden die Fussböden mit Silber belegt.[5]

Der rapiden Übernahme metallurgischer Fertigkeit durch die Israeliten folgte ein ähnlich rapider Prozess in Ägypten. Thutmosis III. (Schischak) besass 1200 Streitwagen, die bei der Eroberung von Palästina und Syrien

---

[1] I Chronik 22:3; 22:14; 29:7.
[2] II Chronik 2:7.
[3] N. Glueck: *The Other Side of the Jordan* (New Haven 1940), S. 51ff.
[4] Ebenda, S. 94.
[5] Siehe *Vom Exodus bis König Echnaton*, »Das Begehren der Königin von Saba«.

eine wichtige Rolle spielten. Gefangene aus Rezenu (Palästina) wurden in den Metallwerkstätten Ägyptens beschäftigt, und die Ägypter erlernten von ihnen das Handwerk, wie die Bilder im Grab des Rechmire, des Wesirs von Thutmosis III., zeigen.[1] Kupfer wurde als Tribut aus Syrien und Zypern gebracht; und der Bergbau im Gebiet des Sinai wurde wiederaufgenommen. In der Tributliste einer der Kampagnen Thutmosis' III. in Syrien werden Eisengefässe ("bia") aufgezählt.[2]

Eine Liste des Tempelschatzes von Qatna, die vor der Eroberung durch Thutmosis III. aufgestellt wurde, enthält sieben Objekte aus Eisen, von denen sechs in Gold gefasst waren.[3] Das bedeutet nicht, dass Eisen besonders selten war. Das in Tempeln verwahrte Eisen war meteoritischen Ursprungs. Das Wort "bia" bedeutet "Metall" im allgemeinen, aber spezifischer auch "Eisen" oder "das Metall vom Himmel". Meteoriten wurden in vielen Heiligtümern verehrt: im Tempel der Astarte in Tyrus, im Tempel des Amun in Theben, in Delphi, in mexikanischen Tempeln und bis auf den heutigen Tag in Mekka.[4] Wegen seiner Herkunft wurde das meteoritische Eisen in Gold gefasst und im Tempel von Qatna aufbewahrt, wie das auch an anderen Orten geschah.

Die verschiedenen an das Mittelmeer grenzenden Völker hatten ihre Vorlieben für das eine oder das andere Metall. In den meisten Fällen diktierten die natürlichen Erzvorkommen, ob Kupfer oder Eisen bevorzugt wurde.

Im Palast Assurbanipals und Salmanassars III. aus dem 9. Jahrhundert in Nimrud, den auch Tiglatpileser in der zweiten Hälfte des 8. Jahrhunderts bewohnte, wurden Lanzen- und Pfeilspitzen, Äxte und Sicheln aus Eisen gefunden: "Eisenhorte" kamen in Chorsabad und Ninive an den Tag. Das Erz dieses Eisens ist in den Hügeln von Tiyari im Nordosten von Ninive und im Gebiet der Chalybes im Südosten des Schwarzen Meeres abgebaut worden; ungefähr -881 wurde vom letzteren Ort eine wertvolle Ladung Eisen zu Assurbanipal nach Ninive gesandt. Diese Region lag im Herrschaftsgebiet der Chaldäer; wir sollten deshalb erwarten, Eisen schon in den aus früher Zeit stammenden Teilen der Bogazköi-Archive erwähnt zu finden. Und tatsächlich gibt es "eine lange Liste der Erwähnungen von Eisen in

---

[1] N. de Garis Davies: *The Tomb of Rehk-mi-re at Thebes* (New York 1943), Vols. I und II.
[2] Breasted: *Records*, Vol. II, Sec. 537.
[3] C. Virolleaud: *Syria, Revue d'art oriental et d'archéologie*, IX (1928), 92. Qatna (Tell Mischrife) wurde von Du Mesnil du Buisson ausgegraben.
[4] Wainwright: *Antiquity*, X (1936), 6.

diesen Dokumenten, die sich bis zum Ende des Hethiterreiches um -1200 erstreckt.... Hier ist Eisen das normale Metall, nicht Bronze, wie man das aus anderen Ländern des Nahen Ostens gewöhnt ist."[1]

Wegen der Nähe Zyperns mit seinen reichen Kupferminen waren die Phönikier an der syrischen Küste mit dem Eisen nicht sehr vertraut, obwohl gelegentlich auch dort kleine Mengen verarbeitet wurden. Es ist kein Wunder, dass fast alles in Ras Schamra, das gegenüber von Zypern liegt, gefundene Metall Bronze war; doch wurden dort auch verrostete Eisenobjekte gefunden.[2]

Eines der Hauptargumente zur Stützung der Theorie, dass das mykenische Zeitalter vor den Homerischen Epen liegt, ist auf die Annahme gegründet, dass die mykenischen Gräber zur Bronzezeit gehören, während die *Ilias* und die *Odyssee* die Eisenzeit reflektieren. Die Waffen der Homerischen Helden bestehen aus Bronze, aber in den Epen wird Eisen 44mal erwähnt; und obwohl aus einigen Hinweisen geschlossen worden ist, dass Eisen zu jener Zeit selten war,[3] hatte die Eisenzeit die Epoche der Bronze bereits überholt, und die Herstellung von Stahl war bereits bekannt.

In den mykenischen Gräbern ist Bronze im Überfluss vorhanden, aber Eisen fehlt nicht.[4]

Wie zur Zeit Salomons, so war Sidon zur Zeit Homers (vermutlich 8. Jahrhundert) "mit Bronze angefüllt". Wenn die mykenischen Gräber den Karern gehörten, die aus Ugarit auswanderten, oder den Argiverfürsten, welche von den phönikischen Händlern mit Waffen beliefert wurden, so käme die Feststellung nicht überraschend, dass Bronze in diesen Gräbern reichlich und Eisen selten vorhanden ist.

Das Kupferabbaugebiet Zyperns, Temessa, exportierte Kupfer nicht nur nach Ägypten, sondern auch in die ägäische Region, und nach Zypern segelnde Schiffe, die dort Kupfer laden wollten, brachten manchmal auch Eisen dahin.[5]

Wegen der Verteilung der Ablagerungen, mit grossen Fundstellen für Kupfer in Zypern und auf dem Sinai und dem schlechten Eisenerz in Ägypten war Bronze das Hauptmetall von Phönikien und Ägypten, während Eisen in und um Assyrien und Chaldäa häufiger verwendet wurde.

---

[1] Ebenda, 14.

[2] Schaeffer: *Syria, Revue d'art oriental et d'archéologie*, X (1929), 292.

[3] *Ilias*, XXIII, 826ff.

[4] Auch spätminoisches I-Eisen wurde in Griechenland gefunden: Forsdyke in: *Annual of the British School at Athens,* XXVIII (1926-1927), 296.

[5] *Odyssee*, I, 182ff. Die Kupferminen auf Zypern, welche seit dem Alten Reich in Ägypten und zur Zeit Homers ausgebeutet wurden, sind noch heute in Betrieb.

Ein Korrespondent der Amarnaperiode, Tuschratta von Mitanni, schrieb an seinen Schwiegersohn Amenophis III., dass er ihm ein heiliges Messer ("mittu") aus Eisen und mit in Gold gefassten Eisenringen schicke. Mit Gold belegte Eisenringe und einen Dolch, dessen Klinge aus Eisen und dessen Griff aus mit Edelsteinen besetztem Gold bestand, schickte er auch an Echnaton.[1] Die Tatsache, dass ein Eisendolch ein Heft aus Gold oder Bronze hatte, bedeutet nicht unbedingt, dass Eisen seltener als Gold oder Bronze war. Folgte man derartigen Überlegungen, so könnte ein zukünftiger Archäologe beim Fund eines Satzes von Tafelmessern mit silbernem Heft auf die Idee kommen, dass Silber in unserer Zeit weniger wertvoll als Stahl gewesen sei.

Eisenringe wurden manchmal mit Gold belegt, um Gold zu sparen, wie man es auch heute tut, wenn weniger wertvolles Material vergoldet wird. In Megiddo wurden eiserne Werkzeuge neben einer Eisengiesserei gefunden; mit Gold belegte Eisenringe wurden dort ebenfalls entdeckt.[2]

Im Grab Tutanchamuns kommt Kupfer häufiger als Bronze vor, obwohl die Kupferperiode vor dem Mittleren Reich zu Ende ging. Ein mit einem goldenen Heft versehener Stahldolch kam dort zum Vorschein, zusammen mit ein paar kleinen Eisenobjekten.[3] Zu dieser Zeit war das Verfahren zur Überwachung des Kohlenstoffgehaltes im Eisen schon perfektioniert – zumindest im Norden –, so dass die Dolchklinge aus gehärtetem Stahl schärfer als eine aus Bronze war und auch bezüglich Flexibilität und Dauerhaftigkeit einen Vergleich aushalten konnte. Zu allen Zeiten brachte das Geheimnis des Härtens von Stahl erst dem einen und dann dem anderen Ort Berühmtheit – in späteren Zeiten waren kastilische und Damaszenerklingen den Produkten aus anderen Orten überlegen.

Als die Äthiopier die Libyer in Ägypten verdrängten, wurde im Süden dem Land eine neue Quelle für Eisen eröffnet.[4] Angehäufte Eisenerzschlacke, die in Meroe in Nubien gefunden wurde, wird dieser Periode zugeschrieben, die häufig als der Beginn der echten Eisenzeit in Ägypten

---

1 Amarnabriefe 22 und 25.

2 "Ein Eisenobjekt, ein Ring, wurde der Spätbronze-II-Periode zugeschrieben. Auf jeden Fall ist er nicht später. Vier Eisenobjekte kamen aus einem Jungeisen-I-Begräbnis, eine Dolchklinge, ein mit Gold verkleideter Ring, das Fragment einer Messerklinge und ein Armband." Guy: *Megiddo Tombs*, S. 162. Über die Eisengiesserei von Megiddo und Eisenarbeitsgeräte siehe Schumacher: *Tell el-Mutesellim*, 130-132, und Watzinger, ed.: *Tell el-Mutesellim*, II, 80-81. Das Datum dieser Giesserei ist "ungewiss, liegt aber in jedem Fall wahrscheinlich vor 926 v. Chr." Wainwright: *Antiquity*, X (1936), 20.

3 Carter: *The Tomb of Tut-ankh-Amen*, vol. II, Tafeln 77 B, 82 A, 87 B; ebenda, Vol. III, Tafel 27.

4 Petrie: *Ancient Egypt*, II (1915), 22.

angesehen wird. Im Ägypten der äthiopischen Dynastie wurden Werkzeuge und kleine Eisengiessereien entdeckt. Die assyrische Eroberung Ägyptens fand mit Eisenwaffen statt, und assyrische Werkzeuge aus Eisen wurden in Ägypten gefunden.[1] In der Beute, die Assurbanipal aus Ägypten um -663 mitnahm, befindet sich kein Eisen, aber derselbe König zählt in Syrien erbeutetes Eisen auf.[2] Der allgemeine Eindruck ist, dass Nationen, die Eisen verwendeten – besonders für Waffen –, Völker zu unterwerfen vermochten, die Bronze verwendeten. Die assyrische Eroberung phönikischer Städte, die äthiopische Eroberung Ägyptens, die lange Auseinandersetzung zwischen Assyrien und Äthiopien über Ägypten sind Beispiele.

Mit dem Beginn der 19., das heisst der 26. Dynastie, schieden die äthiopischen Eisenlieferungen aus. Die Griechen von Daphne, und später von Naukratis in Ägypten, verarbeiteten Eisenerz zu Barren, aus welchen sie Werkzeuge herstellten. Eisenwerkzeuge blieben hauptsächlich auf griechische Siedlungen beschränkt, eine für Ägypten charakteristische Situation.[3] Nicht einmal aus späteren Zeiten – der Perser, Ptolemäer oder Römer – blieb so viel Eisen in Ägypten wie aus diesen griechischen Siedlungen der saitischen Periode.[4] Da aber das ägyptische Hematit von so schlechter Qualität ist, konnte das einheimische Eisen noch am besten für Objekte verwendet werden, die kein hervorragendes Material benötigten: Schutzvorrichtungen, Schnallen, Ketten und dergleichen. Ramses II. importierte Eisen besserer Qualität aus dem Norden.

Ein Brief aus den Bogazköi-Archiven, wahrscheinlich von Hattusilis (Nebukadnezar) an Ramses II. gerichtet, lautet:

"Was das reine Eisen anbetrifft, wegen dessen du an mich schriebst, so ist reines Eisen in Kiswadna in meinem verschlossenen Vorratshause nicht vorhanden. Eisen zu machen, war jetzt eine ungünstige Zeit, aber ich habe geschrieben, reines Eisen zu machen."[5]

Also lebten Hattusilis und Ramses II. in einer voll entwickelten Eisenzeit. Der Grund für eine Eisenbestellung aus dem Norden zu einer Zeit, als Eisen von den griechischen Söldnern in Ägypten verhüttet wurde, liegt im

---

[1] Ebenda; auch Petrie: *Six Temples at Thebes, 1896* (London 1897), S. 18f.

[2] "Das Fehlen von Eisen auf der Liste steht in bemerkenswertem Gegensatz zu den Ernten, die von den Assyrern seit 200 Jahren von den Städten Syriens und Palästinas eingezogen wurden." Wainwright: *Antiquity*, X (1936), 22.

[3] "Eher späte Eisenwerkzeuge kommen in der griechischen Siedlung von Naukratis häufig vor, aber an rein ägyptischen Stätten treten sie nicht in Erscheinung." Petrie: *Ancient Egypt*, II (1915), 22.

[4] Garland and Bannister: *Ancient Egyptian Metallurgy*, S. 17.

[5] B. Meissner: *Zeitschrift der Deutschen Morgenländischen Gesellschaft*, LXXII (1918), 61.

Qualitätsunterschied zwischen den in Ägypten und den im Norden verhütteten Metallen.

Zur gleichen Zeit fragte Jeremia (51:12): "Kann denn Eisen zertrümmern nordisches Eisen mit Erz (Stahl)?!"

In jener Epoche wurde Eisen sogar aus dem westlichen Mittelmeerraum gebracht: Tarschisch handelte mit Tyrus in Silber, Eisen, Zinn und Blei (Hesekiel 27:12). "Eisenwerk" wurde auch aus Jawan (Ionien) gebracht.[1]

Eisen und Bronze bereicherten die Sprache mit Metaphern: "Ich, wohlan, ich gebe dich heut zur Festungsstadt, zur eisernen Säule, zu ehernen Mauern" (Jeremia 1:18); und Hesekiel (4:3) nennt symbolisch "eine eiserne Pfanne, und gib sie als eiserne Mauer". – "Ich bin eure eherne Mauer", sagte Ramses II. von sich selbst.[2]

Es ist auch allgemein anerkannt, dass "von der 19. Dynastie (ca. 1300 - 1200 v. Chr.) an in Gerar in Südpalästina Eisen zum allgemein verwendeten Metall geworden war, aus dem Messer, Dolche, Lanzen- und Speerspitzen, Meissel, Bohrer, Haken und Sicheln hergestellt wurden".[3] Doch in Wirklichkeit regierte die 19. Dynastie im 7. und 6. Jahrhundert.

Weil den Ägyptern die Lagerstätten im Sinai und den Phönikiern die Ablagerungen auf Zypern zur Verfügung standen, waren sie bewandert in der Fabrikation von Kupfer- und Bronzegegenständen.[4] Für Ägypten behielt diese Situation Geltung bis in die Zeit der islamischen Eroberung,[5] und obwohl die Minen in Sinai schon seit langem die Produktion eingestellt haben, ist in Ägypten eine Vorliebe für Kupfergeräte noch heute bemerkbar.

Gold, Silber und Elektrum (eine Legierung aus Gold und Silber) sind Edelmetalle, die nicht korrodieren, und Ägypter, welche die Korrosionseigenschaften des Eisens kannten, hätten daraus gefertigte Objekte dem Grabmobiliar und der Begräbnisausstattung ihrer Toten nicht beigegeben, besonders wenn es sich um eine hochgestellte Person, noch weniger wenn es sich um einen Pharao handelte: Der Zweck der Mumifizierung war die Verlängerung des Totenlebens des Bestatteten. Da die für die Vornehmen

---

[1] Hesekiel 27:19.

[2] A. Erman und A. M. Blackman: *The Literature of the Ancient Egyptians* (London 1927), S. 268. *Vgl.* A. Alt: *Zeitschrift der Deutschen Morgenländischen Gesellschaft*, LXXXVI (1933), 40.

[3] Wainwright: *Antiquity*, X (1936), 19.

[4] T. A. Rickartd: *Man and Metals* (New York 1932), I, 240.

[5] "Kupfer und Bronze wurden in Ägypten für Pfeilspitzen bis in arabische Zeiten verwendet." Garland und Bannister: *Ancient Egyptian Metallurgy*, S. 104.

gebauten Gräber zu den hauptsächlichen archäologischen Quellen für Metallfunde in Ägypten gehören, kann das seltene Vorkommen von verhüttetem Eisen bis zu einem gewissen Grade durch vorsätzliches Ausscheiden bei der Auswahl für die Grabkammern erklärt werden.

Neben der natürlichen Vorliebe für den Glanz von Kupfer und Bronze gegenüber Eisen kann für sein langsames Vordringen auch ein religiöses Tabu eine Rolle gespielt haben. Ein Tabu gegen den Gebrauch von Eisen für gewisse Zwecke ist aus Palästina bekannt - die Steine des israelitischen Altars mussten ohne die Verwendung von Eisen zugehauen werden;[1] ein ähnliches Tabu wurde in griechischen und römischen Kulten beobachtet;[2] es war und ist noch immer weit verbreitet.[3] In Ägypten wurde Eisen "Seth-Knochen" genannt und spielte in religiösen Bekenntnissen und im Aberglauben eine Rolle. Winzige symbolische Instrumente, welche der "Mundöffnung" der Verstorbenen dienten und welche aus "bia", dem himmlischen Metall – dem Eisen, das vom Himmel fiel – hergestellt wurden, sind in die Gräber gelegt worden. Sie werden in den ägyptischen Totenpsalmen erwähnt, aber nicht oft gefunden.[4]

Religiöser Glauben, die natürliche Verteilung von Eisen und Kupfer, die Eisenerzqualität, die Art der kultivierten Erde – schlammig (in Ägypten) oder steinig (in Assyrien und Palästina) – waren die Hauptfaktoren in der Konkurrenz zwischen Eisen und Kupfer.

Es wäre falsch, das mittelalterliche Kairo früher als Nimrud, Ninive oder Chorsabad des 9. bis 7. Jahrhunderts vor unserer Zeitrechnung zu datieren, nur weil an diesen Orten Eisen in grösseren Mengen gefunden wurde als im Ägypten irgendeines Zeitalters.

Als die Äthiopier oder Assyrer in Ägypten einbrachen, brachten sie Eisen mit sich; das gleiche taten die griechischen Söldner. Die griechischen Siedlungen in Ägypten beweisen, dass die Griechen Eisen, die Ägypter Bronze bevorzugten. Die Chronologie durch das Abwägen der gefundenen Metalle Eisen und Bronze zu fixieren, ist ein fehlerhaftes Vorgehen. Worauf es ankommt, ist, dass während der gesamten in diesem Buch diskutierten Periode Ägypten, wie auch andere Länder, das Eisen kannten und verwendeten; es wird in den Quellen darauf verwiesen und es wird in den Ausgrabungen gefunden. Von gleicher Bedeutung ist die Tatsache,

[1] Deuteronomium 27: 5.
[2] Siehe Literatur in H. B. Walters: *Catalogue of the Bronzes, Greek, Roman and Etruscan, in the British Museum* (London 1899), S. xviii.
[3] J. G. Frazer: *The Golden Bough* (1911-1935), I, 172.
[4] Wainwright: *Antiquity*, X (1936), 11.

dass im Hinblick auf seine Beziehungen mit fremden Ländern – sei es Tribut aus Syrien an Thutmosis III. oder eine von Ramses II. bestellte Ladung Eisen – das Neue Reich Ägyptens inmitten der Eisenzeit des Nahen und Mittleren Ostens liegt. Andererseits demonstrieren die Schriften und die klassischen Autoren seit Homer in Dutzenden von Hinweisen, dass das Eisen die Bronze in vielen Anwendungen nicht ersetzte – besonders was die Waffen betrifft –, bis nahezu ans Ende der Periode, die wir das Hellenistische Zeitalter des Altertums nennen. In Ägypten war der "Fortschritt im grossen und ganzen gleich, wenn auch etwas langsamer", und "der Wechsel kam erst in römischer Zeit zur Vollendung".[1]

Es kann abschliessend gesagt werden, dass die Aufteilung historischer Perioden in Bronze- und Eisenzeit, mit jeweiligen Unterteilungen in jung, mittel und spät, und mit abermaligen Abschnitten in I, II und III, die noch weiter mit a und b zu unterscheiden sind, als eine Methode für die Beschreibung aufeinanderfolgender Zeitabschnitte in einem bestimmten Land verteidigt werden könnte, dass sie aber keine Klarheit in die vergleichende Archäologie zu bringen vermag; denn Eisen machte nicht in allen Ländern des Mittelmeerraumes die gleichen Fortschritte. Die konventionelle Geschichtsschreibung behauptete keine derartige Simultaneität, aber die konventionelle Chronologie verwickelte sich in viele widersprüchliche Erklärungen durch die Anwendung von Metallzeiten und ihrer Unterteilungen zur Synchronisierung historischer Perioden in den Ländern der Alten Welt.

6. Skarabäen und Stratigraphie

Skarabäen oder Käfer aus Keramik, aus Glas, aus Halbedelstein oder Metall tragen oft eingravierte Namen: die Kartuschen des Königs oder manchmal den Namen einer Privatperson. Diese wurden offenbar als Siegel verwendet. Es wird bezweifelt, dass Skarabäen als Geld dienten: Es gibt keine literarischen Hinweise auf diese Art der Verwendung und auch keine Bilder, auf welchen eine Bezahlung mittels Skarabäen gezeigt würde. Einige Skarabäen sind zum Gedächtnis an ein wichtiges Ereignis hergestellt worden wie die grossen Exemplare als Erinnerung an die Hochzeit von Amenophis III. mit Teje. Einige dienten zur Übermittlung guter Wünsche, etwa "Glückliches Neujahr", ähnlich unserer heutigen Karten. Die letzte-

[1] Ebenda, X (1936), 21.

ren konnten als Amulette angesehen werden, nicht aber die anderen. Diejenigen, welche Kartuschen mit den Königsnamen tragen, müssen als datierbare Objekte herangezogen werden können.

"Nicht alle ägyptischen Skarabäen wurden als Siegel benutzt. Einige, im Verhältnis zur Siegelkategorie allerdings von sehr geringer Zahl, wurden als Amulette verwendet."[1] "Ihr (die skarabäusgeformten Siegel) Wert als ergänzendes Zeugnis für andere historische Daten darf nicht übersehen werden, noch dürfen bestimmte Gruppen leichtfertig als Nippsachen abgetan werden von den Archäologen, die sich die Lösung oder die Erkundung der vielen Probleme als Aufgabe gesetzt haben, die jetzt im Zusammenhang mit den Alten Völkern des Mittelmeerraumes aufgetaucht sind."[2] Diese Probleme entstanden aus der Tatsache, dass bei unzähligen Gelegenheiten Skarabäen in einer vermeintlich um Jahrhunderte jüngeren Umgebung gefunden worden sind. Alle möglichen Arten von Erklärung sind erdacht worden.

Einige Skarabäen mögen unecht sein; z. B. können sie das Produkt moderner Fälscher von Antiquitäten sein. Doch wenn sie in situ gefunden werden, wie beispielsweise in einem unberührten Grab, dann sollten sie mit mehr Vertrauen betrachtet werden. Geld und Siegel wurden in allen Zeitaltern gefälscht, aber wenn bei Ausgrabungen griechische oder römische Münzen gefunden werden, so begegnet man ihrer Echtheit selten mit Misstrauen. Darüber hinaus werden Fälscher aus alter Zeit die gängigen Münzen und Siegel imitiert haben.

Wenn in anderen Fällen die Echtheit der Skarabäen nicht bezweifelt werden kann, so erklärt man sie zu Erbstücken, die durch Jahrhunderte hindurch von Generation zu Generation gereicht wurden, um schliesslich in einer nicht zu ihrem Zeitalter gehörenden Umgebung deponiert worden zu sein. Das ist die zweite Methode, um ihren Wert als Zeugen für das Alter der Schicht herabzusetzen, in der sie gefunden werden.

Manchmal wird eine grosse Ansammlung von Skarabäen, die alle auf ein und dieselbe Periode weisen, in einem Grab gefunden, welches aus irgendeinem Grund einem anderen, um 600 Jahre späteren Zeitalter zugeschrieben ist.[3] In diesen Fällen wird gemutmasst, die Sammlung sei aus einem alten in ein neues Grab verlegt worden, dessen Erbauer Grabräuber gewesen sein mussten. Angesichts der Tatsache, dass die palästinische

---

[1] P. E. Newberry: *Scarabs* (London 1906), S. 1, Fn. (1).
[2] Ebenda, S. 3.
[3] Als Beispiel *vgl.* Petrie: *Illahun, Kahun and Gurob* (London 1891), S. 24.

und die ägyptische Geschichtsschreibung in ihrer Gleichzeitigkeit auseinandergerissen sind, müssen wir erwarten, dass die in Palästina gefundenen Skarabäen durchweg viel älter erscheinen als die Umgebung, in der sie entdeckt wurden.

In den letzten Jahren des vergangenen Jahrhunderts nahm Macalister mit Bliss an archäologischen Arbeiten in Palästina teil und schloss sich dessen chronologischer Bewertung der Schichten an. Bei Ausgrabungen in Gezer änderte er die Daten ihrer früheren archäologischen Arbeit um mehrere Jahrhunderte. Er "versuchte, seine Chronologie so anzupassen, dass die Kluft von mehreren Jahrhunderten (ca. 9. bis 6. Jahrhundert) in der Geschichte der Stadt überbrückt wurde und reduzierte somit seine Daten zwischen 1200 und 300 v. Chr. um mehrere Jahrhunderte. Dieses fehlerhafte Ineinanderschieben der Chronologie wurde von den Deutschen noch viel weiter getrieben, nachdem sie von ähnlichen Lücken in Jericho und durch verfrühte historische Interpretation ihrer Funde irregeführt worden waren; in ihrem Fall belief sich der Fehler an einem Punkt auf ungefähr 800 Jahre."[1]

"Tatsächlich ist Macalisters Verschiebung auf niedrigere Daten für diese (Jungeisen-II- oder "Mitteleisen"-)Keramik leicht zu erklären. In Gezer gibt es eine fast vollständige Lücke nach dem 10. Jahrhundert."[2]

Der eigentliche Grund für diese Änderungen liegt in den widersprüchlichen Zeugnissen der palästinischen Archäologie, die sich auf die ägyptische Chronologie stützt. In einigen Fällen ist diese Verschmelzung mit dem ägyptischen Zeitplan durch andere Zeugnisse in einer untersuchten Schicht ganz untragbar geworden; in diesen Fällen werden die ägyptischen Objekte als Erbstücke bezeichnet. Später, nach neuen Erwägungen, werden solche Erbstücke oft als zeitgenössisch zu der Schicht erklärt, in welcher sie gefunden wurden. (Dies trifft besonders auf ägyptische Siegelskarabäen zu.)

Wo immer die Archäologen in Palästina gegraben haben, fanden sie Skarabäen mit ägyptischen Zeichen und oft mit den Namen ägyptischer Könige. Aber diese Namen wiesen regelmässig auf längst vergangene Jahrhunderte. Wie konnten diese Funde erklärt werden?

Als Bliss und Macalister bei Grabungen in Tell es-Safi und an anderen Orten in Palästina 30 Skarabäen mit den Namen von Thutmosis III.,

[1] W. F. Albright: *From the Stone Age to Christianity*, S. 26.
[2] W. F. Albright: *The Excavation of Tell Beit Mirsim* (New Haven 1932), Vol. I, S. 76.

Amenophis III. und anderen Pharaonen in einer Schicht fanden, die sie als zur israelitischen Besiedlung gehörig erkannten, schrieben sie:

> Offensichtlich sind einige davon, wenn nicht alle, lediglich palästinische Imitationen importierter Muster und deshalb von keinem Wert für die Fixierung des Datums der damit in Verbindung stehenden Objekte. Es ist eine elementare archäologische Richtschnur, dass auch unter den vorzüglichsten Bedingungen Skarabäen allein lediglich eine Datierungsrichtlinie zu geben vermögen ; wenn das Element des Kopierens – vielleicht lange nach der Gravierung des originalen Exemplars – eingeführt wird, so verschwindet ihre chronologische Bedeutung so gut wie ganz.[1]

Skarabäen waren die Geschenke der Pharaonen; sie waren auch die in Ägypten und den abhängigen Ländern verwendeten Siegel des regierenden Monarchen; ihre Abdrücke wurden in Palästina auf Handgriffen von Krügen gefunden, die Öl oder Wein enthielten, und auch auf Steinen, die als Gewichte gebraucht wurden. Warum sollten die Abdrücke für juristische und andere offizielle Zwecke Siegelimitationen früherer Pharaonen gewesen sein?

Viele in späteren Jahren in Palästina gefundene Skarabäen weisen alle Anzeichen der Echtheit auf: In keinerlei Weise unterscheiden sie sich von den in Ägypten in den Gräbern der Beamten des jeweiligen Königs, dessen Name auf den Skarabäen ist, gefundenen Skarabäen. Für ihre Präsenz und Verwendung in Palästina, 600 Jahre nachdem sie in Ägypten hergestellt und gebraucht wurden, musste deshalb eine andere Erklärung gefunden werden. Die Erforscher Jerichos, Sellin und Watzinger, schrieben:

> Unzweifelhaft sind alles echte ägyptische Arbeiten der Zeit, keines eine fremde oder spätere Nachahmung.[2]

Und wiederum:

> Nun aber ist bereits mehrfach bei den palästinischen Ausgrabungen konstatiert, dass die alten Skarabäen noch Jahrhunderte später als unverstandene Amulette getragen sind, dass wir also, wenn wir solche finden, eigentlich immer nur einen terminus a quo besitzen. Ausserdem aber sind solche mit Skarabäen gestempelte Henkel auch sonst schon bei den Ausgrabungen gefunden, und in genauer Übereinstimmung mit denen von Jericho nie in derselben Schicht, wie die handgemachte kanaanitische Keramik.[3]

---

[1] F. J. Bliss and T. A. S. Macalister: *Excavations in Palestine* (1898-1900) (London 1902), S. 152.
[2] Sellin und Watzinger: *Jericho*, (Leipzig 1913) S. 157.
[3] Ebenda.

Gemäss dieser letzten Beobachtung wurden also in Palästina echte Skarabäen nach Jahrhunderten des Nichtgebrauchs von neuem verwendet, und ebenfalls wurden sie nicht in der kanaanitischen Schicht gefunden, die mit der Zeit der Pharaonen übereinstimmte, die sie herstellen liessen. Dies ist, milde ausgedrückt, seltsam; und nicht minder verwunderlich ist die Tatsache, dass die Israeliten nicht die Skarabäen ihrer eigenen Zeit als Amulette verwendeten, sondern nur alte Skarabäen.

> Wir werden danach annehmen müssen, dass es Sitte in Palästina gewesen ist, die alten Skarabäen ... auch noch zu einer Zeit zu benutzen, da man ihre ursprüngliche Bedeutung längst nicht mehr verstand.[1]

Die Israeliten gebrauchten diese Siegel nicht in erster Linie als Amulette, sondern zur Prägung von Krügen und Gewichten. Für diesen Zweck echte Siegel alter Pharaonen zu verwenden ist ebenso sinnlos, wie dafür Imitationen alter Siegel zu gebrauchen. Hebräische Siegel auf Krughenkeln werden als zeitgenössisch mit der Schicht angesehen, in welcher sie gefunden wurden; lediglich im Falle von Henkeln mit ägyptischen Zeichen (manchmal in der gleichen Partie gefunden)[2] wird den Israeliten unterstellt, alte Siegel bevorzugt zu haben. Aber die Israeliten verwendeten nicht die uralten Objekte aus der kanaanitischen Periode zusammen mit ihren eigenen Gerätschaften oder Töpferwaren.

Ist dann aber die Theorie, dass "der Skarabäus als Erbstück weitergereicht oder in einem späteren Jahrhundert entdeckt und als Siegel adaptiert wurde", überhaupt tragbar?[3]

Von Gezer ist es nicht weit nach Beth-Semes, dem heutigen Ain-Shems. Diese Stadt existierte zur Zeit der Richter und blühte in der Zeit der Könige.[4] Da die Zeit der Könige annähernd die Periode von -1000 bis -600 umfasst, darf erwartet werden, dass in einem auf der ägyptischen Chronologie errichteten Zeitplan der Zenit von Beth-Semes ein halbes Jahrtausend zu früh in Erscheinung tritt.

> Die blühendsten und erhabensten Jahrhunderte in Beth-Semes waren diejenigen zwischen 1500 und 1100. Während dieser 400 Jahre war Beth-Semes ein Ort von beträchtlicher Bedeutung und Kultur.[5]

---

[1] Ebenda.

[2] Bliss and Macalister: *Excavations in Palestine*, Tafel 56, No. 31s.

[3] Macalister: *The Excavation of Gezer*, Vol.2, S.329. Siehe auch S. 314 und 323. "... gefunden in 3. semitischen Trümmern, doch zweifellos wahrscheinlich 2." ist eine sich wiederholende Phrase in bezug auf die entdeckten Skarabäen.

[4] I Samuel 6:9-20; I Könige 4:9; II Könige 14:11-13; II Chronik 28:18.

[5] E. Grant: *Ain Shems Excavations* (1298 : 31). Pt. III (Haverford 1934), S. 19.

Doch andere Zeugnisse, nicht mit Ägypten verbunden, müssen dazwischen geraten sein, und wir finden z. B. folgendes:

"Raum 380. In seiner Südwand ... sind verstärkende Steinpfeiler und an der Basis des einen war ein Hochzeitsskarabäus von Amenophis III., schon 300 bis 400 Jahre alt, als er zu seiner letzten Verwendung in das Mauerfundament gelangte. Er mag dort noch um 1000 v. Chr. versetzt worden sein, ein wirksamer Zauber für die Sicherheit des Hauses oder zur Verteidigung der Nordseite der Stadt."[1] Dieser "Kalksteinskarabäus mit seinen zehn Schriftzeilen" unterscheidet sich in keiner Weise von Skarabäen, wie sie in den ägäischen Gräbern und in Enkomi auf Zypern gefunden wurden, wo sie als Hauptnachweis für das Alter der Schichten und der mykenischen Kultur im allgemeinen angesehen werden. "Er datiert von 1400 v. Chr. und war eine geschätzte Antiquität, als er wegen seiner magischen Kräfte eingefügt wurde."

Doch eigentlich geschah das um -870, während des ersten Teiles der Regierung Josaphats, kurz vor der Amarna-Korrespondenz; er war keine "geschätzte Antiquität" zu jener Zeit, und seine Versetzung in das Mauerfundament zur Dokumentation des Alters des Bauwerkes in zukünftigen Zeiten schliesst aus, dass er zur Zeit der Grundsteinlegung bereits alt war. Eine solche Deponierung hat viele Parallelen in der architektonischen Archäologie des Orients; in der gesamten zivilisierten Welt hat diese Sitte bis auf den heutigen Tag überlebt.

Das Megiddo der Bibel wird mit dem heutigen Tell el-Mutesellim identifiziert. Es überblickt das Jesreel-Tal am nördlichen Zugang des Passes, der durch den Karmel nach der Scharon-Ebene führt. Schumachers Ausgrabungen dort zu Beginn dieses Jahrhunderts förderten Material zutage, das bei Prüfung zu weit auseinanderliegenden chronologischen Perioden zu gehören schien. Als über zwei Jahrzehnte später die Funde von Megiddo veröffentlicht wurden, unterstellte der Herausgeber des Berichtes, Watzinger, folgendes: "Es stellt sich dabei freilich vielfach heraus, dass bei der Grabung gern in die Tiefe gegangen wurde und dann Funde aus grösserer Tiefe, also aus älteren Schichten zusammen mit den über dem Fussboden gemachten Funden unter derselben Schichtnummer verzeichnet werden."[2]

---

[1] Ebenda, S. 66. Es ist angebracht zu vermerken, dass Raum 380, wo der Skarabäus gefunden wurde, gemäss dem Bericht des Ausgräbers zu der Schicht gehört, die er "Jungeisen II" nennt (ebenda, Karte 1). Die Jungeisen-II-Schicht ist auf -900 und -600 datiert (S. 4). Ebenfalls A. Rowe: *A Catalogue of Egyptian Scarabs ... Palestine Archaeological Museum* (Kairo 1936), S. 129, No. 538, ist derselben Meinung, dass der Skarabäus in der Jungeisen-II-Schicht gefunden wurde.

[2] *Tell el-Mutesellim*, ed. C. Watzinger (Leipzig 1929), Vol. 2, S. v.

Die späteren amerikanischen Ausgrabungen in Megiddo, die in grossem Rahmen durchgeführt wurden, ergaben ebenfalls doppeldeutiges Material. Überreste von Gebäuden und Gräbern wurden in Megiddo gefunden. Zu einem bestimmten Zeitpunkt kam eine neue Rasse in das Land und siedelte dort. "Ein neues Volk mit einem ausgeprägten Kunstgefühl für seine Religion drang am Ende der mittleren Bronzeperiode in das Land ein. Aus dem Zeugnis der Skarabäen müssen wir schliessen, dass es in nahem Verhältnis zu den früheren Hyksos stand ..."[1] Aber von den Hyksos weiss man, dass sie keinerlei "Kunstgefühl" für ihre Religion oder irgend etwas anderes besassen; sie zeigten in Ägypten keinerlei künstlerische Aktivität. Wer konnten dann diese Invasoren gewesen sein, die in den frühen Tagen des Hyksos-Reiches und seiner Hegemonie an der Mittelmeerküste eine neue Kultur nach Palästina brachten?

Gemäss der im vorliegenden Werk präsentierten revidierten Chronologie erreichten die Philister und die Israeliten Palästina praktisch am Anfang der Hyksos-Amalekiter-Periode. Die neue Kultur in Palästina, beginnend mit dem 15. Jahrhundert, ist durch die Anwesenheit dieser zwei Völker erklärbar.

In der Mitte des 10. Jahrhunderts wurde Megiddo von Salomon befestigt. Im 5. Jahr nach Salomons Tod drang Thutmosis III. in Palästina ein und – wie wir jetzt wissen – belagerte Megiddo und eroberte es. In der Schicht des Megiddo-Palastes, die der Jungeisenzeit I zugeteilt ist, wurden Siegel mit dem Namen von Thutmosis III. gefunden. "Das Auftreten der Namen von Thutmosis III. ... überrascht nicht, angesichts der bekannten Vorliebe der späteren Ägypter für Skarabäen, die den Namen dieses Königs tragen."[2] Mit dieser beiläufigen Erklärung wurde das Zeugnis der Siegel beiseitegewischt.

Seit diese Zeilen von den Ausgräbern Megiddos geschrieben wurden, sind überall in Palästina wieder und wieder Skarabäen mit dem Namen von Thutmosis III. gefunden worden, und immer in 500 bis 600 Jahre jüngeren Formationen, was die Entdecker in einem konstanten Zustand der Überraschung, ja Bestürzung beliess.

Aber wo die entfernteste Möglichkeit zu bestehen schien, die akzeptierte chronologische Tabelle durch den Hinweis auf einen Skarabäus zu stützen, da wurde seine Echtheit oder seine stratigraphische Lage nie in Frage gestellt; gewöhnlich erweisen sich derartige Funde bei näherer Prüfung

---

[1] H. G. May: *Material Remains of the Megiddo Cult* (Chicago 1935), S. 35.

[2] P. L. O. Guy: *Megiddo Tombs* (Chicago 1938), S. 185.

kaum von stratigraphischem und damit auch nicht von chronologischem Wert für den ausgesuchten Zweck.

In der konventionellen Chronologie ist König Scheschonk aus der libyschen Dynastie der Pharao Schischak der Bibel, der Palästina im 5. Jahr von Rehabeam, Salomons Sohn, eroberte. Ein Fragment mit dem Namen von Scheschonk wurde in Megiddo gefunden. "Ein Fragment seiner hier gefundenen Stele beweist, dass er die Stadt wenigstens eine Zeitlang besetzt hielt."[1] Doch wie ich gezeigt habe, war Thutmosis III. der biblische Schischak, und Pharao So der Schriften, dem Hosea von Israel Tribut entsandte, war der Pharao Scheschonk;[2] eine Stele Scheschonks in Megiddo wäre deshalb nicht fehl am Platz. Der Beweiswert wird durch die Tatsache eingeschränkt, dass "das Fragment der (Schechonk)-Stele von einer der alten Abfallhalden oder vom Ausschuss früherer Ausgrabungen kam."[3]

Ein auf einem Abfallhaufen gefundenes Objekt berechtigt nicht zu Schlüssen wie dem folgenden: "Aus dem Zeugnis unserer Scheschonk-Stele ... folgt natürlich, dass die Schicht IV (1000-800) vor der Periode von Omri und Ahab bebaut wurde."[4]

Megiddo war die Festung, zu welcher Ahasja, der König von Juda, kurz nach dem Ende von Ahabs Regierung zur Zeit der Rebellion Jehus fliehen wollte. Es war eine wichtige Garnisonsstadt. Da sie von Salomon befestigt,[5] nach der Belagerung durch Thutmosis III. wieder aufgebaut und von Amenophis III. wiederum bemannt worden war, ist es kein Wunder, dass der Überbau des Palastes von Megiddo "genau dem Mauerwerk der in Samaria gefundenen Omri- und Ahab-Paläste entspricht".[6]

Einen anderen derartigen Fall, der regelmässig zur Verifikation des akzeptierten Synchronismus zwischen dem Hause Omris und der libyschen Dynastie in Ägypten herangezogen wird, werden wir an anderer Stelle ausführlicher diskutieren; aber im Sinne des Überblicks werden wir ihn hier nicht übergehen, weil auf der Herkunft eines libyschen Siegelabdruckes aus Samaria ein chronologisches Gefüge errichtet wurde.

Auf dem Boden des Palastes von Omri und Ahab wurde eine Anzahl kleiner ägyptischer Objekte gefunden. Die Schnitzereien auf den Skarabäen waren zumeist dekorativer Art; doch auf einem der Skarabäen war

1 Fisher: *The Excavation of Armageddon*, S. 16.
2 *Vom Exodus bis König Echnaton*, »Der Tempel in Jerusalem«.
3 Ebenda, »Die Israeliten begegnen den Hyksos«.
4 R. S. Lamon and G. M. Shipton: *Megiddo I (Strata I-V)* (Chicago 1939), S. 61.
5 I Könige 9:15.
6 Fisher: *The Excavation of Armageddon*, S. 73.

eine Kartusche, also der Name eines Königs, eingraviert. Die Kartusche ist diejenige von Thutmosis III.. Da es für das Auftreten der Kartusche von Thutmosis III. im Palast von Samaria, der angeblich ungefähr sechs Jahrhunderte nach dem Tod dieses Pharao erbaut wurde, keine plausible Erklärung gab, schlug der Ausgräber folgendes vor: "Das könnte die lokale Imitation eines ägyptischen Skarabäus sein."[1] Aber in Übereinstimmung mit der vorliegenden Rekonstruktion der Geschichte regierte Thutmosis III. nur wenige Jahrzehnte vor Omri; die Kartusche ist offensichtlich echt.

Laut der konventionellen Geschichtsschreibung war Ahab ein Zeitgenosse von Pharao Osorkon II. der libyschen Dynastie. Und ein Krug mit den Kartuschen von Pharao Osorkon II. wurde in der Tat in der Nähe des Palastes von Samaria gefunden.[2] Dieser Pharao der libyschen Dynastie ist von den Historikern als der biblische Pharao Serach – der Gegenspieler von Asa zur Zeit von Omri und Ahab – ausgesucht worden.[3] Aber wir haben Pharao Serach bereits als einen der Könige der 18. Dynastie, Amenophis II.-Acheperure, den Nachfolger von Thutmosis III., identifiziert.[4] Wie können wir aus unserer Sicht Osorkons Krug in Samaria erklären?

Es traf sich, dass unter der Schicht mit Osorkons Krug schriftliche Dokumente entdeckt wurden, die dessen Bedeutung als chronologisches Zeugnis zerschmetterten: Ostraka, beschriebene Keramikscherben, wurden beim Palast gefunden. Zuerst dachte man, sie stammten aus Ahabs Regierungszeit; aber nach einer Überprüfung wurden sie der Regierungszeit von Jerobeam II. zugeschrieben.[5] Nun aber muss gemäss den Ausgräbern das Fundament des Ostraka-Hauses (das die beschriebenen Scherben enthielt) "vor der Errichtung des Osorkon-Hauses (so genannt wegen des in seinen Ruinen gefundenen Kruges) zerstört worden sein".[6] Es folgt, dass die Keramikscherben aus einer früheren Zeit stammten als der Osorkon-Krug, beziehungsweise bevor dieser abgestellt wurde; und dass der Krug, wenn er überhaupt etwas zu beweisen vermag, höchstens zeigt, dass Osorkon nach Jerobeam II. gelebt hat und nicht zur Zeit Ahabs. Trotzdem lesen wir im-

---

1 Reisner, Fisher und Lyon: *Harvard Excavations at Samaria*, Vol. 1, S. 377.

2 Ebenda, S. 247.

3 Es wurden Zweifel an dieser Identifikation ausgedrückt, denn die Bibel verweist auf Serach als einen Äthiopier, während Osorkon ein Libyer war. G. Maspero (*The Struggle of the Nations*, S. 774, Fussnote) bemerkt: "Champollion identifizierte Osorkon I. mit Serach, der gemäss II Chronik 14:9-15; 16:8 nach Juda eindrang. Aber das hat keinen historischen Wert, denn es ist klar, dass Osorkon nie den Isthmus (von Suez) überquerte."

4 *Vom Exodus bis König Echnaton*, Kapitel 5.

5 Albright: *Archaeology and the Religion of Israel*, S. 41; idem in: *Ancient Near Eastern Texts*, ed. Pritchard, S. 321.

6 Reisner, Fisher und Lyon: *Harvard Excavations at Samaria*, S. 131.

mer wieder, der Krug mit den Siegelprägungen von Osorkon II. bewiese, Ahab und Osorkon seien Zeitgenossen gewesen.[1]

So erkennen wir, wie den in Palästina – und andernorts – gefundenen Skarabäen regelmässig mit einer Vielfalt von Vorwänden der chronologische Wert abgesprochen wird – und wie einige wenige, deutlich widerlegbare Fälle eine repräsentative Rolle zur Bestätigung konventioneller Ansichten spielen müssen. Und doch ist der Wert von Skarabäen für chronologische Zwecke fast einzigartig; er unterscheidet sich nicht vom chronologischen Wert der Münzen mit dem Namen der Könige, unter welchen sie geprägt wurden, wenn sie nach Jahrhunderten in einem Hort oder Versteck von den Ausgräbern wiederentdeckt werden.

Rückblick

Am Anfang dieses Bandes hob sich der Vorhang über dem Land eines kleinen und uralten Volkes, das sich unter der Leitung seines Propheten und der Führung seines Königs rüstete, mit einem Heer das Vordringen eines der mächtigsten und sicherlich pompösesten aller ägyptischen Pharaonen aufzuhalten, dessen Ziel es war, sich an der Aufteilung des assyrischen Weltreiches zu beteiligen. Nur kurz zuvor war Ninive, die Hauptstadt Assyriens, unter dem Ansturm der verbündeten Truppen der Chaldäer, Meder und Skythen gefallen. In einer gemalten Szene aus dem Palast von Ramses II. erkannten wir den von einem Wurfspeer zu Tode getroffenen König von Juda, Josia.

Drei Jahre danach fand am Ufer des Euphrat zwischen den ägyptischen und chaldäischen Heeren eine Schlacht statt. Die hieroglyphische Beschreibung dieser Schlacht und ihre Schilderung auf Wandgemälden wurde mit den Erzählungen in den Büchern von Jeremia, II Könige und II Chronik verglichen. Die Struktur des ägyptischen Heeres, der Verlauf und der Ausgang der Schlacht, der Eindruck, den sie auf die Völker des Mittleren Ostens machte – alles wird von den ägyptischen und hebräischen Quellen glei-

[1] "La date des ostraca de Samarie est fixée par les circonstances de la trouvaille et cette date est confirmée par la présence dans les mêmes débris de fragments d'une vase au nom d'Osorkon II (874-853), contemporain d'Achab." R. Dussaud: »Samarie au temps d'Achab«, *Syria*, VI (1925). Im Vergleich mit dem Bericht der Ausgräber ist diese Erklärung nicht präzise. Jack: *Samaria in Ahab's Time*, S. 41, sagt ebenfalls, dass Osorkons Krug "in den gleichen Trümmern" wie die Ostraka gefunden wurde.

chermassen reflektiert. Die Rekonstruktionsarbeit ermöglichte uns, das Kadesch der ägyptischen Quellen in Karkemisch zu lokalisieren, im Norden von Arima und Bab, wo zwei Divisionen zauderten und sich dann hastig gen Ägypten zurückzogen. Tell Nebi Mend spielt nicht die Rolle eines Pseudo-Kadesch, sondern ist als Ribla erkannt worden: Es ist die von Sethos dem Grossen, dem Vater von Ramses II., erbaute Festung und der Schauplatz tragischer Ereignisse im Leben der jüdischen Könige, wie es in den Schriften beschrieben wird.

Kein Wunder, dass die falsche Ausrichtung der ägyptischen Geschichte mit der Geschichte von Juda und der des chaldäischen Königreichs in der Geschichtsschreibung unermesslichen Schaden anrichtete und endlose Verworrenheit hervorrief. Ob das Grab Ahirams im 13. Jahrhundert, der für Ramses II. angenommenen Zeit, errichtet wurde oder am Ende des 7. Jahrhunderts, hängt davon ab, ob ägyptische Objekte oder solche aus anderen Ländern als Indizien für die Bauzeit des Grabes beachtet werden. Generationenlange Debatten vermochten nicht das Problem zu lösen.

Entstand mit dem Goldgrab von Karkemisch nicht dasselbe Problem, dieses Mal wegen der konkurrierenden Zeugnisse aus den Grabungshorizonten und wegen des Schmucks, den Miniaturkopien der Felsenreliefs in Yazilikaya an der Peripherie der Hauptstadt des "Hethiterreiches"? Die Reliefs von Yazilikaya sollen zuerst im 7. Jahrhundert entstanden sein, um dann wegen der Archivfunde in Bogazköi mit der babylonischen Version des mit Ramses II. unterzeichneten Vertrages in das 13. Jahrhundert zurückdatiert zu werden.

Die Existenz des "Hethiterreiches" ist zunächst auf Grund von Monumenten mit Bilderschriftzeichen erdacht worden, die in Kleinasien und Nordsyrien gefunden wurden – vor allem in Gebieten, die zufolge griechischer Autoren von Chaldäern bewohnt waren. Sie schien durch die in Bogazköi entdeckten Archive aufs Wunderbare bestätigt zu werden. Doch mit jedem vergehenden Jahr türmten sich neue archäologische Schwierigkeiten auf, bis – fast selbstzüchtigend – zugegeben wurde, das die hethitische Frage unlösbar sei; und keine Ausbesserungsversuche – so ausgeklügelt sie auch sein mochten – konnten daran etwas ändern. Die "Hethiter"- Reste in Syrien wurden fünf bis sieben Jahrhunderte jünger datiert als die Überbleibsel in Anatolien, und syro-hethitische Königreiche wurden postuliert – dies weil ihre Denkmäler über den Monumenten der spätassyrischen Könige (Marasch) gefunden wurden oder weil ihre piktographischen Inschriften Paralleltexte wiederum aus dieser spätassyrischen Zeit aufweisen (Karatepe).

Auch in Anatolien kam die seltsamste Stratigraphie ans Licht. Die Erforscher von Bogazköi entschieden, der Stratigraphie und der Schichtenfolge, in welcher die Funde gemacht wurden, keine Bedeutung beizumessen. Aber der Ausgräber von Alisar fand, dass die Relikte des "Hethiterreiches" nur in phrygischen oder nachphrygischen – nie in vorphrygischen – Schichten auftreten, und der Ausgräber von Gordion, der kurzlebigen Hauptstadt der Phryger, löste seine Schwierigkeiten, indem er bemerkenswerterweise ersann, dass die Perser, die das Land -546 besetzten, Lehm und Erde mit den Relikten des längst vergangenen "Hethiterreiches" quer durch das Gelände des heutigen Ankara über Flüsse und Berge transportierten und dieses Material gleichmässig über die phrygische Hauptstadt verteilten, so dass die phrygischen Andenken rechtmässig unter den zahllosen Relikten des hethitischen Reiches liegen anstatt in einer Schicht darüber. Altertümer vorgeblich des 15. bis 13. Jahrhunderts lagen so über Altertümern des Königreiches, das -687 mit dem Durchzug der Kimmerier zu Ende ging. Doch dann wieder gibt es keinerlei Lebenszeichen für die Zeit von -678 bis -546 – eine weitere, von dem Ausgräber erkannte Komplikation; er traute sich aber nicht, die Theorie anzubieten, dass die Perser diese 140 Jahre alte Schicht an einen anderen Ort transportierten, um sie durch eine fremde Schicht zu ersetzen.

Es gibt eine unbeachtet gebliebene Warnung von Ekrem Akurgal, einem türkischen Archäologen, der die Weiten Kleinasiens vergeblich nach irgendwelchen Zeichen der Besiedlung zwischen -1200, der vermeintlichen Endzeit des Hethiterreiches, und -750 abgesucht hat und nichts dabei fand. Sollte eine solche Warnung – ausdrücklich vorgebracht und wiederholt – nicht gehört werden? Und griechische Autoren von Homer bis zu Herodot und Strabon, sie alle Einheimische Kleinasiens, sie alle Schilderer der vielen Rassen Kleinasiens, haben nie von den Hethitern gehört; und Xenophon, der das Gebiet durchquerte, traf wie Herodot vor ihm nie auf die Hethiter, sondern beschrieb das Land, wo ihre Monumente gefunden wurden, als dasjenige der Chaldäer. Und wie kommt es, dass der Brauch, auf in Rollen aufbewahrte Bleistreifen zu schreiben, sowohl von den "Hethitern" als auch von griechischen Kaufleuten praktiziert wurde, von den letzteren im 3. und 2. Jahrhundert vor unserer Zeitrechnung? Und warum weisen griechische Skulpturen mit persischen Motiven aus Arslantepe hethitische

Zeichen auf? Oder, noch besser, warum sollten Münzen der kommagenischen Könige vom Westufer des Euphrats mit "hethitischen" Königstiteln geprägt werden – und das zur Zeit des römischen Kaisers Vespasian, als das "Hethiterreich" vorgeblich schon 13 Jahrhunderte lang tot war und weder Grieche noch Römer je von dieser Rasse gehört hatte? Aber die Chaldäer – wie römische und griechische Autoren bezeugen – waren noch immer in Kommagene und in Kleinasien wohnhaft, bis mindestens ins 1. Jahrhundert unserer Zeitrechnung.

Diese und viele andere, gleichermassen verblüffende Tatsachen veranlassen uns, die Annalen des Hethiterreiches mit grosser Vorsicht und mit einiger Vorauseinschätzung in Bezug auf die Identität ihrer Autoren zu lesen. Die Frage: Wo befinden sich die Kriegsannalen der chaldäischen Könige des neubabylonischen Reiches und vor allem diejenigen Nebukadnezars? – eine Frage, die seit dem Lesen der von den assyrischen Königen geschriebenen Kriegsannalen immer wieder gestellt wurde – nähert sich ihrer Lösung. Ich habe einen Vergleich zwischen den Annalen mehrerer aufeinanderfolgender "Hethiter"- Könige mit dem angeboten, was uns über das Leben und die Kriege von drei aufeinanderfolgenden Chaldäerkönigen bekannt ist, und den kämpferischen und ehrlichen Bericht des Königs, den ich als das alter ego von Nabopolassar identifizierte, prüfend dem gegenübergestellt, was wir sowohl aus griechischen als auch von unter den Persern verfassten Keilschriftchroniken wissen. Ich habe ebenfalls die Autobiographie des Gegners von Ramses II. mit dem verglichen, was wir über Nebukadnezar aus seinen Bautexten, den Schriften und von griechisch schreibenden Autoren wissen. Die Ähnlichkeiten, ja Identitäten, zwischen Personen, Tatsachen und Ereignissen sind derart ausgeprägt, dass ich mir die Kühnheit gestattet habe, zunächst diese Dokumente aus dem königlichen Archiv des Vergessenen Reiches zu behandeln; erst danach habe ich vor dem Leser das Panorama der zahllosen archäologischen Sackgassen ausgebreitet, an die ich den Leser mit diesem abschliessenden Abschnitt zum Teil erinnert habe.

Im letzten Kapitel dieses Bandes nahm ich den Faden des Ereignisablaufes auf dem Schauplatz des Mittleren Ostens nach dem Abschluss des Friedensvertrages zwischen dem ägyptischen und dem chaldäischen Monarchen wieder auf. Der Besuch des "Hethiter"- Königs in Ägypten, wohin er seine ältere Tochter als zukünftige Königin seines ehemaligen Gegners brachte, gab uns die Möglichkeit zum Vergleich der Ähnlichkeit, die zwischen dem im Auftrag von Ramses II. gefertigten Abbild des "Hethiter"-Königs und dem Porträt besteht, das Nebukadnezar auf einen Felsen in Nordsyrien einmeisseln liess.

In Daphne-Tachpanches baute Nebukadnezar seinen Prachthimmel auf, wie es Jeremia prophezeite; aber der Prophet irrte – dieses Mal kam der Chaldäer nicht, um zu erobern, sondern zur Vermählung seiner Tochter mit Ramses II. Die ofengebrannten Ziegel in Daphne, von denen Jeremia spricht, wurden von Archäologen ausgegraben und in die Zeit von Ramses II. datiert. Gleichermassen wurden praktisch identische Brandziegel in Babylon gefunden, wo sie zum Bau von Nebukadnezars Palast verwendet wurden.

Merenptah, dessen Eigenname sich Hophrama'e liest, war Pharao Hophra der Schriften, und die Israel-Stele mit der vorgeblich ersten historischen Erwähnung Israels ist kein Hinweis auf den Exodus aus Ägypten, sondern ein Echo der Klagen Jeremias mit identischen Ausdrücken, ja sogar Sätzen. Es war die Zeit des Exils.

Die libysche Kampagne Merenptahs endete für den Pharao tragisch: Sie war das Ergebnis seiner Verwicklung in die Affairen Cyrenaicas, wohin die Griechen auf Geheiss des pythischen Orakels strömten, und die ausgleichende Gerechtigkeit – wenn es dergleichen in der Geschichte geben sollte – traf das Haus von Ramses nicht durch die Chaldäer, sondern durch die Libyer. Amasis, der als nächster den Thron bestieg, lebte von dem König, den er absetzte, nicht um 700 Jahre getrennt — er hielt ihn als Gefangenen in seinem Palast fest bis zu dem Tag, da er ihn dem Pöbel auslieferte.

Es ist ein wenig überraschend, dass Solon Ägypten besuchte, als Ramses II. auf dem Thron sass. Aber die Geschichte ist überraschend, und das ist einer ihrer Zauber.

Anhang

Die Fallgruben der Radiokarbonmethode

Als W. F. Libby 1952 seine neue Radiokarbonmethode zur Altersberechnung von organischen Stoffen vorstellte – d. h. zur Kalkulation der Zeit, die seit dem Eintreten des Todes einer Pflanze oder eines Tieres verflossen ist –, war er sich der Grenzen der Methode sowie der Bedingungen, unter denen ihre theoretischen Werte stichhaltig sein würden, sehr wohl bewusst:

A. Von den drei Speichern, in denen sich das radioaktive Kohlenstoffisotop ^{14}C auf der Erde ansammelt – der Atmosphäre, Biosphäre und Hydrosphäre – ist letzterer der grösste: die Ozeane mit ihren Meeren. Die Genauigkeit der Methode ist weitgehend von der Voraussetzung abhängig, dass sich während der letzten vierzig- oder fünfzigtausend Jahre die Wassermenge in der Hydrosphäre (und das dorthin gelangte ^{14}C) nicht massgeblich verändert hat.

B. Die Methode ist ausserdem davon abhängig, dass während der gleichen Periode die von den Sternen und der Sonne zuströmende Höhenstrahlung keiner wesentlichen Veränderung unterworfen war.

Um die Tauglichkeit der Methode zu überprüfen, bevor sie auf alle möglichen historischen und paläontologischen Stoffe angewendet wurde, wählte Libby Material aus der ägyptischen Archäologie: Er war der Meinung, dass kein anderes mehr als 2000 Jahre altes Material so gut gesicherte absolute chronologische Daten aufwies. Als Objekte aus dem Alten und Mittleren Reich Ägyptens C-14-Daten lieferten, die mit den historisch ermittelten Daten einigermassen vergleichbar erschienen, veröffentlichte Libby seine Methode.

Die Methode schien zunächst zu funktionieren, wenn für den Anfang hohe Fehlerquoten in Rechnung gestellt wurden und alles andere, das mit den Erwartungen nicht übereinstimmte, als "verseucht" eingestuft wurde:

Die Methode wurde als vollkommen verlässlich gerühmt – so wie die Atomuhr verlässlich sei – und niemand bezweifelte dies.

Aber mit der Verfeinerung der Methode stellten sich ziemlich regelmässig auftretende Abweichungen ein. So schien das Alter von Holz, das im 20. Jahrhundert gewachsen war, höher zu liegen als das von solchem aus dem 19. Jahrhundert. Suess erklärte dieses Phänomen damit, dass der gesteigerte industrielle Verbrauch fossilen Kohlenstoffs in Kohle und Öl das Isotopenverhältnis $^{14}C : ^{12}C$ in der Atmosphäre, und damit auch in der Biosphäre, gestört habe. In kommenden Jahrhunderten würde deshalb der Körper eines im 20. Jahrhundert verstorbenen Menschen oder Tieres paradoxerweise ein höheres Alter seit dem Eintritt des Todes anzeigen als der Körper eines Menschen oder Tieres aus dem 19. Jahrhundert; und wenn der industrielle Verbrauch von fossilem – also totem – Kohlenstoff auch zukünftig noch zunimmt, wie erwartet wird, dann setzt sich das Paradox in diesen kommenden Jahrhunderten weiter fort.

Im Lauf der Jahre und weiterer Versuche (Laboratorien gab es bald dutzendweise) begann eine beinahe gleichmässig auftretende Abweichung des Alters von historisch ermittelten Daten die Aufmerksamkeit der Forscher zu erregen. Die C-14-Daten divergieren von den historischen um mehrere Jahrhunderte (oft um 500 bis 700 Jahre); und das, interessanterweise, auffälliger bei ägyptischen Proben als bei den Proben aus den meisten anderen alten Kulturen. Dies veranlasste Libby 1963 zu schreiben: "Die Daten (in der Tabelle) sind in zwei Gruppen aufgeteilt: in eine ägyptische und in eine nichtägyptische. Diese Unterscheidung war notwendig, weil die ganze ägyptische Chronologie ineinander verzahnt und damit die Möglichkeit systematischer Fehler nicht auszuschliessen ist ..." Und weiter: "Mehr als 4000 Jahre zurückliegende ägyptische historische Daten könnten etwas zu alt sein, vielleicht 5 Jahrhunderte zu alt bei 5000 Jahren ..."[1]

Die gemeinsamen Bemühungen mehrerer Forscher führten sie zu der Ansicht, dass eine der von Libby vorausgesetzten Bedingungen für das fehlerlose Funktionieren der Methode historisch nicht aufrechtzuerhalten sei: Es wird behauptet, die Höhenstrahlung sei nicht immer gleichmässig gewesen. Weil sie aber aus vielen Quellen stammt – von denen die Sonne nur eine ist – konnte die Sonnenfleckenaktivität nur in sehr geringem Mass für die Unterschiede in der ^{14}C-Bildung verantwortlich gemacht werden.

[1] *Science, 140, 278.*

Deshalb wurde vorgeschlagen, dass die Magnetosphäre der Erde – die 1958 entdeckt wurde – gelegentlich abgeschwächt wurde, so dass mehr kosmische Strahlen sie durchdringen und mit Stickstoffkernen der äusseren Atmosphäre zusammenstossen konnten, und so ^{14}C erzeugten. Ausserdem wurde behauptet, das Magnetfeld der Erde könnte in den letzten 40.000 Jahren seine Polarität gewechselt haben, ein Phänomen, das anerkannterweise in geologischen Epochen aufgetreten war. Wenn solche Umpolungen nicht blitzschnell vor sich gingen, sondern Tausende von Jahren in Anspruch nähmen, so wäre die Atmosphäre in dieser Zeit nicht von der Höhenstrahlung abgeschirmt gewesen und wesentlich mehr hätte sie erreicht. Indessen enthielt die wissenschaftliche Literatur der letzten Jahrzehnte keinen einzigen Hinweis auf einen, an Objekten von Menschenhand – wie Keramik –, beobachteten Polaritätswechsel, obgleich ein Aufsatz von Manley aus dem Jahr 1949[1] über die um die Jahrhundertwende von G. Folghereiter an attischer und etruskischer Keramik durchgeführten Untersuchungen berichtete: Er fand, dass die Polarität im 8. Jahrhundert vor unserer Zeitrechnung umgekehrt worden war.

Um das Korrekturmass festzulegen, das die Zuverlässigkeit der C-14-Methode gewährleisten sollte, wurde mit Hilfe der Dendrochronologie ein Kontrollverfahren für C-14-Daten anhand der Ausbildung von Baumringen des langlebigsten Baumes, der Bristlecone Pine (Sequoia) in Kalifornien, eingeführt. Die C-14-Forscher fanden an dieser Methode Gefallen. Aber es ist nicht ungewöhnlich, dass in einem einzigen Jahr drei oder vier Ringe ausgeformt werden, besonders wenn der Baum an einem Hang wächst, wo der Boden mehrere Male im Jahr wegen des rapiden Wasserabflusses nass und dann wieder trocken wird.[2] Und ganz gewiss kann die Errichtung von Baum-"Leitern", d. h. die Übertragung der Ringzählung von einem Baum zur Fortsetzung an einem anderen Baum, zu falschen Schlussfolgerungen führen; ein und dasselbe Jahr kann in Südkalifornien trocken und im nördlichen Teil des Staates nass sein.

Untersuchen wir nun im Licht der Erforschung kosmischer Katastrophen die Korrektiven, die aus unserer Sicht in die C-14-Methode einzufügen sind. Bewerten müssen wir auch die grundsätzliche Abhängigkeit von der orthodoxen Chronologie Ägyptens, die, wie wir sehen werden, beendet werden muss.

---

[1] *Science News,* Penguin Publications.
[2] Glueck *et al.*: *Botanical Review, 7,* 649-713; und *21,* 245-365.

Soweit meine Forschung die C-14-Datierungsmethode berührt, möchte ich die Erkenntnisse über die Naturereignisse (*Welten im Zusammenstoss, Erde im Aufruhr*) von den Erkenntnissen über die wahre Chronologie Ägyptens und der Alten Welt im allgemeinen (*Zeitalter im Chaos*) trennen.

Libbys Entdeckungen, die 1952 veröffentlicht wurden, unterstützten unmittelbar, und bestätigten sogar, drei voneinander unabhängige Schlussfolgerungen meiner Untersuchungen über Naturereignisse der Vergangenheit. In *Welten im Zusammenstoss* machte ich geltend, dass die Zeit seit der letzten Vereisung drastisch zu reduzieren sei: die 1950 als gültig angenommene Zahl – als *Welten im Zusammenstoss* veröffentlicht wurde – betrug immer noch 35.000 Jahre, wie sie von Lyell 100 Jahre früher vorgeschlagen worden war. Libby fand (und ich zitiere Frederick Johnson, der am Buch *Radiocarbon Dating* beteiligt war), dass "das Vordringen des Eises vor ungefähr 11.000 Jahren erfolgte ... früher war dieses Maximum des Vordringens vor ungefähr 25.000 Jahren angenommen worden" – eigentlich sind es 35.000 Jahre, wenn man die Literatur jener Zeit nachschlägt. Einige Jahre später fanden Rubin und Suess vom Geological Survey der USA, dass – wie ich ebenfalls geltend gemacht hatte – ein neuerliches Vordringen des Eises vor nur 3500 Jahren stattgefunden hatte.

Die zweite Bestätigung betraf das Alter des Erdöls. 1950 war im *American Journal of Science* eine Rezension des Yale-Geologen und Redaktionsmitgliedes Longwell erschienen, die meine gesamte Theorie aufgrund der Überlegung ablehnte, dass Erdöl nie in jungen Gesteinsformationen gefunden würde, da es jahrmillionenalt sei. Eine ähnliche Kritik wurde im Artikel des Astronomen Edmondson geäussert, der den Indiana University-Geologen J. B. Patton zitierte. Eine der frühen C-14-Datierungen von Erdöl und erdölhaltigen Formationen auf dem Land und in der See im Bereich des Golfs von Mexiko stammte von P. V. Smith von den Esso-Forschungslaboratorien. Die "überraschende" Tatsache war, dass das Öl dort in jungen Sedimenten gefunden und "*innerhalb* der letzten 9200 Jahre abgelagert wurde" (Hervorhebungen von mir).

Eigentlich hatte ich Libby gefragt, ob er dafür sorgen könnte, dass Erdöl untersucht würde. Er lenkte dann meine Aufmerksamkeit auf die Arbeit von Smith.

Die dritte Bestätigung betraf ebenfalls eine der wichtigen Schlussfolgerungen in *Welten im Zusammenstoss*. Zu dem oben erwähnten Artikel von Longwell trug auch ein Mexikologe bei: Professor George Kubler aus Yale betonte, ich hätte gewisse Traditionen aus mittelamerikanischen Überlieferungen auf Ereignisse vor unserer Zeitrechnung bezogen. Kubler bestand darauf, dass diese Überlieferungen nicht aus der Zeit vom 8. bis 4. vorchristlichen Jahrhundert stammen konnten, sondern eher in der Zeit vom 4. bis 8. nachchristlichen Jahrhundert entstanden seien. Aber im Dezember 1956 liess die National Geographic Society in Verbindung mit der Smithsonian Institution verlauten, die Ausgrabungen in La Venta hätten durch C-14-Datierung nachgewiesen, dass die klassische Periode der mittelamerikanischen Zivilisationen (Olmeken, Tolteken, Mayas usw.) um volle 1000 Jahre zurückdatiert und der Zeit vom 4. bis 8. Jahrhundert vor unserer Zeitrechnung zugeschrieben werden müsste.

Mit diesen drei Bestätigungen (Ende der Eiszeit, Zeit der Erdölablagerung, Zeit der klassischen Periode der mittelamerikanischen Zivilisationen) fand *Welten im Zusammenstoss* sehr substantielle Bekräftigung.

Aber ich könnte und sollte mich mit dieser Unterstützung nicht zufrieden geben, ohne meinerseits darzulegen, wo die Schwierigkeiten und Fallgruben der Methode verborgen sind.

Die in *Welten im Zusammenstoss* rekonstruierten kataklystischen Ereignisse und auch jene, die sich vor dem Zusammenbruch des Mittleren Reiches zugetragen hatten, mussten die C-14-Ergebnisse beeinträchtigen, wobei einige dieser Auswirkungen organisches Leben älter, andere wieder jünger erscheinen lassen.

Ausbrüche kosmischer Strahlung und elektrischer Entladungen in interplanetarem Massstab würden zu einer Anreicherung von ^{14}C in Organismen führen, die die Katastrophe überlebten, und damit würden sie ein bedeutend jüngeres, näher an unserer Zeit liegendes C-14-Alter aufweisen. Wenn aber die Durchdringung der Erdatmosphäre mit "totem" (nicht radioaktivem) ^{12}C-Kohlenstoff aus Vulkanausbrüchen, Meteoritenstaub oder aus der Verbrennung von Öl, Kohle oder jahrhundertealten Wäldern überwiegen würde, dann würde das veränderte Isotopenverhältnis alle in den folgenden Jahrzehnten abgestorbenen Organismen viel älter erscheinen lassen. Somit muss in jedem einzelnen Fall die Gegenüberstellung dieser Faktoren über das Ergebnis entscheiden. Mein eigener Eindruck ist, dass im Hinblick auf die Katastrophen des 8. und des beginnenden 7. Jahrhunderts das zweite Phänomen bei weitem stärker zu berücksichtigen ist. Bei den Ereignissen in der Mitte des 15. Jahrhunderts vor unserer Zeitrechnung waren beide Phänomene sehr ausgeprägt, aber das brennende Petroleum muss zusammen mit dem Auswurf aller zugleich tätigen Vulkane und zusammen mit der Asche des beinahe kollidierenden Protoplaneten den ausserordentlich verstärkten Zustrom von Höhenstrahlung (die auch aus interplanetarischen Entladungen entstand) überwogen haben. Allerdings muss während der Katastrophe der Sintflut, die ich der Explosion des Saturn als Nova zuschreibe, die Höhenstrahlung so ausgeprägt gewesen sein, dass dadurch unter allen Arten des Lebens massive Mutationen verursacht wurden; und dementsprechend muss diese Strahlung auch die C-14-Uhr verändert haben, so dass mit Sicherheit das nachfolgende Leben sehr viel jünger als historisch richtig erscheint, wenn es heute der C-14-Datierung unterworfen wird. Ich bin nicht in der Lage, das Jahrhundert oder auch nur das Jahrtausend zu nennen, in dem die Sintflut hereinbrach; aber sie muss vor 5000 bis 10.000 Jahren stattgefunden haben, wahrscheinlich näher an der zweiten Zahl.

Die Sintflut vergrösserte auch die Wassermenge oder Hydrosphäre der Erde, und wenn wir einigen Anhaltspunkten glauben dürfen, so entstand zum Teil bei der Sintflut der Atlantik (das "Meer des Kronos" der Alten). Es ist durchaus möglich, dass der Wasservorrat der Erde in diesem einen Kataklysmus mehr als verdoppelt wurde.

So sind die beiden von Libby vorausgesetzten Bedingungen (konstant bleibende Höhenstrahlung und konstant bleibende Wassermenge in der Hydrosphäre) verletzt worden, aber beide Störungen sind wegen der Befolgung uniformistischer Dogmen unberücksichtigt geblieben. Zurück bleibt eine Methode, bei der die von ihrem Erfinder zum Ausdruck gebrachten Warnungen von den Forschern nicht beachtet werden.

Die nachhaltige Bemühung der C-14-Forscher, in der ägyptischen Chronologie Unterstützung zu finden – und ihr Verlass auf diese Chronologie – ist ein fundamentaler Fehler. Wie ich in *Zeitalter im Chaos* aufzuzeigen versuche, ist die ägyptische Chronologie grundsätzlich falsch. In einem Brief vom 7. Oktober 1953 lenkte ich Libbys Aufmerksamkeit auf diese Tatsache und sandte ihm den ersten Band von *Zeitalter im Chaos*; seine Antwort war, dass er in Alter Geschichte über gar keine Kenntnisse verfüge. So verliess er sich weiterhin auf das, was unverlässlich war. Er kann dafür nicht zur Verantwortung gezogen werden, denn in den Kreisen der Historiker ist die konventionelle Chronologie sowohl im absoluten wie auch im vergleichenden Sinn von Datierungen immer noch massgebend – letzteres bedeutet, dass die mykenische oder minoische Kultur keine eigenständige absolute Chronologie haben, sondern im Zusammenhang mit der ägyptischen Vergangenheit datiert werden; aber daraus folgt, dass – wenn die ägyptischen Datierungen falsch sind – auch die minoischen und mykenischen Daten nicht stimmen.

Hier folgen einige Zahlen, die das Ausmass der Fehler in der ägyptischen Chronologie sichtbar machen: Das Ende des Mittleren Reiches, in der akzeptierten Chronologie auf -1780 festgelegt, fällt effektiv auf ca. -1450 – ein Unterschied von über 200 Jahren; die darauf folgende Hyksosperiode dauerte nicht 100 Jahre, sondern über 400 Jahre in direkter Übereinstimmung mit den alten ägyptischen (Manetho) und hebräischen (*Zeitalter im Chaos*, Band I, *Vom Exodus bis König Echnaton,* Kapitel 2) Quellen; der Beginn der 18. Dynastie (des Neuen Reiches) fällt nicht auf -1580, sondern auf ca. -1020 – über 500 Jahre Unterschied; Thutmosis III. gehört in den zweiten Teil des 10. Jahrhunderts, nicht in den ersten Teil des 15.; Echnaton gehört nicht in die erste Hälfte des 14., sondern in die Mitte des 9. Jahrhunderts. Im einzelnen zeigte ich in Band 1 von *Zeitalter im Chaos*, dass während der gesamten von der 18. Dynastie eingenommenen Periode ein Fehler von ca. 540 Jahren auftritt.

Sogar noch gewichtiger ist, dass die Dynastie von Sethos dem Grossen und Ramses II. – die 19. Dynastie genannt – nicht auf die 18. Dynastie folgte; die Libyer (22. und 23. Dynastie) und die Äthiopen (24. Dynastie) liegen dazwischen. Die libysche Dynastie der Schoschenks und Osorkons regierte nur 100 statt 200 Jahre; und nur die äthiopische Dynastie behält ihren konventionellen Platz in der ägyptischen Geschichte. Im Verlauf der 19. Dynastie erreicht der Fehler in der akzeptierten ägyptischen Chronologie die hohe Zahl von über 700 Jahren; und in Verkettung damit ist auch das sogenannte Hethiterreich gleichermassen um über 700 Jahre falsch angesetzt — in dieser Beziehung liegt die C-14-Datierung der "Hethiter"-Festung Alisar III um 800 Jahre später, als es die konventionelle Chronologie vorsieht, nahezu richtig.[1] Schliesslich ist die 20. Dynastie — diejenige von Ramses III. und seinen Widersachern – *Die Seevölker* – um volle 800 Jahre näher an unsere Zeit heranzurücken, nur wenige Jahrzehnte vor die Zeit Alexanders von Makedonien. Die 21. Dynastie begann unter den Perserkönigen, bestand gleichzeitig – als ihre Herrscher in den libyschen Oasen regierten – mit der 20. Dynastie und reichte bis zum zweiten Ptolemäer.

---

[1] *Radiocarbon Dating*, 1952.

Wenn nun die historische Grundlage für C-14-Studien derart versagt, dann müssen manche Schlussfolgerung und viele unveröffentlicht gebliebenen Daten neu beurteilt werden. Durch Korrespondenz, die beim Metropolitan Museum of Art ihren Ursprung hatte, kam ich zu dem Schluss, dass Libby, als er zum ersten Mal nach Proben fragte, nicht nur solche aus dem Mittleren und aus dem Alten Reich erhielt, sondern auch aus dem Neuen Reich – aber von diesen frühen Versuchen an Proben des Neuen Reiches wurde niemals etwas veröffentlicht. Eine ähnliche Situation ergab sich im Zusammenhang mit Proben von kurzlebigen organischen Stoffen aus dem Grab Tutanchamuns, die vor nicht allzu langer Zeit getestet wurden.

Nach vielen Bemühungen (1952 bis 1963), das Neue Reich systematisch testen zu lassen, gelang es mir, vom Laboratoriumsdirektor des Kairo-Museums drei kleine Stücke Holz aus Tutanchamuns Grab zu erhalten, die von Frau Ilse Fuhr direkt an Dr. Elizabeth Ralph am University of Philadelphia Laboratory geschickt wurden. Zwei der Stücke stammten von dem relativ kurzlebigen Dornengewächs Spina Christi, das andere von der langlebigen Libanonzeder. Die drei kleinen Stücke wurden gemeinsam getestet, da für einen Versuch ca. 30 Gramm benötigt werden. Das Ergebnis war -1120 ± 52 (oder, nach Libbys Halbwertszeit für ^{14}C: -1030 ± 50). Nach der akzeptierten Chronologie starb aber Tutanchamun im Jahr -1350; nach meiner Rekonstruktion wurde er -830 begraben. Laut Dr. Iskander Hanna vom Kairo Museum ist das Holz, bevor es für Grabausstattungen verwendet wurde, 30 bis 50 Jahre lang getrocknet worden. Die Libanonzeder wäre nicht als Schössling gefällt worden – der Baum kann ein Alter von über tausend Jahren erreichen. Das Muster konnte vom inneren Teil eines Stammes kommen. Dr. E. Ralph bestätigte mir am 5. März 1964, dass Baumringe bei der C-14-Datierung das Datum ihrer Ausbildung zeigen, nicht das Jahr, in dem der Baum gefällt wurde. Ich schrieb ihr am 2. März 1964 über meine Ansicht, dass, wenn kurzlebiges Material aus dem Grab Tutanchamuns (wie Samen, Papyrus, Leinen oder Baumwolle) den Tests unterworfen würde, das Ergebnis sehr wahrscheinlich “ca. -840” betragen dürfte.

Im Frühjahr 1971, also sieben Jahre später, prüfte das British Museum Palmenkerne und Mattenhalme aus dem Grab von Tutanchamun. Die Ergebnisse wiesen nach Dr. Edwards, dem Kustos der ägyptischen Abteilung am British Museum, auf -899, resp. -846. Diese Resultate wurden *nie* veröffentlicht.[1]

Diese einschlägigen Beispiele veranlassen mich zum Aufruf, *alle* Versuche, ohne Rücksicht darauf, um wie viel ihre Resultate von akzeptierten chronologischen Daten abweichen, zu veröffentlichen. Auch ist es meine Ansicht, dass die Wissbegierde der Angestellten des British Museum Laboratory dazu hätte führen müssen, weiteres Material aus dem Grab Tutanchamuns anzufordern, statt die Versuche einzustellen – in der Annahme, das geprüfte Material sei verseucht. Das Grab von Tutanchamun wurde, seit der Zeit kurz nach seiner Bestattung, nicht mehr geöffnet. Es ist trocken – weder durch die Decke noch durch die Mauern ist Wasser eingesickert.

Ein anderer Weg, den scharfen Widerspruch zwischen akzeptierter Chronologie und Testresultaten zu entschärfen, wird von Eddi Schorr beschrieben.[2] Zwar ist in diesem Beispiel nichts mit Absicht verschwiegen worden, aber es wurden zwei verschiedene Betrachtungsweisen angewendet.

In ein- und demselben Jahr prüfte das Pennsylvania Laboratory Holz aus einem Königsgrab in Gordion, der Hauptstadt des nur kurze Zeit existierenden phrygischen Königreiches in Kleinasien sowie aus dem Palast des Nestor in Pylos, im Südwesten Griechenlands. Das Ergebnis von Gordion war -1100; dasjenige aus Pylos -1200. Nach der akzeptierten Chronologie indessen hätte die Differenz nahezu 500 Jahre betragen müssen – der Zeitraum von -1200 für Pylos am Ende des mykenischen Zeitalters lag zwar ganz im Rahmen, aber für Gordion hätte das Ergebnis in die Nähe von -700 weisen müssen. Dr. Ralph präsentierte die Lösung für Gordion. Die Balken aus dem Grab waren vierkantig zugeschnitten, und die verbliebenen inneren Ringe konnten – als der Baum gefällt wurde – gut und gerne 400 bis 500 Jahre alt gewesen sein. Aber die Beschreibung des getesteten Holzes aus Pylos verrät, dass es ebenfalls aus Vierkantbalken stammt. Doch hier wurden die Korrektive nicht angewendet, weil -1200 das historisch akzeptierte Jahr war. Wie ich indessen im einzelnen in meinem Werk *Das Dunkle Zeitalter Griechenlands* – einem Band der Reihe *Zeitalter im Chaos* – nachzuweisen versuche, gab es zwischen dem myke-

[1] In der Ausgabe vom Mai 1972 von *Pensée* nahm der Artikel »A Record of Success« schon Bezug auf diese Daten, die Proben Nr. BM-658 und BM-659. Daraus entstand ein Briefwechsel, der damit endete, dass das British Museum plötzlich generell bestritt, Material aus Tutanchamuns Grab überhaupt untersucht zu haben (der Briefwechsel ist abgedruckt in *Pensée*, IV:1, 19).

[2] *Pensée* III:2, 26: »Carbon Dates and Velikovsky's Revision of Ancient History: Samples from Pylos and Gordion.«

nischen Zeitalter und der historischen (ionischen) Zeit in Griechenland nie fünf Jahrhunderte einer Dunklen Epoche. Die Pylos-Balken stammen von -800, die Gordion-Balken aus dem Jahr -700.

Es erhebt sich nun die Frage, wie die C-14-Methode für die Entscheidung zwischen konventioneller Chronologie und revidierter eingesetzt werden kann. Manch ein Leser der veröffentlichten Bände von *Zeitalter im Chaos* – und einige, die Einsicht in das Manuskript von Folgebänden erhielten – wird zugestehen, dass die Rekonstruktion aus einer solchen Vielfalt von Synchronismen und verketteten Episoden aufgebaut ist, dass das Vertrauen in die konventionelle Geschichtsschreibung und die daraus resultierende Kontrolle über die C-14-Datierungen jetzt auf die Rekonstruktion übertragen werden sollte – und diese sollte die Radiokarbontests kontrollieren und nicht von ihnen kontrolliert werden. Aber für weniger überzeugte Leser lässt sich die Methode auch auf zwei andere Arten einsetzen. Für die Periode vor -500 können nur vergleichende Tests gewinnbringend zur Lösung chronologischer Fragen beitragen: König Saul war ein Zeitgenosse der ägyptischen Könige Kamose und Ahmose – er lebte nicht 540 Jahre nach ihnen; in ähnlicher Weise war König Salomon ein Zeitgenosse der Königin Hatschepsut und Thutmosis III. lebte zur Zeit von Rehabeam in Juda und von Jerobeam der Zehn Stämme; und Amenophis II. war Zeitgenosse von König Asa; Amenophis III. von Omri und Ahab; Echnaton ebenfalls von Ahab aus Samaria und von Josaphat in Jerusalem sowie von Salmanassar III. aus Assyrien. Wenn wir daher Material aus zwei Gebieten vergleichen können, das in meiner Rekonstruktion zeitgenössisch ist, in der konventionell geschriebenen Geschichte aber 540 Jahre auseinander liegt, so können wir die C-14-Antwort darauf erhalten, welche Zeittafel die richtige und welche die falsche ist. Der Elfenbeinhort von Salmanassar III. bei Nimrud und das Elfenbein aus Tutanchamuns Grab müssen sehr nahe beieinanderliegende Daten ergeben.

Für die Periode, die um 200 Jahre vom letzten kosmischen Ereignis, das unseren Planeten berührte (-687), getrennt ist (also für die Zeit nach -500), können wir die Tests ohne Rückgriff auf Vergleiche mit zeitgenössischen Proben anstellen. So sind die 20. und die 21. Dynastie – welche in der konventionellen Geschichte die Zeit vom 12. bis zur Mitte des 10. Jahrhunderts belegen, in meiner Rekonstruktion aber von -400 bis -340 (20.), resp. von ca. -450 bis -280 (21.) dauern – perfekte Möglichkeiten für C-14-Versuche.

Wir erkennen jetzt, dass nicht allein die Warnungen, die Libby seiner Methode hinzugefügt hatte, in den Wind geschlagen wurden, sondern dass auch leichtgläubiges Vertrauen in die akzeptierte Version der Alten Geschichte zu vielem Gestolper im Dunkeln, zu mehr und mehr wertlosen Versuchen und in einen Irrgarten von Ergebnissen – mit vielen nicht veröffentlichten Testergebnissen – und von Fehlschlüssen geführt hat. Dies kennzeichnet die ersten Jahrzehnte der Anwendung von Libbys äusserst kluger Methode.

Synchronisierte Zeittafel

Jahr	Ägypten	Juda	Chaldäa
-615			
-610	Ramses II. Alleinherrscher (-609)	Josia im Kampf tödlich verwundet (-608)	Tod von Nabopolassar-Mursilis (-607)
-605	Schlacht von Karkemisch	Jojakim wird König (-608 bis -598)	Regierung von Nergil (Neriglissar I.) - Labasch-Marduk
-600			Nebukadnezar-Hattusilis bemächtigt sich des Throns (ca. -600)
-595			
-590	Vertrag mit Nebukadnezar-Hattusilis (ca. -588)	Zedekia geblendet, Fall von Jerusalem (-587)	Vertrag mit Ramses II.-Necho (Nekos) (ca. -588)
-585		Babylonisches Exil	
-580		Gedalja getötet	
-575	Ramses II. heiratet eine Tochter Nebukadnezars (-577)	Jeremia in Ägypten	Nebukadnezar-Hattusilis besucht Ramses II.
-570	Thronbesteigung von Merenptah-Apries (Hophra) (ca. -569)		
-565		Hesekiel	
-560	Libyscher Krieg von Merenptah-Apries Amasis Pharao Merenptah getötet		Tod von Nebukadnezar Regierung Awil-Marduk
-555			Regierung von Neriglissar II.
-550			Regierung von Labasch-Marduk II. (?)
-545			Kroisos zerstört Bogazköi (-546)
-540			Nabonid und Belsazar (-556 bis -538)
-535		Edikt des Kyros Die ersten Vertriebenen kehren zurück	Kyros erobert Babylon (-538)
-530			
-525	Kambyses erobert Ägypten		

Lydien - Phrygien	**Medien - Persien**	**Griechenland**	**Jahr**
	Regierungszeit von Kyaxares (-634 bis -597)		
Alyattes wird König der Lyder (-617), kämpft gegen Miletos	Kyaxares kämpft in Ninive (-612)	Solon (Athen)	-615
			-610
		Thales (Milet)	-605
			-600
	Astyages wird König von Medien (-594)		-595
			-590
			-585
			-580
			-575
			-570
		Peisistratos	-565
Tod von Alyattes, Kroisos wird König (-560)	Kyros wird König von Persien		-560
			-555
			-550
Kroisos zerstört Hattusa (Bogazköi) Ende des Lydier-Reichs (-546)	Kyros erobert Lydien (-546)		-545
			-540
	Kyros erobert Babylon (-538)	Polykrates von Samos	-535
	Kyros gefallen (-529) Kambyses Großkönig		-530
			-525

Index

(**Hinweis zur Benutzung**: Mit ‘f’ bzw. ‘ff’ bezeichnete Seitenangaben beziehen sich gleichzeitig auf die folgende, bzw. die fortfolgende(n) Seite(n) (also z. B. 15f = 15-16, bzw. 15ff = 15-17 oder 15-18). Solche Stellen enthalten somit meist ausführlichere Abhandlungen des betreffenden Stichworts.)

B

C

D

E

F

G

H

M

Q

R

S

V

W

X

Y

Z

Bibliographie

(**Hinweis zur Benutzung**: Die kursiven Seitenzahlen nach dem "•" bezeichnen die Seiten in diesem Buch, auf denen die jeweilige Quelle erwähnt wird. Die Zitate aus der Bibel sind wegen ihrer grossen Anzahl hier nicht aufgeführt.)

Abulfeda: *Tabulae Syriae* (Leipzig 1786) • *22*

Akurgal, Ekrem: *Die Kunst Anatoliens* (Berlin 1961).• *158*

Akurgal, Ekrem: *Phrygische Kunst* (Ankara 1955) • *154*

Albright, W. F. in *Ancient Near Eastern Texts*, Hrsg. Pritchard • *239*

Albright, W. F.: *Archaeology and the Religion of Israel* (Baltimore 1942) • *239*

Albright, W. F.: *Bulletin of the American Schools of Oriental Research*, LXXIV (1939) • *57*

Albright, W. F.: »Comment on Recently Reviewed Publications«, *Bulletin of the American Schools of Oriental Research,* 105 (1947).• *168*

Albright, W. F.: *Journal of the American Oriental Society*, LXVII, 1947 • *73, 78*

Albright, W. F.: *From the Stone Age to Christianity* (Baltimore 1940) • *177, 233*

Albright, W. F. in *The Aegean and the Near East*, studies presented to Hetty Goldmann • *78*

Albright, W. F.: *The Excavation of Tell Beit Mirsim* (New Haven 1932) • *233*

Aldred, C. in *Akhenaten* (1968) • *209*

Alt, A.: *Zeitschrift der Deutschen Morgenländischen Gesellschaft*, LXXXVI (1933) • *229*

Aubert, L.: »Le Code hittite et l'Ancien Testament«, *Revue d'histoire et de philosophie religieuses*, IV (1924) • *98*

Babylonischer Talmud • *22, 52, 105, 133*

Bakry, H.: »The Discovery of a Temple of Merneptah at On«, *Aegyptus,* LIII (1973) • *195*

Barth, H.: »Versuch einer eingehenden Erklärung der Felssculpturen von Boghaskoei im alten Kappadocien«, *Monatsberichte der Königlichen Preussischen Akademie der Wissenschaften* (Berlin 1859) • *144f*

Bauer, H.: *Der Ursprung des Alphabets* (Leipzig 1937) • *80*

Bengston, Hermann: *The Greeks and the Persians from the Sixth to the Fourth Centuries* (New York 1965) • *141*

Bernstein, S. G.: *König Nebucadnezar von Babel in der jüdischen Tradition* (Berlin 1907) • *125, 128, 140, 181*

Bissing, F. W. von: »Untersuchungen über Zeit und Stil der ›chetitischen‹ Reliefs«, *Archiv für Orientforschung,* VI (1930-1931) • *151*

Bittel, Kurt: *Die Felsbilder von Yazilikaya* (Bamberg 1934) • *151*

Bittel, K. und Güterbock, H.: »Bogazkoy«, *Abhandlungen der Preussischen Akademie der Wissenschaften, Philosophische-historische Klasse,* 1935 (Berlin 1936) • *149ff*

Bittel, Kurt: *Hattusha, Capital of the Hittites* (1970) • *200f*

Bliss, F. J. and Macalister, R. A. S.: *Excavations in Palestine* (1898-1900) (London 1902) • *234f*

Bossert, Helmuth Th.: *Altanatolien* (Berlin 1942) • *167*

Bossert, Helmuth Th.: »Das hethitische Pantheon«, *Archiv für Orientforschung,* VIII (1923-1933) • *151*

Bossert, Helmuth Th.: »Wie lange wurden hethitische Hieroglyphen geschrieben?«, *Die Welt des Orients* (1952) • *175*

Breasted, J. H.: *A History of Egypt* (New York 1905) • *15*

Breasted, J. H.: *Ancient Records of Egypt* (Chicago 1906) • *13, 17, 25, 30, 35f, 39, 60, 63, 181, 190, 195, 197, 214, 225*

Breasted, J. H.: *The Battle of Kadesh* (Chicago 1903) • *23, 39, 41*

Brugsch, H. K.: *Geographische Inschriften altägyptischer Denkmäler* (Leipzig 1857 – 1860) • *22*

Brugsch, H. K.: *Geschichte Ägyptens* • *61*

Buckingham, J. S. in *Travels in Mesopotamia* (London 1827) • *45*

Budge, E. A. W.: *A History of Egypt* (London 1902 – 1904) • *15*

Burchardt, Max: *Die Altkanaanäischen Fremdworte und Eigennamen im Ägyptischen* (Leipzig 1909-1910) • *69*

Caminos, R.: *Late-Egyptian Miscellanies* (Oxford 1954) • *188*

Carpenter, R.: »The Antiquity of the Greek Alphabet«, *American Journal of Archaeology,* XXXVII (1933) • *81f*

Carter, H.: *The Tomb of Tut.ankh.Amen* (London 1923-1933) • *227*

Champollion, J. F.: *Lettres écrites d'Egypte* (Paris 1833) • *21*

Christian, V.: *Archiv für Orientforschung,* IX (1933) • *151*

Conder, Claude R.: »Kadesh«, *Quarterly Statement of the Palestine Exploration Fund,* 1881 • *22, 35*

Contenau, G.: »Ce que nous savons des Hittites«, *Revue historique,* CLXXXVI (1939) • *98*

Crowfoot, J. W. und G. M.: *Early Ivories from Samaria* (London 1938) • *83*

Day, St. John V.: *The Prehistoric Use of Iron and Steel* (London 1877) • *220*

de Garis Davies, N.: *The Tomb of Rehk-mi-re at Thebes* (New York 1943) • *225*

De Rougé: *Œuvres diverses,* Vol. V (Paris 1914) • *69, 91*

Delaporte, Louis: *Die Babylonier, Assyrer, Perser und Phöniker* (Freiburg im Breisgau 1933) • *123*

Delaporte, Louis: *Les Hittites* • *107*

Delaporte, Louis: *Malatya, Fouilles de la Mission Archéologique Française* (Paris 1940) • *166*

Diodor von Sizilien: *Geschichtsbibliothek* (Übers. Wahrmund 1866) • *15, 20, 24, 107, 111, 172, 193, 199, 219*

Diringer, D.: »The Palestinian Inscriptions and the Origin of the Alphabet«, *Journal of the American Oriental Society,* LXIII (März 1943) • *80*

Dougherty, R. P.: *Nabonidus and Belshazzar* (London 1929) • *58, 103, 110f, 133, 172, 178*

Drummond, Alexander: *Travels ... as Far as the Banks of the Euphrates* (London 1754) • *38*

Dunand, M.: *Fouilles de Byblos*, I (1937) • *87*

Dussaud, R.: *Archiv für Orientforschung*, V (1929) • *76*

Dussaud, R.: »Les Inscriptions phéniciennes du tombeau d'Ahiram, roi de Byblos«, *Syria, Revue d'art oriental et d'archéologie*, V (1924) • *74f, 77*

Dussaud, R.: »Samarie au temps d'Achab«, *Syria, Revue d'art oriental et d'archéologie,* VI (1925) • *74, 240*

Dussaud, R.: *Syria, Revue d'art oriental et d'archéologie,* XI (1930) • *79*

Ebert's Reallexikon der Vorgeschichte • *83*

Edel, Elmar: »Der geplante Besuch Hattusilis III. in Ägypten«, *Mitteilungen der Deutschen Orient-Gesellschaft,* 92 (1960) • *181*

Eerdmans, B. D.: *Alttestamentliche Studien* (Giessen 1908) • *189*

Encyclopaedia Britannica (14th ed.) • *95, 172, 220*

Ephräm: *Commentaire sur l'Ecriture Sainte, Opera Omnia*, IV • *44*

Erman, Adolf: »Die Bentresh Stele«, *Zeitschrift für ägyptische Sprache und Altertumskunde,* XXI (1883) • *132*

Erman, Adolf: *Die Literatur der Aegypter* (Leipzig 1923) • *190*

Erman, Adolf: *Life in Ancient Egypt* (London 1894) • *39*

Erman, A. und Blackman, A. M.: *The Literature of the Ancient Egyptians* (London 1927) • *229*

Erman, A., Grapow, H.: *Wörterbuch der ägyptischen Sprache* • *41*

Eusebios: *Kirchengeschichte* • *178*

Faulkner, R. O. in *The Cambridge Ancient History*, II, 2 (1975) • *32, 48, 62*

Federn, Walter: »Dahamunzu (KBo V 6 iii 8)«, *Journal of Cuneiform Studies*, Vol. XIV, No. 1 (April 1960) • *216*

Fisher, C. S.: *The Excavation of Armageddon* (Chicago 1929) • *238*

Forrer, E.: »Die astronomische Festlegung« in *Forschungen*, II (Berlin 1926) • *145*

Forrer, E.: *Geschichtliche Texte aus Boghazkoi II* (Leipzig 1926) • *99*

Forrer, E.: »The Hittites in Palestine«, *Quarterly Statement of the Palestine Exploration Fund*, 1936 • *93*

Forsdyke in *Annual of the British School at Athens,* XXVIII (1926-1927) • *226*

Frankfort, H.: *Studies in Early Pottery in the Near East* (London 1927) • *149*

Frankfort, H.: *The Art and Architecture of the Ancient Orient* (Baltimore 1954) • *159, 167*

Frazer, J. G.: *The Golden Bough* (1911-1935) • *230*

Friedrich, J.: »Aus dem hethitischen Schrifttum«, II, *Der Alte Orient* (Leipzig 1922) • *131*

Friedrich, J. und Zimmern, H.: »Hethitische Gesetze«, *Der Alte Orient* (Leipzig 1922) • *104*

Friedrich, J.: »Staatsverträge des Hatti-Reiches in Hethitischer Sprache«, *Mitteilungen, Vorderasiatisch-ägyptische Gesellschaft,* XXXIV (1936) • *145*

Gadd, C. J.: *The Fall of Nineveh* (London 1923) • *13, 102f, 178*

Gardiner, A. H.: *Egyptian Grammar* (London 1927) • *39*

Gardiner, A. H.: *Egyptian Hieratic Texts*, I (Leipzig 1911) • *69, 71*
Gardiner, A. H.: *Geschichte des Alten Ägypten* (Stuttgart 1965) • *188, 214, 216*
Gardiner, A. H.: *Journal of Egyptian Archaeology*, V (1918) • *207*
Gardiner, A. H.: *Quarterly Statement of the Palestine Exploration Fund*, 1939 • *77, 82*
Gardiner, A. H.: *The Admonitions of an Egyptian Sage from a Hieratic Papyrus in Leiden* (Leipzig 1909) • *223*
Gardiner, A. H.: *The Kadesh Inscriptions of Ramesses II* (Oxford 1960) • *27, 29, 31, 36, 39, 41*
Garland, H. und Bannister, C. O.: *Ancient Egyptian Metallurgy* (London 1927) • *220, 228f*
Garstang, J.: *The Land of the Hittites* (1910) • *200*
Gauthier, R.: *Le Livre des rois* (*Mémoires*, l'Institut français d'archéologie orientale du Caire, t. 20, 1916) • *215*
Ginzberg, Louis: *Legends of the Jews* (Philadelphia 1925 – 1938) • *12, 61, 86, 105, 109, 119, 125*
Ginzel, F. K.: *Specieller Kanon der Sonne und Mond Finsternisse* (Berlin 1899) • *145*
Glueck, N.: *The Other Side of the Jordan* (New Haven 1940) • *224*
Glueck, N. *et al.*: *Botanical Review, 7* • *247*
Glueck, N. *et al.*: *Botanical Review, 21* • *247*
Goell, Theresa: »Summary of Archaeological Work in Turkey in 1954«, *Anatolian Studies* (1955) • *176*
Gordon, Cyrus H.: »Abraham of Ur«, *Journal of Near Eastern Studies,* 17 (1958) • *169*
Götze, A.: »Das Hethiter-Reich«, in *Der Alte Orient*, XXVII,2 (Leipzig 1928) • *97*
Götze, A.: »Die Annalen des Mursilis«, *Mitteilungen, Vorderasiatisch-ägyptische Gesellschaft*, XXXVIII (1933) • *100, 154*
Götze, A.: *Mitteilungen, Vorderasiatisch-ägyptische Gesellschaft*, XXIX (1925) • *119, 130*
Götze, A. und Pedersen, H.: »Mursilis Sprachlähmung, ein Hethitischer Text«, *Det Kongelike Danske Videnskabernes Selskab* (Kopenhagen), *Historisk-Filogiske meddelelser*, XXI, I (1934) • *108*
Götze, A.: »Neue Bruchstücke zum grossen Texte des Hattusilis«, *Mitteilungen, Vorderasiatisch-ägyptische Gesellschaft*, XXXIV, Heft 2 (1930) • *119, 124f*
Götze, A.: »The Struggle for the Domination of Syria«, *Cambridge Ancient History* (3rd ed.; 1975) • *214*
Grant, E.: *Ain Shems Excavations* (1298 : 31). Pt. III (Haverford 1934) • *235*
Güterbock, H. G.: »Die historische Tradition und ihre literarische Gestaltung bei Babyloniern und Hethitern bis 1200«, *Zeitschrift für Assyriologie*, XLIV (1938) • *98*
Güterbock, H. G.: »Carchemish«, *Journal of Near-Eastern Studies,* 1954 • *160*
Güterbock, H. G.: »The Deeds of Suppiluliuma as Told by His Son Mursili II«, *Journal of Cuneiform Studies*, Vol. X (1956) • *214f*
Guy, P. L. O.: *Megiddo Tombs* (Chicago 1938) • *227, 237*
Hall, H. R. H.: *The Ancient History of the Near East* (London 1913) • *87, 148, 180*

Hall, H. R. H.: »The Hittites and Egypt«, *Anatolian Studies,* gewidmet Sir W. M. Ramsey (London 1923) • *216*

Hall, H. R. H.: *The Oldest Civilization of Greece: Studies of the Mycenaean Age* (London und Philadelphia 1901) • *148, 196*

Hamilton, W. J.: *Researches in Asia Minor, Pontus and Armenia* (London 1842) • *144*

Hanfmann, G.: »Remarques stylistiques sur les Reliefs de Malatya; Ankara Universitesi Dil ve Tarih-Cografya, No. 53, Arkeoloji Entstitüsü, mo. 3, by Ekrem Akurgal«, *American Journal of Archaeology,* 51 (1947) • *167*

Haran, M. in *Israel Exploration Journal*, Vol. 8, Nr. 1 (1958) • *79*

Harris, James und Weeks, Kent: *X-raying the Pharaos* (New York 1973) • *199, 201, 212*

Hawkins, J. D.: »Assyrians and Hittites«, *Iraq* 36 (1974) • *214*

Hawkins, J. D.:»Building Inscriptions of Carchemish«, *Anatolian Studies,* 22 (1972) • *163*

Herzfeld: »Hettitica«, in *Archäologische Mitteilungen aus Iran*, 2 (1930) • *151*

Hill: *A History of Cyprus* • *151*

Hirschfeld, G.: »Die Felsenreliefs in Kleinasien und Das Volk der Hettiter«, *Philosophisch-historische Abhandlungen der Königlichen Preussischen Akademie der Wissenschaften,* 1886 (Berlin 1887) • *146*

Hitzig, F.: *De Cadyti urbe Herodotea* (Göttingen 1829) • *14*

Hogarth, D. G.: *Carchemish; report on the excavations at Djerabis in behalf of the British Museum conducted by C. Leonard Woolley and T. E. Lawrence, Pt. 1,* Introductory (London 1914) • *34, 36, 38, 45*

Homer: *Ilias* • *219, 226*

Homer: *Odyssee* • *83, 226*

Houwink Ten Cate, Ph. H. J.: »The Early and Late Phases of Urhi-Teshub's Career«, in *Anatolian Studies Presented to Hans Gustav Güterbock* (Istanbul 1974) • *140*

Hrozny, B.: *Code Hittite* (Paris 1922) • *104*

Hrozny, F.: »The Hittites«, *Encyclopaedia Britannica*, (14th ed.) • *95*

Hume, W. F.: *Geology of Egypt* (1925-1937) • *218*

Hume, W. F.: *The Distribution of Iron Ores in Egypt* (Kairo 1909) • *218*

Jack, J. W.: *The Date of Exodus in the Light of External Evidence* (Edinburgh 1925) • *191*

Jack, J. W.: *Samaria in Ahab's Time* (Edinburgh 1929) • *240*

Jerusalem-Talmud • *22, 61, 63*

Jidejian, N.: *Byblos Through the Ages* (Beirut 1968) • *79, 87f*

Jirku, A.: *Zeitschrift der Deutschen Morgenländischen Gesellschaft* 86 (1933) • *41*

Josephus, Flavius: *Against Apion* (übersetzt von H. Clementz (Halle 1901)) • *86, 107, 109, 115, 121, 123, 125*

Josephus, Flavius: *Jüdische Altertümer* • *12, 86*

Karo, G.: »Homer«, in Ebert's *Reallexikon der Vorgeschichte*, XV (1926) • *83*

Kêmi, Revue de philologie et d'archéologie égyptiennes et coptes, V (1935) • *17*

Kienitz, F. K.: *Die politische Geschichte Ägyptens vom 7. bis zum 4. Jahrhundert vor der Zeitwende* (Berlin, 1953) • *13f, 58*

Kiepert: »Vortrag über die geographische Stellung der nördlichen Länder in der phönikisch-hebräischen Erdkunde«, *Monatsberichte der Akademie der Wissenschaften zu Berlin*. 1859 (1860) • *178*
King, L. W.: *Bronze Reliefs from the Gates of Shalmaneser* (London 1915) • *35*
Kitchen, K. A.: *Ramesside Inscriptions* (1969) • *209*
Kittel, Rudolph: *Geschichte des Volkes Israel* (4. Aufl.; Gotha, 1921) • *23*
Koldewey, R.: *Das Ischtar-Tor in Babylon* (Leipzig 1918) • *119*
Koldewey, R.: *Das wiedererstehende Babylon* (I. Ausgabe; Leipzig 1913) • *112, 114, 117*
Koldewey, R.: *Die Architektur von Sendschirli* (Berlin 1898) • *34*
Koldewey, R.: *Die Hettitische Inschrift gefunden in der Königsburg von Babylon am 22. August 1899* (Leipzig 1900) • *149*
Koldewey, R.: *Die Königsburgen von Babylon* (Leipzig 1931) • *185, 187*
Körte, G. und A.: *Gordion* (Berlin 1904) • *149*
Kuentz, Ch. in *Annales du Service des Antiquités de l'Egypte,* XXV (1925) • *181*
Küthmann, C.: *Schweizer Münzblätter* I (1950) • *175*
Lamon, R. S. and Shipton, G. M.: *Megiddo I (Strata I-V)* (Chicago 1939) • *238*
Langdon, S.: *Building Inscriptions of the Neo-Babylonian Empire* (Paris 1905) • *59, 112, 120, 128, 130, 133, 179f, 182*
Langdon, S. H.: *Die Neubabylonischen Königsinschriften* (Leipzig 1912) • *104, 109, 111f, 120, 126, 179*
Langdon, S.: *The Venus Tablets of Ammizaduga* (London 1928) • *104, 178*
Larcher, P. H.: *Historical and Critical Comments on the History of Herodotus* (London 1844) • *14*
Leclant, J. und Yoyotte, J.: »Scarabée Commémoratif de la crue du Nil«, *Kêmi, Revue de philologie et d'archéologie égyptiennes et coptes*, 10 (1949) • *215*
Lefebvre, G.: *Romans et contes de l'époque pharaonique* (Paris 1949) • *132*
Leibovitch, J.: *Bulletin de l'Institut Français d'Archéologie Orientale*, XXXII (1932) • *80*
Lewy, Julius: »Forschungen zur alten Geschichte Vorderasiens«, Die Neubabylonische Chronik G, *Mitteilungen, Vorderasiatisch-ägyptische Gesellschaft*, XXIX (1925) • *102ff*
Libby, W. F.: *Radiocarbon Dating* (Chicago 1952) • *153, 245, 251*
Libby, W. F.: *Science, 140, 278* • *246*
Lidzbarski, M.: *Handbuch der nordsemitischen Epigraphik* (Weimar 1898) • *81*
Longwell: *American Journal of Science,* 1950 • *248*
Loon, M. N. van: *Urartian Art: Its Distinctive Traits in the Light of New Excavations* (Istanbul 1966) • *170*
Lucas, A.: *Ancient Egyptian Materials and Industries* (2. Aufl., London 1934) • *217, 219f*
Luckenbill, D. D.: *Ancient Records of Assyria* (Chicago 1926-1927) • *18, 39, 86, 103*
Luckenbill, D. D.: »Hittite Treaties and Letters«, *American Journal of Semitic Languages and Literatures*, XXXVII (April 1921) • *123, 126, 138f, 178, 187*
Lukian: *Die Syrische Göttin*, Übers. Carl Clemens (Leipzig 1938) • *44*
Lukrez: *Über die Natur der Dinge* (Übers. Josef Martin, Berlin 1972) • *218*
Macalister: *The Excavation of Gezer* (1902-1909) • *223, 235*

Macdonald, J.: »The Na'ar in Israelite Society«, *Journal of Near Eastern Studies* 35 (1976) • *42*

Maçoudi: *Les Prairies d'or* (Paris 1861-1877) • *140*

Macqueen, J. G.: *The Hittites* (London 1975) • *97*

Mallowan, M. E. L.: »Carchemish«, *Anatolian Studies,* 22 (1972) • *163*

Manley: *Science News,* Penguin Publications, 1949 • *247*

Marcellinus, Ammianus • *45*

Maspero, G.: *The Struggle of the Nations* (New York 1897) • *22, 64, 215, 239*

May, H. G.: *Material Remains of the Megiddo Cult* (Chicago 1935) • *237*

Meissner, G. Bruno: »Die Beziehungen Ägyptens zum Hattireiche nach hattischen Quellen«, *Zeitschrift der Deutschen Morgenländischen Gesellschaft*, 72 (1918) • *138f, 228*

Ménant, Joachim: »Kar-Kemish«, *Mémoires, Académie des Inscriptions et Belles Lettres* XXXII (1891) • *43*

Mercer, S. A. B.: *Tutankhamen and Egyptology* (Milwaukee 1923) • *191*

Meriggi, P.: *Manuale di Eteo Geroglifico,* II/1 (Rom 1967) • *149*

Messerschmidt, L.: »Die Stele Nabunaids«, *Mitteilungen, Vorderasiatisch-ägyptische Gesellschaft*, I (1896) • *104, 126*

Meulenaere, H. de: *Herodotos over de 26ste Dynastie* (Leyden 1951) • *14*

Meyer, Eduard: *Geschichte des Altertums* (2. Auflage, Stuttgart 1931) • *76, 81, 178*

Midrasch Rabba • *125*

Midrasch Bereschit Rabba • *12*

Midrasch Vajikra Rabba • *12*

Midraschim • *109, 125*

Montet, P.: *Byblos et l'Egypte, Quatre Campagnes de Fouilles à Gebel (1921-1924)*, (Paris 1928) • *72*

Montet, P.: *Isis* (Paris 1956) • *79*

Muscarella, O. W.: »Hasanlu in the Ninth Century B. C., and Its Relations with Other Cultural Centers of the Near East«, *American Journal of Archaeology,* 75 (1971) • *168*

Naville, E.: »Did Mernephtah Invade Syria?«, *Journal of Egyptian Archaeology,* II (1915) • *193*

Newberry, P. E.: *Scarabs* (London 1906) • *232*

Olshausen: *Zeitschrift für Ethnologie*, 1907 • *232*

Osten, H. H. von der: *Discoveries in Anatolia,* 1930-1931, Publications of the Oriental Institute of the University of Chicago (1933) • *152f*

Osten, H. H. von der: *Four Sculptures from Marash,* Metropolitan Museum Studies, II, 1929-1930 (New York 1930) • *153f, 173*

Osten, H. H. von der, Schmidt, E.: *The Alishar Huyuk,* 7. Bde. (Chicago 1930-1937) • *150*

Papyrus Anastasi I, hrsg. und übers. von A. H. Gardiner: *Egyptian Hieratic Texts*, I (Leipzig 1911) • *69*

Papyrus Koller, hrsg. und übers. von A. H. Gardiner: *Egyptian Hieratic Texts*, I (Leipzig 1911) • *71*

Papyrus Sallier • *24*

Papyrus Wenamun • *207*

Pentawer: *Gedicht* • *20, 24f, 27, 31ff, 34, 42, 62, 69, 91*

Pesiqta Rabbatti • *51*

Petrie, W. M. Flinders: *Abydos*, II (*Egyptian Exploration Fund, Memoirs,* Vol. 24; London 1903) • *221*

Petrie, W. M. Flinders: *A History of Egypt: During the Seventeenth and Eighteenth Dynasties* (7. Auflage, London 1924) • *192*

Petrie, W. M. Flinders: *Illahun, Kahun and Gurob* (London 1891) • *232*

Petrie, W. M. Flinders: *Six Temples at Thebes, 1896* (London 1897) • *228*

Petrie, W. M. Flinders, Murray, A. S. und Griffith, F. Ll.: *Tanis,* Teil II, *Nebesheh (Am) and Defenneh (Tahpanhes)* (London 1888) • *184, 186, 189*

Petrie, W. M. Flinders: »The Metals in Egypt«, *Ancient Egypt* (1915) • *220, 227f*

Pézard, M.: *Qadesh. Mission Archéologique à Tell Nebi-Mend, 1921 –1922* (Paris 1931) • *22f, 26f, 38*

Pinches, T. G.: »A New Fragment of the History of Nebuchadnezzar«, *Transactions of the Society of Biblical Archaeology,* Vol. 7, 188 D (1882) • *180*

Piotrovsky, Boris B.: *The Ancient Civilization of Urartu* (New York 1969) • *170*

Plinius: *Naturgeschichte* • *86, 219*

Plutarch: *De Iside* • *208*

Plutarch: *Lebensbeschreibungen* • *24, 170*

Prince, J. D.: »Chaldea«, *Encyclopaedia Britannica* (14. Ausgabe) • *172*

Pritchard (Hrsg.): *Ancient Near Eastern Texts Relating to the Old Testament* (Princeton 1950) • *42, 47, 115, 132, 177, 181, 190, 239*

Pritchard (Hrsg.): *The Ancient Near East, Supplementary Texts and Pictures Relating to the Old Testament* (Princeton University Press, 1969) • *115*

Prokopios: *Historikon* • *45*

Puchstein, O.: *Boghasköi, Die Bauwerke* (Leipzig 1912) • *148*

Puchstein, O.: *Pseudohethitische Kunst* (Berlin 1890) • *146*

Ramsey, W. M.: *Historical Geography of Asia Minor* (1890) • *200*

Reallexikon der Assyriologie • *214*

Reisner, Fisher und Lyon: *Harvard Excavations at Samaria* • *239*

Renan, Ernest: *Mission de Phénicie* (Paris 1864) • *71*

Renan, Ernest: *Histoire générale et système comparé des langues sémitiques* (7. Ausg.) • *172*

Richardson, H. C.: »Iron, Prehistoric and Ancient«, *American Journal of Archaeology,* XXXVIII (1934) • *220*

Rickard, T. A.: *Man and Metals* (New York 1932) • *229*

Rogers, R. W.: *A History of Babylonia and Assyria* (6th ed.; New York und Cincinnati 1915) • *106, 111f*

Rowe, A.: *A Catalogue of Egyptian Scarabs ... Palestine Archaeological Museum* (Kairo 1936) • *236*

Sayce, Archibald H.: *Transactions of the Society of Biblical Archaeology,* 1876 • *91*

Sayce, Archibald H.: *The Hittites: The Story of a Forgotten Empire* (1888) • *174*

Schaeffer, Claude F. A.: *Syria, Revue d'art oriental et d'archéologie*, 1929 • *226*

Schmidt, John D.: *Ramesses II: A Chronological Structure for His Reign* (Baltimore 1973) • *60, 140, 209*

Schorr, Eddi: *Pensée* III:2, 26: »Carbon Dates and Velikovsky's Revision of Ancient History: Samples from Pylos and Gordion.« • *253*

Schumacher: *Tell el-Mutesellim* • *227*

Seder Olam • *12, 61*

Sellin und Watzinger: *Jericho*, (Leipzig 1913) • *234f*

Sethe, K.: *Untersuchungen zur Geschichte und Altertumskunde Ägyptens*, Vol. II (1902) • *15*

Skinner, J.: *A Critical and Exegetical Commentary on Genesis* (New York 1910) • *93*

Smith, G. Elliot: »The Royal Mummies«, *Catalogue général des Antiquités Egyptiennes du Musée de Cairo* (Kairo 1912) • *199, 212*

Smith, R. A.: »Archaeology, Iron Age«, *Encyclopaedia Britannica* (14th ed.) • *220*

Smith, Sidney: *Alalakh and Chronology* (London 1940) • *77, 104*

Smith, W. Stevenson: »The Old Kingdom in Egypt«, *Cambridge Ancient History* (3rd ed.; 1975) • *215*

Spiegelberg, W.: »Zur Datierung der Ahiram-Inschrift von Byblos«, *Orientalische Literaturzeitung*, XXIX (1926) • *76*

Texier, C.: *Description de l'Asie-Mineure* (Paris 1839) • *143*

The Cambridge Ancient History (3rd ed.; 1975) • *32, 47, 62, 100, 205, 214f*

Thiele, E. R.: »The Chronology of the Kings of Judah and Israel«, *Journal of Near Eastern Studies* III (1944) • *64*

Toussoun, Omar: »Anciennes Branches du Nil«, *Mémoires de l'Institut d'Egypte*, IV (Kairo 1922-23) • *207*

Traktat Sanhedrin • *52, 61, 105, 131*

Traktat Schabbat • *52, 133f*

Tufnell, Olga: *Lachish (Tell ed Duweir)*, Vol. I, *The Lachish Letters* (1938) • *53*

Tufnell, Olga, Inge, C. H., and Harding, L.: *Lachish (Tell ed Duweir)*, Vol. II, *The Fosse Temple* (1940) • *53*

Tufnell, Olga: *Lachish (Tell ed Duweir)*, Vol. III, *The Iron Age* (1953) • *53*

Tufnell, Olga (Hrsg.): *Lachish (Tell ed Duweir)*, Vol. IV, *The Bronze Age* (1958) • *53*

Ullman, B.: »How Old Is the Greek Alphabet?« *American Journal of Archaeology*, XXXVIII (1934) • *80ff*

Virolleaud, Charles: *Syria, Revue d'art oriental et d'archéologie*, IX (1928) • *225*

Velikovsky, I.: *Das dunkle Zeitalter Griechenlands* • *9, 253*

Velikovsky, I.: *Die Assyrische Eroberung* • *9, 14, 214*

Velikovsky, I.: *Erde im Aufruhr* • *248*

Velikovsky, I.: *Ödipus und Echnaton* • *9*

Velikovsky, I.: *Welten im Zusammenstoss* • *107, 155, 248f*

Velikovsky, I.: *Zeitalter im Chaos*, Band I, *Vom Exodus bis König Echnaton* • *9, 21, 43, 70, 83, 97, 177, 190, 248, 250f, 254*

Velikovsky, I.: *Zeitalter im Chaos,* Band III, *Die Seevölker* • *88*

Vyse, R. W. H.: *Operations Carried on at the Pyramids of Gizeh in 1837* (London 1840-1842) • *221*

Wainwright, G. A.: »The Coming of Iron«, *Antiquity*, X (1936) • *221, 223, 225, 227ff*

Walters, H. B.: *Catalogue of the Bronzes, Greek, Roman and Etruscan, in the British Museum* (London 1899) • *230*

Watzinger, C.: *Die Denkmäler Palästinas,* 2. Bde. (Leipzig 1933-1935) • *150*

Watzinger, C. (Hrsg.): *Tell el-Mutesellim* (Leipzig 1929) • *227, 236*

Weidner, E. (Hrsg.): »Die Staatsverträge in akkadischer Sprache aus dem Archiv von Boghazköi«, *Boghazköi Studien,* VIII-IX (1923) • *177*

Weissbach, F. H.: »Die Inschriften Nebukhadnezars II im Wadi Brissa und am Nahr el-Kelb«, *Wissenschaftliche Veröffentlichungen der deutschen Orientgesellschaft* (Leipzig 1906) • *184*

Wheeler, J. T.: *The Geography of Herodotus* (London 1854) • *14*

Wilson, J. A.: »Egyptian Historical Texts« in Pritchard (Hrsg.).: *Ancient Near Eastern Texts* • *177*

Wilson, J. A.: »The Legend of a Possessed Princess« in Pritchard (Hrsg.).: *Ancient Near Eastern Texts* • *132*

Wilson, J. A. in Pritchard (Hrsg.).: *Ancient Near Eastern Texts* • *42, 47, 181, 190*

Winckler, Hugo: *Inschriften Nebukadnezar's,* Keilinschriftliche Bibliothek, III, 2 (1890) • *133*

Winckler, Hugo: *Mitteilungen der Deutschen Orientgesellschaft*, Nr. 35 (1907) • *94*

Winckler, Hugo: *Nach Boghaskoi* (1913) • *94*

Winckler, Hugo: *Orientalistische Literaturzeitung*, IX (1906) • *94*

Winckler, Hugo: *The History of Babylonia and Assyria* (New York 1907) • *179*

Winlock, H. E.: *Excavations at Deir el Bahari, 1911–1931* (New York 1942) • *16*

Wiseman, D. J.: »Alalakh« in *Archaeology and Old Testament Study* (Oxford 1967) • *136*

Wiseman, D. J.: *Chronicles of Chaldean Kings (626-556 B. C.) in the British Museum* (London 1956) • *102, 110, 114, 118*

Wit, Constant de: »Het Land Bachtan in de Bentresjstele«, *Handeligen van het XVIIIe Vlaamse Filologencongres* (Gent 1949) • *132*

Woolley, C. Leonard: *Carchemish*, Vol. 2: *The Town Defences* (London 1921) • *34f, 36, 41, 67*

Woolley, C. Leonard: *Carchemish III* (London 1952) • *159, 162*

Woolley, C. Leonard: *Ur of the Chaldees* (London 1929) • *169*

Wreszinski, W.: *Atlas zur altägyptischen Kulturgeschichte*, Band II (Leipzig 1935) • *21, 26*

Wright, William: *The Empire of the Hittites* (London1882) • *91, 95, 153*

Xenophon: *Anabasis* • *24, 170*

Xenophon: *Kyrupädie* • *170f*

Young, R. S.: »Gordion: Preliminary Report, 1953«, *American Journal of Archaeology,* Vol. 59 (1955) • *156f*

Young, R. S.: »The Campaign of 1955 at Gordion: Preliminary Report«, *American Journal of Archaeology,* Vol. 60 (1956) • *156f*

Zum Thema

Der Autor

Immanuel Velikovsky wurde 1895 in Witebsk in Weissrussland geboren. An den Universitäten Montpellier (Frankreich), Edinburgh (Grossbritannien), Moskau (Russland) und Charkiw (Ukraine) absolvierte er – erschwert durch die Benachteiligung und Verfolgung der Juden, sowie die politischen und kriegsbedingten Wirren – das Studium der Medizin, der Naturwissenschaften und weiterer Fächer, wie Philosophie, alte Geschichte und Jura. Nach seiner Promotion im Jahre 1921 in Moskau zum Dr. med. emigrierte er nach Deutschland, wo er in Berlin die wissenschaftliche Zeitschrift *Scripta Universitatis* begründete. Durch diese Arbeit kam er in Kontakt mit Albert Einstein, der den mathematisch-physikalischen Teil der *Scripta* herausgab. Ausserdem wurde dadurch der Grundstein für die Hebräische Universität von Jerusalem gelegt, deren Präsidentschaft Immanuel Velikovsky damals angeboten wurde.

Nach seiner Heirat im Jahre 1923 siedelte Velikovsky nach Palästina um, wo er als Arzt praktizierte. Gleichzeitig studierte er Psychiatrie und Psychoanalyse bei Wilhelm Stekel, dem ersten Schüler Freuds, veröffentlichte mehrere wissenschaftliche Arbeiten über Psychoanalyse und eröffnete die erste psychoanalytische Praxis in Palästina.

Für die Forschung zu einem Buchprojekt, das sich mit Freuds Traumdeutung auseinandersetzen und auch bezüglich Freuds Protagonisten Ödipus und Echnaton eine neue Interpretation vorstellen sollte, benötigte Velikovsky Zugang zu zahlreichen literarischen Quellen. Aus diesem Grund reiste er mit seiner Familie im Jahre 1939 für einige Monate nach New York. Da kurz darauf der Zweite Weltkrieg ausbrach, verlängerte er den Aufenthalt zunächst auf unbestimmte Zeit, und dann aufgrund seiner unerwarteten Entdeckungen sogar auf Dauer.

Die folgenden 10 Jahre verbrachte er mit intensivem Quellenstudium über die von ihm entdeckten erd- und menschheitsgeschichtlichen Zusammenhänge, die er 1949 in seinem Buch *Welten im Zusammenstoss* der Öffentlichkeit vorstellte. Dieses Buch löste sowohl durch seinen Inhalt, als auch durch die skandalöse Reaktion von Seiten der Vertreter des wissenschaftlichen Establishments eine solch tiefgreifende und umwälzende Entwicklung in vielen Bereichen der Wissenschaft und der Gesellschaft aus, dass es bis zum heutigen Tag an Aktualität eher gewonnen als verloren hat.

Velikovsky selbst sah sich jedoch auch nach der Veröffentlichung weiterer 5 Bücher einem Wechselbad von überschwänglicher Zustimmung und vernichtender – leider meist sehr unsachlicher – Ablehnung gegenüber, die ihn psychisch stark belastete. Nach seinem Umzug nach Princeton stand er in den 50er Jahren in enger freundschaftlicher Verbindung mit Albert Einstein, mit dem er seine Theorien diskutierte. Velikovskys *Welten im Zusammenstoss* fand man nach Einsteins Tod aufgeschlagen auf dessen Schreibtisch.

Trotz wachsender Bestätigung durch aktuelle Forschungsergebnisse in Geologie und Planetologie blieb Velikovsky bis zu seinem Tod und darüber hinaus Opfer einer Diskreditierungskampagne, die weder seiner exakten wissenschaftlichen Arbeitsweise noch dem Inhalt und der Bedeutung seiner Arbeiten angemessen ist.

Er starb im Jahre 1979 in Princeton.

Bücher von Immanuel Velikovsky:

- *Worlds in Collision* (1950, dt.: *Welten im Zusammenstoss*)
- *Earth in Upheaval* (1955, dt.: *Erde im Aufruhr*)
- *From the Exodus to King Akhnaton* (1952, dt.: *Vom Exodus bis König Echnaton*)
- *Peoples of the Sea* (1977, dt.: *Die Seevölker*)
- *Ramses II. and his Time* (1978, dt.: *Ramses II. und seine Zeit*)
- *Oedipus and Akhnaton: Myth and History* (1960, dt.: *Ödipus und Echnaton: Mythos und Geschichte*)
- *Mankind in Amnesia* (1982, dt.: *Menschheit im Gedächtnisschwund*)
- *Stargazers and Gravediggers: Memoirs to Worlds in Collision* (1984, dt.: *Sterngucker und Totengräber: Memoiren zu Welten im Zusammenstoss*)

Die deutschen Übersetzungen dieser Bücher sind in Vorbereitung bei Julia White Publishing und erscheinen demnächst.

Weiterführende Literatur:

- de Grazia, Alfred: *Immanuel Velikovsky. Die Theorie der kosmischen Katastrophen* (1984)
- Velikovsky Sharon, Ruth: *Aba – The Glory and the Torment* (1995, dt.: *Aba – Ruhm und Qual*)
- Velikovsky Sharon, Ruth: *Immanuel Velikovsky – The Truth behind the Torment* (2003, dt.: *Immanuel Velikovsky – Die Wahrheit hinter der Qual*)
- Internet: www.varchive.org
- Internet: www.velikovsky.info

Schwarzes Meer
Mazedonien
Thrazien
Bosporus
Bithynien
Halys
Hattusa (Boghazköy)
Alisar
Lemnos
Troja
Ägäisches Meer
Mysien
Gordion
Phrygien
Delphi
Theben
Lesbos
Sardis
Mykenai
Athen
Chios
Lydien
Kappa-dozien
Olympia
Argos
Heraea
Tiryns
Tegea
Samos
Ephesos
Milet
Karien
Sparta
Halikarnassos
Maras
Samal
Pamphylien
Zilizien
Lyzien
Rhodos
Orontes
Knossos
Zypern (Alasia)
Ugarit (Ras Schamra)
Kreta
Phaestus
Arwad
Hamath
Enkomi
Homs
Byblos
Baalbek
Beirut
Sidon
Damaskus
Tyrus
Mittelmeer
Syrien
Acre
See Genezareth
Cyrenaica
Samaria
Rabbath-Ammon
Jaffa
Jerusalem
Jericho
Rosetta
Askalon
Totes Meer
Alexandria
Gaza
Lachisch
el-Arisch (Rhinokolura)
Tanis
Naucratis
Bubastis
Petra
Sinai Halbinsel
Libyen
Heliopolis (On)
Memphis
Ezion-Geber
Elath
Herakleopolis
Berg Sinai
Nil
Speos Artemidos
Hermopolis
Tell el-Amarna
Ägypten
Panopolis
Abydos
Koptos
Deir el-Bahari
el-Quseir
Medinet Habu
Theben (Karnak)
Rotes Meer (Sinus Arabicus)
Syene (Assuan)
Elephantine

Kaukasus
Pontus
Berg Ararat
Kaspisches Meer
Van-See
Urmia-See
Assyrien
Dur-Scharrukin
Karkemisch
Harran
Ninive
Arbela
Kalach (Nimrud)
Hierapolis
Assur
Syrien
Tigris
Palmyra
Mari
Euphrat
Sippar
Babylon
Kisch
Borsippa
Nippur
Susa
Babylonien
Erech
Larsa
Ur
Eridu
Persischer Golf
Arabische Wüste

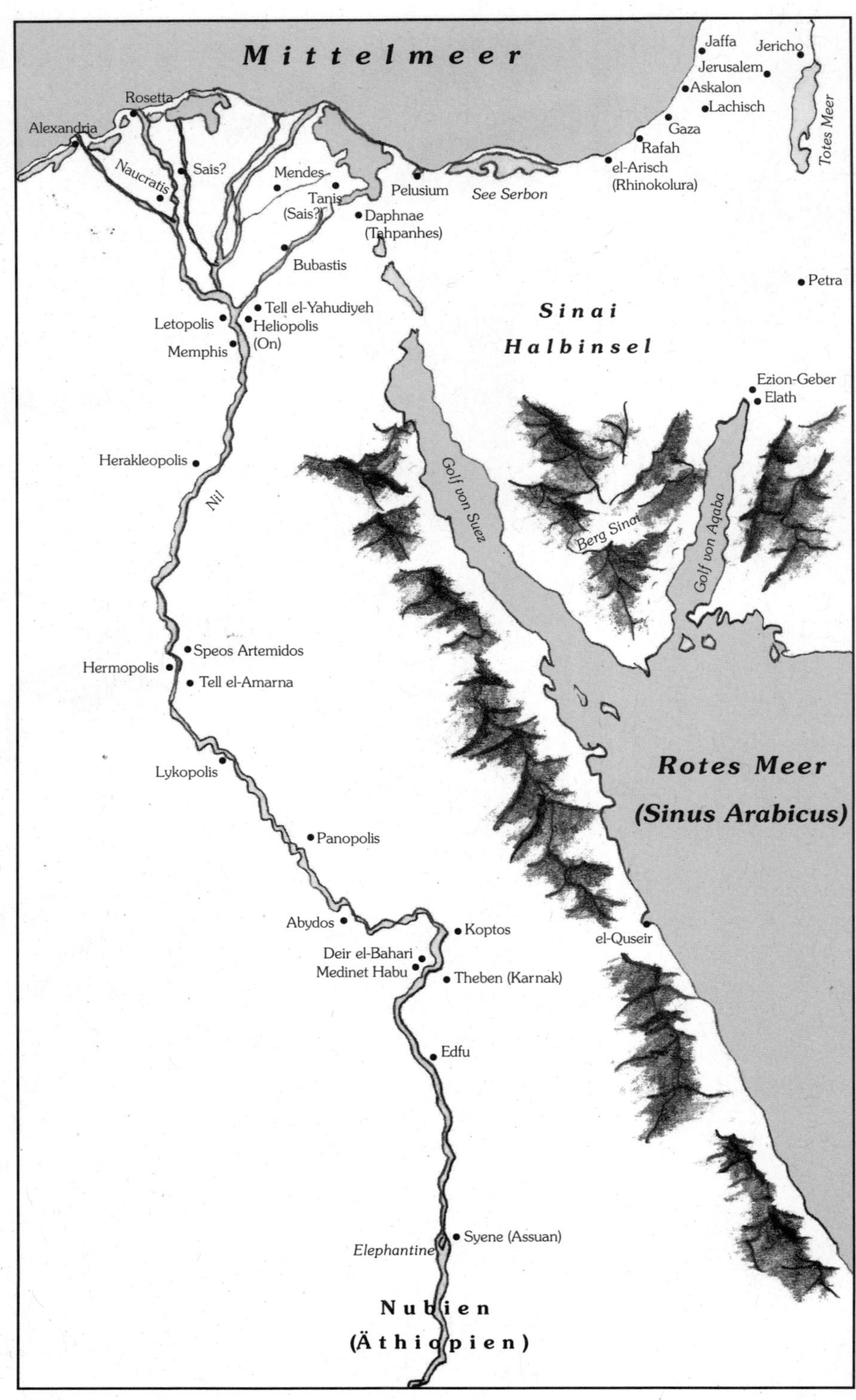
Mittelmeer
Jaffa
Jericho
Jerusalem
Askalon
Lachisch
Gaza
Rafah
Totes Meer
el-Arisch
(Rhinokolura)
Rosetta
Alexandria
Naucratis
Sais?
Mendes
Tanis
(Sais?)
Pelusium
See Serbon
Daphnae
(Tahpanhes)
Bubastis
Petra
Tell el-Yahudiyeh
Letopolis
Heliopolis
(On)
Memphis
Sinai
Halbinsel
Ezion-Geber
Elath
Herakleopolis
Nil
Golf von Suez
Berg Sinai
Golf von Aqaba
Speos Artemidos
Hermopolis
Tell el-Amarna
Lykopolis
Rotes Meer
(Sinus Arabicus)
Panopolis
Abydos
Koptos
el-Quseir
Deir el-Bahari
Medinet Habu
Theben (Karnak)
Edfu
Syene (Assuan)
Elephantine
Nubien
(Äthiopien)

Maras
Samal
Zilizien
Sadjur
Harran
Karkemisch
Hierapolis
Bab
Aleppo
Orontes
Syrien
Euphrat
Ugarit
(Ras Schamra)
Zypern
Enkomi
(Alasia)
Karkar
Hamath
Arwad
Homs
Riblah
Palmyra
Libanon-Gebirge
Byblos
Baalbek
Antilibanon-Gebirge
Mittelmeer
Beirut
Sidon
Damaskus
Litani
Tyrus
Acre
Endor
See Genezareth
Megiddo
Beth-Shan
Taanach
Königreich Israel
Samaria
Gerasa
Sichem
Ramoth-Gilead
Bethel
Sukkoth
Jordan
Jaffa
Jericho
Rabbath-Ammon
Asdod
Jerusalem
Askalon
Königreich Juda
Lachisch
Gaza
Hebron
Dibon
Totes Meer
Rafah
Beerscheba
el-Arisch
(Rhinokolura)
Petra
Sinai Halbinsel
Arabische Wüste
Ezion-Geber
Elath
Golf von Aqaba

Öko-Logisches

Bücher zu machen hat – wie die meisten Dinge im Leben – viel mit Bewusstsein zu tun, aber auch viel mit Ökologie.

Wir von Julia White Publishing sind uns sehr wohl bewusst, dass wir in unserem Bestreben, das allgemeine Bewusstsein positiv zu beeinflussen, negative Wirkungen auf unsere Naturumgebung hinnehmen und sogar hervorrufen: Bäume müssen sterben, um Papier für unsere Bücher zu liefern, viele chemische Stoffe sind nötig, um dieses Papier und die Druckfarben so abzustimmen, dass ein brauch- und haltbares Endprodukt entsteht, Verpackung, Transport und Versand erfordern weitere Rohstoffe, produzieren Müll und tragen zum CO_2-Ausstoss in die Atmosphäre bei. All das läuft dem entgegen, was wir durch unsere Inhalte eigentlich vermitteln und erreichen möchten.

Wir wollen jedoch vor dieser widersprüchlichen Situation nicht unsere Augen verschliessen und sie auch nicht durch argumentative Kunstgriffe beschönigen. Vielmehr möchten wir einerseits die Problematik, so wie sie nun einmal ist, dem Leser offen darlegen und somit das Bewusstsein diesbezüglich intensivieren. Andererseits treten wir dafür ein, dass sämtliche auf dem Markt befindlichen Waren mit einer exakten und vollständigen Produktdeklaration versehen werden, aus der für jedermann ersichtlich ist, welche Stoffe und Verfahren bei der Herstellung zum Einsatz kommen. Denn nur so kann jeder für sich entscheiden, ob die Produkte, die er kaufen oder benutzen möchte, mit seinem Gewissen vereinbar sind oder ob er sich lieber nach Alternativen umsehen sollte. Leider ist aber gerade dieser Punkt bei der heute üblichen Informationspolitik der Hersteller nur ansatzweise realisierbar.

Für die Herstellung dieses Buches haben wir uns für ein Recycling-Offsetpapier aus 100% Altpapier entschieden (Resa Offset), das wegen seines Beitrags zum Umweltschutz mit dem blauen Umweltengel und dem Europäischen Umweltschutzzeichen (Blume) ausgezeichnet wurde. So müssen keine neuen Bäume für diese Bücher abgeholzt werden und gleichzeitig werden einige der üblichen bedenklichen Chemikalien nicht zur Anwendung gebracht (elementares Chlor, halogenierte Bleichmittel, optische Aufheller, Azofarbstoffe etc.). Den nicht ganz weissen Farbton nehmen wir bewusst in Kauf, denn so wird das De-inking des Altpapiers (die Entfernung der Druckfarben und ihre anschliessende Entsorgung) auf ein Mindestmass reduziert.

Für den Bucheinband wurde wegen der höheren Anforderungen an Farb- und Druckqualität ein weisses Neupapier benutzt.

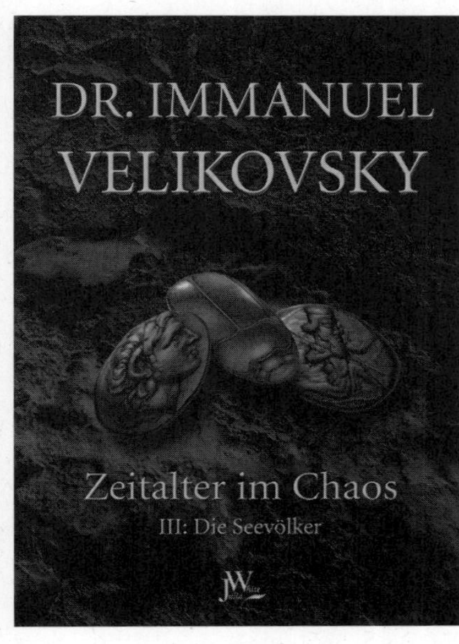

Die Seevölker

Zeitalter im Chaos, Bd. 3

Dr. Immanuel Velikovsky

Sachbuch
Broschiert
Julia White Publishing

ISBN 978-3934402-94-2
3934402-94-1

Die Seevölker stellt in gewisser Weise die Krönung der Reihe *Zeitalter im Chaos* dar. In diesem Band erreicht die fehlerhafte Zeitverschiebung der klassischen Geschichtsschreibung ihren Höhepunkt: 800 Jahre!

Velikovsky zeigt mit klaren und nicht wegzudiskutierenden Beweisen, dass Ramses III. erst im 4. vorchristlichen Jahrhundert gelebt hat, und kann damit gleichzeitig eine ganze Reihe von bisherigen Rätseln der Historiker endgültig auflösen: Er enthüllt die (überraschende) wahre Identität der sogenannten Seevölker, ordnet die Philister korrekt in das Szenario ein und klärt die Rätsel um die sogenannte Priester-Dynastie auf.

Der Band führt Velikovskys Geschichtsrekonstruktion bis zu Alexander, ab dem die Daten der klassischen Geschichtsschreibung wieder stimmen.

In einem ausführlichen Anhang befasst Velikovsky sich mit dem grundlegenden Thema, wie es zu einer solch dramatischen Geschichtsverschiebung überhaupt kommen konnte. Er analysiert die Grundpfeiler der ägyptischen Chronologie und zeigt auf, wo die Hauptfehler passiert sind, sowie welches Missverständnis der sogenannten astronomischen Chronologie zugrunde liegt. Ausserdem diskutiert er in einem weiteren Anhang die sehr interessanten Schlussfolgerungen aus bisherigen Radiokarbon-Untersuchungen ägyptischer Fundstücke.

Welten im Zusammenstoss

Dr. Immanuel Velikovsky

Sachbuch
Brosch., 472 Seiten
Julia White Publishing

ISBN 978-3934402-91-1
3934402-91-7

In diesem Buch stellte Immanuel Velikovsky zum ersten Mal die umwälzenden Ergebnisse seiner langjährigen interdisziplinären Forschungen der Öffentlichkeit vor – und löste einen Aufruhr aus, der bis heute andauert.

Welten im Zusammenstoss – in brillantem, leicht verständlichem sowie unterhaltsamem Stil geschrieben und randvoll mit präzisen Informationen – kann als eines der wichtigsten und herausforderndsten Bücher der Wissenschaftsgeschichte bezeichnet werden. Nicht umsonst fand man es nach Einsteins Tod aufgeschlagen auf dessen Schreibtisch liegen.

Für alle, die sich je Gedanken gemacht haben über die Entwicklung der Erde, die Geschichte der Menschheit, Traditionen, Religionen, Mythologie, und diejenigen, die sich fragen, ob es zu den in *Erde im Aufruhr* dargestellten Sachverhalten nicht auch menschliche Überlieferungen gibt, ist *Welten im Zusammenstoss* ein Muss!

"In der Kategorie »Allgemeine Sachbücher« erreichte nur ein Buch höhere Verkaufszahlen als *Welten im Zusammenstoss*: die Bibel. Das Epizentrum eines literarischen Erdbebens."

Erde im Aufruhr

Dr. Immanuel Velikovsky

Sachbuch
Brosch., 324 Seiten
Julia White Publishing

ISBN 978-3934402-90-4
3934402-90-9

Nach dem Erscheinen von *Welten im Zusammenstoss* sah sich Immanuel Velikovsky dem Vorwurf gegenüber, dass es für die von ihm beschriebenen Naturkatastrophen keine Spuren in der Gestalt der Erde und in Tier- und Pflanzenwelt gebe.

Daraufhin veröffentlichte er wenige Jahre später das Buch *Erde im Aufruhr*, das nicht nur die geschichtlichen Dokumente durch beeindruckendes geologisches und paläontologisches Material stützt, sondern allein aufgrund der „Zeugenaussagen" von Steinen und Knochen zu denselben Schlussfolgerungen gelangt.

Erde im Aufruhr, ein ebenso exakt recherchiertes und leicht verständlich geschriebenes Buch wie *Welten im Zusammenstoss*, enthält Material, das unser gesamtes Bild der Erdgeschichte revolutioniert.

Für alle, die sich je Gedanken gemacht haben über die Entwicklung der Erde, die Bildung von Gebirgen und Meeren, die Entstehung von Kohle oder Fossilien, die Frage der Eiszeiten und die Geschichte der Tier- und Pflanzenarten, ist Erde im Aufruhr ein Muss!

Menschheit im Gedächtnisschwund

Dr. Immanuel Velikovsky

Sachbuch
Brosch., 224 Seiten
Julia White Publishing

ISBN 978-3934402-96-6
3934402-96-8

Dieses Buch bezeichnete Velikovsky selbst als die "Erfüllung seines hippokratischen Eids – der Menschheit zu dienen." Hier kehrt er zu seinen Wurzeln als Psychologe und Psychoanalytiker zurück, allerdings nicht mit einem Individuum, sondern der gesamten Menschheit als Patienten.

Nach einem äusserst aufschlussreichen Überblick über die Grundlagen der verschiedenen psychoanalytischen Systeme vollzieht er den Schritt in die Massenpsychologie und rollt den Fall *Welten im Zusammenstoss* aus einem ganz anderen Blickwinkel heraus als psychotherapeutische Fallstudie auf. Dabei macht er deutlich, dass die bis heute andauernden eklatanten Reaktionen auf seine Theorien aus psychologischer Sicht nicht erstaunlich, sondern sogar unausweichlich waren und sind. Gleichzeitig kann er die Theorien von Siegmund Freud und von C. G. Jung neu einordnen und auf eine einheitliche Grundlage zurückführen.

Ein Gang durch Geschichte, Religion, Mythologie und Kunst zeigt die ganze Tragweite des kollektiven Traumas und vermittelt uns – den Patienten – eine Botschaft von ausserordentlicher Dringlichkeit und Bedeutung für die Zukunft.

Aba – Ruhm und Qual

Das Leben von Dr. Immanuel Velikovsky

Dr. Ruth Velikovsky Sharon

Sachbuch
Broschiert
Julia White Publishing

ISBN 978-3934402-98-0
3934402-98-4

In diesem Buch lernen Sie Immanuel Velikovsky als Menschen kennen. Seine Kindheit, sein familiäres Umfeld, sein bewegtes Leben, all das wird hier hautnah von seiner Tochter Ruth geschildert.

Mit viel Hintergrundinformation, zahlreichen Anekdoten und ausführlichem Bildmaterial bringt sie uns ihren Vater ein gutes Stück näher, verdeutlicht aber gleichzeitig auch die persönliche Dimension der vernichtenden Kampagne, der Velikovsky in den letzten Jahrzehnten seines Lebens ausgesetzt war.

Immanuel Velikovsky – Die Wahrheit hinter der Qual

Dr. Ruth Velikovsky Sharon

Sachbuch
Broschiert
Julia White Publishing

ISBN 978-3934402-98-0
3934402-98-4

Hier schildert Dr. Ruth Velikovsky Sharon als Ergänzung zu der Biografie ihres Vaters (s.o.) die Hintergründe der Kampagne gegen ihn. Aus aufschlussreichen Briefen, die in diesem Buch in vollem Wortlaut abgedruckt sind, geht die unwürdige – und unwissenschaftliche – Behandlung Velikovskys von Seiten des wissenschaftlichen Establishments hervor, die eher mittelalterlich als aufgeklärt anmutet.

Dr. Ruth Velikovsky Sharon

Die Tochter Immanuel Velikovskys war selbst Psychotherapeutin mit langjähriger Berufs- und Beratungserfahrung.

Ihre Erkenntnisse stellte sie in den folgenden Büchern der Öffentlichkeit vor:

Traumhaft problematisch

Oder: Wie man Träume auch verstehen kann

Dr. Ruth Velikovsky Sharon

Sachbuch
Broschiert
Julia White Publishing

ISBN 978-3934402-34-8
3934402-34-8

Endlich ein neuer, verständlicher Führer zum Verständnis von Träumen, der Sinn macht!

Dr. Ruth Velikovsky Sharon hat eine ganz neue Vorstellung von der Natur von Träumen entwickelt, die durch ihre Einfachheit und Praxisnähe besticht. Diese Theorie stellt sie in diesem Buch vor und gibt damit vor allem Eltern einen wertvollen Leitfaden an die Hand.

Klar und deutlich!

Kindererziehung ist Elternerziehung

Dr. Ruth Velikovsky Sharon,
Dr. John Cathro Seed

Sachbuch
Broschiert
Julia White Publishing

ISBN 978-3934402-33-1
3934402-33-X

In diesem Werk lüftet Dr. Ruth Velikovsky Sharon auf brillante Weise den Schleier, der das Geheimnis der Psychoanalyse bedeckt, und enthüllt innere Wahrheiten, die uns in allen Lebenslagen helfen können.

AyurVeda Ritam – Wissen vom Leben

Nichts tut heute mehr Not als Wissen über Gesundheit und Ernährung, über richtiges Verhalten für Körper und Geist.

Lassen Sie sich von Dr. Thomas Hoffmann, dem Mitbegründer von AyurVeda Ritam in dieses faszinierende universelle System der ursprünglichen und unverfälschten Naturgesetze von Körper und Geist einführen.

Dr. Thomas Hoffmann
AyurVeda Ritam
Gesundheit aus erster Hand
236 S., Brosch.,
18 Illustr.

Julia White Publishing
ISBN 978-3934402-11-9
3934402-11-9

Das vollständige Grundlagenbuch: Einführung, Grundprinzipien, Herkunft, Theorie und Praxis von AyurVeda Ritam mit konkreten praktischen Übungen und Ratschlägen für den alltäglichen Gebrauch, sowie Tipps zu etwa 60 der häufigsten Krankheiten und Gesundheitsprobleme.

Dieses Sachbuch in Romanform bietet nicht nur eine eingängige und unterhaltsame Einführung in AyurVeda Ritam, sondern auch eine praktische Darstellung des Wissens, das selbst Menschen anspricht, die sich bisher nicht so recht an diese Themen herangetraut haben.

Dr. Thomas Hoffmann
Das Licht im Sturm
Eine schicksalhafte Begegnung
140 S., Brosch.,
16 Illustr.

Julia White Publishing
ISBN 978-3934402-01-0
3934402-01-1

Dr. Thomas Hoffmann
Ritam – Das Geheimnis der wahren Gesundheit
204 S., Brosch.

Julia White Publishing
ISBN 978-3934402-20-1
3934402-20-8

In diesem Buch erklärt Dr. Hoffmann in verständlicher Sprache die Grundprinzipien von AyurVeda Ritam. Ausserdem vermittelt er durch Fallbeispiele sowie neue interessante wissenschaftliche Untersuchungen die nötige Motivation und konkrete Ratschläge und Empfehlungen für den Alltag.